CROZAT.

NOUVELLE
GÉOGRAPHIE
UNIVERSELLE.

(C.)

CROZAT.

NOUVELLE GÉOGRAPHIE

UNIVERSELLE

ENTIÈREMENT REFONDUE ET MISE AU NIVEAU DES CONNAISSANCES ACTUELLES;

CONTENANT

UN TRAITÉ DE LA SPHÈRE, LA DESCRIPTION TOPOGRAPHIQUE, HISTORIQUE ET POLITIQUE DE CHAQUE CONTRÉE; ACCOMPAGNÉE DE DÉTAILS SUR LA RELIGION, LES MŒURS, L'INDUSTRIE ET L'ÉTAT DE CIVILISATION DE SES HABITANS;

SUIVIE

De Tableaux des Longitudes et Latitudes, des Températures de divers lieux et des Monnaies étrangères,

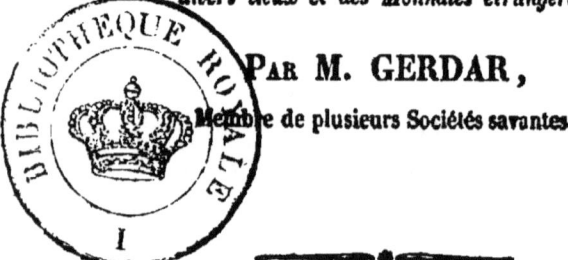

Par M. GERDAR,

Membre de plusieurs Sociétés savantes.

PARIS,
Vᵉ DESBLEDS, LIBRAIRE,
Quai des Augustins, 49

NANCY,
L. VINCENOT, LIBRAIRE,
place Carrière, 17.

1846

PRÉFACE.

La Publication de cet Ouvrage, sous le titre de Géographie de Crozat, indique que nous avons adopté l'ordre et la division de cet excellent auteur, en nous appuyant sur celle des géologues les plus distingués.

La plupart des ouvrages géographiques traitaient d'une manière trop abrégée les questions relatives à la Sphère; aussi, pour remédier à un point si important, nous avons cru devoir donner tous les développemens spécialement nécessaires à cette étude.

La distribution présente succinctement au lecteur l'ensemble de la Géographie, et réunit aussi explicitement que possible toutes les notions essentielles dans un livre de ce genre. Avec les divisions de chaque contrée nous avons donné la description de ses mœurs et coutumes, le degré de civilisation de ses habitans, les formes de son gouvernement. Nous avons mentionné les principaux événemens, et surtout les révolutions politiques qui ont contribué à l'établissement ou à la décadence des nations. Rien de ce qui peut faire ressortir le caractère particulier d'un peuple, histoire, noms et faits, arts, industrie et sciences, illustrations de tout genre, rien n'a été omis dans notre résumé. Les nouvelles divisions de la Belgique et de la Hollande sont conformes à celles arrêtées par la conférence de Londres; en un mot, nous n'avons rien négligé pour que le public accueille favorablement notre travail, et légitime le succès que nous n'avons pas désespéré d'obtenir.

ABRÉGÉ
DE LA SPHERE.

DE LA SPHÈRE EN GÉNÉRAL.

D. *Qu'est-ce que la sphère?* R. C'est un solide dont tous les points sont également distants d'un point intérieur qu'on appelle centre. On peut lui donner une définition plus générale en la considérant comme une machine composée de plusieurs cercles, au milieu desquels est une petite boule qui représente la terre.

D. *Qu'est-ce que le monde?* R. C'est l'œuvre du Créateur, qui comprend en général la réunion de tous les corps, la vaste étendue du ciel y compris les astres, et la terre qui paraît au milieu dans toute son immobilité.

D. *Qu'est-ce que le ciel?* R. Le ciel est le grand espace où sont les corps célestes; son extrémité est la même que celle du monde, c'est pourquoi sa figure étant ronde, on lui donne le nom de sphère céleste.

D. *Quelle est le mouvement du ciel?* R. Le ciel, quoique composé d'une matière fluide tourne alternativement d'orient en occident, et par les lois de la gravitation universelle entraîne tous les astres dans un même mouvement et dans un même temps qui est de 24 heures.

D. *Comment se fait ce mouvement?* R. Le mouvement se fait de manière qu'il y a deux points immobiles dans la surface céleste; l'un s'appelle pôle septentrional ou arctique, l'autre méridional ou antarctique.

D. *Donnez-moi un exemple sensible de ce mouvement?* R. Pour le représenter, percez dans son centre une orange, avec une aiguille qui représentera l'axe du monde; les extrémités seront les deux pôles, et si l'on fait tourner l'orange, son mouvement sera celui du ciel.

D. *Le ciel et les astres n'ont-ils pas un autre mouvement?* R. Outre ce mouvement, qu'on appelle commun ou journalier, par lequel les astres vont d'orient en occident, ils en ont encore un autre qui leur est propre, par lequel ils vont d'occident en orient.

D. *De quelle manière explique-t-on la situation des astres?* R. Pour expliquer la situation des astres, leur mouvement et la distance qui est entre eux, on a imaginé dans le ciel plusieurs cercles, dont les principaux sont représentés dans la sphère artificielle.

D. *Faites-moi la description de la sphère artificielle?* R. La sphère artificielle est une véritable boule : il faut s'imaginer que les espaces qui sont entre les cercles sont remplis, et que les pointes sur lesquelles elle tourne sont les extrémités d'une longue aiguille qui passe par son centre.

La boule qui tourne représente la sphère céleste ; l'aiguille autour de laquelle elle tourne représente l'axe du monde ; les trous que l'aiguille fait à la surface de la boule, en entrant et en sortant, sont les pôles, et la petite boule, qui est immobile au milieu, représente la terre.

DES CERCLES DE LA SPHÈRE.

D. *Qu'est-ce que les cercles de la sphère?* R. Il ne faut pas confondre la circonférence avec le cercle, car la circonférence est une ligne courbe dont tous les points sont également éloignés d'un point intérieur qu'on appelle centre, tandis que le cercle est la surface enveloppée dans cette ligne courbe. C'est pourquoi les cercles de la sphère artificielle doivent être considérés, comme n'ayant point de vide jusqu'à leur centre, et n'étant que des circonférences des cercles. Chaque cercle d'une sphère a deux pôles : ces deux pôles sont deux points de la surface également éloignés de tous les points de la circonférence de ce cercle.

D. *Qu'est-ce que l'axe d'un cercle?* R. L'axe d'un cercle est la ligne droite tirée d'un pôle de ce cercle à l'autre pôle.

D. *Quand les cercles sont-ils parallèles?* R. Quand ils sont également éloignés l'un de l'autre dans toute leur étendue.

D. *Combien distingue-t-on de sortes de cercles?* R. On distingue deux sortes de cercles, les grands et les petits.

D. *Qu'est-ce que les grands cercles?* R. Les grands cercles sont ceux qui coupent la sphère en deux parties égales, et qui ont le même centre que la sphère.

D. *Qu'est-ce que les petits cercles?* R. Les petits cercles sont ceux qui coupent la sphère en deux parties inégales.

D. *Comment divise-t-on un cercle?* R. On divise tout cercle ou sa circonférence en trois cent soixante parties égales, ou degrés : chaque degré se divise en soixante parties ou minutes : chaque minute en soixante parties ou secondes, etc; mais dans les sphères ordinaires, on ne remarque que les degrés.

D. *Combien y a-t-il de cercles?* R. Il y a dix cercles dans la sphère, six grands et quatre petits. Les grands sont l'équateur, le zodiaque, les deux colures, l'horizon et le méridien; les petits sont les deux tropiques et les deux cercles polaires.

D. *Qu'est-ce que l'équateur?* R. L'équateur est un grand cercle qui est également distant des deux pôles du monde et qui partage la terre en deux hémisphères : l'un est l'hémisphère septentrional, ou boréal, ou du nord ; l'autre, l'hémisphère méridional, ou austral, ou du sud. On l'appelle aussi *ligne équinoxiale*, parce que le soleil, le coupant deux fois l'année, forme les équinoxes qui arrivent au mois de mars ou de septembre, époque où les jours sont égaux aux nuits.

D. *Qu'appelle-t-on le temps des équinoxes?* R. C'est le moment où les jours sont égaux aux nuits, ce qui a lieu deux fois par an ; en mars et en septembre.

D. *Qu'est-ce que le zodiaque?* R. Le zodiaque est une zone céleste, traversée au centre par l'écliptique, et qui est terminée par deux cercles parallèles à ce dernier.

D. *Qu'est-ce que l'écliptique?* R. Comme on ne peut apercevoir le mouvement de rotation de la terre, on l'attribue au soleil qui semble décrire un cercle autour de nous. Cette direction apparente est tracée sur les globes terrestres. On donne le nom d'écliptique à la ligne qui la représente.

DE LA SPHÈRE.

D. Quelle est la division du zodiaque? R. Le zodiaque se divise en douze parties égales : chacun de ses signes contient trente degrés ; il y en a six vers le septentrion, et six vers le midi. On les désigne avec des caractères à côté de leur nom, les mois auxquels ils correspondent, et leur degré.

Degré. Entrée du Soleil dans le signe..

0 Le Bélier ♈	0	20 Mars	⎫
1 Le Taureau ♉	30	21 Avril	⎪
2 Les Gémeaux ♊	60	21 Mai	⎬ SIGNES MÉRIDIONAUX.
3 L'Écrevisse ♋	90	21 Juin	⎪
4 Le Lion ♌	120	23 Juillet	⎪
5 La Vierge ♍	150	23 Août	⎭
6 La Balance ♎	180	23 Septembre	⎫
7 Le Scorpion ♏	210	23 Octobre	⎪
8 Le Sagittaire ♐	240	22 Novembre	⎬ SIGNES SEPTENTRIONAUX.
9 Le Capricorne ♑	270	22 Décembre	⎪
10 Le Verseau ♒	300	28 Janvier	⎪
11 Les Poissons ♓	330	18 Février	⎭

DES DEUX COLURES ET DE L'HORIZON

D. Qu'est-ce que les deux colures? R. Lorsque l'équateur est coupé aux deux points des équinoxes par un des deux grands cercles, il se nomme colure, savoir l'une des équinoxes ; l'autre passant par les deux points des solstices, se nomme colure des solstices.

D. Quels sont les points des équinoxes? R. Les points des équinoxes sont le commencement du Bélier et de la Balance ; quand le soleil s'y trouve, le jour est égal à la nuit par toute la terre.

D. En quel temps de l'année arrivent les équinoxes? R. Lorsque le soleil entre dans le signe du Bélier, ce qui arrive vers le 21 mars, c'est l'équinoxe du printemps ; et lorsqu'il entre au signe de la Balance, ce qui arrive vers le 23 septembre, c'est l'équinoxe d'automne pour ceux qui habitent la partie septentrionale de la terre.

D. Quels sont les points des solstices? R. Le commencement du Cancer et celui du Capricorne sont les points des solstices. Le premier degré du Cancer est pour l'Europe le point du solstice d'été, et le premier degré du Capricorne est le point du solstice d'hiver. Le soleil entre au signe du Cancer vers le 22 juin ; il entre au signe du Capricorne vers le 22 décembre.

D. Qu'est-ce que l'horizon? R. L'horizon est un grand cercle qui divise la sphère en deux parties égales, qu'on nomme hémisphères, dont l'une est supérieur ou visible, et l'autre inférieur ou invisible.

D. Combien y a-t-il de sortes d'horizon? R. Il y a deux sortes d'horizons, l'horizon rationnel et l'horizon sensible.

D. Qu'est-ce que l'horizon rationnel? R. L'horizon rationnel est celui qui coupe la sphère en deux parties égales, et passe par son centre.

D. Qu'est-ce que l'horizon sensible? R. L'horizon sensible est un cercle parallèle à l'horizon rationnel, qui touche la surface de la terre au point où sont nos pieds. Il est distant de l'horizon rationnel d'un demi-diamètre de la terre.

D. Que marque l'horizon? R. L'horizon sert à marquer le lever et le coucher des astres. Lorsqu'un astre vient sur l'horizon, il se lève; on peut le voir pendant qu'il est sur l'horizon; quand il va dessous, il se couche, et l'on ne peut plus le voir.

DU MÉRIDIEN, DES TROPIQUES ET DES CERCLES POLAIRES.

D. Qu'est-ce que le méridien? C'est un grand cercle qui divise la sphère en deux hémisphères, ou en deux parties égales : l'une orientale et l'autre occidentale, et qui passe par les pôles du monde, et par le zénith et le nadir du lieu dont il est le méridien : ainsi le méridien ne peut être déterminé que relativement à quelque lieu de la terre.

D. Pourquoi appelle-t-on ce cercle, méridien? R. On l'appelle méridien, parce qu'il est midi pour tous ceux qui sont sous ce cercle, lorsque le soleil y passe sous l'horizon, en allant d'orient en occident.

D. Que marque le méridien? R. Le méridien sert à marquer les quatre points cardinaux, savoir : l'Orient ou Est, l'Occident ou Ouest, le Septentrion ou Nord, le Midi ou Sud. Les points où le méridien coupe l'horizon rationnel, sont le Septentrion et le Midi; et les points où l'équateur coupe le même horizon, sont l'Orient et l'Occident.

Les commençans doivent bien se pénétrer de l'importance des trois cercles principaux, l'horizon, l'équateur et le méridien.

D. Qu'est-ce que les tropiques? R. Les tropiques sont deux petits cercles parallèles à l'équateur, qui en sont éloignés de vingt-trois degrés et demi. Leur tangence avec l'écliptique; l'un au commencement du Cancer, s'appelle tropique du Cancer; l'autre au commencement du Capricorne, s'appelle tropique du Capricorne.

Qu'est-ce que les cercles polaires? R. Les cercles polaires sont deux petits cercles parallèles à l'équateur, éloignés des pôles du monde de vingt-trois degrés vingt-neuf minutes.

D. Comment les nomme-t-on? R. Celui qui est vers le pôle arctique est appelé cercle polaire arctique; celui qui est vers le pôle antarctique, s'appelle cercle polaire antarctique.

D. Sont-ce là tous les cercles qui sont représentés dans la sphère? R. Le globe est encore divisé en cinq zones, celle qui est située entre les tropiques, étant plus exposée aux rayons du soleil, s'appelle pour cette raison, zone torride ou brûlée. L'espace compris entre les tropiques et les cercles polaires, se désigne sous le nom de zones tempérées; enfin, celui des cercles polaires jusqu'aux pôles, prend le nom de zones glaciales.

DES ASTRES, DES COMÈTES ET DES PLANÈTES.

D. Combien distingue-t-on de sortes d'étoiles? R. On compte trois sortes d'étoiles; les étoiles fixes et les étoiles errantes, qui sont les comètes et les planètes.

D. *Qu'est ce que les étoiles fixes?* R. Les étoiles fixes sont ainsi appelées, parce qu'elles gardent toujours une même distance entre elles, sans jamais s'écarter les unes des autres dans leur mouvement; leur nombre est infini.

D. *Le nombre des étoiles est-il déterminé?* R. Les anciens astronomes en comptaient plus de deux cent mille, qu'on peut voir sans le secours de lunettes à longue vue; mais lorsqu'on en fait usage, on en découvre une si grande quantité, qu'il est impossible de les compter, et même on observe que la *Voie lactée,* appelée vulgairement le *Chemin de saint Jacques,* n'est qu'un amas d'une infinité d'étoiles qu'on ne peut distinguer avec les yeux seuls.

D. *De quelle manière divise-t-on les étoiles?* R. La surface concave du ciel se divise en plusieurs assemblages d'étoiles fixes nommées constellations, on leur a donné différens noms arbitraires de héros, d'animaux, etc. avec lesquels il ne leur faut pas chercher de ressemblance; Hercule, Céphée, le Taureau, le Bélier, etc.

D. *Combien y a-t-il de constellations?* R. Il y a soixante-deux constellations, vingt-trois septentrionales, vingt-sept méridionales, et douze dans le zodiaque. On peut voir sur un globe céleste le nom et la situation de ces constellations, et combien elles ont d'étoiles.

D. *Comment se fait le mouvement propre des étoiles?* R. Le mouvement propre des étoiles fixes se fait d'occident en orient, suivant des cercles parallèles à l'écliptique, ce mouvement est très-lent, car elles sont environ soixante et dix ans à faire un degré, de sorte qu'il leur faut près de vingt-cinq mille ans pour achever leur période, c'est-à-dire leur révolution entière.

D. *Qu'est-ce que les comètes?* R. Les comètes sont de véritables astres que l'on aperçoit quelquefois dans le ciel; ils sont ordinairement accompagnés d'une traînée lumineuse, appelée chevelure ou queue.

D. *Qu'est-ce que les planètes?* R. Les planètes sont appelées étoiles errantes, parce que leur mouvement n'est pas régulier comme celui des étoiles fixes, et qu'elles ne conservent pas toujours entre elles la même distance. On les considère aussi comme des corps opaques, attendu que la lumière ne vient pas d'eux mêmes, et qu'ils sont éclairés par le soleil.

D. *Combien y a-t-il de planètes?* R. Il y a onze planètes, dont voici les noms, avec les caractères dont on se sert pour les marquer.

☀ Le Soleil.

☿ Mercure.   ♅ Uranus.
♀ Vénus.   ⚳ Cérès.
♁ La Terre.   ⚴ Pallas.
♂ Mars.   ⚵ Junon.
♃ Jupiter.   ⚶ Vesta.
♄ Saturne.

☾ La Lune, satellite de la Terre.

D. *En combien de temps ces planètes font-elles leurs révolutions synodiques, ou retour au soleil?* R. Le Soleil fait sa révolution en 1 an 5 heures 48 m. 48 sec.

Mercure, en 87 j. 23 h. 14 m. 32 sec.
Vénus, en 224 j. 16 h. 41 m. 27 sec.
Mars, en 1 an 321 j. 22 h. 16 m. 27 sec.
Jupiter, en 14 ans 315 j. 14 h. 39 m. 2 sec.
Saturne, en 29 ans, 161 j. 19 h. 16 m. 15 sec.
Uranus, en 83 ans 294 j. 8 h. 39 m.
Cérès, en 4 ans 222 j. 16 h. 15 m.
Pallas, en 4 ans 247 j.

La révolution de Junon et sa distance au soleil sont à peu près les mêmes que pour Cérès, Pallas, et Vesta.

La lune achève sa révolution autour de la terre, d'occident en orient, en 27 j. 7 h. 43 minutes 4 secondes, faisant avec l'écliptique qu'elle coupe en deux points, des angles d'environ 5 degrés.

DU SOLEIL.

D. *Qu'est-ce que le soleil?* R. Le soleil est la planète dont le mouvement est le moins irrégulier, dans sa course il ne s'écarte jamais de l'écliptique, il décrit chaque jour, par son mouvement commun ou journalier, un cercle parallèle à l'équateur.

D. *Quelle est la distance de la terre au soleil?* R. Elle est d'environ douze millions de myriamètres (trente millions de lieues), il est au moins un million de fois plus gros que la terre. L'Apogée du soleil est situé vers le septième degré du Cancer, et son Périgée vers le septième degré du Capricorne. Cette position fait que le soleil est chaque année sept jours de plus dans la partie septentrionale du monde, que dans la partie méridionale.

D. *Donnez l'explication des mots Apogée et Périgée?* R. L'Apogée est l'époque où le soleil est le plus éloigné de la terre, et Périgée lorsqu'il en est le plus près.

D. *Combien le soleil met-il de temps à parcourir l'écliptique?* R. Il parcourt l'écliptique d'occident en orient dans l'espace de trois cent soixante-cinq jours et près de six heures; ce nombre de jours forme l'année.

D. *L'année est-elle toujours de trois cent soixante-cinq jours?* R. Non, cette différence provient des six heures qui restent tous les ans, et qui font par conséquent, un jour au bout de quatre ans; c'est pourquoi chaque année est bissextile, c'est-à-dire qu'elle a trois cent soixante-six jours.

D. *Toutes les quatrièmes années sont-elles bissextiles?* R. Comme aux six heures qui restent il manque onze minutes, si on faisait toutes les quatrièmes années de trois cent soixante-six jours, il se trouverait qu'au bout de quatre cents ans, ces onze minutes qu'on aurait ajoutées de trop chaque année, feraient trois jours entiers; pour y remédier, on retranche trois jours dans l'espace de quatre cents ans, en ne faisant point bissextile chaque première année des siècles, si ce n'est de quatre cents en quatre cents ans.

DE LA LUNE.

D. *Qu'est-ce que la lune?* R. La lune est la plus petite des planètes, elle paraît beaucoup plus grande que les autres, à l'exception du soleil, dont elle reçoit la lumière, parce qu'elle est beaucoup plus près de la terre.

D. *Qu'appelle-t-on phases de la lune?* R. Ce sont les quatre positions sous lesquelles elle se présente, connues sous les noms de nouvelle lune, premier quartier, pleine lune, et dernier quartier.

D. *Qu'est ce que la nouvelle lune?* R. La lune est nouvelle lorsqu'elle est dans le même degré du zodiaque que le soleil, entre le soleil et nous, alors la partie de la lune qui est du côté de la terre n'étant pas éclairée, il nous est impossible de l'apercevoir.

D. *Qu'est ce que le premier quartier?* R. Quand la lune est éloignée de quatre-vingt-dix degrés, ce qui est le quart du zodiaque, la moitié de la partie éclairée, et la moitié de celle qui ne l'est pas, sont vers nous, c'est le premier quartier de la lune.

D. *Qu'est-ce que la pleine lune?* R. Lorsque la lune dans son mouvement, est placée entre le soleil et la moitié du zodiaque, on aperçoit la presque totalité de la partie éclairée; c'est la pleine lune.

D. *Qu'est-ce que le dernier quartier?* R. C'est lorsqu'elle se rapproche du soleil, et plus elle s'en approche, moins nous voyons de la partie éclairée. Lorsqu'elle est arrivée à quatre-vingt-dix degrés du soleil, on n'aperçoit plus que la partie tournée vers l'Est.

D. *Qu'est-ce qu'une éclipse de lune?* R. C'est lorsque la terre se trouve directement entre elle et le soleil.

D. *Qu'est-ce qu'une éclipse de soleil?* R. C'est lorsque la lune est placée entre lui et la terre.

D. *De combien de jours est composée l'année lunaire?* R. Le mois lunaire est composé de vingt-neuf jours, douze heures et quelques minutes; douze de ces mois alternativement composés de vingt-neuf et trente jours, forment l'année lunaire, qui est composée de trois cent cinquante jours.

DES POSITIONS DE LA SPHÈRE.

D. *Quelles sont les différentes positions de la sphère?* R. Les positions de la sphère sont les différentes manières dont elle peut être placée par rapport à l'horizon. Il y en a trois, car la sphère peut être droite, parallèle, ou oblique. Le zénith est le point le plus élevé du ciel et le nadir au contraire, est le point inférieur de la sphère qui lui est directement opposé.

La sphère est droite, lorsque les pôles du monde sont dans l'horizon, et que le zénith et le nadir sont dans l'équateur.

La sphère est parallèle, lorsque le zénith et le nadir sont sous les pôles du monde, et que l'équateur et l'horizon ne font qu'un même cercle.

La sphère est oblique quand elle est placée d'une autre manière que les deux précédentes. Pour bien comprendre ce que je viens de dire, il faut mettre la sphère dans ces trois situations.

Quand la sphère sera droite, on connaîtra que dans quelque endroit de l'écliptique que soit le soleil, les cercles qu'il décrit chaque jour par son mouvement commun, sont coupés en parties égales par l'horizon. Les peuples de la terre qui ont leur zénith et leur nadir dans l'équateur et qui par conséquent ont la sphère à droite, ont un équinoxe perpétuel, c'est-à-dire, que chaque jour de l'année le soleil est autant sur leur horizon, que dessous, ce qui fait que les jours sont égaux aux nuits pendant toute l'année.

Quand la sphère est parallèle, il y a la moitié de l'écliptique au-dessus de l'horizon, et la moitié au-dessous; de sorte que les habitans des pôles ont six mois de jour et six mois de nuit.

Quand la sphère est oblique, tous les cercles que le soleil décrit chaque jour par son mouvement commun, excepté l'équateur, sont coupés en deux parties inégales par l'horizon; c'est pourquoi les pays où la sphère est oblique, ont pendant toute l'année des jours plus longs ou plus courts que les nuits qui les suivent, si on en excepte les jours des équinoxes.

D. *Qu'entend-t-on par la longueur du jour?* R. Quoique dans tous les endroits de la terre, où la sphère est oblique, les jours ne soient pas égaux aux nuits, l'inégalité n'est pas la même partout, plus on approche des pôles, plus la différence est grande, par exemple, à Paris, le vingt-deuxième jour de juin est de seize heures, et la nuit suivante de huit. Ce que l'on vient de dire sur la longueur du jour comprend seulement le temps que le soleil est sur l'horizon; il ne faut pas y comprendre le crépuscule qui augmente le jour de beaucoup, le matin et le soir.

D. *Qu'est-ce que le crépuscule?* R. Le crépuscule est la lumière qui paraît avant le lever du soleil, que l'on nomme ordinairement aurore, et celle qui reste après son coucher, qui prend le nom de crépuscule.

D. *Quelle est la durée du crépuscule?* R. Le crépuscule dure tant que le soleil n'est pas abaissé d'environ dix-huit degrés au-dessous de l'horizon; ces dix-huit degrés ne se prennent pas sur le cercle que le soleil décrit, mais sur un autre qu'on imagine, qui coupe l'horizon perpendiculairement; de là vient que plus les cercles que le soleil décrit chaque jour sont obliques à l'horizon, plus les crépuscules durent long-temps.

Plus on approche des pôles, plus les crépuscules sont longs, sous les pôles ils durent presque deux mois avant le lever et le coucher du soleil.

D. *Que faut-il connaître pour avoir la situation d'un lieu sur la terre?* R. Il faut savoir mesurer la latitude et la longitude du lieu que l'on cherche.

D. *Qu'est-ce que la latitude?* R. La latitude d'un lieu est la distance qu'il y a de ce lieu à l'équateur: elle se compte par degrés et minutes.

On la prend sur le grand méridien des globes, à droite et à gauche sur les planisphères et sur les lignes qui sont aux deux côtés dans les cartes générales, pourvu qu'elles aient le septentrion en haut, comme on le met ordinairement.

La hauteur du pôle dans un lieu, est toujours égale à sa latitude.

La latitude est, ou septentrionale, ou méridionale, suivant qu'un lieu est éloigné de l'équateur vers le septentrion, ou vers le sud.

D. *Qu'est-ce que la longitude?* R. La longitude d'un lieu est la distance qu'il y a de ce lieu au premier méridien; elle se compte par degrés et minutes. On la prend sur l'équateur des globes et des planisphères, en haut et en bas sur les cartes générales. La longitude se compte d'Occident en Orient. Il était tout à fait arbitraire de prendre pour méridien tel méridien qu'on aurait voulu; mais, les géographes furent obligés sous Louis XIII, de placer le premier méridien à l'Ile-de-Fer, la plus occidentale des Canaries. On place aussi le premier méridien à la capitale des différens pays, d'où l'on compte les degrés de longitude.

D. *Les degrés de longitude sont-ils égaux entre eux, comme ceux de latitude?* R. Ce n'est qu'à l'équateur qu'ils sont égaux aux degrés de latitude; mais ils viennent toujours plus petits à mesure que les méridiens se rapprochent près des pôles, où ils se réduisent à zéro.

Pour s'orienter, on se tourne vers l'endroit où le soleil paraît se lever; on a alors devant soi, l'Est, derrière soi l'Ouest, à la droite le Sud et le Nord à gauche. Pour s'orienter la nuit, on se sert de l'étoile polaire fixée au Nord; en la regardant on a devant soi le Nord, derrière soi le Sud, à droite l'Est, et à gauche l'Ouest.

D. *De quels moyens se sert-on pour trouver sur un globe artificiel, la longitude et la latitude d'un lieu?* R. Il faut tourner le globe jusqu'à ce que le lieu proposé soit sous le grand méridien; comptez ensuite combien il y a de degrés depuis l'équateur jusqu'au point du méridien qui est directement au-dessus de ce lieu, ce nombre de degrés sera sa latitude : le degré de l'équateur, qui est sous le grand méridien, marquera sa longitude, qui se compte depuis le premier méridien en allant vers l'Orient.

D. *Trouvez le climat d'un lieu situé entre l'équateur et les cercles polaires?* R. Il faut connaître de combien d'heures est le plus grand jour de l'année dans ce lieu-là; si ce lieu est dans la partie septentrionale de la terre, le plus long jour est lorsque le soleil se trouve au premier degré du Cancer; et s'il est dans la méridionale, c'est lorsque le soleil entre au premier degré du Capricorne. Pour savoir de combien d'heures est ce jour, il faut élever le pôle du globe selon la hauteur du pôle dans ce lieu-là; mettez ensuite le premier degré du Cancer sous le grand méridien, si le lieu proposé est dans la partie septentrionale; sinon il faudra mettre le premier degré du Capricorne. Ayant placé l'aiguille du cercle horaire sur midi, faites tourner le globe vers l'Orient, jusqu'à ce que le premier degré du Cancer touche l'horizon; l'aiguille alors marquera l'heure du lever du soleil; faites en autant vers l'Occident, l'aiguille marquera l'heure de son coucher. On connaîtra par cette manière que le soleil se lève à Paris à quatre heures et se couche à huit heures dans le plus long jour de l'année. On saura que ce jour est de seize heures, et qu'il surpasse les jours des pays qui sont sous l'équateur, de huit demi-heures, et qu'ainsi il est à la fin du huitième climat d'heures.

D. *Qu'entend-on par antipodes?* R. Les antipodes d'un lieu sont les peuples qui habitent une partie de la terre diamétralement opposée à ce lieu là, de sorte que leur distance soit la moitié d'un grand cercle.

D. *Connaissant l'heure qu'il est dans un endroit, comment connaître l'heure qu'il est dans un autre?* R. Vous savez, par exemple, qu'il est dix heures du matin à Paris. Pour connaître l'heure qu'il est au même moment dans tous les lieux de la terre, mettez Paris sous le grand méridien, l'aiguille du cercle horaire sur dix heures du matin, faites tourner ensuite le globe, à quelqu'endroit que vous l'arrêtiez, l'aiguille marquera l'heure qu'il est dans tous les lieux qui sont sous le grand méridien. Si le lieu est oriental par rapport à la ville désignée, on fera tourner le globe vers l'Occident, et si c'est à l'Occident par rapport à la même ville, on fera tourner le globe vers l'Orient.

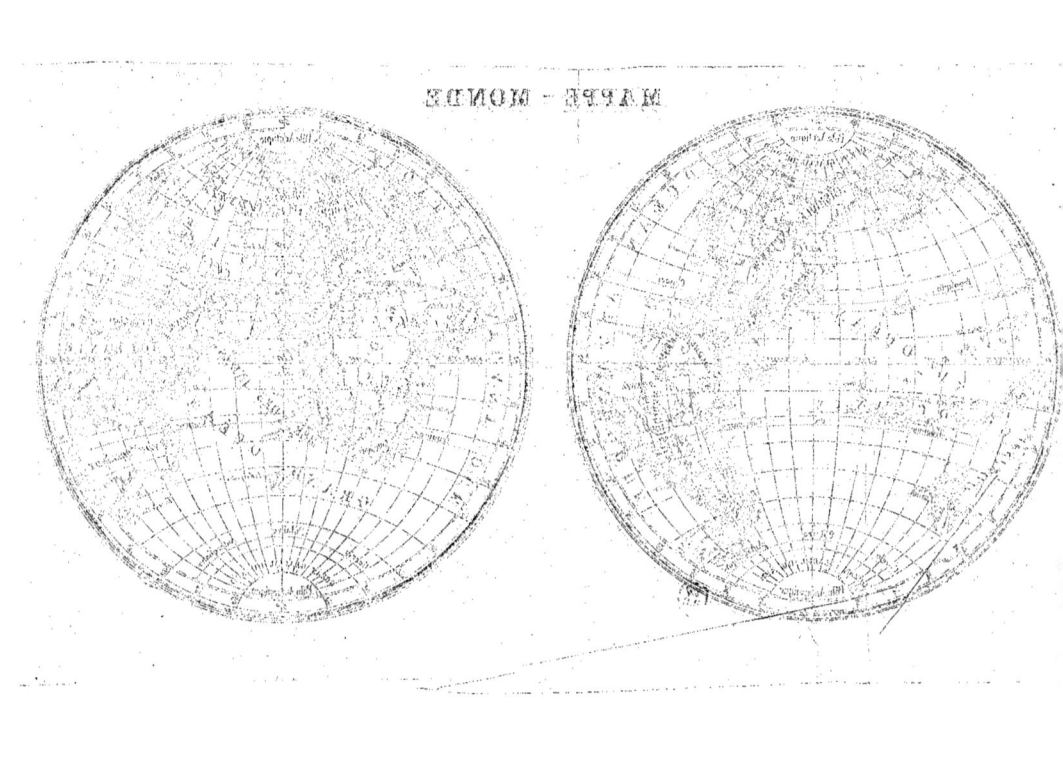

MAPPE - MONDE

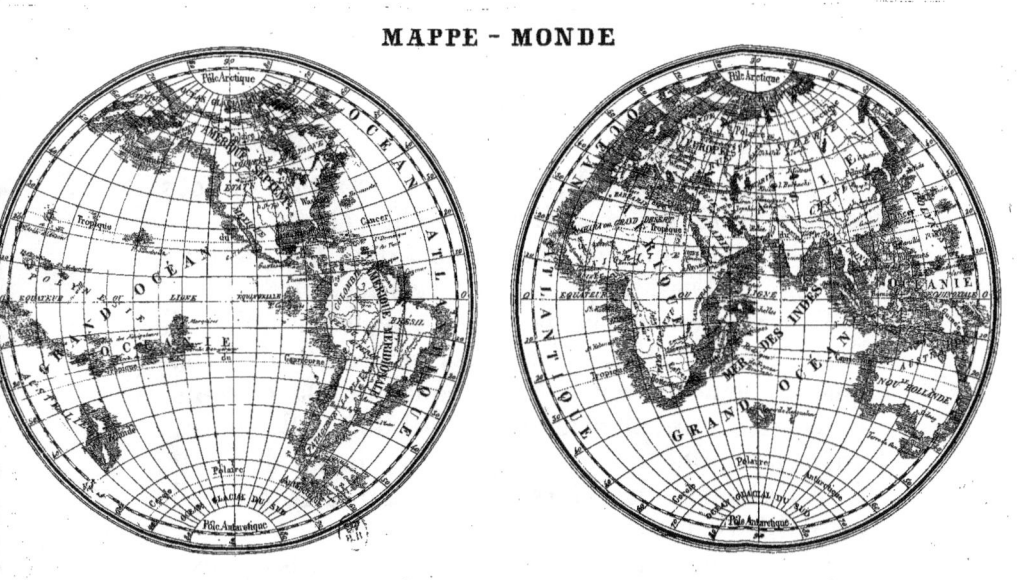

DE LA
GÉOGRAPHIE
EN GÉNÉRAL.

La Géographie est l'étude et la description de tous les pays situés sur la surface du globe (1).

La terre est un corps sphérique, dont la surface est convexe; elle est un peu aplatie vers les pôles.

La circonférence de la terre, sous le méridien de Paris, est de 3,999,867 mètres, environ 9,999 trois-quarts, lieues de poste. Sous l'équateur, la circonférence de cette planète est de 40,059,948 mètres, environ 10,084 quatre cinquièmes, lieues de poste. L'aplatissement des pôles est sans doute la cause de cette différence.

Pour saisir avec plus de facilité les rapports qui existent dans ces différentes parties, il faut employer le globe terrestre, dont la forme ressemble à celle de la terre, il en fait mieux apprécier la situation; ensuite pour en avoir une connaissance plus détaillée, on a recours aux cartes géographiques.

Ces cartes sont de trois sortes : la mappemonde, les CARTES générales et les CARTES particulières.

La mappemonde, ou planisphère, représente le

---

(1) Géographie vient de deux mots grecs, γη terre et γραφειν, écrire. Ce qui signifie description de la terre.

globe terrestre coupé par le méridien en deux parties égales, qu'on appelle hémisphères.

Les cartes générales représentent en raccourci un ou plusieurs grands Etats, comme la carte de l'Europe, celle de la France.

Les cartes particulières sont celles qui représentent une province, un département, comme celles de la Lorraine, de la Meurthe.

Les cartes topographiques sont celles qui représentent un lieu, un canton particulier, comme celles de Nancy, d'Amance.

Les cartes hydrographiques sont celles qui donnent la description des mers et des côtes.

Toutes sont orientées de façon que le nord ou septentrion est en haut, le midi ou sud en bas, l'orient ou est à droite, l'occident ou ouest à gauche.

Afin de bien concevoir le rapport de ces cartes à la surface de la terre, il faut les considérer comme des morceaux détachés dessus un grand globe.

DES MESURES EN USAGE DANS LA GÉOGRAPHIE.

L'uniformité des mesures dont on se sert pour exprimer la distance des lieux n'est pas la même dans tous les pays.

En France, en Espagne, en Suède, en Danemarck et en Suisse, on compte par lieues.

En Italie, en Allemagne, en Hongrie, en Pologne et en Hollande, on compte par milles; il y a même encore beaucoup de différence dans ces deux unités de mesures, dans chacun de ces pays. Depuis l'introduction du système métrique, la lieue n'existe plus légalement en France.

On prit pour bases des mesures une longueur égale à la dix-millionième partie du quart du méridien terrestre. Cette unité fondamentale des mesures se nomme mètre.

Les mesures itinéraires sont : le myriamètre ou se

compose de dix mille mètres; le kilomètre qui se compose de mille mètres; le décamètre qui se compose de dix mètres, et le mètre enfin.

La lieue de poste encore usitée sur les routes, équivaut à environ quatre kilomètres.

Un degré contient :

20 lieues marines ou 60 milles géographiques (1);
27 $\frac{1}{2}$ lieues de poste;
11 $\frac{1}{9}$ myriamètres;
111 $\frac{2}{9}$ kilomètres;
60 milles géographiques d'Italie, d'Angleterre et de Turquie;
50 milles communs d'Angleterre;
15 milles d'Allemagne;
12 milles de Suède;
10 milles de Hongrie;
88 $\frac{8}{9}$ werstes communs de Russie;
22 $\frac{2}{9}$ parasanges turcs;
44 $\frac{4}{9}$ cos ou lieues indiennes;
240 lis chinois.

Pour connaître la distance d'un lieu à un autre sur un globe ou sur une carte, il faut poser les deux pointes d'un compas sur les lieux dont on veut connaître la distance, et porter ce compas sur l'équateur ou sur le méridien; on aura un nombre de degrés qu'il faut réduire en mesure itinéraire, en multipliant le nombre de degrés par le nombre de mesures qui entrent dans un degré.

Exemple : la distance est de cinq degrés; on veut connaître par quel nombre de milles géographiques les lieux en question sont distancés.

Dans le tableau qui précède, je vois qu'il y a soixante milles au degré, je multiplie 5, nombre des

---

(1) Dans les calculs hydrographiques, les mesures itinéraires se calculent en France par *milles*.

degrés, par 60, nombre de milles, et le produit est la distance en milles.

DE LA DIVISION DE LA TERRE
ET DE SES PARTIES.

La surface de la terre est divisée en terre et en eau : l'étendue de ce qu'on connaît de terre n'est pas si grande que celle de l'eau. Mais comme il y a encore des terres inconnues, on ne peut assurer laquelle de ces deux surfaces a le plus d'étendue.

La terre est divisée en continens et en îles.

Le continent, appelé aussi terre ferme, est une grande partie de terre qui comprend plusieurs régions qui ne sont point séparées les unes des autres par la mer.

Il y a deux continens, l'ancien et le nouveau ; l'ancien comprend l'Europe à l'Occident, l'Asie à l'Orient, et l'Afrique au sud : on l'appelle ancien, parce qu'il nous a été connu de tout temps. Le nouveau est l'Amérique : on le nomme nouveau, parce qu'il n'est découvert que depuis 1492 ; et il est situé à l'occident de l'Europe et de l'Afrique.

On pourrait ajouter un troisième continent, qui serait la nouvelle Hollande ou l'Océanie, île de l'Océan Pacifique, qui a plus de huit cents lieues du midi au nord.

DÉFINITION DES TERMES RELATIFS A LA TERRE.

Le continent ou terre ferme est une grande masse de terre toute entourée d'eau, comprenant plusieurs états qu'on peut parcourir sans traverser aucune mer.

L'île est une portion de terre, séparée du continent, et qui est entièrement entourée d'eau.

La presqu'île ou péninsule est une étendue de terre qui s'avance dans la mer, et qui ne tient que d'un côté à la terre ferme.

L'Italie est une presqu'île.

L'isthme est une certaine quantité de terre, servant

de communication à deux continens ; tel est l'isthme de Suez qui joint l'Asie et l'Afrique.

Le cap est une pointe de terre qui s'avance dans la mer.

Les montagnes sont de petites aspérités de la terre, plus élevées que le reste de sa superficie, comme le mont Atlas en Afrique.

Un mont est une montagne fort élevée.

On donne le nom de pic aux montagnes les plus hautes et qui ont une forme conique.

Les volcans sont des montagnes renfermant dans leur sein des matières hétérogènes, à la fois combustibles, dont l'irruption a lieu à différentes époques.

Le cratère d'un volcan est l'endroit où s'échappent les flammes.

Le rocher est une montagne formée par la réunion d'une quantité de masses de pierres.

Les côtes sont les parties extérieures de la terre qui bornent la mer.

DÉFINITION DES TERMES RELATIFS AUX EAUX.

La mer est une vaste étendue d'eau plus ou moins salée, qui couvre une grande partie du globe : elle prend le nom des côtes qui l'avoisinent.

On divise les mers en mers extérieures et mers intérieures.

La mer extérieure est celle qui, sous le nom d'Océan, environne les continens.

Les mers intérieures sont celles qui sont environnées de terre ; telle est la mer Méditerranée, la mer Baltique, la mer Noire, la mer Rouge. L'action attractive que la lune exerce sur elles n'étant pas en rapport avec leur surface, elles n'ont pas, comme l'Océan, de flux et de reflux.

Un golfe est une certaine quantité de mer qui s'avance dans les terres.

Une rade est une petite étendue de mer où les vaisseaux sont à l'abri des vents.

Un archipel est la réunion de plusieurs îles.

Un détroit est une partie de mer fort resserrée entre deux terres voisines.

Un port est un lieu de sûreté disposé pour recevoir les vaisseaux et leur cargaison.

Un lac est une étendue d'eau douce stagnante, qui ne communique à aucune mer.

Un marais est un amas d'eau qui, par sa vaporisation, exhale des vapeurs malfaisantes et quelquefois pestilentielles.

Un ruisseau est un faible courant d'eau.

Une rivière est formée par une source dont le cours va se réunir à une autre.

Un fleuve est une rivière qui se jette dans la mer ; l'endroit de leur jonction s'appelle embouchure.

Un confluent est la réunion de deux rivières.

On appelle cataracte, la chute ou la précipitation, des eaux d'un fleuve ou d'une rivière, d'un endroit fort élevé.

La gauche ou la droite d'une rivière est la gauche ou la droite d'une personne qui la descend.

DÉFINITION DES TERMES RELATIFS A LA POLITIQUE.

On appelle gouvernement, l'union des forces physiques et morales qu'un peuple établit pour maintenir les lois et la constitution.

La forme du gouvernement tient à la direction et à l'organisation du pouvoir suprême.

On distingue plusieurs formes de gouvernement.

Le gouvernement monarchique, c'est lorsque le pouvoir est remis entre les mains d'un souverain, qui est obligé de suivre les principes de la constitution et les lois fondamentales de l'état.

Le gouvernement despotique est celui où le souverain a droit de vie et de mort sur ses sujets.

Le gouvernement monarchique absolu est celui où le souverain a le droit de dicter des lois sans le consentement du peuple.

Le gouvernement monarchique constitutionnel est celui où le chef de l'état ne peut gouverner sans le concours des représentans de la nation.

Le gouvernement républicain est un état où l'autorité souveraine est maintenue par plusieurs magistrats nommés par le peuple.

Suivant l'étendue et la forme de leurs gouvernemens, et du titre de leurs chefs, les états reçoivent les dénominations de MONARCHIE, d'EMPIRE, de ROYAUME, de GRAND-DUCHÉ, de DUCHÉ, de PRINCIPAUTÉ, de COMTÉ, de LANDGRAVIAT, de KHANNAT, d'IMANAT, de SCHERIFAT, de RÉPUBLIQUE, de CONFÉDÉRATION, etc.

On appelle CHARTE, CONSTITUTION, le plan de gouvernement ou système de lois adopté par un peuple.

DES VARIÉTÉS DE L'ESPÈCE HUMAINE.

L'homme formé à l'image du Créateur, n'a subi aucun changement depuis sa naissance, car tous les peuples en général se ressemblent sous tous les rapports. On attribue quelques différences sensibles, soit dans la couleur de la peau ou la forme du visage, à l'influence de la température et des maladies.

La première occupe les parties centrales de l'ancien continent, c'est la race blanche, dont les caractères sont d'avoir la peau blanche, les cheveux longs, la face ovale. (1).

La deuxième est la race tartare, qui se compose de tous les asiatiques au-delà du Gange. Elle a le teint jaune, les cheveux noirs et raides, la tête carrée, la face large, les joues saillantes.

La variété américaine, au teint cuivré, occupe toute l'Amérique ; l'opinion que cette variété n'a point de barbe est erronée.

La variété malaie, qui habite les îles de la Sonde,

---

(1) Les Lapons appartiennent à cette variété. La petitesse de leur taille provient de l'extrême rigueur du climat qu'ils habitent.

les Moluques, les Philippines, et toutes celles du grand Océan.

La variété nègre dont les caractères sont la couleur noire ou jaune foncée, les cheveux noirs et crépus, le front convexe, le nez gros, les lèvres gonflées. Cette variété, répandue dans toute l'Afrique occidentale et méridionale, se retrouve à Madagascar, dans la Nouvelle-Hollande, etc., etc.; cependant les nègres de ce dernier pays diffèrent des autres, en ce qu'ils ont les cheveux frisés, mais non crépus.

DIVISIONS DU GLOBE.

La surface du globe est divisée en cinq grandes parties : l'Europe, l'Asie, l'Afrique, l'Amérique et l'Océanie ou Polynésie. Cette dernière reçoit cette désignation à cause du grand nombre d'îles dont elle est formée.

Chacune de ces cinq divisions renferme un certain nombre de nations ou de peuples.

Les trois premières divisions qui n'étaient connues que des anciens, reçoivent pour cette raison le nom d'ancien continent : c'est à Christophe Colomb que l'on doit la découverte du nouveau continent ou de l'Amérique.

PRINCIPALES MERS DU GLOBE.

On distingue deux espèces de mers : l'une intérieure, l'autre extérieure. Les quatre grandes mers forment la mer extérieure, savoir :

L'Océan Atlantique, situé entre l'Europe et l'Afrique à l'est, et l'Amérique à l'ouest; — la mer des Indes à l'orient de l'Afrique et au midi de l'Asie; — le grand Océan, appelé aussi Océan pacifique, entre l'Asie orientale et l'Amérique occidentale. C'est la mer la plus vaste du globe. Enfin la mer Glaciale arctique, située au nord de l'Europe, de l'Asie ou de l'Amérique.

Les mers intérieures comprennent aussi plusieurs mers, dont les principales sont :

EN EUROPE :

La mer Baltique, entre la Suède au nord et à l'ouest, l'Afrique au sud, et l'Asie à l'est ; — la mer Germanique, entre l'Angleterre, la Hollande et l'Allemagne ; — la mer Méditerranée entre l'Europe au nord et à l'ouest, l'Afrique au sud, et l'Asie à l'est ; — la mer Noire et la mer d'Azof entre l'Europe et l'Asie, et la mer Blanche formée par la mer Glaciale du Nord.

EN ASIE :

La mer Rouge, entre l'Egypte, la Nubie et l'Abyssinie à l'ouest et au sud, et l'Arabie à l'est et au nord ; et la mer Caspienne, qui mérite plutôt le nom de grand lac, située entre la Russie au nord et à l'ouest, la Perse au sud, et la Tartarie à l'est.

DANS L'AMÉRIQUE SEPTENTRIONALE :

Le golfe du Mexique, ou mer des Antilles, entre l'Amérique septentrionale et l'Amérique méridionale : — les mers de Baffin et d'Hudson au nord ; — la mer Vermeille, entre la Californie et le nouveau Mexique ; — la mer de Kamtschatka ; — la mer de Corée ; — le golfe de Tunquin.

DE L'EUROPE.

L'Europe est la plus petite des quatre parties du monde ; mais aussi elle en est la plus belle, la plus peuplée, la plus civilisée et la plus savante. L'agriculture, les arts, les sciences, le commerce, la navigation s'y développent toujours de plus en plus ; les villes y sont bien bâties.

L'Europe est bornée au nord par la mer Glaciale,

au sud par la Méditerranée, à l'ouest par l'Océan occidental, et à l'est par l'Asie dont elle est séparée par des fleuves, des montagnes et des mers.

Sa longueur, du cap Saint-Vincent en Portugal, au détroit de Vaigatz, est d'environ 5,067 kilomètres; et sa largeur du cap Matapan en Morée, au cap Nord en Laponie, est de 350 kilomètres. Sa superficie est évaluée à 97,582 myriamètres quarrés, et sa population à 228 millions d'habitans.

Les montagnes principales sont : les Alpes entre la Suisse, l'Italie et la France ; — les Pyrénées entre l'Espagne et la France ; — l'Apennin qui traverse l'Italie dans toute sa longueur ; — les monts Krapachs au nord de la Hongrie ; — les Dophrines entre la Norwège et la Suède ; les monts Kammenoy-Poyas qui séparent la Russie d'Europe de la Russie d'Asie ; et les monts Rhodope et Hémus en Turquie.

Les caps sont : le cap Nord, au nord de la Norwège ; — le cap Finistère, en Espagne ; — le cap de la Hogue, au nord-ouest de la France ; — le cap Saint-Vincent en Portugal ; — le cap Passaro en Sicile, et le cap Matapan en Grèce.

Les volcans sont : le mont Vésuve en Italie ; — le mont Hécla en Islande, et le mont Etna en Sicile.

Ses principaux isthmes sont : l'isthme de Corinthe au sud de la Turquie d'Europe, et l'isthme de Pérécop entre la mer Noire et la mer d'Azow.

Les golfes les plus remarquables sont : le golfe de Finlande dans la mer Baltique ; — le golfe de Murray au nord-est de l'Ecosse ; — le golfe de Gascogne entre la France et l'Espagne ; — le golfe de Lyon au sud de la France ; le golfe de Gênes au sud du Piémont ; — et le golfe de Tarente en Italie.

Ses plus fameux détroits sont : le détroit de Waigatz, au nord-est de l'Europe ; — le Cattégat, qui fait communiquer la mer du Nord avec la mer Baltique, et forme les détroits du Sund, du grand Belt et du petit Belt ; — le Pas-de-Calais, entre la France et les îles

Britanniques; — le canal de Saint-Georges, entre l'Angleterre et l'Irlande; — le détroit de Gibraltar entre l'Espagne et l'Afrique, et joignant l'Océan à la Méditerranée; — le phare de Messine entre la Sicile et l'Italie; — le détroit des Dardanelles entre la Turquie d'Europe et l'Asie; — le détroit de Constantinople qui joint la mer de Marmara à la mer Noire; — le détroit de Caffa entre la Crimée et l'Asie, et entre la mer Noire et la mer d'Azof.

Ses principaux lacs sont: les lacs Wener, Weter, Meler, en Suède; — les lacs Saima, Onéga, Ladoga, Peipus, Ilmen, et le lac Blanc ou Bielo, en Russie; — les lacs de Genève, de Neuchâtel, de Lucerne et de Zurich en Suisse; — le lac de Constance entre la Suisse et l'Allemagne; — les lacs Neusidiel et Balaton en Hongrie; — le lac Majeur et le lac Lugano entre la Suisse et l'Italie; — les lacs de Come, de Garde, de Comacchio, de Pérouse, de Bolsenac et de Celano en Italie; — et les lacs de Zante et de Scutari en Turquie.

Ses principales îles sont: dans l'Océan Atlantique, la Grande-Bretagne, l'Irlande, et l'Islande; — dans la mer Baltique, les îles Cééland et de Fionie; — dans la Méditerranée, les îles de Majorque, Minorque, la Sardaigne, la Sicile, la Corse, Malte, Corfou, Sainte-Maure, Zante, Paros, Délos, Candie et Négrepont.

Ses principaux fleuves sont: le Petchora qui se jette dans la mer Glaciale; — la Dwina qui se jette dans la mer Blanche; — la Tornéa, la Néwa, la Duna, le Niemen, la Vistule et l'Oder qui se jettent dans la mer Baltique; — la Glomma, l'Elbe, le Wéser, le Rhin, la Meuse, l'Escaut, la Tamise, le Twed et le Tay qui se jettent dans la mer du Nord; — la Seine et la Somme qui se jettent dans la Manche; — le Schannon, la Sayerne, la Loire, la Charente, la Garonne, l'Adour, le Minho, le Douro, le Tage, la Guadiana et le Guadalquivir qui se jettent dans l'Océan Atlantique; — l'Ebre, le Rhône, l'Arno et le Tibre qui se jettent dans la Méditerranée; — le Pô et l'Adige qui se jettent dans le golfe de Venise; — le Danube, le Dniester et le Dniéper qui se jettent dans la mer Noire; — le Don qui se jette dans la mer d'Azof, et le Volga et l'Oural ou Jaïck qui se jettent dans la mer Caspienne.

Ses principales rivières sont : le Bug qui se jette dans la Vistule; — la Warthe qui se jette dans l'Oder; — le Necker, l'Aar, le Mein et la Moselle qui se jettent dans le Rhin; — la Sambre qui se jette dans la Meuse; — la Scarpe et la Lys qui se jettent dans l'Escaut; — l'Yonne, la Marne et l'Oise qui se jettent dans la Seine; — l'Allier, le Cher, la Vienne et la Mayenne qui se jettent dans la Loire; — le Tarn, le Lot et la Dordogne qui se jettent dans la Garonne; la Saône, l'Isère et la Durance qui se jettent dans le Rhône, — le Tésin et l'Adda qui se jettent dans le Pô; — le Lech, l'Isar, l'Inn, la Drave, la Save, le Theiss et le Pruth qui se jettent dans le Danube, et la Kama qui se jette dans le Volga.

L'Europe se divise en dix-sept parties principales savoir : quatre au nord : les îles Britanniques, les États du Danemarck, la Suède avec la Norwège et la Russie; — huit au milieu : la Hollande, la Belgique, la France, les États de la Confédération germanique, l'Italie, la Suisse, l'Autriche et la Prusse; — quatre au midi : le Portugal, l'Espagne, le royaume de Naples et la Turquie d'Europe.

Elle comprend trois empires : qui sont ceux d'Autriche, de Russie, d'Orient ou de Turquie; — seize royaumes, qui sont : ceux de France, d'Espagne, de Portugal, d'Angleterre, de Danemarck, de Suède, de Bohême, de Prusse, de Hongrie, de Pologne, de Hollande, de Belgique, de Bavière, de Würtemberg, de Saxe, de Naples et de Sardaigne; deux républiques, celles de Suisse et des îles Ioniennes; enfin les états de l'Église.

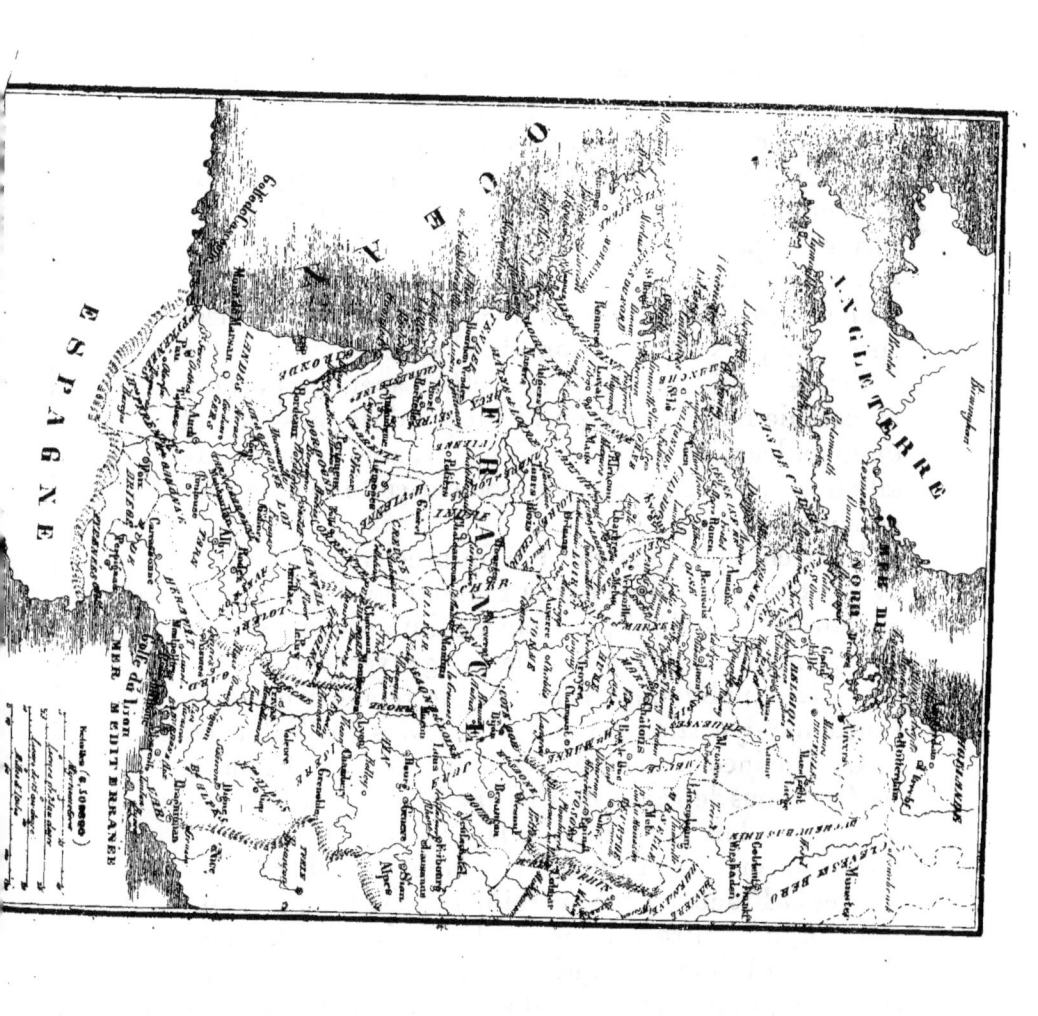

DE LA FRANCE.

Cette contrée, si fertile et si riche, n'a pas toujours eu la même dénomination. Elle reçut d'abord le nom de Gaule, et à cause de sa position au-delà des Alpes, fut appelée par les Romains Transalpine.

Ce fut en 420 avant J.-C. que Pharamond, fils de Marcomir, fut élu roi par les habitans de la Westphalie, appelés Gaules. Les différentes victoires que Clovis, fils de Childéric, remporta sur les Romains, les forcèrent à abandonner les Gaules; quelques années après, ce pays reçut le nom de France.

Pendant huit siècles la race des Capétiens porta la monarchie française au plus haut point de puissance et de splendeur, lorsqu'en 1793 les progrès de la civilisation renversèrent pour un moment cette longue succession de rois.

La déchéance de la royauté fut proclamée le 10 août 1792 et fut remplacée par la république. Depuis cette époque jusqu'en 1815, la France subit plusieurs grands changemens dans la forme de son gouvernement, savoir: la République, l'Empire et le rétablissement de l'ancienne dynastie, par suite des revers de Waterloo.

La province d'Alger fut conquise par les Français en 1830 sous le règne de Charles X, ce prince ayant dérogé aux lois prescrites par la Charte, fut renversé du trône en juillet; cette circonstance l'obligea de quitter la France, pour la troisième fois. Le duc d'Orléans reçut le titre de roi des Français, sous le nom de Louis-Philippe Ier, qui est le 72e roi depuis Pharamond jusqu'à nos jours; il est issu de la branche cadette de la maison de Bourbon.

En France, l'air est pur et sain, sous un ciel presque toujours tempéré. Elle est arrosée d'un côté par l'Océan et de l'autre par la Méditerranée ; elle a de hautes montagnes et de grands canaux de communication pour faciliter les translations commerciales. Ce pays, fertile et délicieux, renferme des produits de toute espèce : tels que sel, grains, légumes, fruits, vins, mines de fer, de plomb, de cuivre, etc. Sa situation se trouve entre 42° 50' et 51° 20' de latitude N., et entre 7° de longitude O., et 6° de longitude E. du méridien de Paris.

Les Français sont spirituels et cultivent avec le plus grand succès les arts et les sciences. Ils ont généralement le cœur sensible, reçoivent les étrangers avec franchise et une grande cordialité. Les Français sont braves sur terre et sur mer, impétueux dans les combats, terribles dans le premier choc. La liberté des cultes existe ; mais la religion catholique est professée par la majorité des Français.

La langue française dérive principalement de la celtique, de la latine et de la tudesque. Il a fallu près de trois siècles, au moyen de ces trois langues, pour avoir amené le français à une aussi grande perfection. Ce qui distingue surtout la langue française, et la rend estimable, c'est la justesse et la modestie de ses expressions : elle ne souffre pas les métaphores outrées, ni les expressions trop libres ou trop dures.

Ce royaume est monarchique et héréditaire. Les enfans mâles peuvent seuls succéder à la couronne ; les femmes en sont exclues par la loi salique.

Le roi est le chef suprême de l'État ; l'exécution des lois, les intérêts du royaume sont sous sa direction, ainsi que le commandement des forces de terre et de mer. Il a le droit de faire des traités d'alliance ou de commerce, de déclarer la guerre et de nommer à tous les emplois d'administration publique.

Le nombre des députés est de 459 membres, élus par des citoyens électeurs, âgés de 25 ans, et payant 200 francs de contributions.

Le nombre des membres de la chambre des pairs

est illimité. Le roi confère ce titre à vie aux citoyens qui ont exercé des fonctions civiles ou militaires.

La France est régie par des lois renfermées dans plusieurs Codes. La Charte garantit le droit public; elle est la base fondamentale du gouvernement.

Vingt-sept cours royales comprenant plusieurs départemens, à l'exception de celle de Bastia, rendent la justice dans tout le royaume.

Voici les noms des villes où siégent les 27 cours royales, avec les départemens qui forment leur ressort respectif.

COURS ROYALES.	DÉPARTEMENS.
AGEN.	Gers, Lot, Lot-et-Garonne.
AIX.	Basses-Alpes, Bouches-du-Rhône, Var.
AMIENS.	Aisne, Oise, Somme.
ANGERS.	Maine-et-Loire, Mayenne, Sarthe.
BASTIA.	Corse.
BESANÇON.	Doubs, Haute-Saône, Jura.
BORDEAUX.	Charente, Dordogne, Gironde.
BOURGES.	Cher, Indre, Nièvre.
CAEN.	Calvados, Manche, Orne.
COLMAR.	Bas-Rhin, Haut-Rhin.
DIJON.	Côte-d'Or, Haute-Marne, Saône-et-Loire.
DOUAI.	Nord, Pas-de-Calais.
GRENOBLE.	Drôme, Hautes-Alpes, Isère.
LIMOGES.	Corrèze, Creuse, Haute-Vienne.
LYON.	Ain, Loire, Rhône.
METZ.	Ardennes, Moselle.
MONTPELLIER.	Aude, Aveyron, Hérault, Pyrénées-Orientales.
NANCY.	Meurthe, Meuse, Vosges.
NIMES.	Ardèche, Gard, Lozère, Vaucluse.
ORLÉANS.	Indre-et-Loir, Loiret, Loir-et-Cher.
PARIS.	Aube, Eure-et-Loir, Marne, Seine, Seine-et-Marne, Seine-et-Oise, Yonne.
PAU.	Basses-Pyrénées, Hautes-Pyrénées, Landes.
POITIERS.	Charente-Inférieure, Deux-Sèvres, Vendée, Vienne.
RENNES.	Côtes-du-Nord, Finistère, Ille-et-Vilaine, Loire-Inférieure, Morbihan.
RIOM.	Allier, Cantal, Haute-Loire, Puy-de-Dôme.
ROUEN.	Eure, Seine-Inférieure.
TOULOUSE.	Arriége, Haute-Garonne, Tarn, Tarn-et-Garonne.

Il y a en outre des juges de paix institués pour concilier les parties, et les tribunaux de commerce.

Sous le rapport militaire, la France est divisée en vingt-une provinces nommées divisions militaires. Voici les noms des chefs-lieux où elles résident, avec les départemens qui forment leurs arrondissemens respectifs.

DIVISIONS.	DÉPARTEMENS.
1. Paris.	Seine, Seine-et-Oise, Seine-et-Marne, Aisne, Oise, Loiret, Eure-et-Loire.
2. Chalons.	Marne, Ardennes, Meuse.
3. Metz.	Moselle, Meurthe, Vosges.
4. Tours.	Indre-et-Loire, Sarthe, Mayenne, Loire-et-Cher, Vienne.
5. Strasbourg.	Bas-Rhin, Haut-Rhin.
6. Besançon.	Doubs, Jura, Haute-Saône.
7. Lyon.	Rhône, Isère, Hautes-Alpes, Drôme, Ain, Loire.
8. Marseille.	Bouches-du-Rhône, Vaucluse, Var, Basses-Alpes.
9. Montpellier.	Hérault, Gard, Aveyron, Ardèche, Lozère.
10. Toulouse.	Haute-Garonne, Lot, Tarn, Tarn-et-Garonne.
11. Bordeaux.	Gironde, Charente-Inférieure, Charente, Dordogne, Lot-et-Garonne.
12. Nantes.	Loire-Inférieure, Vendée, Maine-et-Loire, Deux-Sèvres.
13. Rennes.	Ille-et-Vilaine, Morbihan, Finistère, Côtes-du-Nord.
14. Rouen.	Seine-Inférieure, Calvados, Manche, Eure, Orne.
15. Bourges.	Cher, Indre, Nièvre, Haute-Vienne, Creuse.
16. Lille.	Nord, Pas-de-Calais, Somme.
17. Bastia.	Ile de Corse
18. Dijon.	Côte-d'Or, Saône-et-Loire, Aube, Yonne, Haute-Marne.
19. Clermont.	Puy-de-Dôme, Cantal, Allier, Haute-Loire, Corrèze.
20. Bayonne.	Basses-Pyrénées, Landes, Gers, Hautes-Pyrénées.
21. Perpignan	Pyrénées-Orientales, Aude, Ariège.

Par suite de la dernière division de la juridiction ecclésiastique, la France est divisée en 80 diocèses, savoir : 14 archevêchés et 66 évêchés suffragans; le clergé est composé, en outre, de 3 cardinaux, 174 vicaires généraux, 660 chanoines, etc.

ARCHEVÊCHÉS.	SUFFRAGANS.
Paris	Chartres, Meaux, Orléans, Blois, Versailles, Arras, Cambrai.
Lyon.	Autun, Langres, Dijon, Saint-Claude, Grenoble.
Rouen.	Bayeux, Evreux, Coutances.
Sens.	Troyes, Nevers, Moulins.
Reims.	(l'arrondissement de Reims); — Soissons, Châlons, (4ᵉ arrondissement du département de la Marne); Epernay, Sainte-Ménéhould, (Vitry-le-Français); Beauvais, Amiens.
Tours.	Le Mans, Angers, Rennes, Nantes, Quimper, Vannes, Saint-Brieuc.
Bourges.	Clermont, Limoges, Le Puy, Tulle, Saint-Flour.
Alais.	Rodez, Cahors, Mende, Perpignan.
Bordeaux.	Agen, Angoulême, Poitiers, Périgueux, La Rochelle, Luçon.

Auch.	Aire, Tarbes, Bayonne.
Toulouse.	Montauban, Pamiers, Carcassonne.
Aix.	Marseille (arrondissement de Marseille), Fréjus, Digne, Gap, Ajaccio.
Besançon.	Strasbourg, Metz, (y compris les communes de Rouchelinge, Lissing, Handadinge, Zettingé, et Bidinge, qui appartenaient au diocèse de Trèves), Verdun, Belley, (y compris l'arrondissement de Gex, qui était dans les limites du diocèse de Chambéry), Saint-Dié, Nancy.
Vignon.	Nîmes, Valence, Montpellier.

Sous le rapport maritime, la France est divisée en 5 arrondissemens, savoir:

CHEFS-LIEUX.	RÉSIDENCE DU PRÉFET.	VILLES QUI EN RESSORTENT.
1.	Cherbourg.	Le Havre, Dunkerque.
2.	Brest.	Saint-Servan.
3.	Lorient.	Nantes.
4.	Rochefort.	Bordeaux.
5.	Toulon.	Le littoral de la Méditerranée.

Sous le rapport de l'instruction publique, la France se partage :

1° En 26 académies, dont voici le tableau ci-après :

ACADÉMIES.	DÉPARTEMENS QUI EN RESSORTENT.
Aix.	Basses-Alpes, Bouches-du-Rhône, Corse, Var.
Amiens.	Aisne, Oise, Somme.
Angers.	Maine-et-Loire, Mayenne, Sarthe.
Besançon.	Doubs, Jura, Haute-Saône.
Bordeaux.	Charente, Dordogne, Gironde.
Bourges.	Cher, Indre, Nièvre.
Caen.	Calvados, Manche, Orne.
Cahors.	Gers, Lot-et-Garonne.
Clermont.	Allier, Cantal, Haute-Loire, Puy-de-Dôme.
Dijon.	Côte-d'Or, Haute-Marne, Saône-et-Loire.
Douai.	Nord, Pas-de-Calais.
Grenoble.	Hautes-Alpes, Drôme, Isère.
Limoges.	Corrèze, Creuse, Haute-Vienne.
Lyon.	Ain, Loire, Rhône.
Metz.	Ardennes, Moselle.
Montpellier.	Aude, Aveyron, Hérault, Pyrénées-Orientales.
Nancy.	Meurthe, Meuse, Vosges.
Nîmes.	Ardèche, Gard, Lozère, Vaucluse.
Orléans.	Indre-et-Loire, Loir-et-Cher, Loiret.
Paris.	Aube, Eure-et-Loir, Marne, Seine, Seine-et-Marne, Seine-et-Oise, Yonne.
Pau.	Landes, Hautes-Pyrénées, Basses-Pyrénées.
Poitiers.	Charente-Inférieure, Deux-Sèvres, Vendée, Vienne.
Rennes.	Côtes-du-Nord, Finistère, Ille-et-Vilaine, Loire-Inférieure, Morbihan.

ACADÉMIES.	DÉPARTEMENS QUI EN RESSORTENT.
ROUEN.	Eure, Seine-Inférieure.
STRASBOURG.	Bas-Rhin, Haut-Rhin.
TOULOUSE.	Arriège, Haute-Garonne, Tarn, Tarn-et-Garonne.

2° En neuf facultés de droit, dont les résidences ont à Aix, Caen, Dijon, Grenoble, Rennes, Paris, itiers, Strasbourg, Toulouse.

3° En trois facultés de médecine qui résident à Paris, Montpellier, Strasbourg.

4° En sept facultés de sciences, qui siègent à Caen, Dijon, Grenoble, Montpelllier, Paris, Strasbourg, Toulouse.

5° En six facultés de lettres, dont les résidences sont à Besançon, Caen, Dijon, Paris, Strasbourg, Toulouse.

Sous le rapport administratif, la France est divisée en quatre-vingt-six départemens, qui reçoivent leurs noms des rivières qui les baignent, des montagnes qu'ils renferment, ou de leur situation géographique.

Les principales montagnes de France sont : le Puy-de-Dôme, le Mont-d'Or et le Cantal en Auvergne; les Cévennes dans le Languedoc; la Côte-d'Or en Bourgogne; les Vosges entre la Loire et l'Alsace; les Pyrénées qui la séparent de l'Espagne, les Alpes qui la séparent de l'Italie, et le Mont-Jura entre la Suisse et la Franche-Comté.

Parmi plusieurs rivières qui arrosent ce royaume, on en remarque quatre principales, qui sont : la Seine, la Loire, la Garonne et le Rhône.

La Seine prend sa source dans le département de la Côte-d'Or, passe à Troyes, à Paris, reçoit la Marne un peu au-dessus, et l'Oise au-dessous; passe à Mantes, Rouen, et a son embouchure près et vis-à-vis le âvre-de-Grâce.

La Loire prend sa source dans les Cévennes; passe par Nevers et reçoit l'Allier un peu au-dessous, à Orléans; vient à Blois, à Tours et reçoit sur sa gauche le Cher, l'Indre et la Vienne; de là à Saumur, et reçoit ensuite la Mayenne, la Sarthe et le Loir, réunis près d'Angers; enfin, elle passe à Nantes, et se jette dans l'Océan près de Paimbœuf.

La Garonne prend sa source dans les Pyrénées, passe à Toulouse, au-dessous reçoit le Tarn à Agen, et plus bas reçoit le Lot; enfin, à Bordeaux, et peu après reçoit la Dordogne, avec laquelle se réunissant, elle prend le nom de Gironde pour se rendre à la mer.

Le Rhône a sa source au mont Saint-Gothard en Suisse, passe à Genève après avoir traversé le lac de ce nom; ensuite à Lyon, et y reçoit la Saône; à Vienne, à Valence, après avoir reçu l'Isère; à Avignon et à Arles après avoir reçu la Durance, et se jette dans la Méditerranée.

Ses principales forêts sont les Ardennes, les Vosges, les forêts de Compiègne, Villers-Coterets, Fontainebleau, Orléans et Saint-Germain, les bois des Landes, des Pyrénées, du Jura, des Cévennes et du Morvan.

L'étendue territoriale du royaume est divisée en 20 conservations forestières. Les coupes annuelles rapportent environ 110 millions.

Les principaux canaux sont : le Languedoc qui réunit la Méditerranée à l'Océan; celui d'Orléans qui ouvre une communication entre Anvers et Marseille, ceux de Briare, de Loing, de Saint-Quentin, du Doubs, de Bourgogne, du Centre, de Napoléon, ou canal du Rhône au Rhin, qui suit la Saône et le Doubs, de Beaucaire, de l'Ourcq, Saint-Martin et autres; en tout 33 canaux de première classe.

Les eaux minérales les plus en renommées sont celles de Barèges, Bagnères, Forges, Plombières et Bourbonne-les-Bains.

ANCIENNE
DIVISION DE LA FRANCE,
EN 33 PROVINCES.

Les divisions de la France, avant la révolution de 1789, se composaient de 33 gouvernemens ou provinces dont les superficies étaient très-différentes.

Huit au nord : la Flandre, la Picardie, l'Artois, la Normandie, l'Ile-de-France, la Champagne, la Lorraine et l'Alsace.

Dix-sept au centre : la Bretagne, le Maine, l'Anjou, la Touraine, l'Orléanais, le Poitou, le Berry, le Nivernais, le Bourbonnais, la Bourgogne, la Franche-Comté, l'Aunis, la Saintonge, la Manche, le Limousin, l'Auvergne, le Lyonnais.

Huit au midi : la Guienne, le Béarn, le Comté de Foix, le Roussillon, le Languedoc, le Dauphiné, la Provence, l'Ile-de-Corse.

La France comprenait treize parlemens et dix-huit archevêchés.

NOUVELLE
DIVISION DE LA FRANCE,
EN 86 DÉPARTEMENS.

Bornée au sud par l'Espagne et la mer Méditerranée; à l'est par le Piémont, la Suisse et la Bavière; au nord-est par la Prusse et les Pays-Bas, au nord par la Manche, et à l'ouest par l'Océan; comprise entre le 15° et le 26° degré de longitude, le 42° et le 51° degré de latitude, la France renferme, sur une étendue de 26 mille lieues carrées, une population de 32,560,934 habitans.

La France se divise en 86 départemens; 363 arrondissemens; 2,835 cantons; 37,012 communes. Le tout est administré par des préfets, sous-préfets et maires.

RÉGION DU NORD.

I. FLANDRE FRANÇAISE.

DÉPARTEMENT DU NORD.

Ce département est formé par le Hainaut français et le Cambrésis. La variation de ses produits, sa fertilité en chanvre, lin et colza, son industrie, son commerce, etc., offrent toujours de plus grands développemens. La fabrication du sucre de betterave est plus grande que dans toute autre province.

NORD. Chef-lieu : *Lille.*

6 Sous-Préfectures : *Douai. Dunkerque. Hazebrouck. Cambrai. Avesne. Valenciennes.*

Sa population est de 1024617 hab. — Sa superficie est de 324 lieues carrées ou 581,426 hectares. — On y compte 22 routes royales et départementales, 8 rivières navigables et 18 canaux. — Son revenu territorial net est de 40,206,000 fr. et sa contribution totale de 8,105,845 fr. — C'est la patrie de Watteau, Culomne, Jean Bart, Jean de Bologne, Voyer-d'Argenson et du général Dumouriez.

LILLE, sur la Deûle, à 60 l. (233 kil.) N. de Paris, ancienne capitale de la Flandre, est une ville forte qui fut prise en 1667 sur les Espagnols, par Louis XIV, reprise en 1708 par le prince Eugène ; traité d'Utrecht en 1713 ; et en 1792 bombardée sans succès par les Autrichiens. On y admire son arsenal, sa citadelle, la régularité de ses rues, ses places, ses promenades charmantes, ses établissemens littéraires, ses collections scientifiques la placent comme une des premières villes de France. Son industrie et son commerce s'étendent sur la fabrication des dentelles, batistes, fils retors, des tulles, café-chicorée, de la faïencerie, de la verrerie. On y fait des cordes et des machines. Pop. : 60,000 hab.

Douai, sur la Scarpe, à 8 l. (33 kil.) de Lille, est une grande et forte ville. Elle est remarquable par son arsenal, son hôtel-de-ville, sa fonderie de canons et son école d'artillerie. On y fait un grand commerce de lin : Louis XIV s'en rendit maître en 1667, elle tomba entre les mains des alliés en 1710, et ensuite fut prise en 1712 par de Villars. Patrie de Jérôme Commelin, imprimeur. Pop. 29,000 hab.

Dunkerque, à 17 l. (62 kil.) de Lille, est une ville forte avec un beau port. Son commerce d'importation et d'exportation est très-étendu. Une assez grande quantité de bâtimens y sont employés pour la pêche de la morue et du hareng. Pop. 20,000 hab.

Hazebrouck, à 9 l. (35 kil.) de Lille, est une belle ville dans une situation agréable. Pop. : 7,600 habitans.

Cambrai, à 13 l. et demie de Lille, (50 kil.), est une ville fortifiée. Son hôtel-de-ville et sa cathédrale présentent un beau coup-d'œil. Elle renferme le tombeau de Fénélon qui a illustré le siège de l'ancien archevêché de cette ville. Pop. : 16,000 hab.

Avesne, sur l'Holpe, à 22 l. (85 kil.) de Lille. Sa construction est irrégulière, à cause de la pente du sol ; elle a été fortifiée par Vauban : son commerce consiste en bois et en marbre. Pop. : 3,304 hab.

Valenciennes, sur l'Escaut, à 50 l. (233 kil.) N.-E. de Paris, à 8 l. (35 kil.) de Lille, ville forte et commerçante. Elle fut la résidence des rois de la première race. Louis XIV l'enleva aux Espagnols en 1677 et les Autrichiens le 1ᵉʳ août 1793. Patrie de Jean Froissard, historien, et d'Anthoine Wateau, peintre. Pop. : 18,000 hab.

Les autres villes importantes de ce vaste département sont : Armentières, Halluin, Comines, Quesnoy, Roubaix, Marc-en-Barœul, Turcoing, Watrelos, Wambrechies, Wazemmes, Landrecies, Maubeuge, Cateau, Catillon, Candry, Solesmes, Orchies, Gravelines, Hondschoote, Warmondt, Cassel, Estraires, Merville, Morbecq, Nieppe, Steenworde, Fresnes, St.-Amand.

II. PICARDIE.

DÉPARTEMENT DE LA SOMME.

La Picardie est au sud de la Flandre. Ses principales productions agricoles et industrielles sont : le chanvre, le lin, le colzat, les betteraves qui y croissent en abondance, sa fabrication des étoffes de laine, des toiles, des velours de coton et des huiles. La Picardie forme le département de la Somme, et une partie de ceux du Pas-de-Calais, de l'Oise et de l'Aisne.

SOMME. Chef-lieu : *Amiens.*

4 Sous-Préfectures : *Abbeville. Doulens. Montdidier. Péronne.*

Ce département tire son nom de la rivière de Somme qui le traverse. — Sa population est de 552,706 habitans. — Sa superficie est de 330 lieues carrées ou 604,458 hectares. — Il possède 47 routes royales et départementales, un canal, deux rivières navigables, deux ports de mer. — Son revenu territorial net est de 29,084,000 fr., et sa contribution totale de 5,644,202 fr. Il a donné le jour à Gresset, Wailly, Voiture, Millevoye, Vadé, Pierre-l'Ermite, Langlès, Galland, Parmentier, Delambre et au général Foy.

AMIENS, sur la Somme, à 32 l. (124 kil.) N. de Paris, est une ville remarquable par sa belle cathédrale, et par sa fabrication de velours et d'étoffes de laine. Les Espagnols s'en emparèrent par ruse en 1597, mais Henri IV la reprit la même année. Pop. 40,000 habitans.

ABBEVILLE, à 10 l. (38 k.) O. d'Amiens, est une ville assez grande et manufacturière. Elle est la patrie du fameux géographe Sanson. Pop. : 19,500 hab.

DOULENS, sur l'Authis, à 7 l. (27 kil.) d'Amiens, ville forte. On y remarque sa double citadelle comme une des plus belles de France, servant aujourd'hui de prison aux détenus politiques, et ses manufactures d'étoffes. Son commerce consiste surtout en chanvre, bestiaux et grains. Pop. : 3,700 hab.

MONTDIDIER, ville située sur une hauteur, à 9 l. (35 kil.) d'Amiens. Possède des manufactures de chapeaux et de tricot. Pop. : 3,740 hab.

PÉRONNE, sur la Somme, à 12 l. (48 kil.) d'Amiens. Place fortifiée, surnommée la Pucelle, parce qu'elle n'a jamais été prise. Le comte de Charolais y arrêta Louis XI; et avant lui Charles-le-Simple y était mort, enfermé dans le château. Les toiles, linons, les basins, les percales et les cuirs, forment son principal commerce. Pop. : 3,800 hab.

Les autres villes importantes de ce département sont : Corbie, Saint-Valéry, Roye, Albert, Villiers-Bretonneux, Harbonnière, Moreuil, Ayraines, Rozières, Ham, où furent renfermés les ministres de Charles X; Crécy, célèbre par la bataille que Philippe-de-Valois y perdit en 1340, contre les Anglais. On attribue cette défaite à l'emploi du canon dont les Anglais se servirent pour la première fois.

III. ARTOIS.

DÉPARTEMENT DU PAS-DE-CALAIS.

Louis XIV joignit cette province à la France. L'abondance de sa fertilité consiste principalement en houblon, tabac, graines grasses, betteraves, lin et chanvre. Le département du Pas-de-Calais comprend l'Artois avec une petite partie de la Picardie.

PAS-DE-CALAIS. Chef-lieu *Arras.*

5 Sous-Préfectures: *Saint-Omer. Béthune. Boulogne. Montreuil. Saint-Pol.*

Ce département tire son nom de sa position sur le détroit qui sépare Calais et Douvres. — Sa population est de 644,654 habitans. — Sa superficie est de 354 lieues carrées, ou 669,688 hectares. — On y compte 23 routes royales et départementales, 4 canaux, 7 rivières navigables, 7 ports de mer. — Son revenu territorial net est de 52,303,900 fr., et sa contribution totale de 5,529,835 fr. C'est la patrie de Mallebranche et Palissot.

ARRAS, sur la Scarpe à 50 l. (194 kil.) N. de Paris. Ville forte et ancienne capitale de l'Artois, renferme de belles fabriques de coton, de dentelles, de batiste et de sucre. Ce fut au moyen d'un traité conclu en 1435 entre Charles VII et le duc de Bourgogne qu'on put expulser les Anglais de France. Patrie des deux Robespierre. Pop. : 23,000 hab.

Saint-Omer, sur l'Aa, à 16 l. (62 k.) d'Arras. Ville forte. Les Français s'en rendirent maîtres en 1677 après la défaite des Alliés, près de Mont-Cassel. Pop. : 20,000 habitans.

Béthune, sur la Brette, à 7 l. (27 kil.) d'Arras, a plusieurs fabriques de toiles. Pop. : 6,800 hab.

Boulogne, à 64 l. (247 kil.) de Paris. Port situé sur la Manche à l'embouchure de la Liane, est très-fréquenté par les Anglais. Pop. : 19,300 hab.

Montreuil-sur-mer, sur la Manche, à 19 l. (75 kil.) d'Arras et 2 l. (7 kil.) de la mer, ville forte. Pop. : 3,900 hab.

Saint-Pol, à 8 l. (31 kil.) d'Arras, possède des eaux minérales et fait le commerce d'huiles. Pop. : 3,500 hab.

Les autres villes remarquables de ce département sont : Bapaume, Hénin-Liétard, Laventie, Lilliers, Guines, Saint-Pierre, Fruges, Hesdin, Aire, Vitry, Carvin, Epignoy, Desvres, Marquise, Ardres, Arques, Andruiq, Frevent, Lens, célèbre par la victoire que le grand Condé, alors duc d'Enghein, remporta sur l'archiduc Léopold, en 1648; et Calais, port de mer très-fréquenté.

IV. NORMANDIE

DÉPARTEMENS. SEINE-INFÉRIEURE, EURE, CALVADOS, MANCHE, ORNE.

Cette province, appelée primitivement Neustrie, au sud de la Picardie, a tiré son nom des peuples du nord qui exerçaient la piraterie sur les côtes de France. Leurs dévastations étaient si nombreuses dans l'intérieur, que Charles-le-Simple, fut obligé, en 912 de traiter avec Raoul, leur chef, de lui céder cette province et de lui accorder en même temps sa fille Gizèle en mariage.

La puissance des ducs de Normandie fut si grande qu'ils firent plusieurs fois la guerre aux rois de France. Guillaume-le-Conquérant, l'un de ces ducs, fit une descente en Angleterre à la tête d'une forte armée et s'y fit couronner roi en 1066. Ce fut sous Philippe-Auguste que cette province fut restituée à la France. Jean, surnommé Sans-Terre, roi d'Angleterre et duc de Normandie, fut cité devant la cour des pairs de France. Pour répondre à l'accusation du crime d'assassinat commis sur son neveu Arthur. Ayant refusé d'y comparaître, il fut déclaré coupable de ce parricide et condamné à perdre les possessions qu'il avait en France, philippe ne tarda pas à exécuter l'arrêt, car il entra aussitôt en Normandie à la tête d'une armée et s'en rendit maître.

L'abondance de ses productions consiste en blé, en pommes de terre, et en cidre, boisson ordinaire des habitans. Ses pâturages étant très-étendus, nourrissent des bestiaux et des chevaux très-estimés; la pêche y est un des revenus considérables. Elle possède de nombreuses fabriques dont les plus importantes sont celles de laine, d'étoffes, d'épingles, d'aiguilles et fil.

Cette province était divisée en Haute et Basse. La

Haute à l'orient, comprenait les trois diocèses de Rouen, de Lisieux et d'Evreux. La Basse, à l'occident, réunissait les quatre diocèses de Séez, d'Avranches, de Bayeux et de Coutances. De ces sept diocèses on a composé les départemens de la Seine-inférieure, de l'Eure, du Calvados, de la Manche, et une partie de celui de l'Orne.

SEINE-INFÉRIEURE. Chef-lieu : *Rouen.*

4 Sous-Préfectures: *Dieppe. Le Hâvre. Neufchâtel. Ivetot.*

Ce département doit son nom à sa position relative au cours de la Seine. — Sa population est de 720,525 habitans. — Sa superficie est de 357 lieues carrées, ou 593,810 hectares. — Il possède 16 routes royales et départementales; 1 rivière navigable, 6 ports de mer. — Son revenu territorial net est de 44,523,000 fr., et sa contribution totale de 8,900,644 fr. — C'est la patrie des deux Corneille, de Pradon, Bernardin de Saint-Pierre, Fontenelle, Méseray, madame Lafayette, Jouvenel et Duquesne.

ROUEN, sur la Seine, autrefois capitale de la Normandie, à 31 l. (120 k.) de Paris. C'est une des villes les plus commerçantes et des plus considérables du royaume. Elle a un port qui reçoit les vaisseaux de l'Océan, les plus forts s'arrêtent et déchargent leurs marchandises à Quillebœuf, 10 l. (38 kil.) au-dessus. Son pont est remarquable par sa structure particulière; il est de bois, pavé et construit sur des bateaux; il hausse et baisse dans le flux et reflux. Pop. : 89,000 hab.

Le Havre-de-Grace, port de mer à l'embouchure de la Seine, établi par Louis XII en 1509. La ville fut fortifiée par François 1er et sa citadelle fut construite par le cardinal de Richelieu, pour la protéger contre les Anglais qui la bombardèrent en 1694 et en 1759. Louis XVI y fit des changemens de toute espèce. Ses fabriques sont nombreuses ainsi que les chantiers de construction. Ses translations commerciales sont établies avec les principales villes de l'Europe, les colonies et surtout avec les États-Unis d'Amérique. Elle peut être regardée comme une des villes les plus commerçantes du royaume. C'est la patrie de Bernardin de St.-Pierre. Pop. : 25,618.

Neufchatel, à 10 l. (38 k.) de Rouen, et à 31 l. (120k.) de Paris, est renommée par ses fromages. Pop.: 3,000 hab.

Dieppe, à 14 l. (54 kil.) N.-O. de Rouen et à 47 l. (183 kil.) de Paris, ville forte et commerçante avec un port sur la Manche. Les anglais la bombardèrent en 1695, mais on la rebâtit plus belle et plus régulière. Elle possède des fabriques d'ivoire et de très-beaux bains de mer. Pop. : 17,000 hab.

Yvetot, à 8 l. (31 k.) de Rouen, ville mal bâtie, a de nombreuses fabriques de coton et fait un grand commerce de grains. Pop.: 10,000 hab.

Ce département comprend plusieurs villes remarquables savoir : Darnetal, Deville, Elbœuf, sur la Seine, renommée par ses manufactures de draps, Caudebec, Oissel, Sotteville, Ingouville, Bolbec, Fécamp, Montivilliers, Gournay, Doudeville, Saint-Valéry, Bacqueville, Mazomme, Eu, Tréport, Lillebonne, Valmont, et Arques, célèbre par la victoire qu'Henri IV remporta sur le duc de Mayenne en 1589.

EURE. Chef-lieu : *Evreux.*

4 Sous-Préfectures: *Pont-Audemer. Les Andelys. Berney. Louviers.*

Ce département tire son nom de la rivière d'Eure, qui l'arrose. — Sa population est de 424,762 hab. — Sa superficie est de 313 lieues carrées, ou 623,285 hectares. — Il possède 11 routes royales, 13 départementales, 8 rivières navigables, 1 port de mer. — Son revenu territorial net est de 29,749,000 fr., et sa contribution totale de 5,522,818 fr. — C'est la patrie de Benserade, Le Poussin, des conventionnels Bazot et des deux Lindet, de Dupont de l'Eure, député et ex-ministre de la justice.

Evreux, sur l'Iton, à 26 l. (101 kil.) O. de Paris. Elle se distingue par sa cathédrale qui est un des plus anciens et des plus curieux monumens de ce genre, et par ses fabriques de coutils. Pop. : 10,287 hab.

Pont-Audemer, sur la Rille, le commerce de cette ville consiste en tanneries, velours et papiers. Pop. : 5,305 hab.

Les Andelys, près de la rive droite de la Seine, entre Vernon et Pont-de-l'Arche. Le roi de Navarre y mourut en 1562 par suite des blessures qu'il avait reçues sous les murs de Rouen. Ses fabriques principales sont : de draps fins, de casimir et d'autres étoffes en laine. Pop. : 5,256 hab.

Bernay, sur la Charentonne, a des fabriques de toiles et de papiers. Pop. : 6,605 hab.

Louviers, à 5 l. (19 kil.) de Rouen, est renommée par ses manufactures de draps fins. Pop. : 9,885 habitans.

Pont-de-l'Arche, située sur la Seine, avec un pont de 22 arches.

Ivry, Henri IV y remporta une grande victoire sur les Espagnols qui venaient pour soutenir la Ligue.

Les autres villes principales de ce département sont : Gisors qui avait été érigée en duché-pairie en 1742, Verneuil, Vernon, Quillebœuf, Monancourt, Bray, Breteuil et Brionne.

CALVADOS. Chef-lieu : *Caen.*

5 Sous-Préfectures: *Falaise. Bayeux. Vire. Lisieux. Pont-l'Evêque.*

Ce département tire son nom d'un banc de rochers qui en borne la côte septentrionale. — Sa population est de 501,775 hab. — Sa superficie est de 287 lieues carrées, ou 570,427 hectares. — Il possède 21 routes royales et départementales, 4 rivières navigables, plusieurs ports de mer. — Son revenu territorial net est de 35,533,000 fr., et sa contribution totale de 6,569,586 fr. — C'est la patrie de Malherbe, Huet, Malfilâtre, Segrais, Thouret, Vauquelin, Laplace et le célèbre Huet, évêque d'Avranches.

CAEN, sur l'Orne, à 54 l. (210 kil.) de Paris. 30 l. (116 kil.) S.-N. de Rouen, est la seconde ville de Normandie, à 3 l. (11 kil.) de la mer, a un port fort connu pour la construction des bâtimens. Ses principales fabriques sont celles de dentelles noires et blanches; de chapelleries et de cotons filés. Pop. : 39,140 hab.

Falaise, à 7 l. (31 kil.) S.-E. de Caen, est renommée par la foire de Guibray qui s'y tient tous les ans. Elle a des fabriques de teintures et de bonneteries. Guillaume-le-Conquérant y naquit. Pop. : 10,000 hab.

Bayeux, à 2 l. (7 kil.) de la mer, a un commerce très-étendu. Pop. : 10,605 hab.

Vire, à 14 l. (55 kil.) S.-O. de Caen, possède une fabrique considérable de draps communs. Pop. : 8,043 hab.

Lisieux, sur la Toncques, à 10 l. (38 kil.) de Caen, a des fabriques de toiles appelées Cretonnes. Pop. : 10,257 hab.

Pont-l'Évêque, est une petite ville peu commerçante. Pop. : 2,118 hab.

Les autres villes remarquables de ce département sont : Isigny, Honfleur, Condé-sur-Noireau, Orbec, Enfernel, Vassy.

MANCHE. Chef-lieu: *Saint-Lô.*

5 Sous-Préfectures: *Valogne. Mortain. Avranches. Coutances. Cherbourg.*

Ce département doit son nom au détroit de mer qui baigne sa côte. — Sa population est de 594,384 hab. — Sa superficie est de 349 lieues carrées, ou 675,713 hectares. — On y compte 30 routes royales et départementales, 7 rivières navigables, 7 ports de mer. — Son revenu territorial net est de 31,843,000 fr., et sa contribution totale de 5,782,864 fr. — C'est la patrie de Letourneur, Vicq-d'Azyr, Saint-Evremont, et du prince Lebrun.

SAINT-LO, sur la Vire, à 68 l. (265 kil.) O. de Paris, les serges, les rubans ainsi que les draps fins y sont très-bien fabriqués. Pop. : 8,421 hab.

Valogne, sur un ruisseau, à 13 l. (30 kil.) de Saint-Lô. Ville commerçante en draperies et tanneries.

Mortain, sur la Lances, à 13 l. (52 kil.) de Saint-Lô; ville ancienne. Pop. : 6,655 hab.

Avranches, sur la Sée, à 13 l. (52 kil.) de Saint-Lô.

Le mont Saint-Michel, prison politique, est situé près de cette ville. Elle a des fabriques de sel blanc et de dentelles. Pop. : 7,690 hab.

Coutances, près de Souille, à 6 l. (23 kil.) de Saint-Lô : ville commerçante. Pop. : 8,956 hab. Patrie de l'amiral de Tourville et de l'abbé de Saint-Pierre. La cathédrale est un beau morceau d'architecture gothique.

Cherbourg, Ville forte et commerçante; possède deux ports. On remarque sa digue et sa manufacture de glaces. Pop. : 18,443 hab.

Granville, avec un port, fait un grand commerce d'huîtres. Pop. : 7,000 hab.

La Hogue, ville forte près de Valogne, où les Anglais remportèrent une victoire navale, sur l'amiral de Tourville.

Les autres villes importantes de ce département sont : Carentan, Villedieu-les-Poëles, Sourdeval, Percy, Torigny, Bréccy, Saint-James, Fermanville, Saint-Pierre-Eglise, Tourlaville, Cérésy-la-Salle, Périers, Briquebec, Saint-Sauveur-Lendelin, Montebourg, Barenton, Ger, Saint-Sauveur-le-Vicomte, Saint-Hilaire-du-Harcouet, Saint-Wast-la-Hague, le Teilleul, Barfleur, Sausse-Mineur.

ORNE. Chef-lieu : *Alençon*.

3 Sous-Préfectures : *Domfront. Argentan. Mortagne.*

Ce département reçoit son nom de l'Orne, rivière qui l'arrose. — Sa population est de 443,688 hab. — Sa superficie est de 322 lieues carrées, ou 645,254 hectares. — Il est traversé par 17 routes royales et départementales, et 4 rivières navigables. — Son revenu territorial net est de 22,096,000 fr., et sa contribution totale de 4,017,651 fr. Le sol de ce pays, offre une grande variété sous le rapport de ses productions, il renferme de vastes forêts et une grande quantité de mines de fer. Ses chevaux y sont estimés et très-recherchés pour la cavalerie. C'est la patrie des généraux Bonnet, Énouf, Valaze, du vice amiral de Marigny et de Charlotte Corday, qui assassina Marat.

Alençon, au confluent de la Sarthe et de la Briante, à 47 l. (183 k.) S. par O. de Paris. Est une belle et grande ville, remarquable par sa cathédrale, son palais de justice, sa préfecture, et ses fabriques de dentelles. Pop. : 14,019 hab.

Argentan, sur l'Orne à 10 l. (38 kil.) d'Alençon, est une ancienne ville entourée d'une vaste plaine. Elle possède des fabriques de dentelles et de toiles. Pop. : 6,147 hab.

Domfront, sur la Varenne, à 59 l. (229 kil.) O. de Paris. Pop. : 1,873 hab.

Mortagne, à 54 l. (132 kil.) O. de Paris, a des fabriques considérables de toiles. Pop. 5,158 hab.

Les villes principales de ce département sont : Séez avec son superbe palais épiscopal; l'Aigle, 5,700 hab., renommée par ses fabriques d'épingles, Bellesmes, Hyêmes, le Haras-du-Pin, Bagnolles, Tinchebray, Moulin-Lamarche et Saligny-la-Trappe.

V. ILE-DE-FRANCE.

DÉPARTEMENS. SEINE, SEINE-ET-OISE, SEINE-ET-MARNE, OISE, AISNE.

L'Ile-de-France est comprise entre les rivières de Seine, de Marne, d'Oise et d'Aisne. C'est dans cette province que les Francs et les Romains se distinguèrent dans leurs terribles guerres; elle fut témoin de la victoire que Clovis remporta sur ces derniers, et des principaux événemens politiques de ces temps reculés.

Le gouvernement de l'Ile-de-France comprenait dix petits pays, dont on a composé les départemens de la Seine, de Seine-et-Oise, de Seine-et-Marne, de l'Oise, avec une partie de ceux de l'Aisne, de l'Yonne et d'Eure-et-Loire.

SEINE. Chef-lieu : *Paris.*
2 Sous-Préfectures : *Saint-Denis. Sceaux.*

Ce département reçoit son nom de la Seine, qui le traverse. — Sa population est de 1,106,891 hab. — Sa superficie est de 24 lieues carrées ou 46,181 hectares. — Il possède quantité de routes royales, de rivières ou canaux navigables. — Son revenu territorial net est de 54,418,000 fr., et sa contribution totale de 17,050,202 fr. — C'est la patrie de d'Alembert, Helvétius, J.-B. Rousseau, Boileau, Voltaire, Molière, Talma, Beaumarchais, Régnard, Lesueur, Ninon, Sévigné, David, Lebrun, Goujon, Pigal, Mansard, du cardinal de Richelieu, du grand Condé, du prince Eugène, de Lavoisier et d'une foule d'autres d'hommes célèbres.

PARIS (*Lutetia*) est une des villes les plus célèbres du monde, le chef-lieu du département de la Seine et la capitale du royaume, est bâtie sur les deux îles de la Seine, fleuve qui la traverse de l'est à l'ouest, et la partage en deux parties. *Histoire* : Après la conquête des Gaules, par les Romains, commença l'agrandissement de Paris, alors bourg situé dans la grande île de la Seine. Le palais des Thermes fut bâti par les empereurs, ses ruines existent encore. A trois époques différentes, les Normands la pillèrent et la ravagèrent dans le 9e siècle. Philippe-Auguste, François Ier, leurs successeurs concourrurent à son embellissement; mais c'est surtout sous Louis XIV que cette métropole prit un air de grandeur digne du rang qu'elle occupe. Cette superbe cité renferme un très-grand nombre d'édifices magnifiques; c'est la seconde ville de l'Europe; le centre de la civilisation, des sciences, des lettres et des beaux-arts. Elle est divisée en 12 arrondissemens, avec un juge de paix et un maire, 48 quartiers, avec un commissaire de police. Il y a 54 barrières, 65 fontaines, 30 mille maisons, 224,922 ménages ou feux, 1,120 rues, 39 églises, 4 temples, 24 hôpitaux, 6 bibliothèques, 12 théâtres, 16 ponts, 24 marchés, 10 halles, 87 places, 24 casernes, 7 prisons civiles ou militaires, 37 établissemens d'instruction publique, 28 routes royales, une cour de cassation unique pour le royaume, une cour royale, une cour des comptes, plusieurs tribunaux, un archevêché, une école de droit et de médecine, une institution des sourds-muets, plusieurs sociétés savantes, un institut divisé en quatre académies, 7 colléges royaux, une université et une préfecture de police. On y compte 9,800 boutiques, 3,500 cafés. Il s'y consomme 2,106,000 quintaux de grains, tant blé que riz, par an. La population s'élève à 900,000 hab.

Saint-Denis, à 2 l. (7 kil.) de Paris, ville autrefois célèbre par son abbaye, renferme les tombeaux des rois et des princes de la maison royale de France ; une maison d'éducation pour les filles des membres de la légion d'honneur. Pop. : 9,696 hab.

Sceaux, à 2 l. (8 kil.) de Paris, a des marchés de bestiaux. Pop. : 1,500 hab.

Passy, bourg près de Paris, possède des sources d'eaux minérales froides. Pop. : 4,500 hab.

Vincennes, à 1 l. (4 kil.) de Paris, a un château qui fut habité par plusieurs rois. On y voit une école d'artillerie et un magnifique dépôt d'armes. C'est là que reposent les restes du fidèle et brave Daumesnil. Pop. : 2,800 hab.

Charenton, village sur la Marne, est renommée par son hospice d'aliénés. Pop. : 2,000 hab.

SEINE-ET-OISE. Chef-lieu : *Versailles.*
5 Sous-Préfectures : *Etampes. Pontoise. Mantes. Corbeil. Rambouillet.*

Ce département doit son nom à deux rivières qui l'arrosent. — Sa population est de 449,582 hab. — Sa superficie est de 268 lieues carrées ou 570,427 hectares. — Il possède 13 routes royales et départementales, 1 canal, trois rivières navigables. — Son revenu territorial net est de 30,602,209 fr., et sa contribution totale de 7,615,194 fr. C'est la patrie de l'abbé de l'Épée, fondateur de l'école des sourds-muets ; de Ducis, Hoche, Guettard, Chaulieu, Sully, Saint-Louis, Philippe-Auguste, Charles IX, Louis XIV, Philippe V, Marguerite de France, de Louis XVIII, de Charles X et de Henri II.

VERSAILLES est une belle ville, remarquable par le magnifique château construit par Louis XIV, par la résidence des rois de France depuis ce dernier jusqu'à Louis XVI et par l'assemblée des derniers états-généraux qui y tinrent leur première séance le 5 mai 1789. Elle a une manufacture d'armes. Pop. : 29,000 hab.

ÉTAMPES, sur la Juine, à 12 l. (46 kilom.) de Versailles, fait un grand commerce de farine, et exploite des carrières de grès pour l'entretien des rues de Paris.

PONTOISE, sur l'Oise, à 7 l. (27 kil. N.-O.) de Paris. Son principal commerce consiste en blé, farines et bestiaux. Les Anglais s'en emparèrent par ruse en 1430. C'est la patrie de Philippe-le-Hardi. Pop. : 5,458 hab.

MANTES, à 9 l. (35 kil.) de Versailles, a un des plus beaux ponts de France. Pop., 4,148 hab.

CORBEIL, sur la Seine, à 8 l. (31 kilom.) E.-S. de Versailles, a 14 moulins à farine du gouvernement. Pop. : 3,708 hab.

RAMBOUILLET, sur la route de Paris à Chartres, est une ville remarquable par son château, où mourut François Ier en 1547 ; par sa belle bergerie de mérinos et par l'acte d'abdication qu'y signèrent Charles X et le Dauphin avant leur départ pour Cherbourg. Pop. : 3,007 hab.

SÈVRES, bourg, est renommé par sa manufacture royale de porcelaine. Pop. : 4,000 hab.

SAINT-CLOUD, bourg, possède un château royal avec un beau parc. Célèbre par le 18 brumaire. Pop. : 2,000 habitans.

Les autres points les plus importans de ce département sont : Argenteuil, Chevreuse, Meulan, Saint-Germain-en-Laye, la Malmaison, ancien séjour de l'impératrice Joséphine, Saint-Cyr, où est l'école militaire, Arpajon, Montlhéry, Lonjumeau, Essone, Brunoy et Rosny.

SEINE-ET-MARNE. Chef-lieu : *Melun.*

4 Sous-Préfectures : *Fontainebleau. Provins. Meaux. Coulommiers.*

Ce département reçoit son nom de deux rivières qui le baignent. — Sa population est de 325,884 hab. — Sa superficie est de 595,980 hectares. — On y compte 28 routes royales et départementales, 3 canaux,

4 rivières navigables. — Son revenu territorial net est de 25,421,000 fr., et sa contribution totale de 4,781,047 francs. — C'est la patrie de Gaston de Foix, Dancourt, Amyot, l'abbé Voisenon, Lanoue, de Thibaut IV, comte de Champagne, roi de Navarre, et de l'illustre Mirabeau, un des orateurs les plus éloquents de l'assemblée constituante.

MELUN, sur la Seine, à 11 l. (42 kil.) S.-E. de Paris, est une ville très-ancienne. Pop. : 7,000 habitans.

FONTAINEBLEAU, à 16 l. (63 kil.) S.-E. de Paris, possède un château royal au milieu d'une vaste forêt; le raisin qu'on y récolte est en grande renommée. Pop. : 8,122 hab.

PROVINS, sur la Vouzie, à 20 l. (77 kil.) de Paris, a des fabriques d'étoffes. Pop. : 5.665 hab.

MEAUX, sur la Marne, est une ville très-bien située. Sa cathédrale, d'architecture gothique, est remarquable; elle renferme le tombeau du grand Bossuet. Pop. : 8,537 hab.

COULOMMIERS, à 11 l. (42 kil.) de Paris. Commerce de fromages. Pop. : 3,335 hab.

Les autres villes importantes de ce département sont : Montereau; sur son pont on assassina, en 1419, le duc de Bourgogne; La Ferté-Gaucher, Moret, Nemours, qui a un ancien château; La Ferté-sous-Jouarre, Lagny, Château-Landon, Rosoy et Crécy.

OISE. Chef-lieu : *Beauvais.*
3 Sous-Préfectures : *Clermont. Senlis. Compiègne.*

Ce département prend son nom de l'Oise, rivière qui le traverse. — Sa population est de 398,641 hab. — Sa superficie est de 308 lieues carrées, ou 512,424 hectares. — Il est traversé par 31 routes royales et départementales, 1 canal et 3 rivières navigables. — Son revenu territorial net est de 25,609,000 fr., et sa contribution totale de 4,804,469 fr. — C'est la patrie de Lenglet-Dufresnoy, Restaut, Calvin, Nollet, Billy, Cassini et Philippe-le-Bel.

BEAUVAIS, sur le Thérain, à 16 l. (62 kil.) N. de Paris. Elle fut assiégée en 1472 par Charles-le-Téméraire, duc de Bourgogne; ce siège fut célèbre par le courage que les femmes y déployèrent. Ses principales fabriques sont de draps, de serge, de flanelle et de dentelles noires. Elle est surtout remarquable par sa manufacture royale de tapisserie. Pop. : 12,867 hab.

CLERMONT, à 6 l. (23 kil.) de Beauvais, a une bibliothèque assez considérable. Pop. : 2,715 hab.

SENLIS, sur la Nonette, à 10 l. (38 kilom.) S.-E. de Beauvais, est une ancienne ville située sur une colline. On y fabrique des toiles et des dentelles. Pop. : 8,879 hab.

COMPIÈGNE, à 12 l. (46 kil.) E. de Beauvais, possède un beau château royal. Les Anglais y firent prisonnière la Pucelle d'Orléans en 1431. Pop. : 8,879 hab.

Les autres lieux importans de ce département sont : Noyon, Grandvilliers, Breteuil, Crévecœur, Chaumont, Chantilly, Pierre-Fonds et Ermenonville, remarquable par l'habitation où J.-J. Rousseau finit ses jours.

AISNE. Chef-lieu : *Laon.*

4 Sous-Préfectures : *Soissons. Saint-Quentin. Château-Thierry. Vervins.*

Ce département, arrosé par la rivière de l'Aisne, reçoit son nom. — Sa population est de 527,095 h. — Sa superficie est de 375 lieues carrées, ou 749,183 hectares. — Il possède 25 routes royales et départementales, 3 rivières navigables et 2 canaux. — Son revenu territorial net est de 26,800,000 fr., et sa contribution totale de 4,324,327 fr. — C'est la patrie de La Fontaine, Racine, Condorcet, Demoustier et Luce de Lanceval, des maréchaux d'Armentières, de Bezons, de Choiseul d'Estrées, de Puiségur, Serrurier et d'Alexandre Dumas.

LAON, à 30 l. (116 kil.) N.-O. de Paris, ville bâtie sur une hauteur, a un commerce peu considérable. Pop. : 8,491 hab.

SOISSONS, sur l'Aisne, à 23 l. (89 kil.) de Paris, ancienne capitale de l'empire des Francs, elle est célèbre par la victoire que Clovis remporta sur Siagrius, général romain. Pop. : 8,149 hab.

SAINT-QUENTIN, sur la Somme, à 35 l. (97 kil.) N.-E. de Paris, est une ville dont le commerce est très-étendu, ses principales fabriques sont : de tissu, de coton, de linon, batistes, etc. Les Espagnols s'en emparèrent en 1557. Pop. : 17,686 hab.

CHATEAU-THIERRY, sur la Marne, ville commerçante, patrie de La Fontaine. Pop. : 4,697 hab.

VERVINS, ville ancienne. En 1598, Henri IV, roi de France, et Philippe II, roi d'Espagne y signèrent un traité de paix.

Les autres villes remarquables de ce département sont : Coucy, La Fère, Ribemont, La Ferté-Milon, Braine et Guise.

VI. CHAMPAGNE.

DÉPARTEMENS. MARNE, HAUTE-MARNE, AUBE, ARDENNES.

Cette province forme aujourd'hui les départemens de la Marne et de la Haute-Marne, de Seine-et-Marne, de l'Aube, de l'Yonne, de l'Aisne et des Ardennes.

La puissance des comtes de Champagne, fut très-grande ; elle inquiéta même les rois de France ; eux seuls, dans les grandes cérémonies, avaient le droit de porter la bannière royale. Le mariage de Philippe-le-Bel, avec Jeanne, reine de Navarre, comtesse de Champagne et de Brie, fut cause de la réunion de cette province à la couronne.

Outre ses vins qui jouissent d'une grande renommée en France et à l'étranger, elle produit une grande quantité de céréales tels que : blé, lin et fruits, etc. On y fabrique des tissus de toute espèce, draperies fines, couvertures, tricots, etc. La Haute-Champagne est ver le nord et la Basse vers le midi.

La Brie champenoise est divisée en Haute, Basse et Pouilleuse.

MARNE. Chef-lieu : *Châlons-sur-Marne.*
4 Sous-Préfectures : *Reims. Vitry-le-Français. Épernay. Sainte-Ménehould.*

Ce département tire son nom de la rivière de la Marne, qui le traverse. — Sa population est de 345,245 hab. — Sa superficie est de 405 lieues carrées, ou 820,273 hectares. — On y compte 16 routes royales et départementales, 2 rivières navigables. — Son revenu territorial net est de 16,200,000 fr. et sa contribution totale de 3,428,235 fr. — C'est la patrie du cardinal de Retz, de Lacaille, Richelet, Colbert, Perrot D'Ablancourt, Pluche, Tronçon-Ducoudray et Linguet.

CHALONS-SUR-MARNE, ancienne et belle ville sur la Marne, à 41 l. (159 kil.) de Paris. Possède une belle école d'arts et métiers, une superbe cathédrale et une bibliothèque composée de 20,000 volumes. Pop. : 15,413 hab.

REIMS, sur la Vesle, à 38 l. (148 kil.) N.-E. de Paris. Elle fait un grand commerce de vins, de tissus et lainage de toute espèce, Clovis y fut baptisé par Saint-Denis. Célèbre par le sacre des rois de France. Pop. : 35,971 h.

VITRY-LE-FRANÇAIS ; ce fut François 1er, qui la fit construire et fortifier en 1545. Pop. : 6,976 hab.

EPERNAY, est renommée par ses vins blancs, dont elle fait un grand commerce.

SAINTE-MÉNEHOULD, sur l'Aisne, à 10 l. (40 kil.) de Châlons, est célèbre par la victoire que Kellermann, général français, remporta sur le roi de Prusse à Valmy, le 20 septembre 1792. Pop. : 2,933 hab.

Les autres points importans de ce département sont : Montmirail, célébré par la victoire que l'empereur Napoléon remporta sur les armées russes et prussiennes, le 11 février 1814. Aï, Dormans, Sézanne et Chatillon-sur-Marne.

HAUTE-MARNE. Chef-lieu : *Chaumont.*
2 Sous-Préfectures : *Langres. Vassy.*

Ce département doit son nom à sa position relative au cours de la Marne, rivière qui le baigne. — Sa population est de 255,969 hab. — Sa superficie est de 331 lieues carrées, ou 633,173 hectares. — Il est traversé par 12 routes royales et départementales, et par une rivière navigable. — Son revenu territorial net est de 13,625,000 fr., et sa contribution totale de 2,429,585 fr. — C'est la patrie du cardinal de Lorraine, de Diderot, Bouchardon, Éponine et Sabinus, et du chroniqueur Joinville.

CHAUMONT, près de la Marne, à 59 l. (299 kil.) E. S. de Paris, est une ville bien bâtie et dans une situation élevée. Pop. : 6,318 hab.

LANGRES, près de la Marne à 8 l. (31 kil.) de Chaumont, est renommée pour ses fabriques de coutellerie. Pop. : 7,460 hab.

VASSY, sur la Blaise, ville très-ancienne. Pop. : 2,585 hab.

SAINT-DIZIER, possède des forges. Pop. : 6,000 h.

BOURBONNE-LES-BAINS, renommée par ses eaux minérales. Pop. : 3,400 hab.

Les autres villes importantes de ce département sont : Joinville, où est inhumé, dans l'église du château, seigneur Jean, sire de Joinville, historien de Saint-Louis; Château-Vilain, Arc-sur-Aujon, et Nogent-le-Roi.

AUBE. Chef-lieu : *Troyes.*

4 Sous-Préfectures : *Bar-sur-Aube. Nogent-sur-Seine. Arcis-sur-Aube. Bar-sur-Seine.*

Ce département reçoit son nom de l'Aube, rivière qui le traverse. — Sa population est de 253,870 hab. — Sa superficie est de 305 lieues carrées, ou 610,608 hectares. — On y compte huit routes royales et départementales, 2 rivières navigables, et deux canaux, dont un en construction. — Son revenu territorial net est de 12,569,000 fr., et sa contribution totale de 2,507,596 fr. C'est la patrie de Mignard, Girardon, Boursault, du pape Urbain IV, de Danton et du célèbre chimiste Thénard.

TROYES, sur la Seine, à 34 l. (110 kil.) S.-E. de Paris, est l'ancienne capitale de la Champagne. On y trouve beaucoup de filatures; son principal commerce consiste, en bonneterie, craie, charcuterie, papeterie et librairie. Pop. : 39,143 hab.

BAR-SUR-AUBE, possède un pays fertile en vins très-estimés. Pop. : 3,890 hab.

Nogent-sur-Seine, a un petit port commode. Pop. : 3,277 hab.

Arcis-sur-Aube, fabrique de la bonneterie. Pop. : 2,683 hab.

Bar-sur-Seine, fait le commerce de vins, de coutellerie et de bonneterie. Pop. : 2,296 hab.

Les autres villes importantes de ce département sont : Brienne, remarquable par son école militaire, où le jeune Bonaparte y fit ses premières études. Mussy, Méry-sur-Seine, et Vendœuvres, Clairvaux, où est une maison centrale de détention ; et le Paraclet, abbaye fondée par Abeilard.

ARDENNES. Chef-lieu : *Mézières.*

4 Sous-Préfectures : *Sedan. Rethel. Rocroy. Vouziers.*

La forêt des Ardennes donne son nom à ce département, il renferme des mines de houille, de fer, de plomb, des carrières d'ardoises et du sable vitrifiable. — Le duc d'Enghien, âgé de 22 ans remporta une victoire complète sur les Espagnols en 1643, ainsi que le Maréchal Duplessis sur le Vicomte de Turenne qui était à la tête de l'armée espagnole. — Sa population est de 306,864 hab. — Sa superficie est de 270 lieues carrées, ou 487,088 hectares. — Il possède 6 routes royales et 4 départementales, 1 canal et 2 rivières, dont l'une navigable. — Son revenu territorial net est de 11,234,000 fr., et sa contribution totale de 2,311,148 fr. — C'est la patrie de l'astronome Lacaille, de Méhul, du grand Turenne, de Macdonald, des généraux Bechet, Bertou, Hardi, Hulot d'Orsery, Lardenois, de Corvisart, médecin de Bonaparte, des ministres de la République, Dubois de Crancé et Pache.

MÉZIÈRES, à 58 l. (226 kil.) de Paris, ville forte sur la Meuse, Charles-Quint l'assiégea en 1521, et Bayard la défendit avec grand succès. Pop. : 3,759 h.

Sedan, ville forte sur la Meuse, à 7 l. (27 kil.) de Mézières. La fabrication de ses draps est très en renommée. Pop. : 15,664 hab.

Réthel, sur l'Aisne, à 11 l. (42 kil.) de Mézières, possède des filatures de laine et des fabriques de tissus de mérinos. Pop. : 6,583 hab.

Rocroy, ville forte et célèbre par la victoire que le grand Condé remporta sur les Espagnols. Pop. : 3,628 h.

3.

Vouziers, sur la rive gauche de l'Aisne, à 10 l. (39 kil.) de Mézières. Pop. : 3,623 hab.

Les autres villes importantes de ce département sont : Charleville, qui n'est séparée de Mézières que par un pont ; cette ville est bien bâtie et fait un grand commerce d'armes à feu et de coutellerie ; Givet, Mousson, Carignan et Attigny.

VII. LORRAINE.

DÉPARTEMENS. VOSGES, MEURTHE. MOSELLE, MEUSE.

La Lorraine, après avoir été possédée long-temps par des ducs souverains, a été réunie à la couronne de France après la mort du roi Stanislas, surnommé le Bienfaisant. Presque toutes les maisons souveraines de l'Europe ont été associées à celles de la Lorraine. Elle a été pendant plus de trois siècles le sujet de guerres sanglantes entre la France et l'Allemagne. Cette province est fertile en tout ce qui est nécessaire à la vie : blés, vins, fruits, sel, chanvre et lin ; pays montagneux et couvert de forêts : le sol renferme des mines de fer, des mines de sel gemme d'une vaste étendue, et nourrit beaucoup de bestiaux.

Le duché de Lorraine comprenait trois bailliages, qui étaient ceux de Nancy, de Vauge et de Vaudrevange : il compose actuellement les départemens des Vosges, de la Meurthe, de la Moselle et de la Meuse.

VOSGES. Chef-lieu : *Épinal.*

4 Sous-Préfectures : *Saint-Dié, Mirecourt. Remiremont. Neufchâteau.*

Ce département doit son nom aux montagnes des Vosges, qui sont un prolongement des Alpes. — La plaine et la montagne forment ses deux grandes divisions. — La plaine donne des blés de bonne qualité et des graines oléagineuses: la montagne est couverte de forêts de sapins, de mérisiers, dont le fruit distillé fait le kirsch-wasser. — On y trouve des sources d'eaux minérales et thermales ; des papeteries dont les produits peuvent être comparés à ceux des premières manufactures de Hollande ; des forges, de tréfileries et des faïenceries. — Sa population est de 311.034 hab. — Sa superficie est de 295 lieues carrées, ou 587,955 hectares. — On y compte 6 routes royales et départementales, et 1 rivière navigable. — Son revenu territorial net est de 14,333,000 fr., et sa contribution totale de 2,224,971 fr. C'est la patrie de Jeanne d'Arc, de Claude Lorrain, de François de Neufchâteau, directeur de la République française, des conventionnels Perrin et Souhait ; des législateurs, Boulay de la Meurthe et Thouvenel, du Maréchal Victor, duc de Bellune, et de Coster Saint-Victor.

EPINAL, à 98 l. (382 kil.) E.-S. de Paris, est une ville dans une situation fort agréable sur la Moselle ; elle est renommée par ses belles papeteries et ses faïenceries. Pop. : 9,070 hab.

Saint-Dié, sur la Meurthe, à 22 l. (85 kil.) E.-N.-E. d'Epinal, jolie petite ville bien bâtie. Pop. : 7,706 hab.

Mirecourt, sur la rive gauche du Madon, à 7 l. (27 kilom.) d'Epinal, possède des fabriques de dentelles et de toutes sortes d'instrumens de musique. Pop. 5,574 hab.

Remiremont, sur la Moselle, à 5 l. (19 kil.) d'Epinal, était une abbaye célèbre par son chapitre de chanoinesses. On y fabrique du kirschwasser. Pop. : 4,686 hab.

Neufchateau, à 16 l. (62 kil.) d'Epinal, ville ancienne et peu commerçante. Pop. : 3,524 hab.

Bains, à 8 l. (31 kil.) E. d'Epinal, est remarquable par son établissement d'eaux minérales et par sa fabrique de fer-blanc. Pop. : 2,000 hab.

Plombières a des eaux minérales très-connues. Pop. : 1,300 hab.

Domremy, près de Neufchâteau, patrie de Jeanne d'Arc.

Les lieux les plus importans de ce département sont : Rembervillers, Arches, Senones, Darney et Bruyères.

MEURTHE. Chef-lieu : *Nancy*.

4 Sous-Préfectures : *Lunéville. Toul. Château-Salins. Sarrebourg.*

Ce département reçoit son nom de la Meurthe, rivière qui le traverse. Ses récoltes en b'és, en vins excèdent les besoins de sa population. — Il a des sources d'eau salée, une mine de sel gemme; des manufactures de draps communs, de porcelaines, de poteries fine et ordinaire, de glaces et de cristaux; des fabriques de papiers peints, d'huile et de liqueurs. — Sa population est de 424,366 hab. — Sa superficie est de 325 lieues carrées ou 629,002 hectares. — Il possède 18 routes royales et départementales, 1 canal, 2 rivières navigables. — Son revenu territorial net est de 22,420,460 fr., et sa contribution totale de 3,206,771 fr. — C'est la patrie de Boufflers, Bassompierre, Girardin, Gouvion-Saint-Cyr, l'abbé Louis, de Rigny, Drouot, Saint-Lambert, Calot, Choiseul, Mme de Graffigny, Mme de Saint-Ouën, et Braconnot, fameux chimiste.

NANCY, à 82 l. (319 kil.) de Paris, était la résidence ordinaire des ducs de Lorraine : c'est une grande et une des plus belles villes de France, possédant de superbes promenades et des bâtimens magnifiques, dont les principaux sont : la place Royale, où se trouvent l'hôtel-de-ville et l'évêché; on y admire la statue de Stanislas, élevée en reconnaissance des bienfaits que ce digne monarque n'a cessé de répandre; les Cordeliers, ancienne église, dans laquelle sont enterrés les ducs de Lorraine; Bonsecours, où sont les tombeaux de Stanislas et de la reine son épouse. Nancy possède aussi une académie fondée par Stanislas, une école secondaire de médecine, l'école forestière, la seule établie dans le royaume, celle des sourds-muets, un jardin botanique et une bibliothèque considérable. Son principal commerce consiste en broderies, chandelles, tissus de laine, verrerie, poterie et toile. En 1476, Charles-le-Téméraire périt au siége de cette ville. Pop. : 31,445 hab.

Lunéville, à 6 l. (25 kil.) de Nancy, est dans une belle situation, au confluent de la Vezouze et de la Meurthe. On y admire son beau palais et son immense quartier de cavalerie. En 1801, un traité de paix y fut signé entre la France et l'Autriche. Pop. : 12,798 h.

Toul, sur la Moselle, est une ville fort ancienne : c'est la patrie de l'amiral de Rigny. Pop. : 7,304 h.

Chateau-Salins possède de grandes et belles salines. Pop. : 2,708 hab.

Sarrebourg, sur la Sarre, a des fabriques de toiles. Pop : 1,900 hab.

Baccarat est renommé par sa manufacture de cristaux. Pop. : 1,900 hab.

Les autres villes importantes de ce département sont : Pont-à-Mousson, ville ancienne et considérable; Rosières-aux-Salines, Dieuze, Vic, Phalsbourg et Blâmont.

MOSELLE. Chef-lieu : *Metz.*

3 Sous-Préfectures : *Sarreguemines. Thionville. Briey.*

Ce département prend son nom de la Moselle, rivière qui l'arrose. — Outre les soins qu'on accorde à l'agriculture dans ce département, on 'occupe avec succès de plusieurs branches d'industrie : dix-sept hauts fourneaux et plus de trente feux d'afinerie, cinq verreries, six faïenceries, plusieurs papeteries et des fabriques de draps et de tissus de coton y sont établis. — Sa population est de 427,250 hab. — Sa superficie est de 332 lieues carrées, ou 610,000 hectares. — Il est traversé par 12 routes royales et départementales, 2 rivières navigables. — Son revenu territorial net est de 16,528,008 fr., et sa contribution totale de 3,140,197 fr. — C'est la patrie de Pilastre du Rosier, Lacretelle, des maréchaux Fabert, Molitor, des généraux Julien, Custine Richepanse, Lallemand, des ministres Bouchotte, Barbé-Marbois, et du graveur Leclerc.

METZ, au confluent de la Moselle et de la Seille, à 76 l. (296 kil.) de Paris. C'est une ville forte et commerçante. Ses fortifications, exécutées par le maréchal de Belle-Isle et Vauban, la rendent imprenable. Cette ville possède une école d'application pour les élèves de l'artillerie, du génie et de pyrotechnie. Pop. : 44,416 hab.

Thionville, ville forte sur la Moselle, est renommée pour la fabrication des projectiles de guerre. C'est la patrie de Merlin le conventionnel. Pop. : 3,645 habitans.

Sarreguemines, sur la Sarre, possède des tanneries et des fabriques de tabatières de carton. Pop. 4,189 habitans.

Briey, sur le Voiget, est connu par ses fabriques de papiers et de grosses draperies. Pop. : 1,755 hab.

Les autres villes importantes de ce département sont : Boulay, Bitche, Saralbe, Longuyon, et Longwy, place forte.

MEUSE. Chef-lieu : *Bar-le-Duc.*

3 Sous-Préfectures : *Commercy. Verdun. Montmédy.*

Ce département tire son nom de la Meuse, rivière qui le traverse. — Sa population est de 317,704 hab. — Sa superficie est de 318 lieues carrées, ou 604,439 hectares. — Il possède 20 routes royales et départementales, 2 rivières navigables. — Son revenu territorial net est de 14,281,000 fr., et sa contribution totale de 2,691,953 fr. — C'est la patrie du brave Chevert, du grammairien Beauzé, de l'horloger Lepaute, de don Calmet, du maréchal Oudinot; des généraux d'Anthemard, Broussier, Excelmans, Morland et Pinteville.

BAR-LE-DUC, sur l'Ornain, à 60 l. (233 kil.) E. de Paris, fait le commerce de cotons et de toiles peintes. Elle est renommée pour ses vins et ses confitures. Pop. : 12,000 hab.

Commercy, sur la Meuse, à 8 l. (31 kil.) de Bar, est une jolie ville dans une fort belle position. Pop. : 5,622 hab.

Verdun, sur la Meuse, à 59 l. (229 kil.) de Paris, ancienne ville forte, est renommée par ses dragées et ses confitures. Pop. : 9,978 hab.

Montmédy, sur la Chiers, place forte, à 22 l. de Bar. Pop. : 2,195 hab.

Les autres villes importantes de ce département sont : Vaucouleurs, dans une situation charmante; Varennes, où le 22 juin 1791 fut arrêté Louis XVI; Saint-Mihiel, Stenay, Gondrecourt, Eun et Etain.

VIII. ALSACE.

DÉPARTEMENS. HAUT-RHIN, BAS-RHIN.

L'Alsace est une des belles provinces de France, dont le sol est fertile en grains, en vins, en tabac et en garance, nourrit beaucoup de bestiaux. C'est dans ce pays où l'agriculture fait le plus de progrès. Elle fut réunie à la France depuis le traité de Munster, en 1648.

Elle était divisée en haute et basse, et en Sundgau, qui est au sud de la haute. On en a formé les deux départemens du Haut et du Bas-Rhin.

HAUT-RHIN. Chef-lieu : *Colmar.*

2 Sous-Préfectures : *Altkirch. Belfort.*

Ce département doit son nom à sa situation relative au cours du Rhin. — Sa population est de 447,019 hab. — Sa superficie est de 360 lieues carrées, ou 683,157 hectares. — On y compte 7 routes royales et départementales, 2 canaux et 2 rivières. — Son revenu territorial net est de 19,169,000 fr., et sa contribution totale de 3,054,435 fr. — C'est la patrie du poète Jean Balde, du directeur Rewbel, du mathématicien Lambert et de l'abbé de Laporte.

COLMAR, près de l'Ill, à 120 l. (467 kil.) E. p. S. de Paris, est renommée par ses manufactures de toiles peintes. Pop. : 15,442 hab.

ALTKIRCH, ville peu commerçante. Pop. : 2,819 h.

BELFORT, sur la Savoureuse, à 16 l. (62 kil.) de Colmar, ville forte, est l'entrepôt de commerce de l'Allemagne et de la Suisse. Pop. : 5,753 hab.

MULHAUSEN, sur l'Ill, fut réunie à la France en 1798. C'est une ville commerçante et renommée par ses manufactures de toiles peintes. Pop. : 9,600 hab.

SAINTE-MARIE-AUX-MINES, est connue par ses manufactures d'étoffes et l'exploitation de ses mines.

Les autres villes importantes de ce département sont New-Brisach, petite ville bâtie sous Louis XIV, et fortifiée par Vauban, et les villes de Thann, Einsisheim, Munster, Cernay, et Huningue, ancienne place forte, dont les fortifications ont été démolies, d'après les traités de 1815.

BAS-RHIN. Chef-lieu : *Strasbourg.*
3 Sous-Préfectures : *Saverne. Schélestadt. Veissembourg.*

Ce département tire son nom de sa position sur le cours inférieur du Rhin. — Sa population est de 564,359 hab. Sa superficie est de 375 lieues carrées, ou 417,500 hectares. — Il est desservi par 34 routes royales et départementales, 6 canaux et deux rivières navigables. — Son revenu territorial net est de 24,692,000, fr., et sa contribution totale de 3,980,040 fr. — C'est la patrie des généraux Kléber et Kellermann.

STRASBOURG, sur l'Ill, à 115 l. (448 kil. 27) E. de Paris, était l'ancienne capitale de l'Alsace. C'est l'une des villes les plus fortes de France. Elle fut prise par Louis-le-Grand en 1681 et réunie à la France. Elle est très-commerçante, possède un grand nombre de manufactures, de beaux monumens, dont les plus remarquables sont la cathédrale, haute de 574 pieds, 6 pieds de moins que la plus grande pyramide d'Égypte, le mécanisme de son horloge passe pour un ouvrage incomparable ; les tombeaux du maréchal de Saxe, de Kléber et de Désaix. Elle est rendue presque imprenable par sa citadelle et plusieurs autres forts. Ce fut en 1436, que Jean de Guttemberg de Mayence y inventa l'imprimerie. Les Strasbourgeois lui ont élevé une statue en 1840. Pop. : 49,712 hab.

SAVERNE, sur la Zorn, à 7 l. (27 kil. 28) N.-O. de Strasbourg. Pop. : 5,352 hab.

SCHÉLESTADT, sur l'Ill, à 8 l. (31 kil. 18) de Strasbourg ; place forte fortifiée par Vauban, possède des fabriques de toiles. Pop. : 9,646 hab.

WEISSEMBOURG, sur la Lautern, à 12 l. (46 kil.) de Strasbourg. Ville forte. Pop. : 6,097 hab.

MUTZIG est un village connu par sa manufacture d'armes à feu. Pop. : 3,500 hab.

KLINGENTHAL, possède une manufacture considérable d'armes blanches.

NIEDERBRONN, a des eaux minérales très-estimées.

es autres villes importantes de ce département sont : Lauterbourg, Molsheim, Bischwiller, place forte; Seltz, renommée par ses eaux minérales; Erlinbach, Benfeld, Rosheim et Hagueneau.

RÉGION DU MILIEU.

IX. BRETAGNE.

DÉPARTEMENS. ILLE-ET-VILAINE, LOIRE-INFÉRIEURE, MORBIHAN, COTES-DU-NORD, FINISTÈRE.

La Bretagne, au S.-E. de la Normandie, fut réunie à la France par le mariage de François 1er avec la princesse Claude, en 1524. Elle possède de vastes prairies où l'on nourrit une grande quantité de chevaux et de bestiaux. Ses principales productions parmi les minéraux sont : l'argent, le plomb, l'étain et la houille; parmi les végétaux : le chanvre, le lin et le tabac.

La Bretagne est divisée en haute et basse, la première vers l'Orient, et la seconde vers l'Occident. C'est dans la Basse-Bretagne que l'on parle le langage appelé *Bas-Breton*.

La Bretagne comprend cinq départemens, celui d'Ille-et-Vilaine, celui de la Loire-Inférieure, celui du Morbihan, celui des Côtes-du-Nord et celui du Finistère.

ILLE-ET-VILAINE. Chef-lieu : *Rennes*.

5 Sous-Préfectures : *Fougères. Montfort. Saint-Malo. Vitré. Redon.*

Ce département reçoit son nom de deux rivières qui le traversent — Sa population est de 547,249 hab. — Sa superficie est de 275 lieues carrées, ou 684,977 hectares. — On y compte 23 routes royales et départementales, 1 canal, 3 rivières navigables, 2 ports de mer. — Son revenu territorial net est de 19,477,000 fr., et sa contribution totale de 3,480,849 fr. — C'est la patrie de Duguay-Trouin, Jacques Cartier, Maupertuis, l'abbé Trublet, Tournemine, l'abbé la Bletterie, la Chalotaise, Languinais, qui partagea le sort des 21 Girondins, l'orientaliste Savary et de Chateaubriand.

Rennes, sur la Vilaine, à 85 l. (522 kil.) O. p. S. de Paris, était l'ancienne capitale de la province et le siége d'un parlement. En 1720, elle fut victime d'un incendie qui consuma 850 maisons. On y remarque de beaux édifices tels que le palais de la cour royale et l'hôtel-de-ville. On y fait un grand commerce de beurre et de miel, et on fabrique beaucoup de toiles à voiles. Pop. : 29,680 hab.

Fougères, sur le Nanson, à 10 l. (38 kil.) N.-E. de Rennes, est connue par ses fabriques de toiles, de papiers et de tanneries. Pop. : 7,677 hab.

Montfort-sur-mer, au confluent du Meu et du Chaillou, à 5 l. (19 kil.) de Rennes. Pop. : 1,715 habitans.

Saint-Malo, à 89 l. (446 kil. 92) O. p. S. de Paris, ville peuplée et commerçante, avec un port très-fréquenté, quoique d'un accès difficile. La culture du tabac a lieu avec succès dans les environs. C'est la patrie de Jacques Cartier, qui prit possession du Canada, au nom de François 1er. Pop. : 9,981 hab.

Vitré, sur la Vilaine, a des fabriques de toiles à voiles et des tanneries. Pop. : 8,856 hab.

Rédon, à 15 l. (59 kil.) de Rennes, a un petit port assez fréquenté. Pop. : 4,504 hab.

Cancale est renommée par son commerce d'huîtres.

Saint-Aubin, village à 4 l. (15 kil. 59) de Rennes, est célèbre par la bataille livrée en 1488, où Louis XII fut fait prisonnier.

Les autres villes importantes de ce département sont : Saint-Servan, en face de Saint-Malo; Hédé, Autrain, Dol et la Guerche.

LOIRE-INFÉRIEURE. Chef-lieu : *Nantes.*

4 Sous-Préfectures : *Ancenis. Châteaubriand. Pamibœuf. Savenay.*

Ce département tire son nom de sa position relative au cours de la Loire. — Sa population est de 470,768 hab. — Sa superficie est de 388 lieues carrées, ou 706,285 hectares. — Il possède 19 routes royales et départementales, 2 canaux, 9 rivières navigables, 7 ports de mer. — Son revenu territorial net est de 18,904,000 fr., et sa contribution totale de 3,183,970 fr. — C'est la patrie d'Abeylard, Olivier de Clisson, Anne de Bretagne, de Charette, du général Cambronne; des ministres Fouché (de la police), et Sotin (de la république).

NANTES, sur la Loire, à 95 l. (379 kil.) S.-O. de Paris, possède l'un des ports les plus commerçans de la France, sa vue offre un aspect charmant par le mouvement continuel qu'occasionnent les arrivées, et par les départs et les travaux de la navigation. Il est l'entrepôt et le magasin général des vivres et des munitions de la marine. Parmi ses édifices, on remarque le château des ducs de Bretagne; le Bouffai, qui est une belle ruine; l'hôtel-de-ville; l'hôtel de la préfecture; la halle aux blés, et la cathédrale où l'on admire le mausolée élevé à François II, dernier duc de Bretagne. En 1593, Henri IV rendit un édit en faveur des protestans, qui fut révoqué en 1685, par Louis XIV. Pop. : 87,191 hab.

ANCENIS, sur la Loire, à 8 l. (31 kil.) de Nantes, était autrefois une place forte. Pop. : 3,709 hab.

CHATEAUBRIAND, sur la rive gauche du Cher, à 15 l. (59 k.) de Nantes. Pop. : 3,634 hab.

PAIMBOEUF, sur la Loire, à un bon port où les vaisseaux y débarquent les marchandises que de petits navires transportent jusqu'à Nantes. Pop. : 3,648 hab.

LE POULIGUEN, a un petit port.

SAVENAY, à 8 l. (31 kil.) de Nantes, fait un grand commerce de bestiaux. Pop. : 1,845 hab.

Les autres villes importantes de ce département sont: Saint-Nazaire, avec un port à l'embouchure de la Loire; Bourgneuf, Guérande, le Croissic, Pornic, Clisson, Pont-Château et Machecoul.

MORBIHAN. Chef-lieu: *Vannes.*

3 Sous-Préfectures. *Lorient. Ploërmel. Pontivy.*

Ce département reçoit son nom de celui d'un golfe situé sur l'Océan. — Sa population est de 449,743 hab. — Sa superficie est de 358 lieues carrées, ou 681,704 hectares. — Il est desservi par 9 routes royales et départementales, et 2 canaux. — Son revenu territorial net est de 14,741,000 fr., et sa contribution totale de 2,475,242 fr.—C'est la patrie du romancier Lesage, des marins Ducoedic, l'héroïque Bisson, les vices-amiraux et contre-amiraux Allemand, Bompart, Bouvet, Dordelin, le Marant, des chefs royalistes, Dubois-de-Berthelot, Cadoudal et Tinteniac; des généraux Bigaré, Bonté, Bourke et Monistrol.

VANNES, à 106 l. (413 kil.) O.-p.-S. de Paris. Le canal du Morbihan sert de communication entre cette ville et l'Océan. Les sardines, les dentelles, les tulles font la principale branche de son commerce Pop.: 10,395 hab.

Lorient, à 120 l. (467 k.) O.-p.-S. de Paris, est une ville bien bâtie avec un bon port sur l'Océan, et une rade où de fortes escadres, peuvent mouiller en sûreté. Pop.: 18,322 hab.

Ploermel, à 10 l. (38 k.) N.-E. de Vannes, est une petite ville où se fait un grand commerce de bestiaux. Pop.: 4,851 hab.

Pontivy, sur le Blavet, à 12 l. (46 k.) de Vannes, possède des fabriques de toiles. Pop.: 5,956 hab.

Henneron, petit port sur le Blavet. Pop.: 4,500 h.

Quiberon, célèbre par la défaite des émigrés qui y abordèrent en 1795; cette ville est située près d'une presqu'île.

Les autres villes importantes de ce département sont: Aurai, avec un port sur le Morbihan; ville célèbre par la bataille de 1364, où Duguesclin fut fait prisonnier. La Roche-Bernard, Port-Louis, Josselin, Malestroit et Guéméné. On y trouve encore Belle-Isle, île fertile, située sur les côtes de Bretagne, à 12 l. (46 kil.) S. de l'Orient; les îles de Houas et de Groais.

COTES-DU-NORD. Chef-lieu: *Saint-Brieuc.*

4 Sous-Préfectures: *Dinan. Loudéac. Lannion. Guingamp.*

Ce département doit son nom à sa position relative à ses côtes. — Sa population est de 355,624 hab. — Sa superficie est de 383 lieues carrées, ou 744,073 hectares. On y compte 6 routes royales, 16 départementales, 2 canaux, 3 rivières navigables, 7 ports de mers. — Son revenu territorial net est de 19,258,000 fr., et sa contribution totale de 2,994,902 fr. — C'est la patrie de Duguesclin, de Duclos, du maréchal Beaumanois, du contre-amiral Leboses et de Labourdonnais, gouverneur de l'île Bourbon.

SAINT-BRIEUC, à 100 l. (389 kil.) O. de Paris, sur la rivière de Gouet, possède un port, des places et des rues assez belles et une bibliothèque composée de 24,000 volumes. Il s'y fabrique des toiles et des papiers. Pop. : 10,420 hab.

DINAN, près de la Rance, à 13 l. (50 kil.) de Saint-Brieuc, son sol est très-fertile en lin avec lequel on fabrique des toiles dites de Bretagne, et renferme une source d'eau minérale ferrugineuse. Pop. : 8,044 hab.

LOUDÉAC, à 11 l. (42 kil.) de Saint-Brieuc est une petite ville où l'on fabrique une grande quantité de toiles. Pop. : 6,736 hab.

LANNION, sur le Guer, possède un petit port et des eaux minérales. Pop. : 5,361 hab.

GUINGAMP, sur le Trieux, à 7 l. (27 kil.) de Saint-Brieuc, fait le commerce de fil et de lin. Pop.: 6,100 hab.

QUINTIN; non loin de cette ville est la superbe forêt de Lorges. Pop. : 4,600.

Les autres villes importantes de ce département sont: Lamballe, Pontrieux, Paimpol, Tréguer, Moncontour, Belle-Ile-en-terre et Jagon.

FINISTÈRE. Chef-lieu: *Quimper.*

4 Sous-Préfectures : *Brest. Châteaulin. Morlaix. Quimperlé.*

Ce département doit son nom à sa situation à l'extrémité ouest de la France. — Sa population est de 546,955 habitans. — Sa superficie est de 343 lieues carrées, ou 693,384 hectares. — Il possède 14 routes royales et départementales, 1 canal, 3 rivières navigables, et 11 ports de mer. — Son revenu territorial net est de 5,328,000 fr., et sa contribution totale de 2,798,571 fr. — C'est la patrie de Fréron, Lamothe-Piquet, Kersaint, Latour-d'Auvergne, du général Moreau, le vainqueur de Hohenlinden et d'Aboville; des historiens Bougeant, Hardouin, jésuites,

Royou et Roujoux, auteurs de l'histoire des ducs de Bretagne et d'Angleterre.

QUIMPER, sur l'Odet, à 132 l. (515 kil.) O. de Paris, est une ancienne et grande ville admirablement située, avec un petit port commode. On y fait un commerce assez considérable. Pop. : 9,860 hab.

BREST, à 140 l. (545 kil.) O.-p.-S. de Paris, est une ville forte avec un port militaire le plus beau, le plus sûr de l'Europe. Elle est remarquable par ses magnifiques magasins, et par ses armemens considérables. Pop. : 29,860 hab.

CHATEAULIN, sur l'Auzon à 5 l. (19 kil.) de Quimper. Pop. : 2,783 hab.

MORLAIX, à 17 l. (66 kil.) de Quimper, a un bon port et une rade commode, commerce de plomb. Pop. : 9,596 hab.

QUIMPERLÉ, à 11 l. (42 kil.) O. de Quimper, au confluent de l'Isolle et de l'Esle. Pop. : 3,276 hab.

Les autres villes importantes de ce département sont : Carhaix, Landerneau, Saint-Paul-de-Léon, Concarneau, Douarnenès, Pontcroix, Lesneveu, Le Conquet, Audierne et Rospordon. On y trouve encore les îles d'Ouessant, dont l'une a trois lieues de tour.

X. MAINE.

DÉPARTEMENS. MAYENNE, SARTHE.

Ce gouvernement qui comprenait le Maine et le Perche, à l'est de la Bretagne, forme aujourd'hui la majeure partie des départemens de la Mayenne et de la Sarthe, avec une portion de ceux de l'Orne et d'Eure-et-Loire. Ses principales productions consistent en fer, houille, marbre, et lambre jaune. Cette province est fertile en grains, fruits, chanvre et lin. Les volailles du Maine sont très-renommées.

MAYENNE. Chef-lieu : *Laval.*

2 Sous-Préfectures : *Mayenne. Château-Gontier.*

Ce département reçoit son nom d'une rivière qui le traverse. — Sa population est de 361,765 hab. — Sa superficie est de 276 lieues carrées, ou 518,863 hectares. — On y compte 14 routes royales et départementales, et une rivière navigable. — Son revenu territorial net est de 13,993,000 fr., et sa contribution totale de 2,646,008 fr. — C'est la patrie de Volney et d'Ambroise Paré.

LAVAL, sur la Mayenne, à 7 l. (273 k.) O.-p.-S. de Paris, fait un grand commerce de diverses étoffes. Pop. 17,810 h.

MAYENNE, sur la Mayenne, à 7 l. (27 kil.) N.-N.-E. de Laval, possède des fabriques de toiles de toute espèce. Pop. : 9,782 hab.

CHATEAU-GONTIER, sur la Mayenne, à 7 l. (27 kil.) de Laval, dans une situation agréable, entourée de riantes campagnes, fait un commerce de toiles, de draps et de fils. Pop. : 6,226 hab.

Les autres points remarquables de ce département sont : Argenté, Entrasme, Evron, Sainte-Suzanne, célèbre par ses papeteries; Vilain-la-Juhel, Ambrières, Ernée, Lassay, Chemazé et Craon.

SARTHE. Chef-lieu : *Le Mans.*

3 Sous-Préfectures : *Mamers. Saint-Calais. La Flèche.*

Ce département reçoit son nom d'une rivière qui le baigne. — Sa population est de 466,888 hab. — Sa superficie est de 333 lieues carrées, ou 639,276 hectares. — On y compte 6 routes royales et départementales, 2 rivières navigables. — Son revenu territorial net est de 19,586,000 fr., et sa contribution totale de 3,763,478 fr. — C'est la patrie d'Urbain Grandier, du comte Tressan, du maréchal de Brissac, du mathématicien Lamy et de Chape, inventeur du Télégraphe.

LE MANS, sur la Sarthe, 45 l. (175 kil. O.-p.-S. de Paris, a des fabriques d'étamines et fait un grand commerce de cire et de volailles. Pop. : 23,164 hab.

MAMERS, sur la Dive à 11 l. (43 kil.) du Mans, fait

un commerce assez considérable de toiles et de bestiaux. Pop. : 5,704 hab.

Saint-Calais, à l'embouchure de l'Anille et de la Dive, fabrique des toiles. Pop. : 3,783 hab.

La Flèche, sur la Loire, à 10 l. (38 kil. 98) du Mans, dans un riant vallon, et agréablement située, possède une école militaire préparatoire où étudia le fameux Descartes. Pop. : 6,440 hab.

Les autres villes importantes de ce département sont : Sillers-le-Guillaume, Château-du-Loir, Sablé, Frenay, Montmirail, Vibraie, La Suze, Le Lude, La Ferté-Bernard, Beaumont, La Châtre, et l'abbaye de Solesme, habitée par les bénédictins.

XI. ANJOU.

DÉPARTEMENT. MAINE-ET-LOIRE.

L'Anjou, au sud du Maine, est un pays très-agréable, fertile surtout en bons vins, en chanvre et en lin, renfermant d'excellentes carrières d'ardoises, de bons pâturages et de vastes forêts.

Sa principale fabrication consiste en toiles à voiles et en mouchoirs.

En 1481, cette province fut léguée à Louis XI par René, roi de Sicile et comte d'Anjou. Elle possède plusieurs comtes illustres, entre autres Eudes, roi de France, Henri II, roi d'Angleterre. Presque tous les souverains de l'Europe tiennent à l'Anjou par leur origine.

Cette province, divisée par la Loire en haut et bas Anjou, est devenue le département de Maine-et-Loire, sauf quelques-unes de ses parties annexées à ceux de la Mayenne et de la Sarthe.

MAINE-ET-LOIRE. Chef-lieu : *Angers.*

4 Sous-Préfectures : *Baugé. Segré. Beaupréau. Saumur.*

Ce département doit son nom à la réunion des deux rivières. — Sa population est de 477,220 habitans. — Sa superficie est de 386 lieues carrées, ou 718,807 hectares. — On y compte 4 routes royales et départementales, et 1 rivière navigable. — Son revenu territorial net est de 23,979,000 fr., et sa contribution totale de 3,763,478 fr. — C'est la patrie de Mme Dacier, de Ménage, du voyageur Bernier, des maréchaux de France de Contades et de Scépaux de Vieilleville, des généraux Cathélineau, Bonchamps, Bourmont et d'Autichamp; de l'héroïque marin Dupetit-Thouars, tué à Aboukir, de Labourdonnaye, ancien député et ancien ministre, et du sculpteur David, d'Angers.

ANGERS, sur la Mayenne, à 2 l. (7 kil.) de son confluent avec la Loire, à 68 l. (265 kil.) S.-O. de Paris, est une grande et ancienne ville, renommée par ses toiles et ses indiennes, par sa cathédrale, sa bibliothèque et son école royale d'arts, et métiers. Pop. 35,904 hab.

Baugé, sur le Couesnon, est une ville agréablement située, où Charles VII remporta une brillante victoire sur les Anglais, en 1421. Pop. 3,400 hab.

Segré, sur l'Oudon, à 8 l. (31 kil.) d'Angers, est une petite ville charmante dont le territoire est extrêmement fertile. Commerce de chevaux et de bœufs. Pop. 909 hab.

Beaupréau, près de l'Evre, à 13 l. (50 kil.) d'Angers. Pop. 3,288 hab.

Saumur, sur la Loire, à 11 l. (42 kil.) d'Angers, est une jolie ville, avec un ancien château fort, qui sert actuellement de prison, et une école royale de cavalerie pour l'armée. Elle fait un commerce considérable de chapelets et d'ouvrages en émail et d'objets de pacotille pour les Antilles. Pop. 10,652 hab.

Les autres villes importantes de ce département, sont : Chollet et Chemillé où se fabriquent diverses étoffes; Doné, Saint-Florent, Vihiers, Château-Neuf, Ingrande, Pont-de-Cé, Chalonne, Maulevrier, Durétal, et Mont-Faucon.

XII. TOURAINE

DÉPARTMENT. INDRE-ET-LOIRE.

Elle fut pendant long-temps sous la domination romaine, les Visigoths s'en emparèrent en 475 et les Francs en 507 ; elle fut enfin réunie à la couronne de France en 1202, par Philippe-Auguste, qui la conquit sur Jean-sans-Terre.

La Touraine, à l'est de l'Anjou, arrosée par la Loire et par un grand nombre de rivières, est connue par sa grande fertilité. Elle est remarquable par ses diverses productions, telles que ses pierres meulières et lithographiques, ses vastes forêts et ses plantes utiles ; on y élève des abeilles et des vers-à-soie.

La Touraine ne forme qu'un département.

INDRE-ET-LOIRE. Chef-lieu : *Tours*.
2 Sous-Préfectures : *Chinon. Loches.*

Ce département prend son nom de deux rivières qui l'arrosent. — Sa population est de 304,271 habitans. — Sa superficie est de 342 lieues carrées, ou 612,679 hectares. — On y compte 17 routes royales et départementales, 4 rivières, et 1 canal. — Son revenu territorial net est de 14,678,000 fr., et sa contribution totale de 2,800,989 fr. — C'est la patrie des poètes Destouches et René Rapin ; du célèbre horloger Julien Leroy ; de Descartes, Racan, Rabelais, Agnès Sorel, Paul-Louis Courrier, Grécourt et Dutems.

TOURS, sur la Loire, à 60 l. (233 kil.) de Paris, est une ville riche et commerçante, entourée de sites gracieux. Elle possède de nombreuses fabriques, dont les plus importantes sont celles d'étoffes, de draps et de cuirs. Pop. : 26,669 hab.

CHINON, sur la Vienne, à 10 l. (38 kil.) de Tours, est placée dans une presqu'île très-fertile, formée par la Loire, l'Indre et la Vienne ; Henri II, roi d'Angleterre, y termina ses jours, et Charles VII, roi de France, y séjourna lorsque Jeanne-d'Arc y vint lui déclarer sa mission. Pop. : 6,911 hab.

Loches, sur l'Indre, à 10 l. (38 kil.) S.-E. de Tours, est une ville peu commerçante. C'est la patrie de la célèbre Agnès Sorel, qui employa l'ascendant qu'elle avait sur l'esprit de Charles VII, à relever son courage abattu pour soutenir la gloire de nos armes, en arrachant aux Anglais le sceptre français dont ils étaient presque possesseurs. Pop.: 4,753 hab.

Le Plessis-les-Tours, était une maison royale dans laquelle Louis XI passa les premières années de sa vie.

Amboise, sur la Loire, a une manufacture de limes. Charles VIII y passa sa première jeunesse et y mourut. Cette petite ville est célèbre par la conjuration qui s'y forma, en 1560, contre les Guises. Pop.: 5,300 hab.

Les autres villes les plus remarquables sont: Prouilly, Lahaye, où naquit le philosophe Descartes; Richelieu, qui n'était qu'un village avant que le cardinal de Richelieu y fit bâtir de belles maisons et des rues régulières; Langeais, Bourgueil, Sainte-Maure, Liguiel, Château-la-Vallière, Montbazon, Château-Renault, Azay-le-Rideau, Bléré, Luynes et l'île Bouchard.

XIII. ORLÉANAIS.

DÉPARTEMENS. LOIRET, EURE-ET-LOIRE, LOIRE-ET-CHER.

Ce gouvernement, qui est au midi de Paris, compose actuellement le département du Loiret, en majeure partie, ceux d'Eure-et-Loire et de Loire-et-Cher; une portion en a aussi été attribuée aux départemens de Seine-et-Marne et de Seine-et-Oise. Il comprenait l'Orléanais propre, la Beauce au nord, le Dunois, le Vendômois, le Blaisois à l'ouest, et la plus grande partie du Gâtinais à l'est: ces pays sont des meilleurs et des plus agréables de France.

Cette province eut des souverains particuliers jusqu'à Hugues-Capet, qui la réunit à la couronne de France; plusieurs frères puînés de nos rois la possédèrent à titre d'apanage; elle ne fut réellement réunie à l'état qu'en 1793. C'est un pays extrêmement fertile, dont le sol renferme de belles forêts, où l'on trouve des bois de construction. Ses productions végétales sont le chanvre, le safran et quelques plantes à teinture. C'est une contrée à la fois industrielle, commerciale et manufacturière.

LOIRET. Chef-lieu: *Orléans*.

3 Sous-Préfectures : *Pithiviers. Gien. Montargis.*

Ce département tire son nom d'une petite rivière qui le traverse. — Sa population est de 316,189 hab. — Sa superficie est de 357 l. carrées, ou 675,191 hectares. — On y compte 11 routes royales et départementales, 3 canaux et 2 rivières navigables. — Son revenu territorial net est de 17,516,000 fr., et sa contribution totale de 3,466,056. — C'est la patrie de Malherbes, d'Amelot, de Lahoussage, du jurisconsulte Pothier et de l'illustre amiral Coligny.

ORLÉANS, sur la Loire, à 28 l. (109 kil.) S.-O. de Paris; c'est une antique, grande et belle ville, très-commerçante. Elle a acquis une immense célébrité par les deux siéges qu'elle soutint : le premier, en 450, contre Attila, roi des Huns; le second, en 1428, contre les Anglais, qui furent repoussés par Jeanne d'Arc. Elle possède des raffineries de sucre, des fabriques de vinaigre, d'eau-de-vie, de bonneterie et de papiers de tenture. Pop. : 40,272 hab.

PITHIVIERS, à 10 l. (58 kil.) d'Orléans, fait un grand commerce de safran, de vins, de miel et de laine. Pop. : 4,023 hab.

GIEN, sur la Loire, à 15 l. (57 kil.) d'Orléans, fait un commerce de vins, de sel et de safran. Population: 5,530 hab.

MONTARGIS, est située sur le canal de Briare, près de l'endroit où il se réunit au canal d'Orléans, possède des papeteries et une filature considérable. Pop. : 7,757 hab.

Les autres villes importantes de ce département sont: Briare, Beaugency, Mehun-sur-Loire, Château-Renard,

Bois-Commun. Lorris, Châtillon-sur-Loing, Châtillon-sur-Loire.

EURE-ET-LOIRE. Chef-lieu : *Chartres.*

3 Sous-Préfectures : *Châteaudun. Dreux. Nogent-le-Rotrou.*

Ce département reçoit son nom de deux rivières qui le baignent. — Sa population est de 285,058 hab. Sa superficie est de 210 l. carrées ou 602,752 hectares. — On y compte 14 routes royales et départementales. — Son revenu territorial net est de 19,419,000 fr., et sa contribution totale de 3,660,686 fr. — C'est la patrie de Régnier Collin-d'Harleville, du chancelier d'Aligre, des conventionnels Brissot et Pétion, du général Marceau, Dussaulx, Chauveau-Lagarde.

CHARTRES, sur l'Eure, à 20 l. (77 kil.) S.-O. de Paris, était l'ancienne capitale de la Beauce, la cathédrale est un chef-d'œuvre d'architecture gothique. Pop. : 14,750 hab.

CHATEAUDUN, sur la Loire, à 11 l. (42 k.) de Chartres, est une des plus jolies petites villes de France, dans une position agréable. Pop. : 6,776 habitans.

DREUX, sur la Blaise, à 8 l. (27 kil.) N.-N.-O. de Chartres, a des fabriques de serges drapées et de toiles. Les catholiques et les protestans y livrèrent un combat sanglant, où les généraux des deux partis furent faits prisonniers. Pop. : 6,579 hab.

NOGENT-LE-ROTROU, sur l'Huisne, à 17 l. (66 kil.) de Chartres. Dans l'église de l'hospice, se trouve le tombeau du grand et vertueux Sully, ministre de Henri IV.

Les autres villes importantes de ce département sont : Auneau, Janville, Bonneval, Anet, Epernon, Illiers, Brou, Maintenon, Laons, Nogent-le-Roi, Croye et Thimerais.

LOIR-ET-CHER. Chef-lieu : *Blois.*

2 Sous-Préfectures : *Romorantin. Vendôme.*

Ce département tire son nom de deux rivières qui l'arrosent. — Sa population est de 244,043 hab. — Sa superficie est de 310 l. carrées, ou 603,116 hectares. — On y compte 15 routes royales et départementales, et 2 rivières navigables. — Son revenu territorial net est de

11,724,000 fr., et sa contribution totale de 2,264,352 fr. C'est la patrie de George d'Amboise, Ronsard, Favras et Louis XII, des ministres Foulon, Morvilliers, Paul et Raymond, Philipeaux, du maréchal de Rochambeau; et de Denis Papin, le premier inventeur de la machine à vapeur.

BLOIS, sur la rive droite de la Loire, à 45 l. (175 kil.) S. de Paris, est une ancienne ville peu commerçante. On y remarque un immense château qui fut célèbre, en 1588, sous le règne de Henry III, par la convocation des Etats-généraux du royaume et par l'assassinat du duc de Guise, chef de la Ligue, et de son frère le cardinal. Marie-Louise s'y rendit après la capitulation de Paris, qui suivit la déchéance de l'empire.

ROMORANTIN, sur la Loire, à 7 l. (27 kil.) de Blois, ancienne capitale de la Salogne, possède de nombreuses fabriques de draps. Pop. 7,181 hab.

VENDOME, sur la Loire à 8 l. (51 kil.) N.-O. de Blois. Cette ville est dans une situation charmante, au pied d'une belle colline, et couronnée des ruines du château. Son collége fondé par le fils de Henri IV, jouit encore de nos jours d'une grande célébrité, par le nombre d'hommes illustres qu'il a formés depuis trente ans, à la magistrature, à la chaire, au barreau, au sacerdoce, à l'état militaire, aux administrations publiques, aux beaux-arts et aux sciences exactes. Pop. : 8,206 hab.

Les autres villes importantes de ce département sont : Montrichard, Mondoubleau, Montoire, Saint-Aignan, Monnetous et Mer.

XIV. POITOU

DÉPARTEMENS. VIENNE, DEUX-SÈVRES, VENDÉE.

Le Poitou, au sud de l'Anjou, sur les côtes de l'Océan, a été divisé en trois départemens, celui de la Vienne, des Deux-Sèvres et de la Vendée.

Le Haut-Poitou, à l'orient, est plus étendu, plus sain et plus fertile que le bas, qui est vers la mer.

Cette ancienne province, d'une grande fertilité, produit en abondance du blé, du bois, des truffes, du lin, du miel et des châtaignes. Elle possède d'excellens pâturages, des mines de fer et d'antimoine.

C'est dans les plaines de Poitiers que Charles-Martel battit les Sarrasins.

VIENNE. Chef-lieu : *Poitiers.*

4 Sous-Préfectures : *Chatellerault, Civray, Loudun, Montmorillon*

Ce département reçoit son nom de la Vienne qui le traverse. — Sa population est de 288,002 hab. — Sa superficie est de 324 l. carrées, ou 585,273 hectares. — On y compte 10 routes royales et départementales, 2 rivières navigables. — Son revenu territorial net est de 12,082,000 fr., et sa contribution totale de 2,165,053 fr. C'est la patrie du conventionnel Thibaudeau, du cardinal Jean Balue, ministre de Louis XI, et des généraux Beauchamp et Demarcay.

POITIERS, sur le Clain, à 85 l. (331 kil.) S.-O. de Paris, est une assez grande ville, autrefois la capitale du Poitou. Alaric II, roi des Visigoths, fut tué de la main de Clovis, dans la fameuse bataille de Vouillé, près du village de ce nom. Sa fabrication consiste en tanneries considérables et en draps croisés. Pop. : 22,000 hab.

CHATELLERAUT, sur la Vienne, à 10 l. (38 kil. 89) de Poitiers, est une ville renommée par sa coutellerie et sa manufacture royale d'armes. Pop. : 9,695 hab.

CIVRAY, petite ville sur la Charente, à 12 l. (46 kil. 77) de Poitiers, est très-connue par ses châtaignes. Pop. : 2,100 hab.

LOUDUN, à 13 l. (50 kil. 65) de Poitiers, est une ancienne ville, célèbre par le procès de son malheureux curé Urbain Grandier, qui fut accusé et condamné à être brûlé vif, pour avoir ensorcelé un couvent de religieuses, en 1634. Pop. : 5,078 hab.

MONTMORILLON, sur la Cartempe, à 11 l. (42 kil. 87) de Poitiers, est une petite ville où il se fait peu de commerce. Pop. : 3,608 hab.

Les autres villes importantes de ce département sont: Lusignan, Vivonne, Lusac, Charroux, La Tremouille, Mirebeau et Moncontour, célèbre par la victoire qu'Henri III y remporta en 1569 sur l'amiral Coligny.

DEUX-SÈVRES. Chef-lieu: *Niort*

3 Sous-Préfectures: *Bressuire, Melle, Parthenay.*

Ce département reçoit son nom de deux rivières qui le baignent. — Sa population est de 294,850 hab. — Sa superficie est de 321 l. carrées ou 585,273 hectares. — On y compte 9 routes royales et departementales, 1 canal, 1 rivière navigable. — Son revenu territorial net est de 13,849,000 francs, et sa contribution totale de 2,486,049 fr. — C'est la patrie de Fontanes, Beausobre, Duplessis-Mornay, Philippe de Commines, de madame de Maintenon, veuve de Louis XIV; des chefs vendéens, Larochejaquelin, Laville-Baugé et Lemaignan; de Dubois-de-Sanzai, archevêque de Bordeaux, et de Liniers-Bremont, contre-amiral au service d'Espagne, et vice-roi de la Plata.

NIORT, sur la Sèvre Niortaise, à 104 l. (405 kil. 39) S.-O. de Paris, a des fabriques de gants, d'autres objet en peau, et de l'angelique confite. Pop.: 18,197 h.

MELLE, à 10 l. (38 kil. 98) E.-S.-E. de Niort, possède des tanneries, des fabriques de draps, et une source d'eau minérale. Pop.: 2,724 hab.

PARTHENAY, sur le Thouez, à 10 l. (38 kil. 98) de Niort. Pop.: 4,288 hab.

Les autres villes importantes de ce département sont: Thouars, Saint-Maixent, Châtillon-sur-Sèvre, Coulonges et Airvault.

VENDÉE. Chef-lieu: *Bourbon-Vendée.*

2 Sous-Préfectures: *Fontenay-le-Comte, Les Sables-d'Olonne.*

Ce département tire son nom d'une rivière qui l'arrose. — Sa population est de 341,312 hab. — Sa superficie est de 345 lieues carrées, ou 675,458 hectares. — On y compte 5 routes royales et départementales, 1 canal, 6 rivières navigables, 3 ports de mer. — Son revenu territorial net est de 15,607,000 fr., et sa contribution totale de 2,624,088 fr. — C'est la patrie de la Reveillère-Lepaux, directeur de la république française.

BOURBON-VENDÉE, autrefois la Rochelle-sur-Yon, à 104 l. (405 kil.) S.-O. de Paris, fut bâtie en grande partie en 1807 par Napoléon, époque à laquelle elle comptait à peine 1,000 hab. Naguères cette ville portait son nom. Pop. : 5,257 hab.

Fontenay-le-Comte, à 9 l. (35 kil. 08) de Bourbon-Vendée, est une petite ville agréablement située. Commerce de mulets. Pop. : 7,560 hab.

Les Sables-d'Olonne, à 9 l. (35 kil.) de Bourbon-Vendée est une ville maritime dont le commerce consiste en grains, bestiaux, gros poissons et sardines. On y construit des vaisseaux marchands. Pop. : 4,906 habitans.

Les autres villes importantes de ce département sont : Luçon, avec un beau palais épiscopal; Montaigu, La Châtaigneraie, Maillezais, Tiffanges, Pousanges et Beauvoir-sur-Mer.

On y trouve encore l'île de Noirmoutiers, qui a 11 lieues de circonférence, et la petite île de Bouin.

XV. BERRI.

DÉPARTEMENS. INDRE, CHER.

Le sol de cette province renferme des mines de fer, de nombreuses forêts; il est pierreux, sablonneux et mal cultivé. C'est une des provinces le plus en retard, sous le rapport de la civilisation. Elle possède des manufactures de draps, de porcelaine et de papier.

Le Cher qui se jette dans la Loire, et qui est peu navigable, divise cette province en haut et bas Berri.

INDRE. Chef-lieu : *Châteauroux.*

3 Sous-Préfectures : *Le Blanc, Issoudun, La Châtre.*

Ce département reçoit son nom d'une rivière qui le traverse. — Sa population est de 257,350 hab. — Sa superficie est de 832 lieues carrées, ou 701,664 hectares. — On y compte 12 routes royales et départementales, 1 canal, 1 rivière navigable. — Son revenu territorial net est de 9,940,000 fr., et sa contribution totale de 1,768,813 fr. C'est la patrie de Guimond de Latouche et Jean Méry, de l'habile ingénieur Boucher;

4.

du général Crublie-d'Obterre et du général Bertrand, l'ami fidèle de l'empereur à St.-Hélène.

CHATEAUROUX, sur l'Indre, à 66 l. (257 kil.) S. p. O. de Paris, a des manufactures de draps estimés, et fait un grand commerce de laines. Pop. : 13,847 habitans

Le Blanc, sur la Creuse, à 13 l. (50 kil. 67) de Châteauroux. Commerce de bois et de vins. Pop. : 5,095 hab.

Issoudun, sur la Théols, est la ville la plus antique du département, et agréablement située. On y fait un grand commerce de laines.

La Chatre, sur l'Indre, à 7 l. (27 kil.) de Châteauroux, a des fabriques de grosses étoffes. Pop. : 4,345 habitans.

Les autres villes importantes de ce département sont : Vasan, Levroux, Argenton, Châtillon-sur-Indre, Villedieu, Aigurande, Saint-Benoît-du-Sault et Busançais.

C'est encore dans ce département que se trouve Valençay, dont le beau château servit de prison au roi d'Espagne, sous Napoléon.

CHER. Chef-lieu : *Bourges.*

2 Sous-Préfectures : *Sancerre, Saint-Amand.*

Ce département reçoit son nom de la rivière du Cher, qui l'arrose. — Sa population est de 257,853 hab. — Sa superficie est de 360 lieues carrées, ou 740,125 hectares. — On y compte 18 routes royales et départementales, 1 canal, 3 rivières navigables. — Son revenu territorial net est de 9,985,000 fr., et sa contribution totale de 1,768,813 fr. — C'est la patrie de Bourdaloue, de Louis XI, de Jacques Cœur et du Père d'Orléans.

BOURGES, sur l'Auron et l'Yèvre, à 58 l. (226 kil.) S. de Paris, est une antique cité. Sa cathédrale est magnifique, Louis XI y fut baptisé et quatre de ses archevêques devinrent papes. Elle a des fabriques de coutellerie et de draps. Pop. : 25,324 hab.

Sancerre, près de la Loire, à 10 l. (38 kil. 98) de

Bourges. Cette ville fut prise, en 1575, par les troupes de Charles IX, elle est célèbre par la résistance opiniâtre qu'opposèrent les habitans; la famine fut si grande qu'ils se nourrirent de chair humaine. Elle produit des vins assez estimés. Pop. : 3,482 hab.

Saint-Amant, sur le Cher, à 10 l. (38 kil. 98) de Bourges, fait le commerce de vins, de laines et de grains. Pop. : 7,382 hab.

Les autres villes importantes de ce département sont: Vierzon, Mehun-sur-Èvres, Henrichemont, Aubigny, Lignières, Dun-le-Roi, Charos, Graçay, Sancoins et Château-Meillant.

XVI. NIVERNAIS.

DÉPARTEMENT. NIÈVRE.

Cette province est assez fertile, elle possède de vastes forêts, du marbre, de la houille et des mines de fer abondantes. Ses productions végétales sont : le grain, le vin, les fruits et le chanvre. On y élève beaucoup de bestiaux. Ce pays est couvert d'établissemens métallurgiques; il ne fut réuni à la couronne que sous Louis XIV.

NIÈVRE. Chef-lieu : *Nevers*.

3 Sous-Préfectures : *Château-Chinon, Clamecy, Cosne.*

Ce département tire son nom d'une rivière qui le baigne. — Sa population est de 297,550 hab. — Sa superficie est de 373 lieues carrées, ou 685,619 hectares. — On y compte 19 routes royales et départementales. Son revenu territorial net est de 12,500,000 fr., et sa contribution totale de 2,262,315 fr. — C'est la patrie de Maître Adam, poète connu sous le nom du menuisier de Nevers; de Bussy-Rabutin, des trois Dupin et d'Hyde de Neuville, ministre de la marine.

NEVERS, sur la Loire, à 60 l. (233 k. 83) S. p. E. de Paris, est une jolie ville, bâtie en amphithéâtre sur le penchant d'une colline que baigne la Loire, elle possède des fonderies de canons pour la marine, et fait le commerce de quincaillerie, de fayence, de porcelaine et de cordes à violon. Pop. : 16,967 hab.

CHATEAU-CHINON, sur l'Yonne, à 15 l. (53 kil. 47) de Nevers. Pop. : 2,775 hab.

CLAMECY, au confluent de Beuvron et de l'Yonne, à 15 l. (53 kil. 47) de Nevers, est agréablement située dans une plaine fertile. Elle fait un grand commerce de bois. Pop. : 5,539 hab.

COSNE, sur la Loire, à 16 l. (62 kil. 36) de Nevers, possède des fabriques de coutellerie, de clouterie, et une forge d'ancres pour la marine. Pop. : 6,212 hab.

Les autres villes importantes de ce département sont : La Charité, petite ville très-commerçante; Pouilly, Decize, Moulins, Engilbert, Prémery, Luzy, Saint-Pierre-le-Moutier, Donzy, Varzy et Corbigny.

XVII. BOURBONNAIS.

DÉPARTEMENT. ALLIER.

Le Bourbonnais, au sud du Berri et du Nivernais, tire son nom d'une ville nommée Bourbon-l'Archambaud. Il forme à peu près le département de l'Allier. La plus grande partie de cette province est couverte de bois, son sol renferme du fer, de la houille, et des eaux minérales dont les plus importantes sont celles de Bourbon-l'Archambaud, de Vichy et de Néris. Elle possède des manufactures de verrerie, de coutellerie, de glaces et de porcelaine.

ALLIER. Chef-lieu : *Moulins*.

3 Sous-préfectures. *Grannat, La Palisse, Mont-Luçon.*

Ce département reçoit son nom de l'Allier, rivière qui le traverse. Sa population est de 309,270 hab. — Sa superficie est de 276 lieues carrées, ou 742,272 hectares. — On y compte 16 routes royales et départementales, 2 rivières navigables, et un canal qui forme une jonction avec celui du Centre. —Son revenu territorial net est de 13,139,000 fr., et sa contribution totale de 2,262,345 fr. — C'est la patrie des maréchaux Villars et Berwick et du connétable de Bourbon.

Moulins, sur l'Allier, à 80 l. (318 k. 84) S.-E. de Paris, était l'ancienne capitale du Bourbonnais, c'est une jolie ville, dans une position charmante, au milieu d'une plaine fertile. On y voit le tombeau de Montmorency. Sa coutellerie est très-estimée. Pop : 15,231 hab.

Gannat, sur l'Andelot, à 13 l. (50 kil. 67) de Moulins, fait le commerce de blé et de bestiaux. Pop. : 5,109 hab.

La Palisse, sur la Besbre, à 11 l. (42 kil.) de Moulins, est une petite ville peu commerçante.

Mont-Luçon, sur le Cher, à 15 l. (53 kil. 57) de Moulins, a des fabriques de draps et de dentelles. Elle commerce en grains, vins et blés. Pop. : 5,034 hab.

Les autres villes importantes de ce département sont : Bourbon-l'Archambaud, ville ancienne, célèbre par le siége qu'en fit Pépin-le-Bref, qui s'en empara en 759; Cusset, Saint-Pourçain, Montmarant, Hérisson, Chantelle-le-Château, Jaligny et Ebreuil.

C'est encore dans ce département qu'on trouve Néris, qui a plusieurs sources d'eaux minérales.

XVIII. BOURGOGNE.

Départemens. Côte-d'Or, Saône-et-Loire, Ain, Yonne.

Ce gouvernement, qui est au sud de la Champagne, comprenait le duché de Bourgogne, la Bresse, le Bugey, etc. Il compose aujourd'hui les départemens de la Côte-d'Or, de Saône-et-Loire, de l'Ain, de l'Yonne et partie de celui de l'Aube.

Les Bourguignons donnèrent leur nom à cette province, et y fondèrent une monarchie dont la puissance fut si grande, qu'ils profitèrent de la faiblesse des rois de France, pour s'emparer du pouvoir en leur nom et se déclarer indépendans. Après la défaite et la mort de Charles-le-Téméraire, tué en 1447, à la bataille de Nancy, Louis XI réunit cette province au royaume de France.

On y trouve de nombreuses mines de fer, des carrières de marbres et de pierres pour la lithographie; ses vins sont très-renommés. C'est un pays essentiellement commercial et industriel, possédant un grand nombre de forges, des manufactures de cristaux, et des fabriques de sucre de betteraves.

COTE-D'OR. Chef-lieu : *Dijon*.

3 Sous-Préfectures : *Beaune. Châtillon-sur-Seine. Semur.*

Ce département doit son nom à une chaîne de collines remarquables par leur fertilité. — Sa population est de 385,624 hab. — Sa superficie est de 779 lieues carrées, ou 876,956 hectares. — On y compte 30 routes royales et départementales, 2 canaux, 1 rivière navigable. — Son revenu territorial net est de 21,896,550 fr., et sa contribution totale de 4,451,413 fr. C'est la patrie du célèbre Bossuet, de Crébillon, de Piron, du musicien Rameau, de Carnot, Monge, Buffon, Daubenton, Vauban; de Maret, duc de Bassano, secrétaire et ministre de Napoléon; des maréchaux Beurnonville et Marmont, et des généraux Précy, Junot, duc d'Abrantès, et Carnot, surnommé le grand organisateur de la victoire.

DIJON, au confluent de l'Ouche et du Suzon, sur le canal de Bourgogne, à 73 l. (284 kil. 55) S.-O. de Paris, était l'ancienne capitale de la Bourgogne, est une des plus belles villes de France, ayant de belles promenades, un joli parc, un musée remarquable par le nombre de ses statues, ses tableaux et par sa collection de gravures. Commerce de vinaigre, de vins renommés; fabrique de draps et de mousselines. Philippe-le-Bon et Jean-sans-Peur y sont nés. Pop. : 24,817 h.

BEAUNE, sur la Bouzcoise, à 9 l. (35 kil.) S.-S.-E. de Dijon, est une fort jolie ville, située au milieu d'une plaine et au pied d'un coteau fertiles, entourée de vignobles très-renommés. Pop. : 10,678 hab.

CHATILLON-SUR-SEINE, à 19 l. (74 kil.) de Dijon. Fait le commerce de fer, de laine, de papiers et de bois. Pop. : 4,430 hab.

SEMUR, sur l'Armançon à 14 l. (54 kil.) de Dijon, son commerce consiste en vins, blés et bestiaux. Pop. : 4,035 hab.

Les autres villes importantes de ce département sont : Auxonne, petite place forte avec de belles casernes, une école d'artillerie et une fonderie de canons ; Arnay-le-Duc, Saulieu, Nuits, renommée par ses excellens vins ; Montbard, où naquit l'immortel Buffon, Saint-Jean-de-Lône, Vitteaux, Grancey, Fontaine-Française, Aiguay, Chanceaux, Salangey, Gevrey, Flavigny et Is-sur-Tille.

C'est encore dans ce département que se trouvent les excellens vins du Clos Vougeot, et de Chambertin.

SAONE-ET-LOIRE. Chef-lieu : *Mâcon*.

4 Sous-Préfectures : *Autun. Charolles. Châlons-sur-Saône. Louhans.*

Ce département doit son nom à deux rivières qui l'arrosent. — Sa population est de 523,970 habitans. — Sa superficie est de 451 lieues carrées ou 858,507 hectares. — On y compte 28 routes royales et départementales, 3 canaux, 4 rivières en partie navigables. — Son revenu territorial net est de 23,145,752 fr., et sa contribution totale de 4,844,070 fr. — C'est la patrie du conventionnel Roberjeot, de Denon, du peintre Greuse, de Prudhon, de l'historien Lacretelle et du poète Lamartine.

MACON, sur la Saône, à 95 l. (397 kil.) S.-E. à Paris, est une ville renommée par son commerce considérable de vins. Pop. : 14,944 hab.

AUTUN, sur l'Arroux, à 27 l. (100 kil.) N.-N.-O. de Mâcon, est une des villes les plus anciennes de France, et celle qui possède plus de monumens antiques, parmi lesquels on remarque ses deux arcs de triomphe, enrichis de beaux ornemens, et le clocher de son ancienne cathédrale qui est d'une exécution hardie. Elle possède des fabriques de tapis de pieds. Pop. : 10,435 hab.

CHAROLLES, à 17 l. (66 kil.) O.-N.-O. de Mâcon, est une ville bien bâtie et dans une situation agréable. Pop. : 3,226 hab.

CHALONS-SUR-SAÔNE, à 13 l. (50 kil. 67) de Mâcon, est une belle ville, dont les environs sont charmans. Elle fait un commerce considérable en vins et sert d'entrepôt aux marchandises, arrivant de l'Océan et de la Méditerranée. Pop. : 12,400 hab.

LOUHANS, sur la Seille, à 12 l. (46 kil.) de Mâcon, est située dans une presqu'île très fertile. Fabrication d'étoffes et de toiles. Pop. : 3,674 hab.

Les autres villes importantes de ce département sont : Tournus, Bourbon-Lancy, renommée par ces eaux minérales, Mont-Cénis, Saint-Gengoux, Chagny, Paray-le-Monial, Marcigny, Verdun, Toulon, Semur-en-Briennois, Digoin, et Cuisseaux.

AIN. Chef-lieu : *Bourg*.

4 Sous-Préfectures : *Belley. Nantua. Gex. Trévoux.*

Ce département reçoit son nom d'une rivière qui l'arrose. — Sa population est de 346,188 habitans. — Sa superficie est de 287 lieues carrées, ou 583,822 hectares. — On y compte 22 routes royales et départementales, 1 canal, 4 rivières navigables. — Son revenu territorial net est de 16,070,000 fr., et sa contribution totale de 3,231,327 fr. — C'est la patrie de l'amiral Coligny, du général Joubert et de l'astronome Lalande.

BOURG, sur la Reyssousse, à 115 l. (448 kil.) S.-E. de Paris, était jadis la capitale de la Bresse. Les plus beaux édifices de cette ville, sont la halle aux blés, l'hôtel de la préfecture et la cathédrale. Elle possède des fabriques de draperies et d'étoffe de soie. Pop. : 9,528 hab.

BELLEY, à 16 l. (62 kil.) de Bourg. Son palais épiscopal est un superbe monument. Fabrique de mousselines et de cotons. Pop. : 3,970 hab.

NANTUA, sur le petit lac du même nom, à 7 l. (28 k.)

de Bourg, possède de nombreuses fabriques. Population: 5,696 hab.

Gex, au pied du Jura, à 20 l. (77 kil.) de Bourg, est connu par la bonté de ses fromages, dont on fait un grand commerce. Pop. 2,894 hab.

Trévoux, sur la Saône, à 9 l. (35 kil.) de Bourg, avait anciennement un des principaux colléges de Jésuites : c'est une ville peu commerçante. Population : 2,559 hab.

Les autres villes importantes de ce département sont : Pont-de-Vaux, Pont-de-Veyle, Venay, Meillonas, Oyonnaz, Seyssel, St.-Lambert-le-Joux. Montinel, Pont-d'Ain, Montrevel, Varambon, Ambérieux, Ligneux, Toissey, Tréfort et Ferney, jolie petite ville sur la frontière de la Suisse, où Voltaire possédait un château qui existe encore.

YONNE. Chef-lieu : *Auxerre*.

4 Sous-Préfectures : *Avallon. Joigny. Sens. Tonnerre.*

Ce département reçoit son nom de l'Yonne, rivière qui le traverse. — Sa population est de 355,237 hab. — Sa superficie est de 435 lieues carrées, ou 779,223 hectares. — On y compte 6 routes royales et départementales, 2 canaux, 1 rivière navigable. — Son revenu territorial net est de 17,520,000 francs et sa contribution totale de 8,139,552 fr. — C'est la patrie du maréchal Davoust, de Sedaine, de Soufflot, du mathématicien Fourrier, de Bourrienne, ministre de Napoléon ; de Regnault-St-Jean-d'Angély, orateur et ministre, du général Desfourneaux, des conventionnels Bourbotte et Leboys et de l'amiral Rossel.

AUXERRE, sur l'Yonne, à 44 l. (171 kil.) de Paris, est une ville dont la position est charmante, située sur le penchant d'un côteau baigné par l'Yonne, fait un grand commerce de vins et de bois. Pop. 11,557 hab.

Avallon, sur le Cousin, à 12 l. (46 kil.) d'Auxerre, possède des fabriques d'étoffes et fait un grand commerce de vins ; ses vins rouges sont très-estimés. Pop. : 5,509 hab.

Joigny, sur l'Yonne, à 7 l. (27 kil.) N.-N.-O. d'Auxerre, commerce en vins, grains, bois, laines et charbon. Pop. : 5,494 hab.

Sens, est une ancienne ville, au confluent de l'Yonne et de la Vanne, sa cathédrale est un beau monument gothique, le mausolée du dauphin, père du roi Charles X, et celui du cardinal Duprat, sont deux tombeaux magnifiques. Elle fait un commerce de chanvre, de bois et de charbon. Pop. 9,095 hab.

Tonnerre, sur l'Armançon, à 7 l. (27 kil.) d'Auxerre, est une ville renommée par ses excellens vins. Le duc de Bourgogne, en 1411, et les Anglais, en 1359, la pillèrent et la saccagèrent. Pop. : 4,271 hab.

Les autres villes importantes de ce département sont : Chablis, Coulanges-la-Vineuse, renommées par leurs vins excellens ; Saint-Florentin, Arcy, Vézelay, Vermanton, Villeneuve-le-Roi, Noyers, Touzy, Seignelay, Cravant, Aucy-le-Franc, Pont-sur-Yonne, Bleneau, Sain-Fargeau, Saint-Julien-du-Sault, Thorigny, Villeneuve-sur-Vanne, et Villeneuve-l'Archevêque.

XIX. FRANCHE-COMTÉ.

DÉPARTEMENTS. HAUTE-SAONE, DOUBS, JURA.

La Franche-Comté, ou le comté de Bourgogne, est à l'est de la Bourgogne et au sud de l'Alsace et de la Lorraine. Cette province changea souvent de domination : les Bourguignons s'en emparèrent les premiers ; elle resta à la couronne pendant le règne des rois de la première et de la seconde races ; elle fut réunie à l'Autriche par l'alliance de Marie, duchesse de Bourgogne, avec Maximilien. L'Espagne en prit possession à différentes époques, mais elle fut enfin cédée à la France par le traité de Nimègue, en 1778.

Le sol de cette province renferme des forêts très-vastes et de superbes vignobles. Les mines de fer et de manganèse sont ses principales productions minérales ; on y trouve aussi des sources salées. On y récolte en abondance du blé, du vin ; ses excellens pâturages nourrissent des bestiaux et des chevaux très-estimés.

Cette contrée industrieuse renferme de belles usines et des fabriques d'horlogerie très-renommées.

Elle forme les trois départemens de la Haute-Saône, du Doubs, et du Jura.

HAUTE-SAONE. Chef-lieu : *Vesoul.*
2 Sous-Préfectures : *Grai. Lure.*

Ce département doit son nom à sa position relative au cours de la Saône. — Sa population est de 338,900 hab. — Sa superficie est de 283 lieues carrées, ou 443,298 hectares. — On y compte 28 routes royales et départementales, 3 canaux, 4 rivières en partie navigables. — Son revenu territorial net est de 18,336,000 fr., et sa contribution totale de 2,628,203 fr. — C'est la patrie du général Cartaux.

VESOUL, sur le Durgeon, à 90 l. (350 kil.) E. p. S. de Paris, est une ville très-bien située; en 1586 presque toute la population fut enlevée par la peste. Ses principales branches de commerce sont : la quincaillerie, la draperie et les vins. Pop. : 5,887 hab.

GRAY, sur la Saône, à 12 l. (46 kil.) de Vesoul, est une ville commerçante et industrieuse. On y remarque le magnifique moulin de M. Tramoy, sur la Saône; il se compose de 14 tournans. Elle est l'entrepôt d'un commerce considérable entre le midi et l'est de la France. Pop. : 6,535 hab.

LURE, près de l'Ognon, à 6 l. et demie (23 kil.) de Vesoul, a des filatures de coton, et des fabriques de bonneterie et de chapellerie. Pop. : 2,950 hab.

Les autres villes importantes de ce département sont : Luxeuil, renommée par ses eaux minérales; Faucogney, Jussey, Champlitte.

DOUBS. Chef-lieu : *Besançon.*
3 Sous-Préfectures : *Pontarlier. Baume Montbéliard.*

Ce département reçoit son nom du Doubs, rivière qui le traverse. — Sa population est de 276,274 hab. — Sa superficie est de 365 l. carrées, ou 547,360 hectares. On y compte 23 routes royales et départementales, deux canaux, une rivière navigable. — Son revenu territorial net est de 18,000,000 francs, et sa contribution totale de 2,240,123 francs. — C'est la patrie de Cuvier, l'abbé Millot, Suard, Tissot et du poète Victor Hugo.

BESANÇON, sur le Doubs, à 100 l. (389 kil.) S.-E. de Paris, est une ville très-ancienne, très-bien fortifiée, et rendue presque imprenable à cause de sa citadelle bâtie sur un roc, haute de 130 mètres. Fait un grand commerce de houille, d'acier, de cuivre, de fers forgés, de chevaux, de cuirs, de fromages et d'horlogerie. A 3 l. (11 kil. 69), se trouve la grotte d'Osselle qui a plus d'un quart-de-lieue de long. Pop. : 29,718 hab.

PONTARLIER, sur le Doubs, à 12 l. (46 kil. 77) de Besançon, est une jolie petite ville agréablement située, c'est le premier entrepôt de commerce avec la Suisse. On y fabrique de l'absinthe et du kirsch-wasser. Pop. : 4,890 hab.

BAUME-LES-DAMES, sur le Doubs, à 15 l. (53 kil.) de Besançon, est une jolie petite ville agréablement située, au milieu de belles collines parsemées de vignobles. Elle possède des forges, des papeteries et des verreries. Pop. : 2,519 hab.

MONTBÉLIARD, sur l'Allan et la Lusine, est située près de l'embouchure où le canal Napoléon se joint au Doubs. On y trouve de nombreuses usines, les plus importantes sont les forges d'Audincourt. Il s'y fait un grand commerce d'horlogerie et de librairie. Pop. : 5,117 h.

Les autres villes importantes de ce département sont : Ornans, Quingey, Saint-Hippolyte, Héricourt, Clerval et le Russey.

JURA. Chef-lieu : *Lons-le-Saulnier.*
3 Sous-Préfectures : *Poligny. Saint-Claude. Dôle.*

Ce département doit son nom aux montagnes du Jura qui s'élèvent sur son territoire. — Sa population est de 315,355 hab.. — Sa superficie est de 256 lieues carrées, ou 503,364 hectares. — On y compte 30 routes royales et départementales, 1 canal, 3 rivières navigables. — Son revenu territorial net est de 15,354,000 francs, et sa contribution totale de 2,363,757 fr. — C'est la patrie de l'abbé d'Olivet, et des généraux Pichegru, Malet, et de l'auteur de *la Marseillaise.*

LONS-LE-SAUNIER, sur la Vaille, à 105 l. (408 kil.) de Paris, est une ancienne ville dont le sol est très-fertile en vins. Elle possède une belle saline, sous le nom de Montmorot. Pop. : 7,684 hab.

Poligny, à 5 l. et demie (20 kil. 50) de Lons-le-Saunier, est renommée par ses excellens vins. Pop. : 6,492 hab.

Saint-Claude, sur la Brienne, à 10 l. (38 kil. 98) de Lons-le-Saunier, fut en partie réduite en cendres, en 1789. On y fabrique beaucoup de bimbloterie. Pop. : 5,238 hab.

Dôle, sur le Doubs, à 12 l. (46 kil.) de Lons-le-Saunier, était autrefois la capitale de la Franche-Comté, elle est dans une belle position au milieu d'un territoire fertile, non loin du Doubs et du canal Napoléon, se trouvent des carrières de marbre rouge. Commerce de sel, vin, fer, librairie et bois. Pop.: 7,684 hab.

Arbois, ville renommée par ses vins. P. 6,500 hab.

Salins, a de nombreuses salines. Elle fut détruite en grande partie par un incendie, en 1825, mais la bienfaisance de la France entière la releva plus belle qu'auparavant. Pop. : 6,600 hab.

Les autres villes importantes de ce département sont : Brans, Château-Châlons, Montmorot, Bletterand, Saint-Amour, Arinthod, Orgelet.

XX. AUNIS.

DÉPARTEMENT. CHARENTE-INFÉRIEURE.

L'Aunis, petit pays à l'extrémité du Bas-Poitou, vers la mer, fait actuellement partie du département de la Charente-Inférieure.

Il est plat et en partie marécageux; il renferme un grand nombre de marais salans dont le sel est très-estimé, des vignobles très-étendus, renommés par leur vin, et de vastes forêts où l'on trouve du bois de construction. Le terrain est fertile et produit en abondance des céréales, tels que chanvre, lin, etc.

CHARENTE-INFÉRIEURE. Chef-lieu : *La Rochelle*.

5 Sous-Préfectures : *Rochefort. Marennes. Saintes. Jonzac. Saint-Jean-d'Angély*.

Ce département doit son nom à sa position relative au cours de la Charente qui l'arrose. — Sa population est de 494,949 hab. — Sa superficie est de 383 lieues carrées, ou 716,814 hectares. — On y compte 19 routes royales et départementales, 1 canal, 4 rivières navigables, 9 ports de mer. — Son revenu territorial net est de 22,637,000 fr., et sa contribution totale de 4,257,173 fr. — C'est la patrie de Régnault de Saint-Jean-d'Angély, du conventionnel Billaud-Varennes, de Réaumur, du marquis de Beauharnais, du célèbre voyageur Baudin et des amiraux de la Galissonnière et Duperré.

LA ROCHELLE, à 120 l. (467 kil.) de Paris, était l'ancienne capitale de l'Aunis, ville forte, possède un bon port sur l'Océan et une rade sûre. Elle fut assiégée et prise par le cardinal de Richelieu, en 1628, qui fit combler les fossés et renverser les fortifications; elles furent, dans la suite, reconstruites par Vauban. Elle a peu de fabriques, son commerce consiste en eaux-de-vie, huîtres, sels, grains et céréales. Pop. : 14,857 hab.

ROCHEFORT, sur la Charente, à 7 l. (27 kil.) de La Rochelle, avec un des trois grands ports militaires de France, fut fondée en 1664, par Louis XIV. Elle est remarquable par ses établissemens publics, sa fonderie de canons, ses chantiers de construction et ses vastes magasins pour l'équipement des vaisseaux. Population: 15,441 hab.

MARENNES, port de mer, sur la Seudre, à 13 l. (50 kil.) de La Rochelle, sa position au milieu des marais rend l'air très-insalubre; ses huîtres sont très-renommées. Commerce de sel, vins et eaux-de-vie. Pop. : 4,542 hab.

SAINTES, sur la Charente, à 12 l. (46 kil.) de La Rochelle, était la capitale de la Saintonge, est une ville très-ancienne, où se trouve encore un arc-de-triomphe élevé, dit-on, par Tibère. Elle a d'excellentes fabriques d'eau-de-vie. Pop. : 9,559 hab.

Jonzac, à 4 l. et demie (16 kil.) de La Rochelle, est une petite ville très-industrieuse. Pop. : 2,514 hab.

Saint-Jean-d'Angély, sur la Boutonne, à 20 l. (77 kil.) de la Rochelle, est une ville entourée de riches vignobles. Pop. : 5,919 hab.

Marans, a une bonne rade pour les bâtimens marchands. Pop. : 4,000 hab.

Royan, a des bains de mer très-fréquentés.

Les autres villes importantes de ce département sont : Pons, Aunay, Talmont, Soubise, Brouage et Taillebourg, célèbre par la bataille de ce nom gagnée par saint Louis, sur les Anglais, en 1242.

C'est à l'ouest de ce département que se trouvent l'île de Rhé, dont le chef-lieu est Saint-Martin, petit port avec une forteresse; l'île d'Oléron, dont le chef-lieu est Saint-Pierre d'Oléron; et l'île d'Aix, qui est bien fortifiée.

XXI. SAINTONGE ET ANGOUMOIS.

DÉPARTEMENT. CHARENTE.

La Saintonge, au sud de l'Aunis, est une petite province très-fertile en blés et en vins. Elle complète le département de la Charente-Inférieure.

L'Angoumois, à l'est de la Saintonge, est aussi fertile en blés et en vins, et forme actuellement le département de la Charente.

Cette province fut réunie à la couronne, en 1371, par Charles V; mais elle ne fut entièrement affranchie du joug étranger que par Charles VII.

CHARENTE. Chef-lieu : *Angoulême*.

4 Sous-Préfectures : *Cognac. Buffec. Barbezieux. Confolens*

Ce département tire son nom de la Charente, rivière qui l'arrose. — Sa population est de 365,126 hab. — Sa superficie est de 286 l. carrées, ou 588,803 hectares. — On y compte 7 routes royales et départementales, 1 canal, une rivière navigable. — Son revenu territorial net est de 17,906,000 fr., et sa contribution totale de 3,112,369 fr. — C'est la patrie de François Ier, La Rochefoucault, La Quintinte, Saint-Galais et Balzac.

ANGOULÊME, sur un rocher près de la Charente, à 119 l. (463 kil.) S.-p.-O. de Paris, ville très-ancienne, était la capitale de l'Angoumois ; elle est remarquable par son école royale de marine. Dans les environs d'Angoulême, on aperçoit de tous côtés de beaux vallons, des campagnes charmantes situées sur le cours sinueux de la Charente. On y fabrique de très-beaux papiers. Cette ville fait un grand commerce d'eaux-de-vie. C'est la patrie de Balsac, éloquent prosateur. Dans les environs se trouve une fabrique royale de poudre. Pop. : 16,910 hab.

COGNAC, sur la rive gauche de la Charente, à 10 l. (38 kil. 98) d'Angoulême, est une petite ville dans une situation assez élevée, environnée de riantes campagnes fertiles arrosées par les eaux de la Charente. Non loin de cette ville se trouve un vieux château où naquit François 1er. On y fait un immense commerce d'eaux-de-vie. Pop. : 3,830 hab.

RUFFEC, sur le Lien, à 12 l. (46 kil. 77) d'Angoulême. Commerce en grains, marrons et bétail. Pop. : 2,859 hab.

BARBÉZIEUX, à 10 l. (38 kil. 98) d'Angoulême, possède une fontaine d'eaux minérales. Pop. : 5,013 habitans.

CONFOLENS, sur la Vienne, à 14 l. (54 kil.) d'Angoulême. Pop. : 2,766 hab.

JARNAC, sur la Charente, fait un grand commerce d'eaux-de-vie. En 1569, les calvinistes y furent vaincus par Henri III. Pop : 2,000 hab.

XXII. MARCHE.

DÉPARTEMENT. CREUSE.

La Marche, au sud du Berri, et au nord-est du Limousin, est devenue le département de la Creuse, sauf une partie attribuée à celui de la Haute-Vienne. C'est un pays peu fertile et en partie marécageux, dans lequel on trouve de la houille et des eaux minérales. Le sol produit en abondance des châtaignes, du seigle et de l'avoine. Les productions les plus importantes de son industrie, sont les tapisseries et le papier.

Cette province fut gouvernée tantôt par des rois, des comtes et des ducs. Louis XI l'enleva à la maison d'Armagnac, après avoir fait décapiter Jacques d'Armagnac, enfin elle fut réunie à la couronne sous François 1er.

CREUSE. Chef-lieu : *Guéret*.
3 Sous-Préfectures : *Aubusson. Bourganeuf. Boussac.*

Ce département reçoit son nom de la Creuse, rivière qui le baigne. — Sa population est de 276,274 hab. — Sa superficie est de 383 l. carrées, ou 579,455 hectares. — On y compte 22 routes royales et départementales. Son revenu territorial net est de 6,312,000 fr., et sa contribution totale de 1,278,891 fr. — Patrie de Pierre d'Aubusson, grand maître de l'ordre de Malte; des Maréchaux de France d'Aubusson-Lafeuillade et de Boussai; du savant Marc-Antoine Muret et de Tristan-l'Hermite, le compère de Louis XI.

GUÉRET, entre la Creuse et la Gartempe, à 80 l. (311 kil. 84) S.-p.-O. de Paris, est une petite ville peu importante. On y fait le commerce de chevaux et de bestiaux. Pop. : 4,796 hab.

AUBUSSON, sur la Creuse, à 9 l. (35 kil.) S.-E. de Guéret, est connu par sa manufacture royale de tapis. Pop. : 5,631 hab.

BOURGANEUF, sur le Taurion, à 5 l. et demie (20 kil. 50) de Guéret. Près de cette ville se trouve une tour fort élevée, bâtie dans le quinzième siècle, dans laquelle Zizim, frère de Bajazet, empereur de Constantinople, était gardé par des chevaliers de Malte. Son commerce est peu étendu. Pop. : 2,940 hab.

Boussac, à 12 l. (46 kil.) de Guéret, possède un antique château crénelé bâti sur un roc escarpé.

Les autres villes importantes de ce département sont : Felletin, qui possède une manufacture de tapisseries et un bel établissement d'instruction ; Evaux, qui a des eaux minérales ; Ahun, Auzance, la Souterraine, Chambon, Chenerailles et Chatelus.

XXIII. LIMOUSIN.

DÉPARTEMENS. HAUTE-VIENNE, CORRÈZE.

Cette province, au sud de la Marche, est peu fertile. Elle comprend actuellement le département de la Corrèze, et une partie de celui de la Haute-Vienne. Les mines d'étain, de plomb et de cuivre sont ses productions minérales. Le sol est couvert de montagnes boisées ; on y trouve en abondance des châtaigniers, des noyers et des bois de construction.

Cette province a subi de nombreux changemens et de grands bouleversemens. En 488, Alaric détruisit Limoges, elle fut ravagée, mise à feu et à sang par les Barbares, à différentes époques. Elle fut gouvernée par des ducs et des comtes jusqu'en 1150 ; l'alliance d'Eléonore de Guienne avec Henri II, réunit cette province à la couronne d'Angleterre. Elle ne supporta pas longtemps la domination anglaise. Enfin, en 1203, les Anglais furent expulsés de cette province par Philippe-Auguste, et elle fut réunie à la France sous le règne de Charles V.

HAUTE-VIENNE. Chef-lieu : *Limoges.*

3 Sous-Préfectures : *Saint-Yrieix. Bellac. Rochechouart.*

Ce département doit son nom à sa position relative au cours de la Vienne, qui l'arrose. — Sa population est de 285,130 hab. — Sa superficie est de 304 l. carrées, ou 558,978 hectares. — On y compte 10 routes royales et départementales. — Son revenu territorial net est de 8,189,000 fr., et sa contribution totale de 1,711,409 fr. — C'est la patrie du pape Clément VI, du chancelier d'Aguesseau, du poète Dorat, du maréchal Jourdan et de l'éloquent Vergniaud.

LIMOGES, à 98 l. (382 kil.) de Paris, autrefois capitale du Limousin, c'est une grande ville située en partie sur le penchant d'une colline, et en partie dans un vallon sur la Vienne. Elle est entourée de fortes murailles et de profonds fossés ; ce fut un prince gaulois qui la fit bâtir et lui donna son nom. Les monumens les plus importans sont : la cathédrale, l'évêché, l'hôtel de la préfecture, la maison centrale, le Champ-de-Juillet, le pont en pierre et le quai d'Orlag. On y fait un grand commerce d'eaux-de-vie, vins, sel, bois, bestiaux, grains et denrées coloniales. Pop. : 29,706 habitans.

Saint-Yrieix, sur la Loire, à 10 l. (38 kil.) de Limoges, possède une manufacture de porcelaines, fournit une quantité considérable de terre pour les manufactures du même genre. Pop. : 6,900 hab.

Bellac, au confluent du Vincou et de la Gartempe, est admirablement située. Pop. : 3,851 hab.

Rochechouart, sur la Vienne, à 8 l. (31 kil.) de Limoges, est une petite ville peu commerçante. Pop. : 4,125 hab.

Les autres villes importantes de ce département sont : Saint-Léonard et Saint-Junien, remarquables par leurs tanneries et leurs papeteries, le Dorat, Pierre-Pulfière, Alxe, Eymoutiers, Magnac-Laval, avec un collége, et Châlus, où fut tué le fameux Richard.

CORRÈZE. Chef-lieu : *Tulle*.

2 Sous-Préfectures : *Brives. Ussel.*

Ce département reçoit son nom de la Corrèze, rivière qui le traverse. — Sa population est de 302,433 hab. — Sa superficie est de 233 lieues carrées, ou 593,717 hectares. — On y compte 11 routes royales et départementales ; un canal en construction. — Son revenu territorial net est de 7,715,000 fr., et sa contribution totale de 1,553,998 fr. — C'est la patrie du cardinal Dubois, du maréchal Brune, de Marmontel, du général Treillard, de Étienne Aubert, pape sous le nom d'Innocent IV, des généraux Souham, Delmas, Sahuguet, Marbot, Uralle et d'Ambrugeat.

TULLE, au confluent de la Corrèze et de la Salune, à 120 l. (467 kil. 76) de Paris, est une ville mal bâtie. Elle est connue par sa manufacture d'armes à feu ; une des plus belles de France. Elle fait un grand commerce de dentelles, connues sous le nom de *Points de Tulle*. Pop. : 9,700 hab.

BRIVES, dite la Gaillarde, sur la Corrèze, à 7 l. (27 kil.) de Tulle, possède une vaste filature de coton. Pop. : 8,843 hab.

USSEL, à 13 l. et demie (30 kil.) de Tulle, est une petite ville mal bâtie, qui commerce en chanvre, toiles et étoffes de laine. Pop. : 3,863 hab.

Les autres villes importantes de ce département sont : Uzerche, Argentac, La Farge, Turenne, Neuvic et Bort.

XXIV. AUVERGNE.

DÉPARTEMENS. PUY-DE-DOME, CANTAL.

L'Auvergne, à l'est du Limousin, était divisée en haute et basse : La première vers le midi, et la seconde vers le nord. Cette province est aujourd'hui partagée en deux départemens, celui du Puy-de-Dôme, et celui du Cantal ; une partie est même entrée dans celui de la Haute-Loire.

La Haute-Auvergne est un pays fort montagneux ; elle n'est pas très-fertile en blé ni en vin ; mais elle possède d'excellens pâturages où l'on nourrit une grande quantité de bestiaux.

Les productions végétales de la Basse-Auvergne sont : du blé et du vin en abondance. On trouve aussi dans ses montagnes de l'antimoine, du plomb, de la houille, du granit, des marbres et du basalte, et des eaux minérales dont les plus connues sont celles du Mont-d'Or.

Louis XIII qui possédait cette province, étant dauphin, la réunit à la couronne.

PUY-DE-DOME. Chef-lieu : *Clermond-Ferrand.*

4 Sous-Préfectures : *Ambert. Issoire. Riom. Thiers.*

Ce département tire son nom de la montagne du Puy, qui domine la chaîne de la Drôme. — Sa population est de 589,438 hab. — Sa superficie est de 465 lieues carrées, ou 274,370 hectares. — On y compte 15 routes royales et départementales, 7 rivières navigables. — Son revenu territorial net est de 22,428,000 fr., et sa contribution totale de 4,499,028 fr. — C'est la patrie de l'abbé Girard, du poète Thomas, du célèbre Pascal, des généraux Lafayette, Desaix et Duprat, de Grégoire de Tours, du chancelier de l'Hôpital, du poète Delille, de Domat et de Champfort.

CLERMONT-FERRAND, à 98 l. (382 kil.) S. de Paris, était autrefois la capitale de l'Auvergne. C'est une grande et belle ville très-commerçante, située sur une hauteur, entourée d'un vaste bassin arrosé par l'Allier. On y voit la cathédrale, monument du XIIIe siècle; la fontaine de Désaix, la halle aux blés, le château d'eau construit en 1515, le collège, la fontaine pétrifiante, qui couvre en peu de temps d'une couche calcaire les objets qu'on y plonge. En 1096, on y convoqua un concile, où le pape Urbain II prêcha, et forma la première croisade, dans laquelle le reste de six cent mille croisés, qui arriva jusqu'à Jérusalem, prit cette ville et y couronna Godefroy de Bouillon. Pop. : 32,427 hab.

AMBERT, près de la Dore, à 15 l. (53 kil.) de Clermont. On y fabrique des papiers, des rubans en fil et en laine, de grosses étoffes et des dentelles. Pop : 8,016 hab.

Issoire, sur la Crousse, à 7 l. (27 kil.) de Clermont, est une ville très-bien située, et généralement bien bâtie, dans la partie la plus peuplée de la Limagne. Pop. : 5,741 hab.

Riom, à 3 l. (11 kil.) de Clermont, est la seconde ville de l'Auvergne, placée dans une situation charmante, au milieu d'une plaine riante et fertile où serpente la rivière d'Ambonne. Commerce de confitures. Pop. : 11,473 hab.

Thiers, sur la Durole, à 15 l. (53 kil.) E.-N.-E. de Clermont, est placée sur le penchant d'une colline d'où l'on découvre un point de vue de toute beauté. La quincaillerie et la coutellerie sont les premières branches de son commerce. Pop. : 9,982 hab.

Les autres villes importantes de ce département sont : Aigueperse, Besse, Pont-Gibaut, Mariogues, Vic-le-Comte, Arlang, Sauxillanges, Arles, Montaigut, Biloin, Hermant, Saint-Gervais, Usson, Mercœur, Rochefort, Croupière, Saint-Remy, Oliergues et la Tour.

C'est encore dans ce département, et près de Clermont, que se trouve Mont-d'Or, petit village renommé par ses eaux minérales très-estimées.

CANTAL. Chef-lieu : *Aurillac*.

3 Sous-Préfectures : *Mauriac. Murat. Saint-Flour.*

Ce département reçoit son nom d'une montagne très-haute, située dans son centre. Les montagnes, battues fréquemment par des vents impétueux, sont couronnées de neige pendant sept ou huit mois de l'année, et les parties moins élevées, hérissées de débris de roches basaltiques, ne présentent que des sites agrestes et des champs infertiles. Aussi les habitans du Cantal sont-ils obligés de chercher, pendant une partie de l'année, dans les autres provinces, et même chez les nations voisines, les moyens d'existence que leur refuse cette triste contrée. — Sa population est de 262,117 hab. — Sa superficie est de 385 lieues carrées, ou 574,081 hectares. — On y compte 10 routes royales et départementales. — Son revenu territorial net est de 10,062,000 fr., et sa contribution totale de 1,855,786 fr. — C'est la patrie du pape Sylvestre II, du cardinal de Noailles, de Carrier et du poète Dubelloy.

AURILLAC, sur la Jordane, à 126 l. (491 kil. 15) de Paris, est une ancienne ville qui n'offre rien de remarquable, elle possède des parchemineries, des tanneries et des fabriques de colle forte et d'orseille. Pop. : 10,889 hab.

Mauriac, près de la Dordogne, à 8 l. (31 kil.) d'Aurillac, est une ville peu commerçante. Pop. : 3,420 habitans.

Murat, sur l'Alagnon, à 10 l. et demie (39 kil. 50) d'Aurillac. Commerce de fromages. Pop. : 2,503 habitans.

Saint-Flour, à 13 l. (53 kil.) d'Aurillac, est une ville fort bien située, elle s'étend sur un vaste plateau entouré de profondes vallées qu'arrose l'Alagnon. Sa cathédrale, le palais épiscopal sont des monumens d'une fort belle construction. Son commerce consiste en blés, mulets, dentelles, tanneries et poteries. Pop. : 5,640 hab.

Les autres villes importantes de ce département sont : Salers, Vic-en-Carladés, Allanches, Maurs, Massiac, Carlat, Pleaux et Chaudes-Aigus, qui possède des eaux minérales.

XXV. LYONNAIS.

DÉPARTEMENS. RHONE, LOIRE.

Ce gouvernement, à l'est de l'Auvergne, comprenait le Lyonnais propre, le Forez et le Beaujolais. Ces divers pays forment aujourd'hui les départemens du Rhône et de la Loire.

Cette contrée est couverte en partie de montagnes, de plaines et de collines ; on y trouve des mines de houille en grande quantité, des mines de fer, de cuivre et des eaux minérales. L'industrie y est très-répandue ; on y rencontre de nombreuses usines, des fabriques de papier, de cuirs et de chapeaux ; les plus remarquables sont celles de soie d'or et d'argent. Ses pâturages nourrissent beaucoup de chèvres.

Cette province fut réunie à la France, en 1312, par Philippe-le-Bel.

RHONE, Chef-lieu : *Lyon*.
1 Sous-Préfecture : *Villefranche*.

Le Rhône, fleuve qui traverse ce département, lui donne son nom. — Sa population est de 482,024 hab. — Sa superficie est de 437 lieues carrées, ou 270,423 hectares. — On y compte 5 routes royales et départementales, 1 chemin de fer, 2 canaux, 2 rivières navigables. — Son revenu territorial net est de 21,553,000 fr., et sa contribution totale de 4,499,416 fr. — C'est la patrie des empereurs Claude, Caracalla, du graveur Audran, des sculpteurs Coustou, Colsevox, des naturalistes Rosier, Jussieu, Patrin, des littérateurs Linguet, Morellet, Bergasse, Philippon de la Madeleine, J.-B. Says, Louise Labbé, du maréchal Suchet et du ministre Roland.

LYON, au confluent du Rhône et de la Saône, à 116 l. (452 k.) S.-E. de Paris, était l'ancienne capitale du Lyonnais. Sa nombreuse population, son commerce et son industrie la placent, après Paris, la ville la plus importante de France. Elle possède de nombreux édifices, dont les plus remarquables sont : l'hôtel-de-ville, l'hôtel de la préfecture, les palais des arts, de justice et de l'archevêché ; l'Hôtel-Dieu, le grand théâtre, et la bibliothèque qui renferme 55,000 volumes. Le 29 mai 1793, Lyon s'étant refusé d'accomplir les décrets de la Convention nationale, fut assiégée par une armée de 60,000 hommes et ne se rendit qu'à la dernière extrémité. Elle fut rayée de la liste des cités et la Convention ordonna même sa destruction, sa population fut décimée par les épouvantables massacres commandés par Réverchon, Couthon et Collot-d'Herbois. Lyon renferme, en grande quantité, des manufactures de soieries célèbres dans le monde entier, des fabriques de chapellerie, de bonneterie et de rubannerie. Elle sert d'entrepôt aux productions agricoles et industrielles du nord et du midi, que transportent le Rhône et la Saône qui sont navigables. Pop. : 191,638 hab.

VILLEFRANCHE, dans une plaine, sur le Mourgon, est une ville peu importante. Pop. : 7,553 hab.

TARARE, possède des fabriques de mousselines qui

emploient 50 à 60 mille ouvriers. Pop. : 7,000 hab.

Condrieux, est connue par ses vins blancs.

Les autres villes importantes de ce département sont : Beaujeu, Anse, Thisy, Givors, Neuville-Sainte, Colombre, l'Arbrêle, Saint-Symphorien-sur-Coise et Brignais.

LOIRE. Chef-lieu : *Montbrison*.

2 Sous-Préfectures : *Roanne. Saint-Étienne*.

Ce département reçoit son nom de la Loire, fleuve qui le traverse. — Sa population est de 412,497 hab. — Sa superficie est de 260 lieues carrées, ou 515,041 hectares. — On y compte 16 routes royales et départementales, 3 chemins de fer, 2 canaux, 2 rivières navigables. — Son revenu territorial net est de 14,368,000 fr., et sa contribution totale est de 2,732,058 fr. — C'est la patrie de l'anatomiste Guichard, de l'abbé Terrat, du maréchal de Saint-André, de l'amiral Bonnivet, des cardinaux Gouffier-Boing et Jean Lagrange.

MONTBRISON, sur le Vizeri, ancienne capitale du Forez, à 110 l. (428 kil.) de Paris, elle est la moins importante du département. On y trouve des eaux minérales et des chantiers de construction de bateaux en sapin. Pop. : 6,266.

Roanne, sur la Loire, à 12 l. (46 kil.) de Montbrison, est une ville d'une antiquité très-reculée, car on y trouve encore un grand nombre d'habitations romaines, de mosaïques et de canaux. Elle a des fabriques de toiles et de colle-forte. Pop. : 9,910 hab.

Saint-Etienne, sur la Furens, à 8 l. (31 kil. 18) de Montbrison, est une ville dominée par de hautes montagnes, remarquable par le développement rapide de sa population et de son industrie. Elle renferme une manufacture royale d'armes, de vastes exploitations de houille, des fabriques de rubans de soie, d'acier fondu, de couteaux, d'outils et de fonte. Elle fait un grand commerce de fusils, d'armes blanches, et de grosse quincaillerie. Elle possède une école de mines. Pop. : 41,534 hab.

Les autres villes importantes de ce département

sont : Doen, Saint-Bonnet-le-Château, Feurs, Saint-Rambert, Saint-Germain, Laval, Bourg-Argental, Pila, Charlieux, Saint-Galmier, Saint-Chamont, Saint-Symphorien-de-Luy, Rive-de-Gier, Perreux, Néronde et Chazelle.

RÉGION DU MIDI.

XXVI GUIENNE.

DÉP.ᵗ GIRONDE, DORDOGNE, LOT, LOT-ET-GARONNE, AVEYRON, LANDES, GERS, HAUTES-PYRÉNÉES.

Cette province portait autrefois le nom d'Aquitaine, qui d'abord avait été donné simplement aux pays situés entre la Garonne et les Pyrénées, et qui, dans la suite s'est étendu sur plusieurs autres. On lui avait donné ce nom à cause de la quantité de rivières qui l'arrosaient.

La France et l'Angleterre furent long-temps en guerre pour s'emparer de la Guienne ; elle fut alternativement en possession de ces deux puissances, jusqu'à ce qu'enfin Charles VII l'ait réunie en 1453 à la couronne de France, elle n'en a point été séparée depuis.

Ces provinces jouissent d'une grande fertilité, à l'exception des Landes qui se trouvent le long de la mer, entre Bordeaux et Bayonne. On y trouve des mines de fer, des carrières de marbre et de granit ; les principales productions du règne végétal sont : la vigne, le blé, les truffes, le chêne, le liège, le pin et le chanvre. La grande étendue et la bonté des pâturages, nourrissent des chevaux, des mulets et des bestiaux ; on y élève aussi des abeilles et des vers à soie. Elle possède de vastes chantiers de construction pour les navires et un grand nombre de fabriques.

Le gouvernement de la Guienne, le plus grand de la France, s'étendait le long des côtes de l'Océan depuis la Saintonge jusqu'à Bayonne; il comprenait la Guienne et la Gascogne, qui composent présentement les départemens de la Gironde, de la Dordogne, du Lot, de Lot-et-Garonne, de l'Aveyron, des Landes, de la Haute-Garonne, du Gers, de l'Arriége et des Hautes-Pyrénées.

GIRONDE. Chef-lieu : *Bordeaux.*
5 Sous-Préfectures : *Blaye. Lesparre. Libourne. Bazas. La Réole.*

Le nom que la Garonne et la Dordogne réunies, au Bec-d'Ambès, portent depuis leur confluent jusqu'à la mer, est devenu celui du département. — Sa population est de 555,809 hab. — Sa superficie est de 373 lieues carrées, ou 1,084,552 hectares. — On y compte 6 routes royales 5 rivières navigables. — Son revenu territorial net est de 29,907,000 fr., et sa contribution totale de 5,585,884 fr. — C'est la patrie du poète Ausone, de Berquin, Montesquieu, Garat, du comte Deseze, des orateurs Guaet, Jensonné, Boyer, Fonfrède et Ducos; du duc Decazes, ministre de Louis XVIII; de Peyronnet, ministre de Charles X; des peintres Carle Vernet, Alexis, Brascassat et Monvoisin; et du Diogène français, Chodruc-Duclos.

BORDEAUX, sur la Garonne, à 143 l. (557 kil.) S.-O. de Paris, à 22 l. (85 kil.) de l'embouchure de la Gironde dans l'Océan, est une ancienne, grande et riche ville, agréablement située. La vaste étendue de son industrie, les immenses récoltes de vins de qualité très-renommée, font de Bordeaux l'une des villes les plus riches et les plus commerçantes de France. Elle possède un beau port, de nombreux édifices, parmi lesquels on remarque le grand-théâtre, le palais-royal, la tour de l'horloge, l'hôtel-de-ville, le fort du Hâ; le grand hôpital, le musée d'histoire naturelle, des tableaux et une superbe bibliothèque qui contient 110,000 volumes. Son commerce consiste en vins, eaux-de-vie et denrées coloniales. Pop. : 98,705 habitans.

BLAYE, ville forte sur la Gironde à 13 l. (50 kil.) de Bordeaux, est très-connue par ses vins de Médoc; elle est dominée par une citadelle, où la duchesse de Berri fut enfermée, sous la garde du général Bugeaud : les dépôts de la rivière ont encombré la rade du port. Pop. : 3,801 hab.

Lesparre, entre la mer et la Gironde à 17 l. (66 kil. 25) de Bordeaux, est une ville peu importante par son commerce ; ses excellens pâturages nourrissent une grande quantité de bestiaux. Pop. : 4,352 hab.

Libourne, sur la Dordogne, à 5 l. (19 kil.) de Bordeaux, reçoit des navires marchands dans son port, est une jolie ville qui possède plusieurs édifices. Commerce de vins. Pop. : 9,714 hab.

Bazas, à 14 l. (54 kil.) de Bordeaux, est bâtie sur un rocher. Elle commerce en bois et bestiaux. Pop. : 4,446 hab.

La Réole, sur la Garonne, à 13 l. (50 kil.) de Bordeaux, est une jolie petite ville qui commerce en vins, blés, eaux-de-vie et bestiaux. Pop. : 3,934 habitans.

Les autres villes importantes de ce département sont : Coutras, célèbre par la bataille que Henri IV gagna, le 20 octobre 1587, contre les catholiques commandés par le duc de Joyeuse, qui y fut tué; Langon, Castillon, Candillac, Saint-Macaire, Fronsac, Sainte-Foi-la-Grande et Sauve-Terre.

C'est dans ce département que se trouvent les excellens vins de Saint-Emilion, de Médoc et de Grave.

DORDOGNE. Chef-lieu : *Périgueux.*
4 Sous-Préfectures : *Bergerac. Nontron. Ribérac. Sarlat.*

Ce département reçoit son nom d'une rivière qui l'arrose. — Sa population est de 487,052 hab. — Sa superficie est de 449 lieues carrées, ou 898,274 hectares. — On y compte 14 routes royales et départementales, 4 rivières navigables. — Son revenu territorial net est de 21,327,000 fr., et sa contribution totale de 3,570,783 fr. — C'est la patrie de Montaigne, La Béoti, Canconnait, Lagrange, Chancel, Brantôme, Fénélon et du général Daumesnil.

PÉRIGUEUX, sur l'Isle, ancienne capitale du Périgord, à 121 l. (471 kil. 66) S.-O. de Paris. Cette ville renferme encore quelques restes d'antiquité romaine : les ruines d'un amphithéâtre, et la tour de Vésonne, dont la circonférence a plus de 195 pieds (63 m. 36), et dont les murailles ont encore une hauteur de 60 pieds (19 m. 48.) Elle fait un grand commerce de porcs, de grains, de truffes et de marrons. Pop : 11,576 hab.

Bergerac, sur la Dordogne à 11 l. (42 kil. 87) de Périgueux, est une ville qui jouit d'une charmante position ; elle est entourée de plaines, arrosées de tous côtés par les eaux de la Dordogne. Les eaux-de-vie, le fer, le bois et ses vins très-estimés font son principal commerce. Pop. : 9,285 hab.

Nontron, sur le Bandiat, à 10 l. (38 kil.) N. de Périgueux, est une petite ville dans une fort belle situation, qui en rend le séjour très-agréable. Commerce de vins. Pop. : 3,573 hab.

Riberac, à 7 l. et demie (28 kil. 50) N.-O. de Périgueux, est une belle ville, on y fabrique de grosses étoffes. Pop. : 3,775 hab.

Sarlat, à 13 l. (50 kil.) de Périgueux, non loin de cette ville, on visite la célèbre grotte de Miremont, l'une des plus belles de France, son intérieur renferme des salles spacieuses, couvertes de silex brillans, de coquillages fossiles, de cristallisation et de stalactites, dont la réflection frappe les yeux du voyageur. Commerce considérable d'huile de noix et de marrons. Pop. : 5,669 hab.

Les autres villes importantes de ce département sont : Mucidan, Terrasson, Eymet, Excideuil, Montpazier, La Linde, Domme, Montignac et Nantheuil.

LOT. Chef-lieu : *Cahors.*

2 Sous-Préfectures : *Figéac. Gourdon.*

La rivière du Lot, qui traverse ce département, lui donne son nom. — Sa population est de 287,003 hab. — Sa superficie est de 376 lieues carrées, ou 698,400 hectares. — On y compte 23 routes royales et départementales, 2 rivières navigables. — Son revenu territorial net est de

11,306,000 fr., et sa contribution totale de 2,219,773 fr.—C'est la patrie de Clément Marot, du pape Jean XXII, du maréchal Bessières et de Murat, roi de Naples.

CAHORS, sur le Lot, à 143 l. (557 kil.) S.-O. de Paris, ancienne capitale du Quercy, fut assiégée par Henri IV, en 1580 : on s'y servit du pétard pour la première fois. Ses vins sont très-estimés; on en fait un grand commerce. Pop. : 12,417 hab.

Figeac, sur le Sellé, à 20 l. (77 kil.) E.-N.-E. de Cahors, possède des fabriques de toiles estimées. Pop. : 6,237 hab.

Gourdon, sur la Bleue, à 11 l. (42 kil.) N. de Cahors, est située sur le penchant d'une colline, au sommet se trouve une église, superbe monument d'architecture gothique. Commerce en vins, huile et noix. Pop. : 5,334 hab.

Les autres villes importantes de ce département sont: Saint-Céré, Souillac, Martel et Lulbenque.

LOT-ET-GARONNE. Chef-lieu : *Agen.*

5 Sous-Préfectures : *Marmande. Villeneuve-d'Agen. Nérac.*

Ce département reçoit son nom de deux rivières qui le traversent. — Sa population est de 346,400 hab. — Sa superficie est de 309 lieues carrées, ou 582,641 hectares. — On y compte 21 routes royales et départementales, 3 rivières navigables. — Son revenu territorial net est de 20,943,000 fr., et sa contribution totale de 3,527,408 fr. — C'est la patrie de Scaliger, du comte Lacépède, illustre naturaliste, sénateur et pair de France; des maréchaux de France Blaise-Montluc et d'Estrades, du colonel Bory, de St.-Vincent, naturaliste et géographe, et de Bernard de Palissy, inventeur de la peinture en émail.

AGEN, sur la Garonne, à 163 l. (623 kil.) S.-O. de Paris, était la capitale de l'Agenois. Cette ville, agréablement située, s'étend au pied d'une haute colline, possède une fabrique royale de toiles à voiles; et des teintures en écarlate, et en cramoisi très-estimés. On y fait un grand commerce de prunes, de vins et d'eaux-de-vie. Pop. : 13,399 hab.

Marmande, sur la Garonne, à 12 l. et demie (47

kil. 50) d'Agen, avec un port. Commerce de prunes, vins et eaux-de-vie. Pop. : 7,527 hab.

Villeneuve-d'Agen, sur le Lot, à 6 l. (23 kil. 38) d'Agen. Cette ville portait autrefois le nom de Gayac, mais ayant été détruite sous Saint-Louis, elle fut rebâtie en 1253 et prit le nom de Villeneuve. Le Lot la sépare en deux parties égales. Elle possède plusieurs papeteries, les branches de son commerce sont : le fer, le cuivre, les eaux-de-vie et le chanvre. Pop. : 11,222 hab.

Nérac, sur la Baivre, à 7 l. et demie (25 kil. 50) d'Agen, était autrefois la résidence des rois de Navarre et des ducs d'Albret, Henri IV y tint sa cour. Elle renferme de beaux édifices et d'anciennes ruines romaines. Fabriques de bonneteries, tanneries et draperies. Pop. : 6,603 hab.

Les autres villes importantes de ce département sont : Tonneins, renommée par sa manufacture d'excellent tabac; Castel-Jaloux, Mezin, Duras, Estafort, Lauzun et Lapaume.

AVEYRON. Chef-lieu : *Rodez.*
4 Sous-Préfectures : *Espalion. Milhau. Saint-Afrique. Villefranche.*

Ce département tire son nom de l'Aveyron, rivière qui l'arrose. — Sa population est de 359,056 hab. — Sa superficie est de 474 lieues carrées, ou 882,171 hectares. — On y compte 16 routes royales et départementales. — Son revenu territorial net est de 12,945,000 fr., et sa contribution totale de 2,547,479 fr. — C'est la patrie des comtes d'Estaing, du philosophe Raynal; des grands-maîtres de l'ordre de Malte, Théodat de Gozon et Jean de Lavalette; du maréchal de Belle-Isle; du ministre protestant Jean Claude, célèbre adversaire de Bossuet, du professeur de philosophie Laromiguière, et de l'auteur de la législation primitive, de Bonald.

RHODEZ, sur l'Aveyron, à 168 l. (935 kil.) S. de aris, était la capitale de la Rouergue. Cette ville est située sur le penchant d'un côteau; sur la rive droite de l'Aveyron; sa cathédrale est le seul monument remarquable. On y élève des vers à soie et l'on y fabrique des grosses étoffes de laine. Pop. : 9,685 h.

Espalion, sur le Lot, à 7 l. (27 kil.) N.-E. de Rhodez, est une ville peu importante. Pop. : 4,082 h.

Milhau, sur le Tarn, à 16 l. (62 kil.) S.-E. de Rhodez, est située au milieu d'un superbe bassin, environnée de collines plantées de pêchers et d'amandiers. Elle a quelques fabriques d'étoffes de laine. Pop. : 10,450 hab.

Saint-Afrique, sur la Sorgue, à 14 l. (54 kil.) de Rhodez, est une ville agréablement située, entourée de vignobles et de prairies charmantes. Filatures, bonneterie de coton, et tissage. Pop : 6,421 hab.

Villefranche, sur l'Aveyron, à 11 l. (42 kil. 87) de Rhodez, au confluent de l'Alzon et de l'Aveyron, est le tableau d'un charmant paysage, située sur le penchant d'une colline, on aperçoit au loin de superbes prairies arrosées de tous côtés par les rivières voisines, de nombreuses habitations, des bosquets et de vastes vignobles. Elle possède plusieurs papeteries, des fabriques d'étoffes et de laine. Pop. : 8,738 hab.

Les autres villes importantes de ce département sont : Saint-Geniés, où naquit l'abbé Raynal ; Mur de Bares, Entraigues, la Guiole, Pont-de-Bamarez, Najac, Rignac, Sévérac-le-Château, Villeneuve, Saint-Sernin, Cornus et Saint-Rome-de-Tarn.

LANDES. Chef-lieu : *Mont-de-Marsan.*

2 Sous-Préfectures : *Saint-Sever. Dax.*

Ce département doit son nom à la nature de son sol. — Sa population est de 284,355 hab. — Sa superficie est de 480 lieues carrées, ou 900,534 hectares. — On y compte 12 routes royales et départementales, 3 rivières navigables, 3 ports de mer. — Son revenu territorial net est de 1,557,000 fr., et sa contribution totale de 1,417,252 fr. — C'est la patrie du général Lafayette, de saint Vincent-de-Paule, d'Adrien d'Agremont, vicomte d'Orthe, qui refusa de coopérer aux massacres des Protestans lors de la Saint-Barthelémy ; du maréchal Pérignon et de l'illustre général Lamarque.

MONT-DE-MARSAN, au confluent de la Douze et du Midou, à 175 l. (682 kil. 45) de Paris, située dans une vaste plaine, est l'ancienne capitale de Marsan. Depuis une quinzaine d'années cette ville s'est beaucoup embellie et sa population s'est bien accrue. Les branches de son commerce sont : la draperie, les étoffes de laine, les eaux-de-vie et les matières résineuses. Pop : 4,082 hab.

SAINT-SEVER, sur l'Adour, à 5 l. (19 kil. 49) de Mont-de-Marsan, est placée sur une élévation d'où l'on aperçoit les vastes plaines, qui s'étendent depuis l'Adour jusqu'aux landes de Mont-de-Marsan. Commerce d'huile de lin. Pop. : 5,863 hab.

DAX, sur l'Adour, à 14 l. (54 kil.) O.-S.-O. de Mont-de-Marsan, autrefois capitale des Landes, est une ancienne ville très-commerçante, flanquée de remparts de construction romaine, très-renommée par ses eaux minérales; celles qui sont dans un grand bassin au centre de la ville, ont 49° de chaleur. Pop. 4,776 habitans.

Les autres villes importantes de ce département sont : Aire, Tartas, Gabaret, Albret, Grenade, Roquefort, Mugron et Sousthon.

GERS. Chef-lieu : *Auch.*

4 Sous-Préfectures : *Lectoure. Mirande. Condom. Lombez.*

Ce département reçoit son nom du Gers, rivière qui le traverse — Sa population est de 312,882 hab. — Sa superficie est de 426 lieues carrées, ou 623,996 hectares. — Il possède 20 routes royales et départmentales. — Son revenu territorial net est de 16,415,000 fr., et sa contribution totale de 2,820,117 fr. — C'est la patrie de Roquelaure, du maréchal Lannes, de l'abbé duc de Montesquiou, ministre de Louis XVIII; des comtes de Bastard et de Noé, pairs de France; du vice-amiral Villaret-Joyeuse et de Salvandy, ministre de Louis-Philippe.

AUCH, sur le Gers, ancienne capitale de l'Armagnac, à 186 l. (725 kil.) S.-S.-O. de Paris, est une ville d'une situation tout-à-fait pittoresque, placée sur le sommet d'une colline, on aperçoit des vues magnifiques d'une perspective admirable et très-étendue. L'hôtel de la préfecture est superbe et la cathédrale est une des plus belles de France. Les eaux-de-vie d'Armagnac, les vins, les fruits et les laines font son principal commerce. Pop. : 10,461 hab.

Lectoure, sur le Gers, à 9 l. (35 kil.) d'Auch, est située sur une éminence, entourée de collines, où était bâti autrefois le célèbre château de Lectoure. Pop : 6,353 hab.

Mirande, sur la Baise, à 5 l. et demie (20 kil. 50) d'Auch. Commerce d'eaux-de-vie, de cuirs et de vins. Pop. : 2,532 hab.

Condom, sur la Baise, à 11 l. (42 kil. 87) N.-N.-O. d'Auch, est une ville commerçante, au milieu d'une vaste plaine, était l'ancienne capitale du Condomois, possède des fabriques de bouchons et des blanchisseries. Pop. : 7,098 hab.

Lombez, sur la Save, à (9 l. 35 kil.) d'Auch, est une ville de peu d'importance. Pop. : 1,541 hab.

Les autres villes importantes de ce département sont : Gimont, l'Ile-Jourdain, Vic-Fézenzac, Nogaro, Masseube et Risole.

HAUTES-PYRÉNÉES. Chef-lieu : *Tarbes.*

2 Sous-Préfectures : *Argelez. Bagnères.*

Ce département doit son nom à sa position au milieu des Pyrénées. — Sa population est de 244,470 hab. — Sa superficie est de 255 lieues carrées, ou 464,534 hectares. — On y compte 9 routes royales et départementales. — Son revenu territorial net est de 7,769,000 fr., et sa contribution totale de 4,404,666 fr. — C'est la patrie du conventionnel Barrère, des médecins Larret, Lordat, Ribes et du général Maransin.

TARBES, sur l'Adour, ancienne capitale du Bigorre, à 204 l. (795 k.) S.-S.-O. de Paris. Cette ville est située au milieu de vastes prairies fertiles et verdoyantes. En 1750, une vallée voisine fut engloutie par un tremblement de terre; son vieux château et sa cathédrale sont des monumens remarquables d'architecture gothique. Commerce d'épiceries, de quincaillerie, de draperies et d'étoffes de laine. Pop. : 12,630 hab.

Argelez, près du Gave d'Azun, à 9 l. (35 kil.) S.-

S.-O. de Tarbes, est une ville peu commerçante. Pop. : 1,357 hab.

BAGNÈRES-DE-BIGORRE, sur l'Adour, à 5 l. (19 kil.) S.-E. de Tarbes. La réputation de ses eaux minérales y attire chaque année une grande quantité de baigneurs. Pop. : 8,108 hab.

Les autres villes importantes de ce département sont : Barrèges, qui a des eaux minérales très-fréquentées ; Campan, Lourdes, Maubourget, Vic-Bigorre, Arreau et Castelneau-de-Magnoac.

XXVII. BÉARN.

DÉPARTEMENT. BASSES-PYRÉNÉES.

Ce gouvernement comprenait le Béarn et la Basse-Navarre, qui font aujourd'hui la majeure partie du département des Basses-Pyrénées.

La nature et le sol de cette province sont très-variés, de vastes forêts couvrent une partie de sa surface, elle renferme plusieurs minéraux, et ses productions végétales les plus importantes sont : l'arbousier et le lin, le chêne à noix de Galles et l'agaric. On trouve des animaux sauvages tels que l'ours et le chamois, les mulets et les chevaux y sont très-recherchés.

Henri IV, qui était souverain de cette province, la réunit à la France, en 1589.

BASSES-PYRÉNÉES. Chef-lieu : *Pau.*

4 Sous-Préfectures : *Oléron. Orthez. Bayonne. Mauléon.*

Ce département doit son nom à sa position relative à la chaîne des Pyrénées. — Sa population est de 446,898 hab. — Sa superficie est de 388 lieues carrées, ou 755,950 hectares. — On y compte 4 routes royales, 4 rivières navigables, 2 ports de mer. — Son revenu territorial net est de 12,428,401 fr., et sa contribution totale de 1,863,741 fr. — C'est la patrie de Henri IV, Gaston de Foix, Jeanne d'Albret, du vicomte d'Orthez, du roi de Suède Bernadote et du général Barbanègre.

PAU, sur la Gave de Pau, à 117 l. (444 kil.) S.-O. de Paris, ancienne capitale du Béarn, est une ville située sur une hauteur au pied de laquelle coule la Gave. On remarque le superbe château où naquit Henri IV, le 15 décembre 1553, et l'écaille de tortue qui lui a servi de berceau. Commerce de vins de Jurançon, de palombes et d'ortolans. Pop. : 12,607 habitans.

Oléron, au confluent de la Gave et d'Aspe, à 6 l. (23 kil.) S.-O. de Pau, est une ancienne ville, située sur la frontière; sa position la met à même de faire un grand commerce avec l'Espagne, par contrebande. Pop. : 6,620 hab.

Orthez, sur la Gave, à 10 l. (38 kil. 98) de Pau, est une ville située sur le penchant d'une colline. Elle possède des fabriques de grosses étoffes et des tanneries. Pop. : 7,857 hab.

Bayonne, au confluent de l'Adour et de la Nive, à 204 l. (795 kil.) S.-p.-O. de Paris, ville forte et très-commerçante, avec un port sur l'Adour, possède des chantiers de construction pour la marine de guerre et la marine marchande; on y fait même des armemens pour la pêche de la morue ainsi que pour les colonies. Les jambons et les chocolats de Bayonne sont en grande réputation. Elle a donné son nom à la bayonnette, arme redoutable qui y fut inventée. Pop. 15,912 habitans.

Mauléon, sur le Guison, à 11 l. (42 kil.) de Pau, est une petite ville peu commerçante sur la frontière d'Espagne. Pop. : 1,145 hab.

Les autres villes importantes de ce département sont : Nay, Saint-Jean-Pied-de-Port, Lescar, Navarreins, Andaye, renommée par ses eaux-de-vie; Monneins, Pontacq, Sauveterre, et Saint-Jean-de-Luz, dernier rempart de la France, sur la frontière espagnole, où fut célébré le mariage de Louis XIV avec Thérèse d'Autriche, le 9 juin 1660

XXVIII. COMTÉ DE FOIX.
DÉPARTEMENT. ARRIÈGE.

Cette province, d'une fort petite étendue, à l'est de Couserans, dans les Pyrénées, ne comprenait que le comté de Foix, qui était un pays d'Etats : il fait présentement partie du département de l'Arriège ; elle fut alternativement sous la puissance des Romains et des Goths ; Charlemagne en ayant expulsé les Sarrasins, la réunit à la couronne. Après avoir été gouvernée par des princes étrangers, Henri IV, un de leurs descendans, l'ajouta au royaume de France.

La plus grande partie de cette province est couverte d'épaisses forêts et renferme des landes. On y trouve du marbre, de l'amiante, des terres alumineuses, des pierres de touche, des eaux minérales et du jayet. On y élève de nombreux troupeaux.

ARRIÈGE. Chef-lieu : *Foix*.
2 Sous-Préfectures. *Pamiers. Saint-Girons.*

Ce département reçoit son nom d'une rivière qui le traverse. — Sa population est de 260,536 hab. — Sa superficie est de 244 lieues carrées, ou 529,540 hectares. — On y compte 10 routes routes royales et départementales. — Son revenu territorial net est de 9,841,000 fr., et sa contribution totale de 1,162,629 fr. — C'est la patrie du pape Benoît XII, de Bayle, du maréchal Clausel et des généraux Sarrut et Lafitte.

FOIX, sur l'Arriège, à 188 l. (732 kil. 83) de Paris, ancienne capitale du pays de Foix, est une ville agréablement située sur une éminence d'où l'on jouit d'une belle perspective. Elle possède des établissemens métallurgiques. Commerce de grains, vins, acier et fer. Pop. : 4,699 hab.

PAMIERS, sur l'Arriège, à 4 l. et demie (16 kil. 9) de Foix, est une ville bien bâtie, placée au milieu d'une vaste plaine. Elle possède une fontaine d'eau minérale très-salutaire aux goutteux. Commerce de vins, draps, fers et acier. Pop. : 6,905 hab.

SAINT-GIRONS, sur le Saluz, à 12 l. (46 kil.) de Foix, fait avec l'Espagne un commerce considérable de bestiaux, de mulets et de laine. Pop. : 4,282 hab.

Les autres villes importantes de ce département sont : Tarascon, La Carla, Mirepoix, Saverdon, Saint-Lizier, Saurat, Sanclaret, Castillon, Massat et Mazères.

XXIX. ROUSSILLON.

DÉPARTEMENT. PYRÉNÉES-ORIENTALES.

Le Roussillon, sur la Méditerranée, au sud du Languedoc, faisait autrefois partie de la Catalogne, province d'Espagne Il fut enlevé aux Espagnols par Louis XIII, et fut enfin réuni à la couronne de France par la paix des Pyrénées, en 1649, sous Louis XIV.

C'est un pays d'une grande fertilité, la température du climat y est si douce qu'on y cultive en tout temps les grenadiers, les orangers et les citronniers. Ses productions minérales sont : le fer, le marbre, la houille et l'antimoine. Ses excellens pâturages nourrissent des chèvres du Thibet ; on y élève aussi des abeilles et des vers-à-soie.

Le Roussillon forme un département.

PYRÉNÉES-ORIENTALES. Chef-lieu : *Perpignan.*
2 Sous-Préfectures : *Céret. Prades.*

Ce département doit son nom à sa position relative à la chaîne des Pyrénées. — Sa population est de 164,325 hab. — Sa superficie est de 212 carrées, ou 411,376 hectares. — On y compte 10 routes royales et départementales, 3 ports de mer. — Son revenu territorial net est de 7,351,000 fr., et sa contribution totale de 1,202,844 fr.— C'est la patrie du peintre Rigaud ; d'Arago, savant astronome d'une haute distinction, habile physicien et éloquent orateur. Il fut nommé membre de l'Institut à 22 ans, il est aujourd'hui secrétaire perpétuel de l'Académie des sciences, membre du bureau des Longitudes et de la chambre des Députés.

PERPIGNAN, sur la Tet, à 2 l. (7 kil.) de la mer et à 288 l. (1122 kil.) de Paris, est une des places les mieux fortifiées de France ; les Espagnols s'en emparèrent en 1642. Elle possède une bergerie royale, des fabriques d'étoffes de laine, et fait un grand commerce de vins. Pop. : 17,618 hab.

Céret, près du Tet, à 9 l. (35 kil.) S.-O. de Perpignan, est une ville peu commerçante. C'est le lieu où s'assemblèrent les commissaires français et espagnols, pour régler les limites des deux royaumes, en 1660. Pop. : 3,502 hab.

Prades, sur la Tet, à 15 l. (50 kil.) S.-O. de Perpignan est une belle ville, au milieu d'une plaine fertile, environnée de coteaux cultivés. Fabrique de draperie et de bonneterie. Pop. : 3,013 hab.

Collioure, place forte avec un petit port sur la Méditerranée. Pop. : 3,200 hab.

Rivesaltes est une ville renommée par ses vins muscats. Pop. : 3,000 hab.

Port-Vendre, avec un petit port, le plus méridional de France.

Les autres villes importantes de ce département sont : Villefranche, Bellegarde, place forte, Salses, Saint-Paul-de-Fenouillet, Prat-de-Molo, Arles, Argelès, Vinca, Thoir, Elne et Mont-Louis, forteresse que Louis XIV fit bâtir en 1680 aux pieds des Pyrénées, pour couvrir les frontières de la France de ce côté-là.

XXX. LANGUEDOC.

Dép⁵ HAUTE-GARONNE, TARN, TARN-ET-GARONNE, AUDE, HÉRAULT, GARD, LOZÈRE, ARDÈCHE, HAUTE-LOIRE.

Cette province, au sud du Lyonnais et de l'Auvergne, bornée au sud par la Méditerranée, comprenait le Languedoc et les Cévennes. Elle est présentement divisée en neuf départemens, savoir : **ceux du Tarn, de l'Aude, du Tarn-et-Garonne, de l'Hérault, du Gard, de la Lozère, de la Haute-Loire et de l'Ardèche**, indépendamment d'une partie de celui **de la Haute-Garonne.**

Après avoir été sous la domination romaine, sous le nom de Gaule-Narbonnaise, cette province passa sous celle des Visigoths, qui la joignirent au royaume d'Espagne; elle leur fut enlevée par les Français. Une grande partie du Languedoc était gouvernée par des comtes de Toulouse; le dernier d'entre eux, nommé Raymond, voulant protéger les hérétiques albigeois, fut vaincu et défait par le comte Siméon de Montfort, qui commandait les croisés, il fut dépouillé en partie et l'aurait été entièrement en 1228, s'il n'avait consenti à l'union de sa fille Jeanne avec Alphonse, comte de Poitou, troisième fils de la reine Blanche, mère de Saint-Louis. A la mort du comte de Poitiers, frère de Saint-Louis, Philippe-le-Hardi réunit cette province à la France en 1271.

Le sol de ce pays, à la fois fertile et montagneux, renferme des mines d'argent, de fer, de plomb, et un peu d'or qu'on trouve dans le sable de quelques rivières, du sel, de la houille excellente et du bitume. Il produit en abondance des figues, des grenades, des mûriers, des châtaigniers et des truffes. Les vins, le miel et la soie sont très-estimés. Cette province possède des établissemens métallurgiques, des manufactures de draps pour le Levant, des fabriques d'eaux-de-vie et d'esprit-de-vin.

HAUTE-GARONNE. Chef-lieu : *Toulouse.*

3 Sous-Préfectures : *Villefranche. Muret. Saint-Gaudens.*

Ce département doit son nom à sa position relative au cours de la Garonne. — Sa population est de 454,727 hab. — Sa superficie est de 373 lieues carrées, ou 642,533 hectares. — On y compte 37 routes royales et départementales, 1 canal, 4 rivières navigables. — Son revenu territorial net est de 22,448,000 fr., et sa contribution totale de 4,115,226 fr. — C'est la patrie de Clémence Isaure, regardée comme la fondatrice de l'Académie des jeux Floraux; du jurisconsulte Cujas, du poète Maynard, du poète gascon Goudouli, de Campiston, de Palaprat et de Bertrand de Malleville.

TOULOUSE, sur la Garonne, ancienne capitale du Languedoc, à 167 l. (931 kil. 28) de Paris. Toulouse est séparée de la vallée de la Garonne et du vallon que parcourt le canal du Midi, par une colline. Elle fut fondée 55 ans avant J.-C. Parmi ses édifices, les plus remarquables sont : le Capitole, la cathédrale, le pont sur la Garonne, ouvrage superbe terminé par un arc de triomphe de François Mansard, un superbe château-d'eau qui sert à alimenter une quantité de fontaines et le moulin de Basade qui fait tourner seize meules. C'est près de cette ville que commence le canal du Languedoc, ouvrage digne de la grandeur de Louis XIV ; le célèbre Riquet employa treize années pour en exécuter le plan ; il sert de communication entre l'Océan et la Méditerranée par un espace de 45 lieues (175 kilomètres.) Ce fut sur toute la ligne du canal du Midi, qu'eut lieu la célèbre victoire du maréchal Soult, sur le général anglais Wellington, à la tête d'une armée quatre fois plus considérable. La centralisation de cette ville sert d'entrepôt à toute espèce de marchandises, son commerce est considérable, en vins, grains, sucre, café, indigo, fer, laines, draps, tabacs, etc. Pop. : 77,372 hab.

Villefranche, près du canal du Languedoc, à 9 l. (35 kil.) de Toulouse, au milieu d'une belle plaine. Commerce en vins, grains et fer. Pop. : 2,765 hab.

Muret, sur la Garonne, à 6 l. (23 kil.) S.-S.-O. de Toulouse, est une assez jolie petite ville, peu commerçante, située dans une superbe vallée. Elle soutint un siége mémorable en 1213, et fut le théâtre d'une bataille qui se livra sous ses murs. Pop. : 3,970 hab.

Saint-Gaudens, sur la Garonne, à 21 l. (81 kil. 89) de Toulouse, est située sur un coteau que domine la Garonne ; elle est l'entrepôt de toutes les manufactures établies dans ses environs. Pop. : 6,020 hab.

Les autres villes importantes de ce département sont : Rieux, Solliés, Saint-Bernard, Saint-Béat, Le Fousseray, Saint-Martory, Villémur-sur-Tarn, Grenade, Verfeuil, Montrejeau et Cazères.

TARN. Chef-lieu : *Alby*.
3 Sous-Préfectures : *Castres. Gaillac Lavaur.*

Ce département doit son nom au Tarn, rivière qui l'arrose. — Sa population est de 346,614 hab. — Sa superficie est de 259 lieues carrées, ou 576,824 hectares. — On y compte 30 routes royales et départementales, 1 canal, une rivière navigable. — Son revenu territorial net est de 15,562,00 fr., et sa contribution totale de 2,852,962 fr. — C'est la patrie de La Pérouse, Portal, Rapin-Thoïras, Dacier, Sabatier, du général d'Hautpoult et du philosophe Azaïs, célèbre par son système des compensations.

ALBY, sur le Tarn, à 169 l. (939 kil.) S. de Paris, est une ville fort ancienne, située sur une hauteur qui domine le cours du Tarn. La cathédrale de Sainte-Cécile est un monument d'architecture gothique, son musée possède quelques bons tableaux et sa bibliothèque contient 12,000 volumes. On y extrait de l'indigo d'une plante appelée pastel. Commerce de verroteries, d'étoffes de laine, de vins et de grains. Pop. : 11,801 hab.

CASTRES, sur l'Agout, à 12 l. (46 kil.) d'Albi, est la ville la plus commerçante et la plus industrieuse du département. Elle possède de nombreuses fabriques de draps et d'étoffes de coton. Pop. : 17,602 hab.

GAILLAC, sur le Tarn, à 5 l. (19 kil.) d'Alby, est une ville renommée par ses vins. Pop. : 8,189 hab.

LAVAUR, sur l'Agout, à 15 l. (58 kil.) S.-S.-O. d'Alby, possède une grande manufacture de soieries. Pop. : 7,205 hab.

Les autres villes importantes de ce département sont : Lacaune, Réalmont, Mazamet, Gaulhet, Rabastens, Valence, Pui-Laurens, Cordes, Pampelonne et Sorèze, dont le collège, aussi vaste que magnifiquement situé, jouit d'une grande réputation.

TARN-ET-GARONNE. Chef-lieu : *Montauban*.
2 Sous-Préfectures : *Moissac. Castel-Sarrasin.*

Ce département reçoit son nom de deux rivières qui le traversent. — Sa population est de 242,184 hab. — Sa superficie est de 200 lieues carrées, ou 364,591 hectares. — On y compte 23 routes royales et départementales, 3 rivières navigables. — Son revenu territorial net est de 12,453,000 fr., et sa contribution totale de 2,764,391 fr. — C'est la patrie de Lefranc de Pompignan et de Cahusac.

MONTAUBAN, sur le Tarn, à 175 l. (682 kil.) de Paris, est une ancienne ville bien bâtie. Les habitans embrassèrent le calvinisme en 1572 et fortifièrent leur ville. Louis XIII fut contraint d'en lever le siége en 1621. Elle rentra dans le devoir en 1629, après la prise de La Rochelle et le cardinal de Richelieu en fit raser les fortifications. Elle possède des fabriques de draperies et de différentes étoffes. Commerce considérable en blés, vins, eaux-de-vie, cuirs et savons. Pop. : 23,865.

Moissac, sur le Tarn, à 7 l. et demie (28 kil. 50) O.-N.-O. de Montauban, est une ville bien située, environnée de coteaux pittoresques, d'aspects variés. Pop. : 10,618 hab.

Castel-Sarrasin, près de la Garonne, à 4 l. et demie (16 kil. 50) de Montauban, a des fabriques de grosses étoffes. Pop. : 7,408 hab.

Les autres villes importantes de ce département sont : Causade, Négrepelisse, Saint-Antonin, Caitux, La Française, Valence, Lauzerte et Verdun-sur-Garonne.

AUDE. Chef-lieu : *Carcassonne.*

3 Sous-Préfectures : *Limoux. Narbonne. Castelnaudary.*

Ce département tire son nom d'une rivière qui l'arrose. — Sa population est de 284,088 hab. — Sa superficie est de 318 lieues carrées, ou 631,667 hectares. — On y compte 26 routes royales et départementales 1 port de mer, 2 canaux, une rivière navigable. — Son revenu territorial net est de 17,887,000 fr., et sa contribution totale de 2,933,261 fr. — C'est la patrie de Fabre-d'Eglantine, Montfaucon, Terentius-Varron, Carus et Marc-Aurèle.

CARCASSONNE, sur l'Aude, et sur le canal du Midi, à 192 l. (748 kil.) S. de Paris, est une ancienne ville. Louis VIII, roi de France la prit sur les Albigeois, en 1226; et Raimond Trincavil céda en 1247, à

Saint-Louis tous les droits qu'il pouvait y avoir. L'Aude la divise en haute et basse. La haute, située sur une hauteur, se nomme la cité; elle renferme le château fortifié et l'église cathédrale. La basse est presque carrée, très-belle et très-régulière. Elle est renommée par ses manufactures de draps, dont une grande partie est envoyée dans le Levant. Pop. : 18,907 hab.

Limoux, sur l'Aude, à 7 l. et demie (28 kil. 50) de Carcassonne, est une ville renommée par ses vins blancs. Pop. : 7,105 hab.

Narbonne, sur le canal de la Robine, près de la Méditerranée, à 20 l. (77 kil.) E. de Carcassonne, est une ville très-ancienne, bâtie l'an de Rome 536, où y voit les ruines de plusieurs édifices romains. Childebert y gagna une bataille contre Alaric, en 550. Au milieu du chœur de la cathédrale, se trouve le tombeau en marbre de Philippe-le-Hardi. Commerce de miel, de cire, d'olives et de draps. Pop. : 10,792 hab.

Castelnaudary, sur le canal du Midi, à 10 l. (39 kil.) O.-N.-O. de Narbonne, ancienne capitale du Lauraguais est une ville célèbre par la déroute d'une armée de rebelles, commandée par Gaston, duc d'Orléans, en 1632; le duc de Montmorency y fut pris et fut décapité à Toulouse. Commerce de vins et de soie. Pop. : 7,048 hab.

Les autres villes importantes de ce département sont : Aleth, Leucate, Sijean, Saissac, Saint-Papoul, Mont-Réal, Quillan, Chalabre, Ginestas, Fanjeaux et La Grasse.

HÉRAULT. Chef-lieu: *Montpellier.*

3 Sous-Préfectures : *Béziers. Lodève. Saint-Pons.*

Ce département reçoit son nom d'une rivière qui le traverse. — Sa population est de 357,846 hab. — Sa superficie est de 319 lieues carrées, ou 630,935 hectares. — On y compte 21 routes royales et départementales, 2 rivières navigables, 2 ports de mer. — Son revenu territorial net est de 21,586,000 fr., et sa contribution totale de 4,003,700 fr. — C'est la patrie de Chaptal, Cambacérès, Daru, Roucher, Pelisson, Gaveaux, l'ingénieur Riquet et l'abbé Fleury.

MONTPELLIER, à 188 l. (732 kil.) S.-S.-E. de Paris, est une des plus belles villes de France et la plus considérable du Languedoc après Toulouse. Parmi ses monumens on remarque : le château d'eau, l'arc de triomphe, l'école de médecine, le jardin botanique, le musée de Fabre, qui renferme pour plus de deux millions de richesses et l'hôpital général. Elle est célèbre par son école de médecine et sa société royale des sciences, fondée en 1700. Les calvinistes s'en emparèrent sous Henri III, et elle ne se soumit à Louis XIII, qu'en 1622, après un siége long et sanglant. Commerce d'eaux-de-vie, de vins et d'étoffes. Pop. : 35,506 hab.

Béziers, sur l'Orb et près du canal du Midi, à 15 l. (58 kil.) O.-S.-O. de Montpellier, est une ville qui jouit d'une fort belle position, la douceur de son climat, les vues magnifiques dont elle jouit, y attirent une grande quantité d'étrangers. Pop. : 16,233 hab.

Lodève, au confluent du Soulondre et de Lergue, à 12 l. (46 kil. 77) de Montpellier, possède des fabriques de draperies et de chapelleries. Pop. : 11,208 h.

Saint-Pons, sur Jaur, à 26 l. (101 kil. 34) O. de Montpellier. Fabrication de draps et de différentes étoffes. Pop. : 6,995 hab.

Les autres villes importantes de ce département sont : Cette, sur la Méditerranée, avec un port très-commerçant; Frontignan, Lunel, dont les vins sont excellens; Adge, Pézenas, Abiane, Gauges, Gignac, Olonzac, Mèze, Fabrègues, Bédarieux et Clermont-Lodève. Ces deux dernières villes font un grand commerce de draperies.

GARD. Chef-lieu : *Nîmes*.
3 Sous-Préfectures : *Alais. Uzès. Le Vigan.*

Ce département tire son nom du Gard, rivière qui l'arrose. — Sa population est de 366,259 hab. — Sa superficie est de 291 lieues carrées, ou 629,723 hectares. — On y compte 34 routes royales et départementales, 2 canaux, 2 rivières navigables, 1 port de mer. — Son revenu térritorial net est de 20,636,000 fr., et sa contribution totale de 3,227,260 fr. — C'est la patrie du chevalier d'Assas, de Florian et Rabaut-St.-Étienne.

NIMES, à 180 l. (701 kil. 65) de Paris, est une ville très-florissante. On y voit plusieurs monumens antiques dont les principaux sont : l'amphithéâtre, les arènes, la maison carrée, et l'aqueduc, appelé Pont-du-Gard. Les Anglais s'en emparèrent en 1417. Les habitans ayant embrassé le calvinisme, Louis XIV fit abattre leur temple en 1685 et y fit construire une forteresse pour les dominer. Elle est située dans une plaine délicieuse et fertile, abondante en bons vins, huile, gibier et bétail. On y fait un commerce considérable d'huile d'olive. Pop. : 43,056 hab.

ALAIS, sur le Gardon, à 11 l. (42 kil. 87) N.-O. de Nîmes, est dans une position fort agréable. Elle possède des eaux minérales, des mines de houille; on y fabrique une grande quantité de sulfate de fer. Ses productions industrielles sont si considérables qu'on est obligé, pour en faciliter le transport, de construire un chemin de fer qui, partant d'Alais, ira joindre Beaucaire. Pop. : 13,566 hab.

UZÈS, à 6 l. (23 kil.) N.-N.-E. de Nîmes, est une ville très-ancienne. On y remarque l'antique château des ducs d'Uzès. Commerce de soie grège et papeterie. Pop. : 6,850 hab.

LE VIGAN, sur l'Arre, à 19 l. (74 kil.) O.-N.-O. de Nîmes, est une ville dont les environs vous offrent le tableau d'un site enchanteur, arrosé par une infinité de belles sources. On y élève beaucoup de vers-à-soie. Pop. : 5,049 hab.

Les autres villes importantes de ce département sont : Beaucaire, sur le Rhône, célèbre par la foire européenne qui s'y tient chaque année; Pont-Saint-Esprit, Aigues-Mortes, Anduze, patrie de Florian; Sommières, Saint-Hippolyte, Sauves, Vallerangue, Roquemaure, Cavisson, Villeneuve-les-Avignon, St.-Ambroix et Bagnols.

LOZÈRE. Chef-lieu : *Mende*.
2 Sous-Préfectures : *Florac. Marvejols.*

Ce département reçoit son nom d'une montagne qui fait partie de la chaîne des Cévennes. — Sa population est de 141,733 hab. — Sa superficie est de 273 lieues carrées, ou 599,543 hectares. — On y compte 24 routes royales et départementales. — Son revenu territorial net est de 5,742,359 fr., et sa contribution totale de 990,490 fr. — C'est la patrie du général Brun.

MENDE, sur le Lot, à 141 l. (549 kil. 03) de Paris, est une ville peu commerçante, qui jouit d'une position charmante, au milieu d'un vallon entouré de hautes montagnes, d'où sortent de nombreux ruisseaux qui fertilisent les prairies et les campagnes qui l'environnent. Elle possède des fabriques de grosses étoffes. Pop. : 5,909 hab.

Florac, sur le Tarnon, à 9 l. (35 kil.) S.-S.-E. de Mende, est une ville agréablement située, ses environs sont couverts de prairies et de vergers. Elle est peu commerçante. Pop. : 2,246 hab.

Marvéjols, à 7 l. et demie (28 kil. 50) O.-N.-O. de Mende, sur la Colayne, entourée de belles campagnes, possède des fabriques d'escot et de draps. Pop. : 4,023 hab.

Villefort. On y peut faire une grande exploitation de plomb, d'argent et de cuivre qui proviennent des mines royales. Pop. : 1,290 hab.

Les autres villes importantes de ce département sont : Langogne, La Canourgue, Le Mairieu, Saint-Chely, Barre, Meyrueis, et Châteauneuf-de-Randon, où l'on a érigé un monument à Bertrand Duguesclin, que la fièvre enleva en faisant le siége de cette place, en 1380.

ARDÈCHE. Chef-lieu : *Privas*.
2 Sous-Préfectures : *L'Argentière. Tournon.*

Ce département tire son nom d'une rivière qui l'arrose. — Sa population est de 353,752 hab. — Sa superficie est de 300 lieues carrées, ou 550,004 hectares. — On y compte 29 routes royales et départementales, 2 rivières navigables. — Son revenu territorial net est de 13,240,000 fr., et sa contribution totale de 1,626,695 fr. — C'est la patrie de Montgolfier, d'Olivier de Serres et de Boissy-d'Anglas.

PRIVAS, sur l'Ouvèze, à 151 l. et demie (588 kil. 60) S.-S.-E. de Paris, à 3 l. (11 kil. 69) du Rhône, possède des fabriques de soieries, bonneteries et étoffes de laine. Elle soutint un siége contre Louis XIII, en personne. Pop. : 4,219 hab.

ARGENTIÈRE, sur la Ligne, à 10 l. (38 kil.) S.-O. de Privas, est une ancienne ville peu commerçante; elle doit son nom à l'exploitation des mines de plomb argentifères. Pop. : 2,879 hab.

TOURNON, sur la rive droite du Rhône, à 14 l. (54 kil.) N.-N.-E. de Privas. L'aspect de cette ville et de ses environs offre un beau coup-d'œil. On y remarque sur le Rhône, un beau pont suspendu en fil de fer. Pop. : 4,174 hab.

Les autres villes importantes de ce département sont : Annonay, où l'on trouve des papeteries dont les produits sont justement renommés, et des fabriques de bonneterie et de rubans : c'est la patrie des Montgolfier; Aubenas, Viviers, Saint-Audéol, Saint-Marcel, Joyeuse, Saint-Agrève, et Saint-Péray dont les vins sont très-estimés.

HAUTE-LOIRE. *Le Puy.*

2 Sous-Préfectures : *Yssengeaux. Brioude.*

Ce département doit son nom à sa position relative au cours de la Loire. — Sa population est de 295,384 hab. — Sa superficie est de 267 lieues carrées, ou 527,854 hectares. — On y compte 10 routes royales et départementales, une rivière navigable. — Son revenu territorial net est de 10,409,000 fr., et sa contribution totale de 1,777,411 fr. — C'est la patrie du cardinal Polignac, du sculpteur Julien, des maréchaux Latour-Maubourg et Lafayette, et du général Lafayette.

LE PUY, sur la rive droite de la Borne, à 101 l. (394 kil.) S.-S.-E. de Paris, est une ancienne ville agréablement située et d'un aspect à la fois magnifique et pittoresque ; elle se déploie sur le versant d'un rocher au milieu d'une vaste plaine. La cathédrale, le rocher Saint-Michel et l'hôtel de la préfecture sont les plus beaux monumens. Elle possède des fabriques de dentelles, de blondes et d'autres. Pop. : 14,924 h.

Yssengeaux, à 6 l. et demie (24 kil. 50) E.-N.-E. du Puy, Son commerce consiste en bestiaux, en bois et en soie. Pop. : 7,625 hab.

Brioude, sur la rive gauche de l'Allier, à 16 l. (62 kil.) O.-N.-O. du Puy, est placée dans un vaste bassin entouré de montagnes. Elle possède des mines de houille, des fabriques de toiles, de papiers, et des tanneries. Pop. : 5,247 hab.

Les autres villes importantes de ce département sont : Monistrol, Alègre, Langeac, Auzon et la Chaise-Dieu.

XXXI. DAUPHINÉ.

DÉPARTEMENS. DROME, ISÈRE, HAUTES-ALPES.

Le Dauphiné est une des provinces les plus considérables de France; elle est bornée à l'ouest par le Rhône, au nord par le Rhône et la Savoie, au sud par la Provence et à l'est par les Alpes.

Elle tire son nom de Guigues IV, comte d'Albon, qui porta le nom de Dauphin qu'il avait reçu au baptême. Humbert Dauphin se voyant sans enfans, céda en 1343, tous ses états au prince Philippe, fils puîné du roi Philippe de Valois, à condition de porter son nom et ses armes. Depuis Charles V, dit le Sage, les rois de France n'ont donné ce nom qu'à leurs fils aînés, héritiers présomptifs de la couronne

Ce pays couvert en partie de montagnes, et très-fertile en quelques endroits, produit du vin, des olives, du pastel, de la couperose, de la soie, du cristal, du fer, du cuivre, etc. Mais les deux tiers de la province étant presque stériles, obligent les habitans à aller travailler une partie de l'année dans les autres pays. On trouve sur les montagnes l'ours, le chamois, le bouquetin : les pâturages nourrissent de nombreux troupeaux.

Le Dauphiné forme trois départemens.

DROME. Chef-lieu : *Valence.*

3 Sous-Préfectures : *Montélimart. Die. Nyons.*

Ce département reçoit son nom d'une rivière qui le traverse. — Sa population est de 305,449 hab. — Sa superficie est de 337 lieues carrées, ou 675,915 hectares. — On y compte 8 routes royales et départementales, 2 rivières navigables. — Son revenu territorial net est de 12,813,000 fr., et sa contribution totale de 2,205,209 fr. — C'est la patrie de Faujas, de Saint-Fond, de Championnet, du ministre de l'empire comte de Montalivet, du jurisconsulte Bérenger et du célèbre de Lally-Tollendal.

VALENCE, sur la rive gauche du Rhône, à 140 l. (545 kil.) S.-S.-E. de Paris, était l'ancienne capitale du Valentinois, c'est une ville qui jouit d'une situation agréable. Elle possède une école régimentaire d'artillerie et une assez belle cathédrale, dans le chœur de laquelle se trouve le mausolée du pape Pie VI, qui y mourut en 1799. Son commerce consiste en vins, olives, et étoffes de laine. Pop. : 10,967 hab.

MONTÉLIMART, sur le Jabron et le Roubion, à 11 l. (42 kil. 87) de Valence, est une ville fort ancienne. Ses environs sont d'un aspect charmant, on découvre au loin de vastes prairies, de rians coteaux et de nombreux bosquets, où croissent le mûrier, l'olivier et l'oranger. L'amiral de Coligny fut obligé d'en lever le siége, après la bataille de Moncontour. Elle fait un commerce considérable de truffes, de nougas et de vins. Pop. : 7,966 hab.

DIE, sur la Drôme, à 7 l. et demie (28 kil. 50) de Valence, est une ville industrieuse et commerçante, en draps, papiers, et vins blancs mousseux. Pop. : 3,900 hab.

NYONS, à 22 l. (85 kil. 78) de Valence, est une ville fort ancienne fondée par une colonie de Phocéens. Parmi ses monumens antiques, on remarque un pont construit par les Romains, d'une architecture et d'une exécution très-hardies. Commerce de soie, de vins, de truffes et d'olives. Pop. : 3,208 hab.

Les autres villes importantes de ce département

sont : Romans, dont le commerce en soies et vins est considérable ; Crest, Chabeuil, Saint-Vallier, Blacons, Saint-Paul, Trois-Châteaux, Dieu-le-Fit, Grignan, Seillans, Pierre-Latte, et Tain, en face de Tournon, qui fait un grand commerce de vins.

C'est dans les environs de Tain que se trouvent les vins de l'Hermitage.

ISÈRE. Chef-lieu : *Grenoble.*
3 Sous-Préfectures : *La Tour-du-Pin. Saint-Marcelin. Vienne.*

Ce département prend son nom d'une rivière qui le traverse. — Sa population est de 573,645 hab. — Sa superficie est de 286 lieues carrées, ou 841,230 hectares. — On y compte 20 routes royales et départementales, 2 rivières navigables. — Son revenu territorial net est de 24,130,000 fr., et sa contribution totale de 4,188,441 fr. — C'est la patrie du chevalier Bayard, de Condillac, Vaucanson, Mably, Monnier, Barnave, du poète Bernard et de Casimir Périer.

GRENOBLE, sur l'Isère, à 142 l. (553 kil. 52) de Paris, ancienne capitale du Dauphiné. Ses fortifications nouvelles et le fort qu'on construit sur une hauteur dominant la ville en font une excellente place forte, sa position limitrophe la rend souvent victime des guerres étrangères et religieuses. En 1815, les habitans reçurent avec enthousiasme Napoléon qui revenait de l'île d'Elbe, et se défendirent courageusement contre les alliés qui vinrent assiéger leur ville. Les monumens les plus remarquables sont : l'hôtel de la préfecture, l'hôtel de ville, la cathédrale et la statue en bronze de Bayard mourant. Elle possède des fabriques de ganterie, de toiles, de liqueurs et de ratafia. Pop. : 28,969 h.

La-Tour-du-Pin, à 12 l. (46 kil. 77) de Grenoble, sur la rive gauche de la Bourbre, est une ville bien située et peu commerçante. Pop. : 2,484 hab.

Saint-Marcelin, sur l'Isère, à 13 l. (50 kil. 67) O.-S.-O. de Grenoble, est une ville située dans une contrée charmante et fertile en vins. Commerce de vins et de soie. Pop. : 2,885 hab.

Vienne, sur la Gère et le Veau, à 20 l. (77 kil. 79) de Grenoble, est une ville très-ancienne qui possède plusieurs monumens d'antiquité romaine, tels que la cathédrale, la maison carrée, les ruines d'un amphithéâtre et le tombeau de Pilate. On y fabrique considérablement des draps, du papier et diverses étoffes de laine; commerce de vins dits de Côte-Rôtie. Pop. : 16,484 hab.

Les autres villes remarquables de ce département sont : Voirin, Bourgoin, Crémieu, Moirans, Jallieu, Rives, renommée par sa fabrique de beaux papiers; La Côte-Saint-André, Roussillon, Vizille, Saint-Symphorien-d'Ozon, et Beaurepaire.

C'est dans ce département, à 5 l. de Grenoble, que se trouve la grande Chartreuse, jadis chef-d'ordre très-fameux, qui, par l'immensité de ses édifices, ressemble à une ville construite au milieu d'un désert.

HAUTES-ALPES. Chef-lieu : *Gap.*
2 Sous-Préfectures : *Briançon. Ambrun.*

Ce département reçoit son nom des Alpes qui s'élèvent du sud au nord. — Sa population est de 131,162 hab. — Sa superficie est de 286 lieues carrées, ou 553,569 hectares. — On y compte 4 routes royales. — Son revenu territorial net est de 5,134,000 fr., et sa contribution totale de 792,067 fr. — C'est la patrie du connétable Lesdiguières et de Roland, membre de l'Assemblée constituante.

GAP, sur la Lhuie et la Banne, à 166 l. (647 kil. 08) S.-O. de Paris, est une ville fort ancienne. Le duc de Savoie la prit en 1692 et la brûla en grande partie, ce qui l'a rendue beaucoup moins considérable qu'elle n'était. En 1630, la peste enleva les deux tiers de la population. On y voit le tombeau du connétable Lesdiguières, exécuté en albâtre. Commerce de vins et de pelleteries. Pop. : 7,854 hab.

Briançon, à 22 l. et demie (88 kil.) de Gap, est une ville très-forte, dans un site pittoresque arrosé par la Durance. Commerce considérable de fers et de pelleteries. Pop : 3,455 hab.

Embrun, sur la Durance, à 7 l. et demie (31 kil.) E. de Gap, est une ville très-ancienne, située sur un rocher escarpé, entourée de remparts et de fossés. Elle possède une maison centrale de détention, la première qui ait été établie en France; des fabriques de toiles et de draps. Pop. : 3,169 hab.

Les autres villes importantes de ce département sont : Mont-Dauphin, place forte; Monestier, Saint-Firmin, Chorges, Guillestre, Serres et La Salle.

XXXII. PROVENCE.

DÉPARTEMENS. BOUCHES-DU-ROHNE, VAR, BASSES-ALPES, VAUCLUSE.

La Provence, au sud du Dauphiné, a été gouvernée long-temps par des comtes. Les deux filles de Raimond Bérenger II, se marièrent toutes deux : l'aînée s'unit à Saint-Louis, en 1234 (avec dix mille francs de dot, dit-on, somme considérable pour ce temps-là), la cadette à Charles, comte d'Anjou, frère de Saint-Louis; il institua ensuite cette cadette pour son héritière, ce qui réunit la Provence à la maison d'Anjou. Enfin Charles d'Anjou, comte du Maine et de Provence, la légua à Louis XI; c'est depuis cette époque qu'elle fait partie du royaume de France. La Provence était un pays d'États; le roi y convoquait des assemblées composées de quelques députés du clergé et de la noblesse, et présidées par l'archevêque d'Aix.

Cette province est aujourd'hui divisée en trois départemens : celui des Bouches-du-Rhône, celui du Var et celui des Basses-Alpes; une portion est même entrée dans celui de Vaucluse. Tous ces pays sont remarquables par leur fécondité et les beaux sites qu'ils renferment; le sol produit peu de blé, mais les oranges, les citrons, les grenades, les figues et d'autres fruits excellens fournissent d'abondantes récoltes.

C'est aussi dans cette province que se fabriquent des essences et des pâtes parfumées.

Il y avait plusieurs enclaves au-delà et en-deçà du Var, qui appartenaient réciproquement au roi de France et au roi de Sardaigne : mais, par le traité de 1760, ces puissances se sont cédé leurs possessions ultérieures, et le milieu du lit du Var sert de bornes entre la Provence et le comté de Nice : par-là, la Provence a perdu la ville de Guillaume.

La Camargue, terre qui se trouve entre les bras du Rhône vers son embouchure, a des pâturages si gras, qu'on y trouve les plus gros bœufs de l'Europe, qui y sont presque sauvages.

La Crau est un champ assez spacieux, séparé de la Camargue par un bras du Rhône, et qui, quoique pierreux, produit du vin.

La Provence était divisée en haute et basse.

BOUCHES-DU-RHONE. Chef-lieu : *Marseille.*
2 Sous-Préfectures : *Aix. Arles.*

Ce département doit son nom à l'embouchure du Rhône, qui se partage en plusieurs branches. — Sa population est de 362,325 hab. — Sa superficie est de 395 lieues carrées, ou 601,900 hectares. — On y compte 19 routes royales et départementales, 2 rivières navigables, 4 canaux, 3 ports de mer. — Son revenu territorial net est de 23,588,000 fr., et sa contribution totale de 3,597,505 fr. — C'est la patrie du sculpteur Puget, du botaniste Tournefort, du poète Bruyes, de Pétrone, Massillon, Dumarsais, Vauvenargues, Adanson ; d'Entrecasteaux, Campra, d'Urfé, Nostradamus.

MARSEILLE, sur la Méditerranée, à 205 l. (799 kil.) S. de Paris, est une ville grande, riche et d'une haute antiquité, elle fut fondée par une colonie de Phocéens, en 600 avant J.-C.; elle possède un excellent port qui peut contenir environ 1,200 vaisseaux et dont le commerce s'étend à toutes les parties du monde. On la divise en vieille et nouvelle ville : l'ancienne est sale et triste, mais la nouvelle possède de très-belles rues, de nombreux édifices dont les plus remarquables sont : la Préfecture, l'Hôtel-de-Ville, la Prison-Neuve, les Halles, plusieurs fontaines, l'arc de triomphe construit en 1823; le grand théâtre, la bibliothèque contenant 49,000 volumes et 1,270 manuscrits, les églises Saint-Victor et de la Major, l'Hôtel-Dieu, le lazaret le plus beau de l'Europe, et le musée des tableaux. Elle renferme des fabriques de savon, de soufre, des raffineries de sucre, et une manufacture de tabac. Pop. : 146,239 hab.

Aix, à 8 l. (31 kil.) de Marseille, était autrefois la capitale de la Provence, est située dans une vaste plaine près de la petite rivière d'Arc. Il y a au milieu de la ville un très-beau cours, orné de belles fontaines. On admire à Aix de belles places; l'Hôtel-de-Ville, le Palais de Justice, le Palais de l'Archevêché, les Greniers publics et la magnifique église de la Magdeleine. Elle est renommée pour ses huiles d'olives, pour la teinture en rouge du coton et pour ses eaux minérales. Pop. : 24,660 hab.

Arles, sur la rive gauche du Rhône, à 29 l. (113 kil. 03) de Marseille, avec un port à l'embouchure du Rhône, est une ville antique habitée anciennement par l'empereur Constantin. On y admire son amphithéâtre, un obélisque qui était le seul monolithe de granit exécuté en Égypte et plusieurs sarcophages et bas-reliefs renfermés dans son musée. Elle fait le commerce de vin, de blé, d'huile, de fruits et de saucissons. Pop. : 20,048 hab.

Les autres villes importantes de ce département sont : Tarascon, qui n'est séparée de Beaucaire que par un pont en fil de fer; Lambesc, La Ciotat, Berre, Les Martigues, Roque-Vaire, Cassis, Gardanne, Saint-Chamas, Istres, Saint-Remi, Orgon, Ferrières, Jonquières, Les Trois-Maries, Salons, où mourut et fut enterré Nostradamus, médecin de Charles IX, et Aubagne, patrie de l'abbé Barthélemy.

VAR. Chef-lieu : *Draguignan.*

5 Sous-Préfectures . *Brignoles. Grasse. Toulon.*

Ce département reçoit son nom du Var, rivière qui le sépare du Piémont. — Sa population est de 323,404 hab. — Sa superficie est de 292 lieues carrées, ou 729,658 hectares. — On y compte 23 routes royales et départementales, 2 rivières navigables, 3 ports de mer. — Son revenu territorial net est de 22,000,000 fr., et sa contribution totale de 2,626,133 fr. — C'est la patrie de Cornélius Gallus, d'Agricola, de l'abbé Syeyes, de Moréri, de Paul Barras, directeur de la République française, de l'amiral Missiessy et du maréchal de France Masséna, prince d'Essling.

DRAGUIGNAN, à 222 l. (865 kil.) S.-E. de Paris, qui jouit d'une très-belle situation d'où l'on aperçoit de tous côtés des coteaux et de charmantes collines arrosées par la Pis. Commerce considérable de fruits, huiles; olives, vins et cire. Pop. : 9,794 h.

Brignoles, sur le Carami, à 11 l. (42 kil. 87) de Draguignan, est un pays agréable et fertile. Son commerce consiste en oranges, olives et prunes excellentes. Pop. : 5,662 hab.

Grasse, près de la mer, à 15 l. (58 kil. 47) de Draguignan, est une ville d'un aspect enchanteur. Elle est bâtie en amphithéâtre, d'où l'on aperçoit des coteaux superbes et des bosquets d'orangers, d'oliviers, de citronniers et de fleurs de toute espèce. Elle possède des fabriques de parfumeries et d'huiles d'olives. Pop. : 12,825 hab.

Toulon, sur la Méditerranée, à 16 l. (62 kil. 56) de Draguignan, est une ville forte avec un excellent port pour les vaisseaux de guerre. Les Anglais et les Espagnols s'en emparèrent en 1793, mais grâces aux talens militaires du jeune Bonaparte, ils n'en restèrent pas long-temps les maîtres. Elle possède de magnifiques fontaines, une belle place d'armes et un arsenal dont les magasins sont immenses, trois mille ouvriers et trois mille forçats y sont employés continuellement. Elle fait le commerce de toutes les productions du midi. Pop. : 35,322 hab.

Les autres villes importantes de ce département sont : Fréjus, port de mer, qui s'est comblé : cette ville est riche en débris de l'antiquité ; Antibes, Saint-Tropez, Vence, Grimaud, Barjols, Fayance, Lorgues, Aulps et Hières, qu'on appelle le jardin des Hespérides, tant ses environs sont rians et riches en productions. Cette dernière ville a vu naître Massillon.

On trouve encore dans ce département : les îles d'Hyères, ou îles d'Or, qui sont au nombre de trois, et les deux îles de Lerins, dans l'une desquelles fut, dit-on, détenu prisonnier, vers la fin du 17e siècle, le fameux Masque-de-Fer.

BASSES-ALPES. Chef-lieu : *Digne*.
4 Sous-Préfectures : *Barcelonnette. Castellane. Forcalquier. Sisteron.*

Ce département doit son nom à sa position relative à la chaîne des Alpes. — Sa population est de 159,045 hab. — Sa superficie est de 375 lieues carrées, ou 740,895 hectares. — On y compte 9 routes royales et départementales, une rivière navigable. — Son revenu territorial net est de 7,745,000 fr., et sa contribution totale de 1,072,126 fr. — C'est la patrie de Gassendi, du grand orateur Manuel et du fameux amiral Villeneuve.

DIGNE, sur la Bléone, à 189 l. (736 kil. 74) de Paris, est une ville très-ancienne, située dans une vallée fertile ; elle possède un établissement thermal assez fréquenté. Commerce de vins, olives, huiles et grosses draperies. Pop. : 6,365 hab.

Barcelonnette, sur l'Ubaye, à 19 l. (74 kil.) N.-E. de Digne, est la plus jolie ville des Alpes-Françaises ; placée au milieu d'un vaste bassin, entourée de collines de toute beauté. Fabriques de soieries et de draps communs. Pop. : 2,154 hab.

Castellane, sur le Verdon, à 9 l. (55 kil.) de Digne, est une petite ville peu commerçante. Pop. : 2,100 habitans.

Forcalquier, à 10 l. (38 kil.) de Digne, commerce en vins, huiles, soies et fruits. Pop. : 3,036 hab.

Sisteron, sur la Durance, à 6 l. et demie de Digne,

a des filatures de soie. On remarque la citadelle qui servit de prison à Casimir V, roi de Pologne. Pop. : 4,429 hab.

Les autres villes importantes de ce département sont : Manosque, Riez, Colmars, Moutiers, Senez, Barrême et Entrevaux.

VAUCLUSE. Chef-lieu : *Avignon.*
3 Sous-Préfectures : *Carpentras. Apt. Orange.*

Ce département reçoit son nom de la fontaine de Vaucluse. — Sa population est de 246,074 hab. — Sa superficie est de 194 lieues carrées, ou 336,963 hectares. — On y compte 3 routes royales et départementales, une rivière navigable. — Son revenu territorial net est de 13,544.000 fr., et sa contribution totale de 4,813,905 fr. — C'est la patrie des Vernet, de Trogue-Pompée, Fléchier, l'abbé Maury, Saurin, Laure, Crillon et Follard.

AVIGNON, sur le Rhône, à 177 l. (689 kil. 97) S. de Paris, était autrefois la capitale du Comtat Venaissin. Le pape Clément V, en 1308, y transporta le siége pontifical, elle fut pendant long-temps la résidence des papes et ce ne fut qu'en 1377 que Grégoire XI retourna à Rome. Elle possède plusieurs monumens curieux parmi lesquels on distingue : le Palais des Papes, l'Hôtel des Invalides, la cathédrale qui renferme le tombeau du célèbre peintre Mignard ; la métropole et les tombeaux du pape Jean XXII et du brave Crillon. Son commerce consiste en huiles, vins, eaux-de-vie, librairie, garance et draps. Pop. : 31,786 hab.

Carpentras, près de l'Auzon, à 7 l. et demie (30 kil. 50) N. d'Avignon, est une ville située dans un vallon très-fertile. On y remarque un arc de triomphe antique. Commerce en vins, huiles, safran, soie, garance et savons. Pop. : 9,224 hab.

Apt, sur le Cavallon, à 16 l. (62 kil.) E. d'Avignon. On admire sa vieille cathédrale et quelques ruines romaines. Elle possède plusieurs fabriques de bougies et de soieries. Ses confitures sont très-renommées. Pop. : 5,958 hab.

Orange, à 7 l. (27 kil.) d'Avignon, est une ville située dans un vaste bassin, arrosé par une multitude de ruisseaux. Elle renferme plusieurs monumens antiques dont les principaux sont : l'arc de Marius et les ruines d'un magnifique amphithéâtre. Son commerce consiste en garance, soie, laines, huiles, safrans, vins, truffes et eaux-de-vie. Pop. : 8,874 hab.

Les autres villes importantes de ce département sont : l'Isle, Cadenet, Cavaillon, Pernes, Vaison, Malaucène, Pertuis, Sault et Valréas.

C'est encore dans ce département que se trouve Vaucluse, dont la fontaine est célèbre par le séjour de Pétrarque et Laure, dont on voit encore les châteaux en ruines.

XXXIII. ILE-DE-CORSE.

DÉPARTEMENT. CORSE.

L'île de Corse, séparée de la Sardaigne par le détroit de Bonifacio, est située dans la Méditerranée, au midi de la Provence.

Les Romains tentèrent plusieurs fois de réunir cette île sous leur domination, et ne purent jamais y parvenir. Adimur, amiral des Génois, l'enleva aux Sarrasins et la soumit à la république de Gênes, laquelle ne pouvant jamais soumettre cette île fière et indépendante, la céda à la France en 1768; les Corses, irrités de cet acte arbitraire, ne ratifièrent pas cette cession; mais bientôt après ils demandèrent à l'Assemblée Nationale de déclarer leur île partie intégrante du territoire français.

L'air y est mauvais, le terrain pierreux et peu fertile; on en tire du fer et de l'huile.

Les Corses sont d'un caractère brusque, cruel et extrêmement vindicatif.

CORSE. Chef-lieu : *Ajaccio.*
4 Sous-Préfectures : *Sartène. Bastia. Calvi. Corté.*

Ce département se compose d'une île. — Sa population est de 207,889 hab. — Sa superficie est de 500 lieues carrées, ou 980,510 hectares. — On y compte 3 grandes routes et 6 ports francs. — Son revenu territorial net est de 2,633,000 fr., et sa contribution totale de 350,018 fr. — C'est la patrie des Bonaparte et de Paoli.

AJACCIO, sur le golfe de son nom, à 285 l. (3,917 kil.) S.-E. de Paris, et à 65 l. (253 kil.) de Toulon, est une ville peu importante, avec un port commode et sûr. C'est la ville natale de l'empereur Napoléon. On y voit encore la maison où il reçut le jour. Commerce d'huile, vins, oranges et bois de construction. Pop. : 9,003 hab.

SARTÈNE, à 9 l. (35 kil.) d'Ajaccio, est une ville peu commerçante. Pop. : 2,715 hab.

BASTIA, ancienne capitale de l'île, sur la côte orientale, est une ville forte avec un port très-fréquenté. Pop. : 13,064 hab.

CALVI, sur un promontoire élevé, à 17 l. (66 kil.) N. d'Ajaccio, est une ville peu importante. Pop. : 1,175 hab.

CORTÉ, au milieu de l'île, à 13 l. (50 kil.) d'Ajaccio, est mal bâtie et peu commerçante. Pop. : 3,282 hab.

Les autres villes importantes de ce département sont : Bonifacio, Saint-Florent, Porto-Vecchio, Vico, Oletta, Cervione, Tarrano, Orreza et La Porta.

COLONIES FRANÇAISES.

Les colonies de la France sont divisées en colonies occidentales et colonies orientales.

Les colonies occidentales sont :

En Amérique : la Martinique, la Guadeloupe, Ste-Lucie, Tabago, Cayenne.

Les colonies orientales sont :

En Afrique : l'île Bourbon, le Sénégal et ses dépendances, le royaume d'Alger.

En Asie : Pondichéry, Chandernagor.

On trouvera la description de ces colonies dans la partie du monde où elles sont situées.

ROYAUME DE BELGIQUE.

La Belgique est restée pendant long-temps sous la dépendance de la Maison d'Autriche. Elle renferme le pays de Liége, une partie du grand-duché de Luxembourg et une partie du duché de Limbourg, connues autrefois sous le nom de Pays-Bas autrichiens. A l'époque de la première révolution de 1789, les Français s'en rendirent maîtres; en 1814, on réunit la Hollande et la Belgique pour ne former qu'un seul royaume appelé royaume des Pays-Bas; enfin, en 1830, les Belges, en suivant l'impulsion de la seconde révolution française, expulsèrent leur roi Guillaume pour constituer un état libre et indépendant, et proclamèrent le prince Léopold, roi des Belges.

Le gouvernement est une monarchie constitutionnelle.

La Belgique est bornée au nord par les Pays-Bas, à l'est par le Limbourg et le Luxembourg hollandais; au sud par la France; et à l'ouest par la mer du nord.

On trouve en Belgique quelques forêts, mais surtout beaucoup de prairies et de champs très-fertiles; des mines de houille et de fer. Ce pays abonde en blé, navette, chanvre et lin; on n'y récolte pas de vin. Il doit la plus grande partie de ses richesses à sa fertilité et au développement toujours croissant de son industrie et de son commerce.

Sa population est d'environ 2,500,000 habitans; la religion dominante est la catholique romaine. On emploie généralement la langue française, même dans les actes publics.

Les rivières les plus remarquables de ces provinces sont : la Meuse, l'Escaut, la Sambre, la Lys, qui se jette dans l'Escaut; la Scarpe, etc. Il y a aussi trois canaux considérables : Celui de Gand à Bruges et à Ostende, celui de Bruxelles à Anvers, et celui de Louvain à Malines.

NOUVELLE
DIVISION DE LA BELGIQUE,
EN 7 PROVINCES.

La Belgique se divise en sept provinces dont chacune est administrée par deux gouverneurs, l'un militaire, l'autre civil. Il y a en outre dans le chef-lieu de chaque district un commissaire civil.

La justice y est rendue par une cour d'assises établie dans chaque province, et par un tribunal de première instance établi dans chaque district.

BRABANT MÉRIDIONAL. Chef-lieu: *Bruxelles.*

BRUXELLES, sur la Senne qui se jette dans l'Escaut, à 76 l. (296 kil.) N.-E. de Paris, ancienne capitale des Pays-Bas autrichiens, actuellement celle de la Belgique. C'est une belle et grande ville située en partie sur un coteau et en partie sur une vaste plaine. On y remarque de beaux monumens, tels que l'église de Sainte-Gudule, Notre-Dame-du-Sablon, où est le sépulcre des princes de la cour Taxis, la fontaine des Trois-Pucelles, et la charmante promenade appelée le Parc. C'est la patrie de plusieurs peintres célèbres.

Les Français, commandés par le maréchal de Saxe, la prirent le 21 février 1746; elle a été rendue comme les autres places des Pays-Bas, par la paix d'Aix-la-Chapelle, en 1748; c'est une ville très-commerçante et industrieuse, elle possède de nombreuses manufactures de coutils, siamoises, camelots, bas de soie, **draps**, galons d'or et d'argent, etc. Pop. : 74,280 hab. C'est à 4 l. (15 kil. 59) de Bruxelles que se trouve le village de Waterloo, où Napoléon livra cette dernière et fameuse bataille qu'il perdit plutôt par la trahison, que par le courage des ennemis qu'il avait à combattre.

Louvain, sur la Dyle, à 4 l. (15 kil. 59) N.-E. de Bruxelles est une grande et ancienne ville, renommée par la célébrité de son université qui attire un grand nombre d'étudians. Elle possède de nombreuses brasseries et des raffineries de sucre. Pop. : 22,000 hab.

Tirlemont, sur la Goële, à 9 l. (35 kil.) de Bruxelles, fait autrefois une ville importante. Elle a des fabriques d'étoffes et des brasseries. Pop. : 8,000 hab. Non loin de cette ville est Nerwinde, où le maréchal de Luxembourg remporta une grande victoire sur le prince d'Orange en 1693.

Nivelle, à 5 l. (19 kil.) de Bruxelles, possède un chapitre de chanoinesses fondé par Sainte Gertrude. Pop. : 7,000 hab.

Dieste, sur la Demer, à 12 l. (46 kil. 77) E.-p.-N. de Bruxelles. Le duc de Malborough la prit après en avoir forcé les lignes. Les Français la prirent aussi et la démantelèrent. Pop. : 6,000 hab.

Aerschot, sur la Demer, à 8 l. (31 kil.) N. de Bruxelles, est une ville forte. Ses revenus agricoles sont l'objet de son commerce. Pop. : 3,000 hab.

Wavre, à 5 l. (19 kil.) de Bruxelles, est peu commerçante. Pop. : 5,000 hab.

Judoigne, sur la Géette, à 9 l. (35 kil.) E.-p.-S. de Bruxelles. Pop. : 2,500 hab.

Les villes de Vilvorde, Leniche, Genape, Léau, etc., appartiennent au Brabant méridional.

Le comté de Flandre est très-fertile et très-peuplé; il forme aujourd'hui les deux provinces de la Flandre orientale et de la Flandre occidentale, et une partie de la province du Hainaut.

FLANDRE ORIENTALE. Chef-lieu : *Gand*.

GAND, à 70 l. (272 kil.) N.-E. de Paris, au confluent de l'Escaut et de la Lys, est une ville riche et très-commerçante. Les Français la prirent en 1745 et la rendirent en 1749. Charles-Quint y naquit le 24 janvier 1500, l'on aperçoit sa statue sur le sommet d'une colonne. Au retour de Napoléon, Louis XVIII obligé de quitter la France, se retira à Gand. Fabriques de dentelles, draps, toiles, huiles de colza. Pop. : 66,000 hab.

OUDENARDE, sur l'Escaut, à 11 l. (49 kil. 87) de Gand, est une place forte avec des manufactures de tapisseries de haute lisse. Pop. : 5,000 hab.

DANDERMONDE, sur la Dendre, à 6 l. (23 kil.) de Gand, est une place forte très-bien située. Pop. : 8,000 hab.

GRAMMONT, sur la Dendre, à 8 l. (31 kil.) de Gand, possède des fabriques de toiles et de tapisseries. Pop. : 6,000 hab.

ALOST, sur la Dendre, à 6 l. (23 kil.) de Gand, fait un commerce considérable en draps, chapeaux et quincaillerie. Pop. : 13,000 hab.

Saint-Nicolas, Ninove, l'Ecluse, Renaix, Lokeren et Deinse font aussi partie de cette province.

FLANDRE OCCIDENTALE. Chef-lieu : *Bruges.*

BRUGES, à 100 l. (389 kil.) de Paris, sur le canal du même nom, est une grande et belle ville, où l'on admire à la Sainte-Chapelle, les tombeaux de la célèbre Marie, héritière de Bourgogne et de Charles-le-Téméraire, tué au siége de Nancy. Les Hollandais la bombardèrent en 1704. Elle fut soumise aux alliés en 1706. Les Français la prirent en 1708. Les alliés y rentrèrent en 1709. Enfin, les Français s'en étant emparés en 1745, la rendirent après la paix d'Aix-la-Chapelle. Ce fut dans cette ville que Philippe-le-Bon, duc de Bourgogne, institua en 1430 l'ordre illustre de la Toison-d'Or. Elle possède des fabriques de belles toiles. Pop. : 35,000 hab.

OSTENDE, sur la mer du nord, à 25 l. (97 kil. 44) de Bruges, est une ville forte avec un bon port. Le duc de Parme fut obligé d'en lever le siége en 1583. Les Espagnols l'assiégèrent en vain en 1601. Ambroise Spinola la prit en 1604, après un siége qui dura trois ans et trois mois. Les Français s'en emparèrent en 1745, après dix jours de tranchée ouverte. Elle fait un commerce considérable et de nombreux armemens pour la pêche de la morue. Pop. : 11,000 hab.

Ypres, à 16 l. (62 kil.) de Bruges, était autrefois une grande ville très-peuplée et très-commerçante. Les Normands s'en rendirent maîtres et la brûlèrent en 1240. Fabriques de toiles. Pop. : 15,300 hab.

Courtray, sur la Lys, à 19 l. (74 kil.) de Bruges, est une place forte. Les Français y furent vainqueurs à la fameuse bataille de Rosbeck. C'est une ville très-active sous le rapport de son commerce et de son industrie. Pop. : 15,000 hab.

Menin, sur la Lys, à 15 l. (58 kil.) de Bruges.. Louis XIV s'en empara et en fit une des plus fortes places de la Flandre. Elle fut cédée à la Maison d'Autriche par les traités d'Utrecht, de Rastadt et de Bade ; mais en 1744 elle fut reprise par Louis XIV, qui en rasa les fortifications. Elle a des fabriques de toiles, de dentelles, de tabacs et d'étoffes de laine. Pop. : 6,000 hab.

Dixmude, Furnes, Nieuport, Poperinghe, Vernetou, Thiels, Roullers, Ysenhein, Werwich, Thorhout, Harlebeck et Messines, appartiennent aussi à la Flandre occidentale.

PROVINCE DE HAINAUT. Chef-lieu : *Mons.*

MONS, grande et forte ville, au confluent de la Trouille et de la Haisne, à 59 l. (230 kil.) N. de Paris, était l'ancienne capitale du Hainaut autrichien. C'est une grande, forte et belle ville, remarquable par ses édifices et ses belles fortifications. Le duc d'Albe la prit en 1572, le maréchal d'Humières la bloqua en 1677, et Louis XIV la prit en personne en 1691. A 1 l. (3 kil. 89) est Jemmapes où les Français remportèrent sur les Autrichiens une victoire mémorable, en 1792. Pop. : 22,000 hab.

Tournay, sur l'Escaut, ville forte et manufacturière, à 15 l. (58 kil.) de Mons. A une lieue de cette ville se trouve le village de Fontenoy où Louis XIV vainquit les Anglais et les autres troupes coalisées, et s'empara de cette place où il fit construire une citadelle remarquable. On y trouva en 1653 le tombeau de Childéric Ier. Pop. : 24,000 hab.

Charleroi, sur la Sambre et le Preton, à 12 l. (46 kil.) de Mons, fut bâtie et fortifiée par les Espagnols qui lui donnèrent le nom de leur roi Charles II. On y trouve une grande quantité de mines de charbon. Pop. : 5,000 hab.

Ath, à 10 l. (38 kil.) de Mons, est une fort jolie petite ville, commerçante et manufacturière. Pop. : 8,000 hab.

Leuse, à 6 l. (23 kil.) de Mons. Le prince de Valdeck y fut défait par le maréchal de Luxembourg, en 1691.

Enghien, à 6 l. (23 kil.) de Mons, est célèbre par la bataille qui s'y donna en 1692 près de Steinkerque. Le titre de duc d'Enghien a été transféré à Montmorency. Le dernier duc de ce nom, fils du duc de Bourbon et petit-fils du grand Condé, fut condamné à mort par une commission militaire et fusillé dans les fossés de Vincennes, au mois de mars 1804.

Les autres villes importantes de cette province sont : Lessines, Banche, Saint-Ghilain, Beaumont, Antoing, Chièvres, Braine-le-Comte, Péruwels, Roculx, Chatelet, Grosselies, Fontaine-l'Évêque, Chimay et Thun.

PROVINCE DE NAMUR. Chef-lieu : *Namur*.

Namur, au confluent de la Sambre et de la Meuse, à 60 l. (235 kil.) de Paris, est une ville forte. Les Français s'en emparèrent en 1692 et en 1746, ils restituèrent cette place ainsi que celle de Charleroi, après la paix d'Aix-la-Chapelle. Son commerce consisté en quincaillerie, coutellerie, cuivre, plomb et marbre. Non loin de cette ville se trouve le village de

Fleurus, célèbre par la victoire que le maréchal de Luxembourg remporta sur le prince de Walderk, en 1690, et par la fameuse bataille gagnée par le maréchal de France Jourdan, sur les Anglais et les Autrichiens; l'issue de ce combat fit tomber toute la Belgique au pouvoir de la république française.

Les autres villes importantes de cette province sont : Philippeville, Dinant, connue par ses verreries, Fosses, Andennes, Gembloux, Walcourt, Couvent, Florennes, etc.

PROVINCE DE LIÉGE. Chef-lieu : *Liége*.

LIÉGE, au confluent de l'Ourthe et de la Meuse, à 80 l. (318 kil.) de Paris, est une ville grande, belle et commerçante, située dans une vallée fort agréable. Elle fut bombardée en 1794 par les Autrichiens; Charles-le-Téméraire la prit et la saccagea en 1468. Elle possède un arsenal et une fonderie de canons; ses tanneries sont très-renommées. Pop. : 50,000 hab. A 6 l. (23 kil. 38) se trouve Spa, célèbre par ses eaux minérales.

Huy, sur la Meuse, à 7 l. (27 kil.) de Liége, est une ville très-commerçante. Pop. : 6,300 hab.

Verviers, sur la Vèze, à 5 l. (19 kil. 49) de Liége, possède de nombreuses manufactures de draps et de casimir. Pop. : 18,000 hab.

Limbourg, était la capitale d'un duché considérable du même nom, située sur une montagne près de la Vèze, fut prise par Louis XIV en 1675 et par les Impériaux en 1702. Elle est demeurée à la Maison d'Autriche, par le traité de Rastadt et de Bade. Fabriques de draps fins. Pop. : 5,000 hab.

Les autres villes importantes de cette province sont : Stavelot, Hodimont, Dalhem, Visé, Landem, Marche, Saint-Hubert, Durbuy, Herve, La Roche, Dolhain, Viesalm, etc.

PROVINCE D'ANVERS. Chef-lieu : *Anvers*.

ANVERS, sur l'Escant, à 17 l. (66 kil. de la mer, et à 9 l. (35 kil.) de Bruxelles, est une grande, belle et riche ville, bien fortifiée. Ses plus beaux édifices sont la cathédrale et la citadelle, qui passait pour être imprenable; elle tomba, en 1831, au pouvoir des Français sous les ordres du maréchal Gérard. Elle possède beaucoup de manufactures, des fabriques d'étoffes en soie et de tapis en poil. C'est l'entrepôt du commerce de la Belgique. Pop. : 60,000 hab.

Malines, sur la Deyle, à 3 l. et demie (12 kil. 50) d'Anvers, est une grande et forte ville. Elle fait un grand commerce de dentelles connues sous le nom de Malines. Pop. : 17,000 hab.

Lierre, au confluent de la grande et de la petite Nèthes, à 3 l. (11 kil.) d'Anvers, a d'excellentes brasseries. Pop. : 12,000 hab.

Turnhout, à 9 l. (35 kil.) d'Anvers, a des fabriques de dentelles, de toiles et de coutils. Les Espagnols furent défaits près de cette place, par le prince Maurice de Nassau. Pop. : 9,000 hab.

ROYAUME DE HOLLANDE

ou

PAYS-BAS.

Ce fut sous le règne de Charles-Quint, petit-fils de l'archiduc Maximilien, que la Hollande fut sous la dépendance des rois d'Espagne. L'établissement de l'inquisition et la cruauté du duc d'Albe exaspérèrent tellement les habitans, qu'ils secouèrent le joug espagnol, déclarèrent leur indépendance, nommèrent Guillaume de Nassau-Orange, gendre du roi d'Angleterre, chef d'une république fédérative, appelée Provinces-Unies.

Le chef de la république se nommait Stathouder, c'est-à-dire gardien du pays.

Les Hollandais ne pouvant supporter plus long-temps

la domination du Stathouder, firent une nouvelle révolution en 1795, pour l'expulser du territoire et s'ériger en république Batave.

Napoléon forma de la Hollande un royaume en faveur de son frère Louis, et quelques années après elle fut déclarée possession française.

L'immense étendue de son commerce, le développement de son industrie et l'agrandissement de sa marine lui ont prodigué de nombreuses richesses. En 1815, elle forma avec la Belgique le royaume des Pays-Bas. Ces deux contrées se sont séparées en 1830.

Le gouvernement de la Hollande est une monarchie constitutionnelle. La religion protestante domine dans ce pays. Sa population est d'environ 2,100,000 hab.

Aujourd'hui la Hollande se compose de onze provinces qui sont gouvernées par un roi constitutionnel.

Ce nouveau royaume est borné au nord et à l'ouest par la mer du nord, au sud par la Belgique, à l'est par le grand-duché du Bas-Rhin et le Hanovre

La Hollande est un pays très-plat, aussi a-t-on été obligé de construire des digues immenses pour s'opposer à l'inondation des pays dont le sol est plus bas que la surface de la mer; malgré toutes ces précautions, plusieurs contrées furent submergées. Le Zuiderzée n'était autrefois qu'un lac qui a été réuni à la mer par une inondation.

Le climat de la Hollande est généralement malsain; le sol est couvert de vastes prairies qui nourrissent de nombreux pâturages, et produit en abondance de la tourbe, de la garance et du tabac.

Le Rhin, arrivé dans les Provinces-Unies, s'y divise en quatre grosses branches : le Vahal, qui s'y jette dans la Meuse; l'Yssel, qui se perd dans le Zuiderzée; le Lech, qui se jette dans la Meuse, et la branche qui conserve le nom de Rhin : cette dernière se perd dans les sables au-dessus de Leyde, et ce fleuve ne porte plus son nom jusqu'à la mer depuis l'an 860, que l'Océan, s'étant débordé, ruina son embouchure.

Les différentes branches du Rhin, la Meuse, et quantité de canaux facilitent le transport des marchandises, et rendent le commerce aussi étendu que facile.

NOUVELLE
DIVISION DE LA HOLLANDE,
en 11 provinces

Le royaume de Hollande se divise en onze provinces, en y comprenant une partie du Luxembourg et du Limbourg. Chacune est administrée par deux gouverneurs, l'un militaire, l'autre civil.

La justice y est rendue par une cour d'assises établie dans chaque province, et par un tribunal de première instance établi dans chaque district.

PROVINCE DE HOLLANDE.

Septentrionale. Chef-lieu : *Amsterdam.*

Méridionale. Chef-lieu : *La Haye.*

La population de cette province est assez considérable quoique l'air y soit humide, froid et malsain; le sol y est marécageux, couvert de glaces une grande partie de l'année, possède quelques pâturages; l'eau n'y est pas saine. Etant privés de bois et de houille, les habitans sont obligés de se chauffer avec des tourbes dont la fumée sent très-mauvais ; c'est ce qui a fait dire au savant Grotius *que les quatre élémens ne valent pas grand' chose.* Cette province serait depuis longtemps inondée sans les fortes digues qu'on entretient avec le plus grand soin.

AMSTERDAM, au confluent de la rivière d'Amstel et de l'Y, à 122 l. (475 kil. 65) de Paris, est considérée par rapport à la vaste étendue de son commerce, comme une des principales villes de l'Europe. Ses principaux édifices sont : l'Amirauté, la Bourse, l'Hôtel-de-Ville et le tombeau du célèbre Ruyter. Elle a un port qui contient 1,000 vaisseaux. Pop. : 200,000 habitans.

LA HAYE, à 1 l. (5 kil. 89) de la mer, et à 108 l. (421 kil.) de Paris, est la capitale du royaume et la résidence du roi et des états-généraux. Elle est remarquable par la beauté de ses édifices et ses agréables promenades; son commerce considérable lui donne rang parmi les plus belles villes de l'Europe. Guillaume III, prince d'Orange et roi d'Angleterre, le mathématicien Huygens et Jean second, poète latin, y ont reçu le jour. Pop. 47,000 hab.

Ce fut au château de Riswick où l'on signa la paix entre Louis XIV et les puissances alliées.

Harlem, à 118 l. (460 kil.) de Paris, et à 4 l. (15 kil.) d'Amsterdam, au confluent de l'Amstel et de l'Y, est une ville qui possède plusieurs canaux servant de communication à Leyde et Amsterdam. Elle se glorifie de l'invention de l'imprimerie, mais Laurent Coster, qu'elle prétend en être l'inventeur, le fut tout au plus de la gravure des lettres sur bois. Elle se donna au prince d'Orange en 1577. Elle renferme quelques fabriques de gazes, d'étoffes de laine, de fils de cotons et de basins estimés. Harlem fait un grand commerce d'ognons de tulipes. Pop. : 22,000 hab.

Rotterdam, avec un port excellent, est la ville la plus commerçante du royaume ; à l'aide de plusieurs grands canaux, les vaisseaux remontent jusqu'au milieu de la ville. Elle fait un grand commerce et possède de nombreuses manufactures. On y voit quantité de beaux édifices. L'hôtel-de-ville, la maison de banque, celle des compagnies des Indes et les arsenaux sont des bâtimens magnifiques.

C'est la patrie du célèbre Erasme, à qui on a élevé une statue en bronze sur l'un des plus beaux ponts de la ville et de Vander-Werf, peintre. Pop. : 60,000 hab.

Leyde, sur le Rhin, à 8 l. (31 kil.) d'Amsterdam, est une grande et belle ville, renommée par son université fondée par Guillaume, prince d'Orange, en 1575, et par le siége qu'elle soutint contre les Espagnols, en 1574. On y voit encore les squelettes de quelques pigeons qui, pendant le siége, transportaient au prince d'Orange, les nouvelles des assiégés. Pop. : 26,600 habitans.

Delet, sur la Schie, à 2 l. (7 kil. 79) de Rotterdam, est une jolie ville, remarquable par le mausolée du prince d'Orange et le tombeau de l'amiral Tromp. Fabriques de porcelaine et de faïence. Pop. : 14,000 h.

Dordreck ou Dort, port à l'embouchure de la Meuse, à 15 l. (58 kil.) d'Amsterdam; en 1421, 72 bourgs ou villages furent submergés par une inondation qui la sépara du continent. Elle est célèbre par la naissance du fameux géographe Paul Merulla, et par le superbe mausolée de Guillaume, prince d'Orange. Son commerce consiste en blé et vin, ceux du Rhin surtout s'y vendent en grande quantité. Pop. : 18,000 hab.

L'île de Tenel fait partie de cette province, elle est située à l'embouchure du Zuiderzée et possède un excellent port qui peut recevoir de gros vaisseaux.

PROVINCE DE ZÉLANDE. Chef-lieu : *Middelbourg.*

Cette province, qui se compose de la réunion de plusieurs îles, est riche en excellens pâturages : elle est très-fertile en grains, et produit beaucoup de garance.

Middelbourg, dans l'île de Walcheren, à 80 l. (518 kil.) de Paris, et à 8 l. (31 kil.) N.-E. de Bruges, est une ville forte, riche et commerçante. A la place de son port, on a construit un vaste canal. Pop. : 14,000 hab.

Flessingue, dans l'île de Valcheren, à l'embouchure de l'Escaut, est une ville qui possède de belles fortifications, un excellent port, de magnifiques bassins, d'immenses chantiers de construction et des magasins d'une grande étendue, elle est surtout renommée par sa Société Zélandaise des Sciences. C'est la patrie de l'amiral Ruyter. Elle fait un commerce considérable. Pop. : 7,000 hab.

Goes, à 4 l. (15 kil.) de Middelbourg, possède un canal qui sert de communication entre la côte septentrionale de l'île de Sud-Beveland, avec un port très-bien fortifié. Fabriques de sel et d'hydromel. Pop. : 5,000 hab.

Hulst, ville forte dans une position sujette aux inondations, possède un canal qui communique à l'Escaut. Commerce de blés. Pop. : 1,000 hab.

Axel, ville bien fortifiée. Pop. : 3,000 hab.

Zirikzée, à 5 l. (19 kil.) de Middelbourg, place forte, est une des plus anciennes villes de la Zélande. Fait un grand commerce d'huîtres et d'hydromel. Pop. : 6,000 hab.

Thollen, à 9 l. et demie (39 kil. 50) de Middelbourg, est une ville forte, peu commerçante. Pop. : 2,000 hab

BRABANT SEPTENTRIONAL Chef-lieu : *Bois-le-Duc*.

Cette province, pour ainsi dire, stérile et marécageuse, renferme pourtant de vastes forêts.

BOIS-LE-DUC, au confluent de la Dommel et de l'Aa, à 140 l. (545 kil.) de Paris; ville forte. Le prince d'Orange la prit sur les Espagnols, en 1629. On y fabrique des étoffes de laine, des toiles, de la quincaillerie et de la coutellerie. Pop. : 17,000 hab.

Breda, à 9 l. (35 kil.) de Bois-le-Duc, est située sur le Merck, dans une plaine très-fertile et très-agréable. Elle est très-commerçante, possède d'excellentes fortifications et de beaux édifices. Pop. 10,000 hab.

Berg-op-Zoom, sur le Zoom, à 11 l. (38 kil.) de Bois-le-Duc, communique à l'Escaut par un canal. C'est une des plus fortes places de la Hollande. Elle fut assiégée par le prince de Parme en 1581, et le marquis de Spinola fut obligé d'en lever le siège en 1622, après une perte de plus de 10,000 hommes. Elle a été prise d'assaut par les Français, sous les ordres du maréchal de Lowendal, le 16 septembre 1747, après 65 jours de tranchée ouverte. Pop. : 5,000 hab.

7.

Grave, sur la Meuse, à 8 l. (31 kil.) de Bois-le-Duc, place forte.

Les autres villes importantes de cette province sont : Raveinstein, Tuburg, Oosterhout, Gertruidemberg, Moerdyk, Eindhoven, Oirschot et Helmont.

PROVINCE D'UTRECHT. Chef-lieu: *Utrecht.*

La fertilité de cette province consiste en grains et en tabac. La douceur de sa température en fait un séjour agréable.

UTRECHT, sur le Rhin, à 113 l. (440 kil.) de Paris, est une grande et belle ville, importante par son industrie et par son commerce. Ce fut à Utrecht que se fit, en 1579, l'union qui fut le fondement de la république des Provinces-Unies, et que se tint le fameux congrés qui pacifia toute l'Europe dans les dernières années de Louis-le-Grand, en 1715. Pop. : 54,000 hab.

Amersfoort, sur le Rhin, à 5 l. (19 kil.) d'Utrecht, place forte, située au milieu de campagnes fertiles. Pop. : 9,000 hab.

Montfort, sur l'Yssel, à 3 l. (11 kil.) d'Utrecht, petite mais forte ville. Pop. : 3,000 hab.

Les autres villes importantes de cette province sont : de Rheeden, Ysselstein, Soest et Veenendael.

PROVINCE DE LA FRISE. Chef-lieu: *Leeuwarden.*

Quelques parties de cette province sont assez fertiles en blé, et renferment d'excellens pâturages où l'on nourrit de très-bons chevaux.

LEEUWARDEN, à 130 l. (506 kil.) de Paris, est une place forte, grande et belle. Sa jonction avec plusieurs canaux, donne un grand développement à son commerce Pop. : 19,000 hab.

Franeker, à 4 l. (15 kil.) de Leeuwarden, est remarquable par son beau jardin botanique et ses fabriques de tuiles. Pop. : 4,000 hab.

Hurlingen, à 6 l. (23 kil.) de Leeuwarden, possède un port fréquenté et fait un grand commerce. Pop. : 8,000 hab.

Dockum, à l'embouchure de l'Avers, et à 4 l. (15 kil.) de Leeuwarden, est importante par son port et ses chantiers de construction qui servent principalement à radouber les vaisseaux. Pop. : 3,000 hab.

Sneeck, à 6 l. (23 kil.) de Leeuwarden, jolie petite ville, au milieu d'un pays marécageux. Pop. : 5,000 h.

Bolsward, à 5 l. (19 kil.) de Leeuwarden, commerçante en beurre et étoffes de laine. Pop. : 3,000 h.

Herrenveen, à 7 l. (27 kil.) de Leeuwarden, petite ville peu importante. Pop. : 1,000 hab.

Et les îles d'Ameland et Schiermonigkoog.

PROVINCE D'OVER YSSEL. Chef-lieu : *Zwolle*.

Une partie de cette province est couverte de marais : l'autre à l'ouest est labourable et fertile.

Zwolle, sur l'Aa, à 118 l. (460 kil.) de Paris, est une ville forte, agréablement située, et de peu d'importance. Pop. : 14,000 hab.

Deventer, sur l'Yssel, à 8 l. (31 kil.) de Zwolle est une ville remarquable par ses fortifications et son grand commerce. Pop. : 9,000 hab.

Almelo, sur la Wecht, à 11 l. (40 kil.) de Zwolle, petite ville bien bâtie. On y tisse et l'on y blanchit des toiles d'une grande finesse. Pop. : 5,000 hab.

Les autres villes importantes de cette province sont : Kampen, Steenwyk, Hesset, Wolleh-noven et Oldenzaal.

PROVINCE DE GRONINGUE. Chef-lieu : *Groningue*.

Cette province renferme d'immenses et excellentes prairies qui nourrissent de très-bons chevaux, et de nombreuses et riches campagnes.

GRONINGUE, sur l'Huns et l'Aa, à 136 l. (531 kil.) de Paris, est une grande et belle ville, très-commerçante, avec une université célèbre. Pop. : 24,000

Les autres villes de cette province sont :

WINSCHOTEN, près des marais de Bourtang, à 8 l. (31 kil.) de Groningue, est une ville peu commerçante. Pop. : 3,000 hab.

APPINGADAM, au milieu des marais, à 9 l. (35 kil.) de Groningue. Pop. : 2,000 hab.

DELFZYL, sur le Pivel, à 6 l. (23 kil.) de Groningue, petite ville importante par son port et ses fortifications.

PROVINCE DE DRENTHE. Chef-lieu : *Assen.*

ASSEN est une petite ville dont la richesse consiste dans ses nombreux pâturages. Pop. : 3,000 hab.

MEPPEL, à 10 l. (38 kil.) d'Assen, petite ville commerçante. Pop. : 3,000 hab.

COEVORDEN possède de belles fortifications construites par le célèbre Cœhorn; illustre ingénieur. Pop.: 2,000 habitans.

PROVINCE DE GUELDRE. Chef-lieu. *Arnheim.*

Cette province, très-peu fertile, jouit d'une bonne température.

ARNHEIM, sur le Rhin, à 130 l. (506 kil.) de Paris, ancienne capitale du Veluwe, est une très-forte citadelle. Louis XIV la prit en 1672 et l'abandonna deux ans après, en ayant ruiné les fortifications. Commerce de tabac. Pop. : 11,000 hab.

NIMÈGUE, sur le Wahal, est une grande ville avec une forte citadelle. Ce fut en 1678 que Louis XIV y conclut un traité de paix avec les principales puissances de l'Europe. Pop. : 15,000 hab.

HARDERWYK, sur le Zuyderzée, à 10 l. (38 kil.) d'Arnheim, ville avec une université. Les habitans s'occupent particulièrement de la pêche aux harengs. Pop. : 3,000 hab.

ZUTPHEN, sur l'Yssel, à 6 l. (23 kil.) d'Arnheim, possède de belles fortifications. Commerce de cuirs. Pop. : 7,000 hab.

DOESBOURG, au confluent du vieux et du nouvel Yssel, à 4 l. (15 kil. 59) d'Arnheim. On y cultive beaucoup de tabac. Pop. : 2,000 hab.

Les autres villes importantes de cette province sont : Thiel, Bummel, Wageningen, Elbourg, Haltem, Lochem, Ravestein, Nieuwkerk et Kullembourg.

PROVINCE DE LIMBOURG. Chef-lieu. *Maëstricht.*

Le sol de cette province produit du blé en abondance et renferme des mines de charbon de terre, de cuivre, de fer, et des eaux minérales.

MAESTRICHT, sur la Meuse, à 115 l. (448 kil.) de Paris, est une ancienne, grande et très-forte ville. Elle possède de beaux édifices, on y remarque surtout les carrières de la montagne Saint-Pierre. Louis XIV la prit en 13 jours en 1673. Guillaume III, prince d'Orange, fut obligé d'en lever le siége. Elle fut rendue aux États par le traité de Nimègue, en 1678. Enfin, les Français, commandés par le maréchal de Saxe, après avoir vaincu les armées alliées, s'en emparèrent en 1747. Pop. : 21,000 hab.

MASEYCK, à 7 l. (27 kil.) de Maëstrick, est une petite ville peu commerçante. Patrie du peintre Wan-Eich. Pop. : 3,000 hab.

TONGRES, sur la Jars, ville peu commerçante. Pop. : 4,000 hab.

HASSELT, sur la Demer, à 6 l. (23 kil.) de Maëstricht, est assez commerçante. Pop. : 7,000 hab.

SAINT-TRON, à 8 l. (31 kil.) de Maëstricht, est une ancienne ville peu commerçante. Pop. : 7,000 hab.

VENLOO, sur la Meuse, à 15 l. (58 kil.) de Maëstricht, possède de belles fortifications. Pop. : 5,000 h.

RUREMONDE, au confluent de la Roër et de la Meuse, à 10 l. (38 kil.) de Maëstricht, est une ville commerçante et industrieuse. Pop. : 4,000 hab.

Les autres villes importantes de cette province sont : Veert, Sittard, Rolduc, Bilsen, Péeret Loos.

GRAND-DUCHÉ DE LUXEMBOURG.

Chef-lieu : *Luxembourg.*

LUXEMBOURG, sur l'Alzette, est une des places fortes les plus remarquables de l'Europe, à 95 l.

(551 kil. 31) de Paris. Elle possède des fabriques de tabac, de toiles, de faïence et de papiers. Pop. : 10,000 hab.

Diekirch, sur la Sure, à 8 l. (31 kil.) de Luxembourg, fait un grand commerce de draps. Pop. : 3,000 hab.

Echternach, sur la Sure, à 6 l. (23 kil.) de Luxembourg, est une ville peu importante par son commerce. Pop. : 3,000 hab.

Bouillon, sur la Semor, à 18 l. (70 kil.) de Luxembourg. C'est de ce duché que Godefroy prit le nom de Godefroy de Bouillon. Les Français s'en emparèrent en 1776. Pop. : 3,000 hab.

Les autres villes importrantes de cette province sont : Mersch, Arlon, Neuf-Château, Bastogne, Bestrix, Greswonmacher, Clervaux, Vianden, Virton, Remich, Wiltz, Honfalise et Chiny.

DE L'ALLEMAGNE.

L'Allemagne, qui portait autrefois le nom de Germanie, ne tomba jamais sous la puissance romaine. Elle était habitée par les Francs, les Suèves, les Vandales et les Lombards, peuples barbares qui, s'étant dispersés dans toute l'Europe, l'épouvantèrent par leurs ravages et leurs dévastations. Charlemagne, roi de France, après avoir réduit sous sa domination la plus grande partie de la Germanie, se fit couronner Empereur d'Occident. Son successeur, Louis-le-Débonnaire, éleva au titre d'Empereur d'Allemagne un de ses fils nommé Louis ; depuis cette époque, tous les descendans de Charlemagne en firent autant.

L'Allemagne se distinguait des autres pays par la forme de son gouvernement qui se composait de plusieurs villes libres et d'un plus grand nombre de souverainetés, sous la dépendance de princes tant séculiers qu'ecclésiastiques, qui se réunissaient pour élire un empereur, qui n'avait de véritable autorité que dans ses propres états.

Autrefois tous les princes et les prélats de l'Allemagne qui sanctionnaient l'élection de l'empereur, portaient pour cette raison le nom d'électeurs, mais depuis la célèbre constitution appelée *Bulle d'Or*, de 1356, le nombre en fut fixé à sept; trois ecclésiastiques, les archevêques de Trèves, de Cologne et de Mayence, et quatre séculiers, le roi de Bohême, le comte palatin du Rhin, le duc de Saxe et le marquis de Brandebourg : mais en 1648 on fut obligé, par la paix du Munster, de faire un huitième électorat pour le fils de Frédéric, comte palatin du Rhin, qui avait été dépouillé de ses états et de son titre d'électeur en 1623, et mis au ban de l'empire, pour s'être fait proclamer roi de Bohême, dont le titre avait été conféré au duc de Bavière. Enfin, en 1692, l'empereur Léopold créa un neuvième électorat en faveur d'Ernest de Brunswick, duc de Hanovre, dont le fils Georges monta sur le trône d'Angleterre en 1714; mais depuis l'exécution de la maison de Bavière en 1777, les électorats palatins et de Bavière furent réunis, et il n'y eut plus que huit électeurs. Chaque électeur portait le titre d'une des premières charges de l'empire; l'électeur de Mayence prenait celui de chancelier d'Allemagne, et de plus était le directeur des archives de l'empire ; celui de Trèves se disait chancelier des Gaules, et celui de Cologne, chancelier d'Italie : le duc de Bavière était grand-guidon ou grand-maître de l'empire, et portait la pomme d'or ; l'électeur de Saxe, grand-écuyer, portait l'épée; celui de Brandebourg, grand-chambellan, portait le sceptre; le palatin était grand-trésorier ou surintendant des finances, etc. Lorsque l'empire était vacant, ou que l'empereur était absent, et qu'il n'y avait point de roi des Romains, les électeurs palatin et de Saxe étaient vicaires ou régens de l'empire; le duc de Bavière disputait ce droit au premier. Quand l'empereur voulait s'assurer d'un successeur, il le faisait élire, par les électeurs, *roi des Romains;* alors il lui succédait après sa mort; et si auparavant l'empereur sortait d'Allemagne, ou qu'il fût hors d'état de gouverner, le roi des Romains avait la conduite des affaires, comme vicaire-général de l'empire.

L'empereur prenait les titres de *toujours Auguste,* de *César,* et de *Sacrée Majesté.* Il était bien le chef de l'empire, mais il ne le gouvernait pas seul : l'autorité souveraine résidait dans les assemblées générales, appelées *diètes,* qu'il avait seul le droit de convoquer, et auxquelles il envoyait des commissaires qui présidaient à sa place. Ces assemblées étaient composées de trois corps ou colléges; le premier était celui des électeurs; le second, celui des princes; et le troisième, celui des villes libres, qu'on appelait *impériales.*

Chaque collége, ainsi que les villes impériales, envoyaient leurs députés, lorsqu'après certaines discussions importantes, le collége électoral et le collége princier n'avaient pas la même opinion; ils prétendaient que celui des villes ne pouvait pas décider, quoiqu'il fût obligé de consentir, quand ils étaient d'un même avis.

C'était dans ces assemblées que résidait le droit de faire la paix ou la guerre, d'établir les impositions générales et de régler toutes les affaires importantes de l'empire; mais leurs délibérations n'avaient force de loi que quand l'empereur y avait donné son consentement; et c'était là un de ses principaux droits. Il avait encore celui de donner l'investiture des fiefs, et de disposer de ceux qui étaient dévolus à l'empire, faute de successeur, ou par confiscation.

Les électeurs et les autres souverains d'Allemagne avaient une autorité absolue dans leurs terres; ils y pouvaient établir les impositions, lever des troupes, faire des alliances, même avec les étrangers, pourvu qu'elles ne fussent pas préjudiciables à la confédération. Ils avaient droit de vie et de mort sans appel sur leurs sujets, et jugeaient définitivement leurs causes civiles, à la réserve de certains cas, dans lesquels on pouvait appeler de leur jugement. Il y avait deux cours pour ces sortes d'appels, l'une était la *chambre impériale*, qui avait son siége à Spire; mais les Français ayant ruiné cette ville en 1688, elle fut transférée à Vetzlar, petite ville à 12 l. N. de Francfort; l'autre était le *conseil aulique*, qui se tenait à Vienne. Ces cours jugeaient encore les affaires qui arrivaient à la noblesse immédiate, c'est-à-dire, celles qui ne dépendaient que de l'empereur.

Le grand nombre des souverains de l'Allemagne avait des intérêts souvent opposés, ce qui était cause qu'elle avait de la peine à unir toutes ses forces et l'empêchait d'agir promptement. Sans cela, et si quelques princes allemands n'eussent pas trafiqué de leurs soldats en les vendant aux puissances étrangères, cet État, qui était une source inépuisable de gens de guerre, aurait été beaucoup plus redoutable à ses voisins.

L'Allemagne était alors divisée en neuf cercles, qui étaient comme de grandes provinces, qui comprenaient chacune plusieurs États, dont les princes, les prélats, les comtes et les députés des villes s'assemblaient pour les affaires communes. Chaque cercle avait un ou deux directeurs et un colonel. Les directeurs avaient le pouvoir de convoquer l'assemblée des États de leur cercle. Le colonel commandait aux gens de guerre et apportait tous ses soins dans cette administration importante. Comme tous les membres de l'empire devaient contribuer à ses besoins, chaque cercle était obligé de fournir un certain nombre de cavaliers ou de fantassins, ou une somme d'argent (1) par mois pour les nécessités publiques, suivant la taxe portée par la matricule ou le registre des États de l'empire.

En 1512, on sentit la nécessité de soumettre l'Allemagne à une nouvelle division; elle fut partagée en

---

(1) Cette somme ou contingent se nommait *Mois Romains.*

neuf cercles : ceux d'Autriche, de Bavière, de Souabe, du Haut-Rhin, du Bas-Rhin, de Franconie, de Westphalie, de Basse-Saxe et de Haute-Saxe. Comme les conquêtes des Français avaient envahi quelques parties du territoire des princes, ils furent indemnisés par le traité de Lunéville, sur les souverainetés ecclésiastiques et sur nombre de villes impériales.

Il y avait aussi en Allemagne des villes qu'on appelait *anséatiques*, qui s'étaient associées pour le maintien de leur commerce : il s'y en était joint quelques-unes de France, d'Espagne, d'Italie, etc. ; mais les cinq ou six qui entretenaient cette confédération, étaient toutes en Allemagne, excepté Dantzick.

En 1806, l'empereur Napoléon, au faîte de sa gloire, toujours consolidée par des victoires récentes de nos armées, changea la constitution de l'Allemagne par la Confédération Germanique qu'il plaça sous sa protection. Après cette substitution, l'empereur d'Allemagne prit le titre d'empereur d'Autriche, et l'on érigea en royaumes les duchés de Bavière, de Würtemberg et de Saxe.

La Confédération germanique, y compris les états dépendans de l'Autriche, de la Prusse et des Pays-Bas, se compose de 40 états soumis à des gouvernemens différens. Les souverains jouissent tous d'une entière liberté, et se rendent annuellement à Francfort-sur-le-Mein, dans une assemblée permanente appelée *Diète*, présidée par le représentant de l'Autriche ; là, ils discutent leurs intérêts mutuels pour soutenir leur indépendance et leur inviolabilité.

Cette contrée renferme des vallées agréables, formées par des chaînes de montagnes où sont les sources de plusieurs fleuves et de plusieurs rivières. On rencontre dans l'intérieur, de vastes forêts, dont la plus remarquable est la Forêt-Noire, dans le grand-duché de Bade et le Würtemberg. Le nord est peu fertile et ne présente guère que des vastes plaines et des marécages. Les mines d'or, d'argent, de plomb, et de *plusieurs* autres métaux sont assez considérables; mais les plus importantes de l'Europe sont celles de Saxe. Les productions territoriales sont : le grain, les fruits, le chanvre, le vin, le houblon, la navette, le tabac et la garance. Les vins du Rhin sont très-estimés.

FLEUVES DE L'ALLEMAGNE.

Les principaux fleuves de l'Allemagne sont : le Danube, qui commence en Souabe, traverse la Haute-Allemagne, la Hongrie, la Turquie d'Europe, et se jette dans la mer Noire; l'Oder, qui prend sa source dans la Silésie qu'il traverse ainsi que le Brandebourg et la Poméranie, et se jette dans la mer Baltique; l'Elbe qui commence en Bohême, traverse les deux cercles de Saxe, et se jette dans la mer d'Allemagne; le Rhin, qui a sa source dans les Alpes, et se perd dans les sables de la Hollande; enfin, la Vistule, qui prend sa source dans les monts Krapacks, et va se jeter dans la mer Baltique.

NOUVELLE
DIVISION DE L'ALLEMAGNE
EN 40 ÉTATS,
OU
CONFÉDÉRATION GERMANIQUE.

L'Allemagne est bornée au nord, par la mer du Nord, la mer Baltique et le Danemarck; à l'est, par les pays de la Prusse et de l'Autriche qui ne sont pas compris dans la Confédération, par le royaume de Pologne, et par la Hongrie; au sud, par la Suisse, l'Italie, et les pays de l'Autriche qui n'appartiennent pas à la Confédération; à l'ouest, par la France et les Pays-Bas.

L'Allemagne a 588 milles de longueur, et 520 mille

de largeur : on y compte 34,200,000 habitans. Plus de la moitié professe la religion catholique, les deux cinquièmes professent celle connue sous la dénomination de l'église évangélique, et le calvinisme pur compte peu de partisans en comparaison des deux premières.

La Confédération Germanique se compose de 40 Etats dont les principaux sont :

Les Etats d'Autriche et de Prusse en Allemagne.

Les royaumes de Bavière, Würtemberg, Saxe, Hanôvre.

Les grands-duchés de Bade, Hesse-Electorale, Hesse-Darmstadt, Mecklembourg-Schwerin, Mecklembourg-Strelitz, Oldembourg, Saxe-Weimar, Luxembourg, Brunswick, Anhalt-Gœthen.

Les duchés de Nassau, Saxe-Cobourg, Gotha, Saxe-Altembourg, Saxe Meiningen-Hildbourghausen, Anhalt-Dessau, Anhalt-Bernbourg, Holstein, Lawembourg.

Les principautés de Schwartzbourg, Sondershausen, Schwartzbourg-Rudolstad, Lechienstein, Hohenzollern-Hechingen, Hohenzollern-Sigmaringen, Waldeck, Reuss-Lobenstein, Reuss-Greiz, Reuss-Schleiz, Lippe-Schaunbourg, Lippe-Detmold.

Les villes libres de Lubeck, Francfort, Brême, Hambourg.

ROYAUME DE BAVIÈRE.

Ce royaume est borné au nord par la Saxe; à l'est par la Bohême et l'Autriche ; au sud par le Tyrol; à l'ouest par le Würtemberg.

Depuis 1817, il se divise en huit cercles, qui se subdivisent en plusieurs districts.

Cercle de l'Iser.   Chef-lieu : *Munich.*
— du Bas-Danube.   — *Passau.*
— de la Regen.   — *Ratisbonne.*
— du Haut-Mein.   — *Bayreuth.*

Les productions végétales de la Bavière consistent

en grains, fruits, légumes, vins, houblons, safran, chanvre, tabac, bois, et les productions minérales consistent en fer, charbon de terre, marbre, gypse, ardoise, alun et vitriol. Elle renferme beaucoup de gibier, et élève des chevaux très-estimés. Son gouvernement est représentatif.

MUNICH, sur l'Iser, à 200 l. (779 kil.) de Paris, est une des plus belles villes de l'Allemagne, elle est la résidence du roi et en même temps capitale du royaume. Elle renferme de beaux monumens, dont les plus remarquables sont : le palais-royal ; l'académie des sciences, le nouveau théâtre et les Hypothèques. Elle possède une manufacture de tapisseries, en rivalité avec celle des Gobelins, et des fabriques de porcelaines. Pop. : 80,000 hab.

Passau, ville ancienne, forte et commerçante. Pop. : 10.000 hab.

Ratisbonne, sur le Danube, est une belle ville où l'on remarque la beauté de plusieurs édifices. Elle était autrefois le siége de la diète et de l'empire. Ce fut à la prise de cette ville, en 1809, que l'empereur Napoléon fut blessé au talon droit, d'une balle amortie. Commerce de sel et de bière. Pop. : 26,000 hab.

Bayreuth, est une très-jolie ville, avec des manufactures de toiles de coton, indiennes et porcelaines. Pop. : 14,000 hab.

Remberg, sur le Rednitz, est une belle et grande ville ; elle est surtout remarquable par le développement et l'étendue de son commerce et de son industrie. Pop. : 21,000 hab.

Nuremberg, sur le Peignitz, est une ville qui renferme quelques beaux monumens; tels que l'arsenal, l'église Saint-Laurent, l'hôtel-de-ville, et son château où l'on admire une superbe collection de tableaux. Elle est principalement renommée pour ses fabriques considérables de quincaillerie et de jouets d'enfans, premières branches de son commerce. Au commencement du XVIe siècle, Pierre Hélé y inventa les montres, appelées d'abord œufs de Nuremberg. Pop. : 38,000 hab.

Cercle du Bas-Mein.   Chef-lieu : *Würtzbourg.*
— de la Rezat.   —   *Anspach*
— du Haut-Danube.   —   *Augsbourg.*
— du Rhin.   —   *Spire.*

VURTZBOURG, sur le Mein, ci-devant capitale du grand-duché de ce nom, est une grande ville admirablement située, au milieu de superbes jardins, où l'on remarque un beau château royal et une forteresse appelée Marienberg. Elle possède une université, un institut clinique en grande réputation, et une école d'industrie très-fréquentée. On y trouve des fabriques de chapeaux, lainages, tartre, potasse, huile, tabac et instrumens de chimie. Pop. : 22,000 hab.

Augsbourg, entre le Wertach et le Lech, est une des plus belles villes de l'Allemagne, et remarquable surtout par son commerce et son industrie, dont les principales branches sont : la banque, l'orfèvrerie, la bijouterie, les instrumens d'optique et de mathématiques, et de passementerie. On y remarque l'hôtel-de-ville, la cathédrale, et le palais épiscopal, où la célèbre confession de foi, du nom de cette ville, fut présentée à l'empereur Charles-Quint, en 1530, par Luther et Mélanchton. Pop. : 34,000 hab.

Furth, qui n'était qu'un faible bourg il y a quelques années, est devenue une ville remarquable par ses manufactures de miroirs, de plumes, d'étoffes, de laines, de tabac et de coton. Elle fait le commerce de bijouterie et de passementerie. Pop. : 17,000 hab.

Anspach, sur la rivière du même nom, ville forte et commerçante, possède un château. Pop. : 16,000 habitans.

Spire, capitale de la Bavière-Rhénane, est célèbre par la diète où les luthériens firent des protestations; ce qui leur fit donner le nom de protestans. Pop. : 7,000 hab.

Les villes de Marienthal, Aschaffenbourg, Sulzbach, Veissembourg, Eichstadt, Donawert, Landshut, Kempten, Landau et Hombourg.

ROYAUME DE WURTEMBERG.

Ce royaume est borné au nord, au sud et à l'ouest par le grand-duché de Bade, à l'est par la Bavière.

Il se divise en quatre cercles, qui sont :

CERCLE du Necker.   Chef-lieu : *Louisbourg.*
— de la Forêt Noire.   — *Reutlingen.*
— de la Jax.   — *Elwangen.*
— du Danube.   — *Ulm.*

Le Würtemberg est un pays couvert de belles forêts, d'une grande fertilité, qui produit en abondance du chanvre, du lin, des fruits, du cidre, du vin, des légumes et des grains; il renferme des mines d'argent, de fer, de cuivre, des pierres précieuses, du charbon de terre, de l'ardoise, du marbre et du soufre. Ses vastes pâturages nourrissent beaucoup de bestiaux. Son gouvernement est représentatif.

STUTTGARD, sur le Nessemback, près du Necker, à 150 l. (584 kil.) de Paris, est la capitale du royaume et la résidence du roi. On y admire de beaux édifices, tels que le gymnase, l'église principale, la chancellerie, l'ancien et le nouveau châteaux. Elle possède des manufactures de tabac, d'orfévrerie, de lainages et de cordages. Pop. : 32,000 hab.

ULM, sur le Danube, renferme de nombreuses fabriques d'étoffes de laine, et de toiles. Cette ville sera à jamais mémorable par la victoire que Napoléon remporta en 1805, sur l'armée autrichienne commandée par le général Mack. Pop. : 12,000 hab.

LOUISBOURG possède des manufactures de toiles, de draps et de porcelaines. Pop. : 7,000 hab.

REUTLINGEN a des fabriques de dentelles. Pop. : 10,000 habitans.

ELWANGEN, sur le Jant, fait le commerce de bestiaux, possède des mines de fer. Pop. : 3,000 hab.

HALL, sur le Kocher, est remarquable par ses salines et son commerce. Pop. : 7,000 hab.

Les villes de Tubingen, Rothinbourg, Gmund, Freudenstadt, Mergeinthen, Biberach, Kircheim, Friederichshafen, Reutlingen et Heilbronn.

ROYAUME DE SAXE.

La Saxe est bornée au nord et à l'est par la Prusse, à l'ouest par les principautés de Saxe, au sud par la Bohême.

Ce pays formait autrefois les Etats de l'électeur de Saxe; c'est en 1806 qu'il a été érigé en royaume.

Il se divise maintenant en cinq cercles, qui se subdivisent en districts et en bailliages, ce sont :

CERCLE de Misnie.   Chef-lieu : *Dresde.*
— de Leipsick.   —   *Leipsick.*
— d'Erzebirge.   —   *Freiberg.*
— de Woigtland.   —   *Plauem.*
— de la Lusace.   —   *Bautzen.*

Les principales productions de la Saxe consistent en grains, houblon, lin et bois. Elle possède de vastes plaines qui nourrissent une grande quantité de bestiaux. On y trouve presque tous les métaux. Le gouvernement est représentatif.

DRESDE, sur l'Elbe, à 260 l. (1013 kil.) de Paris, est la capitale du royaume et la résidence du roi. C'est une des plus belles villes de l'Europe, remarquable par son industrie et l'étendue de son commerce. Pop. : 9,000 hab.

Non loin de Dresde se trouve Pilnitz, célèbre par le congrès des souverains de l'Europe, coalisés contre la France en 1791.

LEIPSICK, sur la Pleisse, est une ville forte et très-commerçante, agréablement située au milieu de riches campagnes; elle renferme plusieurs édifices remarquables. Les Français y furent vaincus en 1813. Pop. : 41,000 hab.

Les villes de Meissen, Pirna, Freyberg, Chemnitz, Zwichau, Zittau et Bauzen, patrie de Leibnitz, célèbre par la victoire que les Français y remportèrent en 1813. dans laquelle le grand maréchal Duroc fut tué.

A l'ouest du royaume de Saxe, se trouvent les quatre principautés de Saxe suivantes, qui font partie de la Confédération Germanique :

GRAND DUCHÉ DE SAXE-WEIMAR.

Les productions végétales de ce pays sont : le lin, le chanvre, le houblon, les fruits et le vin. Le sol renferme de belles forêts, et nourrit quantité de chevaux et de bestiaux.

WEYMAR, sur l'Ill, est la capitale et la résidence du grand-duc. Elle est remarquable par ses édifices, ses établissemens littéraires, et le nombre des savans qu'elle renferme. Pop. : 10,000 hab.

Les autres villes importantes sont :

Iéna, sur la Saale, célèbre par son université, et par la victoire que les Français y remportèrent sur les Prussiens en 1806.

Les villes de Eisenach, Ruhla, Ilmenau et Neustadt.

DUCHÉ DE SAXE-COBOURG-GOTHA.

Ce pays est montagneux et fertile. Il abonde en bestiaux et moutons. — Son gouvernement est monarchique.

GOTHA, près de la Leine, est la capitale et la résidence du duc. C'est une jolie ville, où le commerce et l'industrie font toujours de nouveaux progrès. Pop. : 10,000 hab.

Cobourg, sur l'Itz, ville forte, seconde résidence du duc, est commerçante et manufacturière. Pop.: 8,000 h.

Les villes les plus importantes sont Ordorf, Zeiler, Friedrichsroda et Saint-Wendel.

DUCHÉ DE SAXE-ALTENBOURG.

Ce duché situé à l'ouest du royaume de Saxe, possède plusieurs productions végétales et des minéraux. Son gouvernement est représentatif.

ALTENBOURG, près du Pleiss, est la capitale et la résidence du duc. C'est une belle ville, qui possède des établissemens publics et quelques fabriques d'étoffes, de papiers et de draps. Pop. : 12,000 hab.

Les autres villes importantes sont Eisemberg, Leuchtenbourg et Ronnebourg.

DUCHÉ.
DE SAXE-MEININGEN-HILDBURGHAUSEN.

Le gouvernement de ce duché est représentatif.

MEININGEN, sur la Werra, est la capitale de cette petite province. C'est une ville commerçante, avec un superbe palais où le duc fait sa résidence. Pop. : 5,000 habitans.

Les autres villes importantes sont :

HILDEBOURGHAUSEN, sur la Werra, ville bien bâtie, avec un beau château. Pop. : 4,000 hab.

Les villes de Sonnemberg, Saalfeld, Liebenstein, Pœsneck, Steinach, Dressigacker et Koppelsdorf.

ROYAUME DE HANOVRE.

Le Hanôvre est borné au nord par la mer du Nord et l'Elbe, à l'est et au sud par la Prusse, à l'ouest par les Pays-Bas.

Ce pays formait autrefois l'électorat de Hanôvre; c'est en 1814 qu'il a été érigé en royaume. Il appartient à l'Angleterre.

Il se divise maintenant en six préfectures ou gouvernemens, qui se subdivisent en districts et le capitanat montueux de Clausthal.

GOUVERNEMENT de Hanôvre.	Chef-lieu :	*Hanôvre.*
— de Hildesheim.	—	*Hildesheïm.*
— de Lunebourg.	—	*Lunebourg.*
— de Stade.	—	*Stade.*
— de Osnabrück.	—	*Osnabrück.*
— de Aurick.	—	*Aurick.*
CAPITANAT de Clausthal.	—	*Clausthal.*

Le Hanôvre est peu fertile. Il produit des grains, des fruits, des légumes, du lin, du chanvre, du tabac, de la garance, du bois : il abonde en minéraux. Son gouvernement est représentatif.

HANOVRE, sur la Leine, à 140 l. (545 kil.) de Paris, est la capitale du royaume. Elle est entourée de vastes plaines et de campagnes agréables. Elle est remarquable par le développement et l'étendue de son commerce. Ses principaux édifices sont : l'hôtel de Cambridge, l'hôtel des États, le palais et l'église du château. Pop. : 28,000 hab.

GOETTINGUE, sur la Leine, est une ville importante par ses établissemens littéraires et par ses fabriques de draperies et de lainages. Pop. : 11,000 hab.

HILDESHEIM, sur l'Irnest, possède des fabriques de toiles. Pop. : 13,000 hab.

EMBDEM, à l'embouchure de l'Escaut, avec un beau port, fait un grand commerce. Pop. : 11,000 hab.

CLAUSTHAL est située dans un vallon au pied de deux montagnes, elle est très-renommée par ses mines d'argent et de plomb.

Les villes de Goslar, Celle, Osnabruck et Papenbourg.

GRAND-DUCHÉ DE BADE.

Le grand-duché de Bade est borné au nord par le grand-duché de Hesse et la Bavière, à l'est par le Würtemberg, au sud par le Rhin et le lac de Constance, à l'ouest par le Rhin.

Ce pays se divise maintenant en six cercles subdivisés en plusieurs districts.

CERCLE de Murg et Pfing.	Chef-lieu : *Carlsrhue*.
— du Lac.	— *Constance*.
— de Treysam.	— *Freybourg*.
— de Kinsing.	— *Offembourg*.
— de Necker.	— *Manheim*.
— du Mein et Tauber.	— *Wertheim*.

Ce grand-duché abonde en grains, légumes, fruits.

vins, lin, houblon, chanvre, bois et gibier. Il est riche en mines et en bestiaux. Son gouvernement est représentatif.

CARLSRHUE, à 135 l. (527 kil.) de Paris, est une jolie ville avec un beau palais, résidence du grand-duc. Elle possède un grand nombre d'établissemens scientifiques et de beaux édifices. Commerce de tabletterie, vins, tabac, et huile. Pop. : 16,000 hab.

BADE ou BADEN est une jolie ville entourée de sites charmans; la réputation de ses eaux minérales y attire chaque année une grande affluence d'étrangers. Pop. : 3,500 hab.

MANHEIM, au confluent du Necker et du Rhin, est une jolie ville très-importante par son académie, son observatoire et son jardin botanique. Elle possède des manufactures de tabac et de similor. Pop. : 22,000 h.

RASTADT est une ville célèbre par la paix qui y fut signée en 1714, et par la convocation du congrès de 1798, entre la France et l'Allemagne. Pop. : 4,000 h.

FREYBOURG, capitale du Brisgau, est connue par son université et plusieurs établissemens littéraires. Son commerce consiste en pierres précieuses. Pop. : 10,000 habitans.

Les villes de Heidelberg, Schwetzingen, Constance, Offembourg et Durlach.

GRAND-DUCHÉ DE HESSE-DARMSTADT.

Le grand-duché de Hesse-Darmstadt est borné au nord par le duché de Nassau et la Hesse-Électorale; à l'est par ce dernier État, le cercle bavarois du Bas-Mein et le grand-duché de Bade; au sud par ce dernier État et le cercle bavarois du Rhin; à l'ouest par la Prusse et le duché de Nassau.

Ce pays est divisé en deux principautés qui se subdivisent en 29 districts, et en une province qui se subdivise en 11 cantons.

PRINCIPAUTÉ DE Sarkembourg. Chef-lieu : *Darmstadt.*
— de la Haute-Hesse. — *Giessen.*
PROVINCE de la Hesse-Rhénane. — *Mayence.*

Ce grand-duché produit peu de blé; il abonde en fruits, pommes de terre, vin, lin, tabac, chanvre et bestiaux. Son gouvernement est représentatif.

DARMSTADT, sur le Darm, à 148 l. (577 kil.) de Paris, est la capitale et la résidence du duc. Elle renferme quelques édifices et des manufactures de toiles et d'étoffes de laine. Pop. : 20,000 hab.

Les autres villes importantes sont :

Mayence, sur le Rhin, autrefois capitale de l'électorat de ce nom. Quoique cette ville soit fortifiée, elle ne peut cependant faire une bonne défense à cause des hauteurs qui la dominent. On prétend que l'imprimerie et la poudre à canon y furent inventées, quoique Strasbourg et Harlem lui disputent cet honneur. Elle renferme plusieurs beaux monumens. L'empereur Napoléon conféra au dernier Électeur de Mayence le titre de Prince Primat de la Confédération Germanique et de Grand-Duc de Francfort. Son commerce est très-considérable; elle est surtout renommée par ses excellens jambons. Pop. : 26,000 hab.

Les villes de Offenbach, Giessen, Wors et Bingen.

GRAND-DUCHÉ DE HESSE-CASSEL,

OU HESSE-ÉLECTORALE.

Le grand-duché de Hesse-Cassel est borné au nord par le Hanôvre, à l'est par la Saxe, au sud par le duché de Hesse-Darmstadt, à l'ouest par le grand-duché du Bas-Rhin.

Ce pays se divise en quatre provinces qui se subdivisent en vingt-deux cercles.

Province de Basse-Hesse.   Chef-lieu : *Cassel.*
— de Haute-Hesse.   — *Marbourg.*
— du grand-duché de Fulde. — *Fulde.*
— du Hanau.   — *Hanau.*

Les productions du grand-duché de Hesse-Cassel consistent en lin, chanvre, légumes, fruits; il abonde en bois et minéraux; l'on y élève aussi beaucoup de bestiaux.

CASSEL, sur la Fulde, à 186 l. (725 kil.) de Paris, est la capitale et la résidence du duc. C'est une ville magnifique avec de superbes promenades et de beaux édifices dont les plus remarquables sont : le palais du prince et le palais Bellevue. On y trouve des manufactures de tabacs, de chapeaux, de papiers peints et d'étoffes. Pop. : 26,000 hab.

Près de Cassel, on voit Vilhemsœhe, château ducal situé sur une montagne, admirable par son aqueduc qui est un ouvrage surprenant, et l'un des plus beaux qu'il y ait au monde ; on remarque aussi la statue de cuivre d'Hercule-Farnèse, haute de (32 pieds) 10 m. 39 c.

Les villes de Marbourg, Schmalkalden, Franckemberg et Rothenbourg.

GRANDS-DUCHÉS DE MECKLEMBOURG.

Le Mecklembourg est borné au nord par la mer Baltique, à l'est et au sud par la Prusse ; à l'ouest par le Hanôvre et le Lawenbourg. Il se divise en deux grands-duchés, qui sont : celui de Mecklembourg-Schwerin, et celui de Mecklembourg-Strélitz.

Le Mecklembourg-Schwerin, à l'ouest, a pour capitale :

SCHWERIN, sur le lac de ce nom, c'est une ville commerçante et industrielle, et qui jouit d'une position charmante. Elle est célèbre par la bataille qui s'y livra en 1791.

Les autres villes importantes sont : Ludwisbourg, où réside ordinairement le grand-duc ; Rostock, Wismar, Gustrow, Parchim et Dobberan.

Le Mecklembourg-Strélitz, à l'est, a pour capitale :

NEUSTRELITZ, sur deux lacs, est une très-belle ville qui sert de résidence au grand-duc. Pop. : 6,000 habitans.

Les autres villes importantes sont : Neu-Brandebourg, Friedland, Ali, Strélitz et Ratzebourg.

Le gouvernement de ces deux duchés est représentatif.

GRAND-DUCHÉ D'OLDENBOURG.

Le grand-duché d'Oldenbourg est borné au sud par la mer d'Allemagne, et de tous les autres côtés par le Hanôvre.

Il se divise en trois parties : le duché d'Oldenbourg et les deux principautés de Lubeck et de Birkenfeld.

Le sol de ce pays produit du blé, du chanvre, du lin, du houblon, du colza et des légumes. On y élève des bestiaux et des chevaux très-estimés. Son gouvernement est monarchique.

OLDENBOURG, sur l'Hunte, et une ville commerçante qui renferme plusieurs édifices remarquables et quelques fabriques. Elle est la capitale et la résidence du grand-duc. Pop. : 6,000 hab.

Les autres villes importantes sont : Eutin, Berkenfeld, Varle, Jever et Wechta.

GRAND-DUCHÉ DE BRUNSWICK.

Le grand-duché de Brunswick est borné au nord et à l'ouest par le Hanôvre, à l'est et au sud par la Prusse.

Il se divise en six districts, savoir :

District de Brunswick. Chef-lieu : *Brunswick*.
— de Wolfenbuttel. — *Wolfenbuttel*.
— de Helmstedt. — *Helmstedt*.
— de Gandersheim. — *Gandersheim*.
— de Holzminden. — *Holzminden*.
— de Blankembourg. — *Blankembourg*.

Le chanvre, le lin, les fruits, les mûriers et une grande quantité de céréales en sont les principales productions. On y trouve des bestiaux en abondance, du bois et des mines.

Son gouvernement est représentatif.

BRUNSWICK, sur l'Ocker, est une ville remarquable par ses édifices et ses établissemens littéraires. Le grand-duc y fait sa résidence. Elle a des fabriques de laine et de soie. Pop. : 36,000 hab.

Les autres villes importantes sont : Wolfenbuttel, Helmstedt et Brankembourg, dont le château servit d'asile à Louis XVIII en 1797.

GRANDS-DUCHÉS
DE HOLSTEIN ET DE LAUEMBOURG.

(*Voyez Danemarck*.).

DUCHÉ DE NASSAU.

Le duché de Nassau est borné au nord et à l'ouest par le grand-duché prussien du Bas-Rhin ; à l'est et au sud par le grand-duché de Hesse-Darmstadt.

Il se divise en 28 bailliages.

Ses principales productions consistent en grains, vins du Rhin, fruits, amandes, tabac, noix de galle, chevaux, bestiaux et minéraux.

Son gouvernement est monarchique et représentatif.

WIESBADEN est une ville agréablement située qui sert de résidence au grand-duc. Elle est renommée par ses eaux minérales. Pop. : 7,000 hab.

Les autres villes importantes sont : Weilbourg, jadis résidence du duc; Idstein, Biberick, Kronemberg, et Limbourg, renommée par ses eaux minérales.

DUCHÉ D'ANHALT-DESSAU.

Le duché d'Anhalt-Dessau, ainsi que les deux duchés qui suivent, sont enclavés dans la Prusse allemande.

C'est un pays fertile en grains, lin, houblon, tabac, fruits, bois et minéraux.

Son gouvernement est représentatif.

DESSAU, au confluent de l'Elbe, est une très-belle ville, entourée de superbes campagnes. On y remarque le château où réside le grand-duc et des établissemens littéraires. Pop. : 10,000 habitans.

Les autres villes importantes sont : Zerbat, importante par son industrie; Radgast, Ascherleben et Sausdersleben.

DUCHÉ D'ANHALT-BERNBOURG.

Ce duché est abondant en mines et charbon de terre. Son gouvernement est représentatif.

BERNBOURG, sur la Saale, en est la capitale. Son hôtel des monnaies et plusieurs fabriques la rendent assez importante. Pop. : 5,000 hab.

Les autres villes importantes sont :

BALLENSTADT, sur le Getil, capitale et résidence du grand-duc, est remarquable par ses édifices. Pop. : 3,600 hab.

Les villes de Harzgerode et Hoym.

GRAND-DUCHÉ D'ANHALT-COETHEN.

Ce pays est fertile et bien cultivé. Son gouvernement est représentatif.

COETHEN, sur la Ziethe, en est la capitale et la résidence du duc. Elle renferme plusieurs établissemens publics. Pop. : 6,000 hab.

Les autres villes importantes sont : Niembourg et Roslau.

PRINCIPAUTÉ
DE SCHWARTZBOURG-RUDOLSTADT.

Cette principauté est enclavée dans la Saxe.

Elle abonde en productions naturelles. Son gouvernement est représentatif.

RUDOLSTADT, sur la Saale, en est la capitale, et la résidence du prince. Ses beaux bâtimens et son industrie lui donnent assez d'importance. Pop. : 4,000

Les autres villes importantes sont : Schwartzbourg, Blanckemberg, Stadtilm et Franckenhausen.

PRINCIPAUTÉ
DE SCHWARTZBOURG-SONDERSHAUSEN.

Cette principauté est enclavée partie dans la Saxe, et partie dans la Prusse allemande.

8.

Ce pays jouit d'une grande fertilité, et renferme des mines d'or et de cuivre.

Son gouvernement est monarchique.

SONDERSHAUSEN, sur le Wipper, c'est une belle ville forte qui en est la capitale et la résidence du souverain. Pop. : 3,300 hab

Les autres villes importantes sont : Arnstad, importante par son commerce et son industrie ; Klingen, Ebeleben et Plawe.

PRINCIPAUTÉ
DE HOHENZOLLERN-HECHINGEN.

Cette principauté, ainsi que celle qui suit, est enclavée dans le royaume de Würtemberg.

Son gouvernement est monarchique.

HECHINGEN, sur le Starzel, jolie ville de peu d'étendue, en est la capitale et la résidence du prince. Pop. : 3,000 hab.

PRINCIPAUTÉ
DE HOHENZOLLERN-SIGMARINGEN.

Le gouvernement de cette principauté est monarchique.

SIGMARINGEN, petite ville sur le Danube, en est la capitale, et la résidence du prince. Pop. : 1,400 habitans.

On y trouve encore Trochtelfigen, petite ville, avec 3 000 hab.

PRINCIPAUTÉ DE LIECHTENSTEIN.

Cette principauté est située entre la Suisse et le Tyrol. Son gouvernement est représentatif.

LIECHTENSTEIN, sur le Rhin, en est la capitale. Pop : 1,000 hab.

PRINCIPAUTÉ DE WALDECK.

Cette principauté est située à l'ouest de la Hesse-Électorale. Son gouvernement est représentatif.

CORBACH, sur l'Ister, en est la capitale. Pop. : 2,000 hab.

Les autres villes sant : Arolsen, où réside le prince; et Pyrmont.

PRINCIPAUTÉ DE REUSS-GREIZ.

La principauté de Reuss-Greiz, ainsi que les deux qui suivent, sont enclavées dans le duché de Saxe.

Son gouvernement est représentatif.

GREIZ, sur l'Elster-Blanc, en est la capitale. C'est une ville assez commerçante et qui possède plusieurs manufactures. Pop. : 7,000 hab.

PRINCIPAUTÉ DE REUSS-SCHLEIZ.

Le gouvernement de cette principauté est représentatif.

SCHLEIZ, sur la Wisenthal, en est la capitale, et la résidence du prince. On y trouve plusieurs fabriques. Pop. : 7,000 hab.

PRINCIPAUTE
DE REUSS-LOBENSTEIN-EBERSDORF.

Le gouvernement de cette principauté est représentatif.

LOBENSTEIN, sur le Lemnitz, en est la capitale. C'est une jolie petite ville qui sert de résidence au prince; elle est remarquable par son industrie. Pop. : 5,000 hab.

PRINCIPAUTÉ DE LIPPE-DETMOLD.

Cette principauté, ainsi que celle qui suit, est enclavée dans le gouvernement prussien de Minden, et dans le duché de Brunswick. Son gouvernement est représentatif.

DETMOLD, sur la Werra, en est la capitale. Pop. : 2,800 hab.

Les autres villes importantes sont : Lemgow et Lippstadt.

PRINCIPAUTÉ DE LIPPE-SCHAUENBOURG.

Son gouvernement est représentatif.

BUCKEBOURG, sur l'Ave, petite ville assez industrieuse, en est la capitale. Pop. : 2,100 hab.

On y trouve encore Rinteln, ville forte, et Sthadthagen.

VILLES LIBRES, OU REPUBLIQUES.

On en compte quatre, savoir :

LUBECK, près de la mer Baltique, au confluent de la Wackénitz et de la Trave, est une belle ville forte et très-considérable, autrefois impériale et anséatique qui fut fondée en 1140 par Adolphe II, comte de Holstein. Ses édifices les plus remarquables sont : la Bourse, l'arsenal, la cathédrale et l'hôtel-de-ville. Son commerce est très-étendu et très-florissant à cause de sa position qui sert d'entrepôt à toutes les marchandises qui arrivent du midi de l'Europe dans les ports de la Baltique. Elle possède de nombreuses manufactures, une fonderie de canon, et des moulins à battre le cuivre. Pop. : 22,000 hab.

FRANCFORT-SUR-LE-MEIN, à 116 l. (452 kil.) N.-E. de Paris, est une ville remarquable par sa beauté, son étendue et son commerce. On y admire la cathédrale, l'hôtel-de-ville, le Braunfels et la salle de spectacle. Elle est peu importante sous le rapport industriel; mais d'un autre côté, sa situation, ses nombreuses relations commerciales avec les places les plus considérables de l'Europe, et les deux grandes foires qui s'y tiennent chaque année en font un état florissant. C'est dans cette ville que siège la Diète de la Confédération Germanique. Pop. : 60,000 hab.

BRÊME, sur le Weser, avec un bon port, est une ville très-commerçante et qui possède de nombreuses manufactures. Pop. : 40,000 hab.

HAMBOURG, sur l'Elbe et sur l'Asser, à 187 l. (729 kil.) N.-E. de Paris, possède un vaste port avec des chantiers de construction pour les navires; elle fait un commerce considérable. Parmi ses nombreuses manufactures, on remarque celles de soie, de lainages, et de toiles peintes. Pop. : 122,000 hab.

DE LA SUISSE.

La Suisse, qui portait jadis le nom d'Helvétie, tomba au pouvoir des Romains, sous le règne de Jules César. Les Bourguignons s'en rendirent maîtres et la réunirent à la France; quelque temps après elle appartint à l'Allemagne.

Les lois odieuses et tyranniques des gouverneurs d'Albert, soulevèrent à un tel point l'indignation des habitans, que les cantons de Schwitz, d'Underwald et d'Uri se révoltèrent et fondèrent la Confédération Suisse à laquelle s'ajoutèrent, en 1513, dix autres cantons. Les nouveaux cantons d'Argovie, de Saint-Gall, des Grisons, du Tésin, de Turgovie et de Vaud, qui étaient auparavant sujets ou alliés de la Suisse, furent réunis à la Confédération, par l'intervention du général Bonaparte, qui améliora par de grands changemens sa constitution.

La république helvétique qui n'était formée que de 13 cantons, en comprit alors 19. Enfin les trois cantons de Genève et celui de Neufchatel, qui appartenaient à la fois à la Suisse et au roi de Prusse, y furent encore réunis par le congrès de Vienne, en 1815.

La Suisse est un des pays les plus élevés et les plus montagneux de l'Europe; elle offre au voyageur les sites les plus pittoresques et les plus variés. Ses montagnes renferment beaucoup de mines et d'eaux minérales; quelques rivières y roulent de la poudre d'or, et un grand nombre de fleuves y prennent leurs sources.

La variété du climat de cette contrée change suivant

la hauteur et la situation des montagnes que l'on habite, on jouit dans les vallées d'une douce température. On découvre aussi de vastes plaines et des champs bien cultivés qui nourrissent une grande quantité de bestiaux.

La fertilité de cette contrée contraste singulièrement avec ces hauts monts toujours couverts de neige, ces rochers inaccessibles et ces immenses glaciers d'où les avalanches se précipitent souvent avec un horrible fracas, et écrasent quelquefois dans leur chûte terrible des villages entiers. La faible quantité de ses productions végétales ne pouvant suffire à la consommation des habitans, leurs troupeaux font leur principale richesse. Les ours, les chamois, les bouquetins, les vautours et les marmottes sont les seuls animaux sauvages qui l'habitent. La Suisse est très-renommée par ses fabriques d'horlogerie et de mousselines.

Aujourd'hui la Suisse est bornée au nord par l'Allemage, à l'ouest par la France, au sud par l'Italie, à l'est par l'Autriche.

Ses principaux fleuves sont : le Rhin, le Rhône, le Pô, le Danube et l'Aar, qui se jette dans le Rhin.

On y compte plusieurs lacs, les principaux sont : les lacs de Constance, de Genève, de Neufchâtel, de Zurick, de Lucerne, et le lac Majeur.

NOUVELLE DIVISION DE LA SUISSE,

EN 22 CANTONS,

OU CONFÉDÉRATION SUISSE.

La Confédération Suisse se compose des 22 cantons qui suivent :

Cantons (1)	Chefs-lieux.	Cantons.	Chefs-lieux.
Appensel.	*Appensel.*	Berne.	*Berne.*
Argovie.	*Arau*	Fribourg*	*Fribourg.*
Bâle.	*Bâle.*	Genève.	*Genève.*

(1) Les cantons catholiques sont désignés par un astérisque.

Cantons.	Chef-lieux.	Cantons.	Chef-lieux.
Glaris.	*Glaris.*	Tésin.*	*Bellinzona.*
Grisons.	*Coire.*	Turgovie.	*Frawenfeld.*
Lucerne.*	*Lucerne.*	Underwald.	*Stanta.*
Neufchâtel.	*Neufchâtel.*	Uri.*	*Altorff*
Saint-Gall.	*Saint-Gall.*	Valais.	*Sion.*
Schaffhouse.	*Schaffhouse.*	Vaud.	*Lausanne*
Schwitz*	*Schwitz.*	Zug.	*Zug.*
Soleure*	*Soleure.*	Zurich.	*Zurich.*

Les villes les plus remarquables de la Suisse sont :

BERNE est bâtie sur une espèce de plate-forme, entourée de trois côtés par l'Aar qui rend sa situation fort agréable, et en forme une presqu'île. L'église cathédrale fondée l'an 1421, est un superbe édifice; son portail où est représenté, en sculpture, le jugement dernier, attire l'attention des curieux. C'est la patrie de Haller. Fabrications de toiles de coton et d'ouvrages d'ébénisterie. Pop. : 18,000 hab.

C'est dans ce canton que l'on visite les beaux lacs et les hautes cascades qui entourent Thonn, Eslach et Brientz.

LAUPEN est un petit endroit célèbre par la bataille qui s'y livra en 1339, dans laquelle les Bernois tuèrent 15,000 cavaliers.

ZURICH est située à l'extrémité du lac qui porte son nom, d'où sort la rivière de Limmat qui la sépare en deux parties inégales, jointes par trois ponts, dont le plus grand aboutit à la place du marché, d'où l'on aperçoit l'hôtel-de-ville. On y admire la cathédrale, le Frauen-Munster, l'hôtel-de-ville, et l'arsenal qui renferme encore l'arbalète dont Guillaume Tell se servit en 1307, pour décocher la flèche qui abattit la pomme placée sur la tête de son fils, et avec laquelle il tua le bailly Gessler. Commerce de bonneteries, d'étoffes de soie et de mousselines. Les Français, sous les ordres du général Masséna, y remportèrent une grande victoire en 1799, sur l'armée combinée des Russes et des Autrichiens. C'est la patrie de Gesner et de Lavater. Pop. : 11,000 hab.

LUCERNE, sur la Reuss, est une belle et grande ville qui tire son nom du mot latin *Lucerna* qui signifie un fallot, parce qu'on en allumait un au haut d'une tour qui servait de phare aux bateaux qui passaient la nuit sur ce lac. On remarque la cathédrale, l'hôtel-de-ville, l'arsenal et quelques établissemens littéraires. Elle sert d'entrepôt aux marchandises qui arrivent d'Italie. Pop. : 6,000 hab.

GENÈVE, ville forte, sur le lac Léman ou de Genève, à l'issue du Rhône, à 132 l. (515 kil.) de Paris. C'est une ville qui jouit d'une situation et d'un point de vue charmans; de tous côtés, l'on découvre des campagnes riches et fertiles. Le développement de son commerce et de son industrie, des sciences et des beaux-arts, la rendent remarquable. On y fabrique beaucoup d'horlogerie et de bijouterie. C'est la patrie de Bonnet, de Saussure, de J.-J. Rousseau, du ministre Necker et de sa fille madame de Staël. Pop. : 26,000 hab.

BALE, sur le Rhin, est la ville la plus commerçante de la Suisse; elle possède des fabriques de rubans, de toiles et de soieries. C'est la patrie de Bernouilli et d'Euler. Pop. : 16,000 hab.

LAUSANNE, à quelque distance du lac de Genève, est une ville fort ancienne, d'une position fort agréable, située sur trois collines, et munie d'un château bâti en carré qui était jadis la demeure du bailly.

Il est peu d'endroits où l'on jouisse de points de vue aussi vastes et aussi pittoresques. Pop. : 10,000 hab.

FRIBOURG, sur la Sane, est une belle ville où l'on remarque sa cathédrale et son pont en fil de fer. Son commerce consiste en bestiaux et fromages de Gruyères. Pop. : 7,000 hab.

Les autres villes importantes de la Suisse sont : Schaffhouse, Saint-Gall, Herisau, Einsiedlen, Glaris, Lugano, Yverdon, Vevay, Locle, Baden, célèbre par ses eaux minérales, et par le congrès qui s'y tint en 1714; Neufchâtel, possession prussienne, jolie ville sur le lac de ce nom, remarquable par son industrie et son commerce de transit; Altorf, berceau de la liberté helvétique et patrie de Guillaume Tell.

DE L'ITALIE.

Les Romains, après avoir été gouvernés par des rois, formèrent une république; ils soumirent toute l'Italie et une grande partie du monde connu des anciens. Les Goths et les Lombards envahirent l'empire romain, ces derniers fondèrent une monarchie. Cette contrée tomba sous la puissance de Charlemagne et fut réunie à la France; après la mort de ce monarque, elle fut gouvernée par plusieurs souverains et partagée en plusieurs états. Elle fut conquise successivement par les Allemands, les Espagnols et les Français; ces derniers en prirent encore possession au XVIIIe siècle et la perdirent en 1814.

L'Italie est le berceau des arts et des sciences qui y sont cultivés avec succès, sans y jeter autant d'éclat qu'autrefois.

L'Italie est l'une des contrées les plus méridionales de l'Europe; la température du climat est généralement saine et chaude, excepté dans le lieu où sont situés les marais Pontins qui exhalent un air pestilentiel qui occasionne tous les ans des maladies épidémiques. Le voyageur est saisi d'étonnement et d'admiration, autant par l'aspect d'une nature aussi riche et aussi belle que par l'intérêt et l'ancienneté des monumens qu'on y rencontre à chaque pas.

L'Italie est bornée au nord par l'Allemagne et la Suisse; à l'ouest par la France et la Méditerranée; au sud par la mer Ionienne, à l'est par la mer Adriatique et l'Autriche. L'Italie est formée de onze états d'une étendue très-différente. Elle a 670 milles de longueur et 226 milles de largeur. La population s'élève à 21 millions d'habitans, dont la presque totalité est catholique.

Tous les gouvernemens y sont monarchiques et absolus, à l'exception de celui de Saint-Marin, qui est républicain. Celui des États-de-l'Église a pour chef le Pape, qui est élu par les cardinaux.

Si l'industrie des habitans de l'Italie, qui jouit d'un climat aussi doux et qui est arrosée par une grande quantité de fleuves et de rivières, était en rapport avec sa fertilité, elle serait une des plus riches contrées de l'Europe. Le riz, le coton, la canne à sucre, l'olivier, l'oranger, le limonier, etc., y sont cultivés avec grand succès; en général, on y récolte toutes les productions des climats tempérés. La partie méridionale est sujette à de violens tremblemens de terre.

Les Italiens sont belliqueux, grands politiques, spirituels, propres aux sciences et aux beaux-arts, et surtout dans l'architecture, la sculpture, la poésie et la musique.

FLEUVES D'ITALIE.

Ses principaux fleuves sont : le Pô, qui prend sa source en Piémont; le Lisenzo, qui sort de l'Illyrie; l'Adige, qui naît dans le Tyrol; le Tagliamento, la Piave et la Brenta, qui traversent le gouvernement de Venise, et qui tous les six se perdent dans la mer Adriatique; l'Arno et le Tibre, qui ont leur source dans l'Apennin; le Var, qui sort des Alpes, et qui tous les trois se jettent dans la mer Méditerranée.

NOUVELLE
DIVISION DE L'ITALIE,
EN 11 ÉTATS.

L'Italie, avec les îles qui en dépendent, forme onze États, dont cinq grands et six petits, savoir :

Le royaume de Sardaigne.	Le grand-duché de Toscane.
Le royaume Lombard Vénitien.	Les États de l'Église.

Le royaume des Deux Siciles.
La principauté de Monaco.
Le duché de Parme.
Le duché de Modène.

Le duché de Lucques.
La république de Saint-Marin.
Malte et ses dépendances.

ROYAUME DE SARDAIGNE.

Ce royaume est borné au nord par la Suisse; à l'est par le royaume Lombard Vénitien; au sud par la Méditerranée; à l'ouest par la France.

Il se divise en huit intendances générales, ou divisions militaires, lesquelles se divisent en quarante petites provinces. L'île de Sardaigne n'est point comprise dans cette division.

Le Piémont, qui comprend les sept intendances qui suivent, est généralement fertile en riz, maïs, grains, vins, truffes, olives, oranges, citrons et fruits. On y trouve d'excellens pâturages.

INTENDANCE GÉNÉRALE DE TURIN.
Chef-lieu : *Turin.*

TURIN est la capitale du royaume et la résidence ordinaire du roi. Elle est située dans une vaste plaine, ayant le Pô à la droite et la Doire à gauche. C'est une des plus belles villes d'Italie; mais l'air y est très-malsain en automne et en hiver, à cause des brouillards. On y admire la citadelle, le palais du roi qui consiste en deux magnifiques bâtimens qui communiquent par une galerie, le palais Carignan, le grand-théâtre et la cathédrale sont des monumens de toute beauté. Les armées françaises y entrèrent plusieurs fois victorieuses. Les liqueurs, la parfumerie, la soie torse et les étoffes de soie sont les principales branches de son commerce. Elle possède des manufactures de tabac, de boulets et de bouteilles. C'est la patrie du géomètre Lagrange. Pop. : 114,000 hab

Les autres villes importantes de cette division sont : Biella, Pignerol, près de laquelle se trouve la plaine de Marsaille ; Suze, au pied du Mont-Cenis, Fénestrelles, ville forte ; Rivoli, avec un beau château ; et Ivrée, ancienne et forte ville.

INTENDANCE GÉNÉRALE DE CONI.

Chef-lieu : *Coni.*

CONI est une jolie ville, et une ancienne place forte au confluent de la Stura et de la Gesso. Elle est dans une situation agréable, au milieu de riches campagnes et de vallons très-fertiles. On y fait un grand commerce de soie, chanvre et grains. Pop. : 17,000 habitans.

Les autres villes importantes de cette division sont : Mondovi, remarquable par ses fabriques de draps et de papiers ; les Français y vainquirent les Piémontais en 1796 ; Savigliano, ville forte et commerçante ; Saluces, au pied des Alpes, près de laquelle Catinat défit le duc de Savoie et les alliés en 1690 ; et Fossano, sur la Stura, ville forte, où l'on trouve des bains très-estimés.

INTENDANCE GÉNÉRALE D'ALEXANDRIE.

Chef-lieu : *Alexandrie.*

ALEXANDRIE, sur le Tanaro, est une des plus fortes places de l'Europe. Elle n'est plus si belle qu'elle était autrefois. On y voit encore des restes de son ancienne splendeur : la colonne de Pompée, et deux obélisques magnifiques chargés d'hiéroglyphes. L'ancien phare, si célèbre dans l'antiquité, qui passait pour une des sept merveilles du monde, construite par Ptolémée Philadelphe, n'a presque plus rien de son ancienne beauté. Elle est assez commerçante. Pop. : 51,000 hab.

Le village de Marengo, situé près d'Alexandrie, a

donné son nom à la bataille que les Français gagnèrent sur les Autrichiens en 1800.

Les autres villes importantes de cette division sont : Asti, sur le Tanaro, patrie du poète Alfiéri, ville ancienne et belle, dont les environs fournissent des vins estimés; Acqui, sur la Bormida, célèbre par ses bains d'eau chaude; Tortone, sur la Scrivia, ville ancienne, dont les environs sont riches en mines de fer, et Casal, ancienne capitale du Montferrat.

INTENDANCE GÉNÉRALE DE NOVARRE.
Chef-lieu : *Novarre*.

NOVARRE est située sur une éminence et très-bien fortifiée. La place d'armes et le palais Bellini sont admirables. Elle a vu naître le célèbre Pierre Lombard, évêque de Paris, qui mit la théologie scholastique en usage. Pop. : 13,000 hab.

Les autres villes importantes de cette division sont : Mortara, place forte; Varallo; Verceil sur la Sésia, remarquable par ses beaux édifices publics et son commerce en soie, chanvre, lin, vin et grains; Vigevano, sur le Tésin, et Arona, près de laquelle commence la superbe route du Simplon.

INTENDANCE GÉNÉRALE D'AOSTE. Chef-lieu : *Aoste*.

AOSTE, au pied des Alpes, est située dans un pays fertile en pâturages et en toutes sortes de fruits. Elle est remarquable par la naissance de saint Anselme, archevêque de Cantorbéry. On y admire plusieurs monumens romains. Pop. : 6,000 hab.

INTENDANCE GÉNÉRALE DE NICE. Chef-lieu *Nice*.

NICE, à une lieue du Var, est une très-jolie ville avec un port sur la Méditerranée. On y jouit d'un séjour très-agréable; elle est entourée de tous côtés de superbes campagnes peuplées de bosquets d'orangers, de citronniers, d'oliviers et de fleurs; enfin la température y est si douce qu'elle attire tous les hivers une foule d'étrangers. Elle est renommée par ses fabriques de parfumeries. Elle a donné le jour à Cassini, fameux astronome, et à Masséna. Pop. : 25,000 hab.

On trouve encore : Villefranche, avec un port défendu par un château et le fort Montalban, et Ouille dont les environs fournissent quantité d'huile ; les Espagnols s'en emparèrent en 1745. Patrie du célèbre marin André Doria.

PRINCIPAUTÉ DE MONACO.

Le roi de Sardaigne protège ce petit Etat indépendant qui est enclavé dans le comté de Nice, et qui a pour capitale Monaco, ville munie d'un château fort, bâti sur un rocher escarpé battu par les flots de la mer, au pied duquel est le port qui est très-commode et très-fréquenté. Pop. : 12,000 hab.

Menton est une petite ville dont le territoire produit en abondance les meilleurs citrons et les plus belles oranges de toute l'Italie. Pop. : 5,000 hab.

INTENDANCE GÉNÉRALE DE GÊNES.

Chef-lieu : *Gênes*.

Le duché de Gênes était gouverné aristocratiquement avant 1805 ; le pouvoir était entre les mains d'un grand-conseil composé de nobles qui n'y étaient admis qu'à l'âge de 22 ans. Le Doge, ou duc président du Sénat, réglait les affaires administratives de l'État avec douze sénateurs. Les revenus de cette république n'étaient pas considérables, quoique les particuliers possédassent de grandes richesses et de nombreux capitaux dans les principales banques de l'Europe ; l'on peut juger d'après cela de la marche du gouvernement. La découverte de l'Amérique a porté un coup terrible à la puissance commerciale de Gênes, de Venise, de Pise, et de la plupart des autres États de l'Italie.

En 1805, elle demanda et obtint sa réunion à la France. En vertu de l'acte du congrès de Vienne, tout son territoire appartient aujourd'hui au roi de Sardaigne.

GÊNES, à 207 l. (806 kil.) S.-E. de Paris, grande ville, forte et commerçante, est située près de la mer, et représente un amphithéâtre. Elle est surnommée La Superbe, à cause du grand nombre et de la beauté des édifices qu'elle renferme; les plus remarquables sont : le palais du gouvernement, le grand-hôpital, la Bourse, le nouveau théâtre, la cathédrale et la place de l'Annonciation. Elle est célèbre par le siége que les Génois, réunis aux Français, soutinrent en 1800, sous les ordres de Masséna; 20,000 personnes y périrent de faim. L'étendue de son commerce et le développement de son industrie, l'ont rendue très-florissante. C'est la patrie de Christophe Colomb.

Les autres villes importantes de cette division sont : Savone, port de mer très-commerçant, célèbre par le séjour qu'y fit Pie VII avant sa translation à Fontainebleau; Chiavari, près du golfe de Rapallo; Sarzane, ville ancienne; La Sperzia, sur le golfe du même nom, avec un beau port; Albengua, place forte avec un port; Novi, place forte, célèbre par la défaite et la mort du général Joubert, qui y périt avec 20,000 Français, en 1799.

Dans l'intendance de Gênes se trouve aussi la petite île de Capraïa, au N.-E. de la Corse.

INTENDANCE GÉNÉRALE DE SAVOIE.

Chef-lieu : *Chambéry.*

Les habitans portaient autrefois le nom d'Allobroges sous la domination gauloise. La grandeur de ce duché est loin d'être en rapport avec la fertilité de son sol; ses hautes montagnes, toujours couvertes de neiges, en rendent la température extrêmement froide.

Elle est bornée au sud par le Dauphiné et le Piémont, à l'est par les Alpes Piémontaises, au nord par le lac de Genève, à l'ouest par le Rhône, qui la sépare de la Bresse et du Bugey.

Les Alpes, qui séparent la Savoie du Piémont, renferment des sites pittoresques et des abîmes affreux. Le mont Cenis, à quelques lieues de l'Italie, était autrefois un passage impraticable; c'est à Napoléon que l'on doit la belle route qu'il y a fait construire malgré toutes les difficultés que cette exécution présentait.

CHAMBÉRY, à 138 l. (540 kil.) S.-E. de Paris, est une grande ville, très-commerçante, qui a subi de grands changemens dus à la générosité du général Boignes. Elle possède plusieurs édifices assez remarquables : la caserne, le nouveau théâtre, le château, l'hôpital, et quelques jolies promenades. Elle a donné le jour à l'historien Saint-Réal et au grammairien Vaugelas. Pop. : 12,000 hab.

AIX, située dans une grande plaine près de la petite rivière d'Ard, est renommée par ses eaux thermales et ses monumens romains.

ANNECY, sur la rivière de Sier, près du lac de son nom, s'honore d'avoir donné le jour au chimiste Berthollet.

MOUTIERS, est une ville agréablement située; on y remarque un superbe palais, de vastes salines et une école de minéralogie.

L'HOPITAL est une jolie petite ville régulièrement bâtie.

Les autres villes importantes de cette division sont : Evian, sur le lac de Genève; Bonneville, Saint-Jean de Maurienne, Saint-Pierre de Maurienne, et Montmeillan, place forte que les Français avaient détruite, et qu'on répare depuis quelque temps.

Les étrangers ne cessent d'aller visiter les éternels glaciers situés près de Chamouny, au mont Blanc.

ILE DE SARDAIGNE.

INTENDANCE GÉNÉRALE DE CAGLIARI.

Chef-lieu : *Cagliari.*

L'île de Sardaigne est située à l'ouest de l'Italie et à l'est de la Corse dont elle est séparée par le détroit de Bonifacio. Elle a le titre de royaume.

CAGLIARI, sur le golfe de même nom, ville forte et assez commerçante, est la capitale du royaume. Le palais qui est la résidence du vice-roi et la cathédrale sont deux beaux monumens. Elle est remarquable par son université, son archevêché et ses riches salines. Pop. : 20,000 hab.

Les autres villes remarquables de cette île sont : Sassari, qui est le chef-lieu de la vice-intendance de ce nom; Bosa, Alghier, Osieri, Tempio et Oristagni.

Les îles de Tavolara, Asinara, San-Pietro, San-Antioco, la Madeleine et Caprera, dépendent aussi de ce royaume.

ROYAUME LOMBARD-VÉNITIEN.

Ce royaume est situé au sud-est de l'empire d'Autriche dont il est une dépendance.

Le duché de Milan tomba sous la domination française, qui en forma une république, puis un royaume sous le nom de royaume d'Italie, dans lequel étaient renfermés les états de terre-ferme de la république de Venise et quelques parties des États du Pape. Ce nouveau royaume, conquis et gouverné par l'empereur d'Autriche, a pris en 1815 le nom qu'il porte actuellement; mais les provinces possédées par le Pape en ont été séparées.

Il se divise en deux gouvernemens, lesquels se subdivisent en 17 délégations.

GOUVERNEMENT DE MILAN. Chef-lieu : *Milan*.

Ce pays jouit d'une grande fertilité et produit en abondance du riz et de la soie.

MILAN, sur l'Olona, à 210 l. (816 kil.) S.-E. de Paris, est l'une des plus grandes et des plus belles villes du monde; elle sert de résidence au vice-roi. Elle possède de nombreux et de superbes monumens dont les plus remarquables sont : le palais de Brera, le palais royal et celui du sénat, le vaste théâtre de la Scala, le cirque, une magnifique caserne, la cathédrale ou le Domo, qui le cède à peine à Saint-Pierre de Rome ; et une foule de palais particuliers. Son principal commerce consiste en soie, galons, dentelles, quincaillerie, bijouterie, vins, toiles, pelleteries et librairie. Son industrie et son commerce doivent leur accroissement à la situation de cette ville près du Simplon. Pop. : 150,000 hab.

Les autres villes importantes de ce gouvernement sont :

Pavie, sur le Tésin, près du Pô, est une ville admirable par ses beaux monumens, par son ancienne université et ses établissemens scientifiques. Elle est bien moins considérable qu'elle n'était autrefois; car elle n'a pu se relever depuis que le vicomte de Lautrec la saccagea en 1527 pour venger l'affront qu'y reçut François Ier, à la fameuse bataille qu'il y perdit en 1525, dans laquelle il fut fait prisonnier. Commerce de soie, cristaux et verres. Pop. : 21,000 hab.

Come, sur le lac du même nom, est une ville ancienne ; sa cathédrale et plusieurs édifices particuliers sont assez remarquables. Elle possède des fabriques de soieries et d'instrumens d'optique. C'est la patrie de Pline le jeune. Pop. : 18,000 hab.

Crémone, grande et belle ville, où l'on admire la cathédrale, beau monument gothique. Elle est renommée pour ses manufactures de violons et ses fabriques de coutellerie et de cordes à musique. Pop. : 26,000 habitans.

Bergame est une grande ville où l'on fait un commerce considérable. Pop. : 24,000 hab.

Brescia, sur la Garza, place forte, riche et grande ville entourée de campagnes fertiles. Parmi ses édifices on remarque le palais de justice, la bibliothèque publique, le nouveau théâtre et la cathédrale. On y fabrique des armes à feu, de la quincaillerie, de la coutellerie et de la soierie. Pop. : 50,000 hab.

Mantoue, sur un lac formé par le Mincio, est une belle ville remarquable par ses fortifications. Elle possède de beaux monumens et des établissemens littéraires. Elle tomba alternativement au pouvoir des Français et des Autrichiens. Pop. : 25,000 hab.

C'est dans les environs de cette ville que naquit Virgile.

Marignan, entre Milan et Lodi, est célèbre par la défaite des Suisses et du duc de Milan, par François Ier.

Monza, célèbre par le couronnement des deux empereurs Charlemagne et Napoléon; elle possède encore la couronne de fer qu'ils portèrent tous deux

Lodi, petite ville, fameuse par le passage de son pont; Bonaparte jugeant que le gain de la bataille dépendait de sa prise, saisit un drapeau, électrise par ses paroles les braves qui l'entourent, s'élance à leur tête au milieu d'un feu terrible, s'empare de l'artillerie autrichienne et met l'armée ennemie dans une déroute complète.

GOUVERNEMENT DE VENISE. Chef-lieu : *Venise.*

Ce gouvernement formait autrefois la république de Venise, la plus ancienne de l'Europe, fondée dès le milieu du cinquième siècle par les Venètes, habitans des campagnes voisines, qui, pour se soustraire aux ravages que faisaient les débris des troupes d'Attila, se réfugièrent dans les îles ou lagunes sur lesquels Venise est bâtie. Cette république, autrefois très-puissante par ses flottes et son commerce, possédait les bords de la mer Adriatique qui l'environne, et plusieurs îles dans cette mer; elle a possédé les îles de Chypre, de Candie, et une grande partie de la Morée. Son gouvernement était aristocratique, et entre les mains de la noblesse, à la tête de laquelle était un doge, c'est-à-dire, un duc ou chef qu'elle élisait, et dont la charge était à vie : mais elle avait le droit de le déposer, lorsqu'il devenait incapable de servir la république

VENISE, sur l'Adriatique, à 260 l. (1013 kil.) de Paris, est une place forte, et l'une des plus belles villes de l'Europe. Les beautés principales de cette illustre ville sont : la place Saint-Marc, l'ancien palais ducal, le Pont des Soupirs, l'église Saint-Marc, celle des Jésuites, et le théâtre de la Fénice.

Venise est traversée dans tous les sens par un grand nombre de canaux, bordés de beaux quais, qui la divisent en une quantité prodigieuse d'îles. La ville est toute bâtie sur pilotis, au centre des lagunes, sur le golfe de son nom, où aboutissent plusieurs rivières. L'industrie et le commerce de Venise sont immenses. Pop. : 104,000 hab.

Les autres villes importantes de ce gouvernement sont :

PADOUE, sur la Bacchiglione, berceau des sciences et des arts, est une ville très-commerçante. Elle possède une université et une magnifique église dédiée à saint Antoine. C'est la patrie de l'historien Tite-Live, et du peintre Louis Léon, dit le Padouan. Pop. : 50,000 hab.

VICENCE, au confluent du Rhetonne et du Bacchiglione, grande, forte et florissante, et l'une des plus anciennes villes d'Italie. On y voit quantité de belles églises, de beaux palais et plusieurs belles places. C'est la patrie d'André Palladio, d'Antoine Godis et du poète Trissino. Pop. : 30,000 hab.

VÉRONE, sur l'Adige qui la traverse, est dans une situation très-agréable. On y voit encore plusieurs monumens anciens dont le plus remarquable est l'amphithéâtre où plus de 23,000 personnes peuvent être commodément assises. Cette ville possède des manufactures de laines et de soie. Elle a donné le jour à Paul Véronèze, Cornelius-Népos et à Pline l'ancien. Pop. : 55,000 hab.

Les villes de Rovigo, Bassano, Trévise, importantes par leur commerce et leur industrie : Bellune, où l'on trouve des mines de cuivre : Udine, près de laquelle se trouve le château de Campo-Formio, où l'on signa le fameux traité conclu entre la France et l'Autriche en 1797.

C'est encore dans ce gouvernement que se trouvent Rivoli et Montebello, lieux célèbres par les victoires que les Français y remportèrent sur les Autrichiens en 1796.

GRAND-DUCHÉ DE TOSCANE.

Le grand-duché de Toscane portait autrefois le nom d'Etrurie. Il est situé à l'ouest de l'Italie centrale. Le climat y est sain et tempéré. On y parle la langue italienne dans toute sa pureté.

Le sol de ce pays produit en abondance du blé, du vin, du lin, du safran, des fruits, du riz, des olives, des citrons, des figues, des amandes, des châtaignes et de la soie. Il renferme des carrières de marbre et d'albâtre, des salines, des mines de fer, et quantité de minéraux.

Il se divise en cinq provinces, savoir :

PROVINCE DE FLORENCE. Chef-lieu : *Florence*

FLORENCE, sur l'Arno, à 310 l. (1,208 kil.) de Paris, en est la capitale. C'est la plus belle ville d'Italie, entourée par les Apennins, et d'environs qui vous offrent l'aspect de la plus belle nature; aussi l'a-t'-on surnommée l'Athènes d'Italie.

Elle renferme des monumens et des chefs-d'œuvre de toute beauté, parmi lesquels on admire le palais ducal, le palais Pitti qui communique à ce dernier par une galerie, résidence du grand-duc; la cathédrale, revêtue de marbre et surmontée d'un dôme, et la chapelle du Baptistère, ancien temple de Mars; l'entrée a deux colonnes de porphyre, et trois portes de bronze chargées de bas-reliefs. Dans la galerie du palais ducal, on admire la fameuse Vénus de Médicis, les Lutteurs et une foule d'autres belles statues qui avaient été transportées à Paris, mais qui en furent enlevées en **1815**, pour être restituées à leur ancien maître.

Elle possède de nombreuses manufactures dont les plus remarquables sont : celles de taffetas qui portent son nom, satins damas, bas de soie et tapisseries. On y fait surtout un grand commerce de vins et d'huile. Le physicien Galilée, le musicien Lulli, le poète Le Dante, et Améric Vespuce y ont reçu le jour. Pop. : 90,000 hab.

Les environs de Florence sont couverts de maisons de campagne. Le Poggio et le Pratolin, maisons du grand-duc, sont aussi admirables dans leur genre que Florence dans le sien.

Les autres villes importantes de cette province sont : Pescia, Volterra et Pissoie.

PROVINCE DE PISE. Chef-lieu : *Pise*.

PISE est une grande et belle ville peu commerçante ; elle possède plusieurs collections scientifiques, une très-belle place et une belle cathédrale, dont la tour quoique très-élevée, penche sensiblement et paraît menacer ruine. Lorsque cette ville était libre, 150,000 habitans défrichaient les terres ; aujourd'hui à peine y en a-t-il 15,000, et l'herbe croît dans les rues.

PROVINCE D'AREZZO. Chef-lieu : *Arezzo*.

AREZZO est située sur une montagne entourée de vastes plaines ; elle possède plusieurs antiquités. Cette ville a donné naissance à Mécène, Pétrarque, Porsenna, l'Arétin, et au bénédictin Gui, qui inventa la gamme au XIe siècle. On y trouve des fabriques de fayence et d'ouvrages de tour. Pop. : 9,000 hab.

Les autres villes importantes de cette province sont : Cortonne, sur une montagne, célèbre par son académie d'antiquités étrusques ; Montepulciano, renommée par ses vins, Chiusi, remarquable par ses collections d'antiquités ; et Burgo-di-San-Spolero, près du Tibre.

PROVINCE DE SIENNE. Chef-lieu : *Sienne.*

SIENNE est une grande et magnifique ville, à la fois commerçante et manufacturière, située sur une colline charmante, au milieu de campagnes fertiles. Elle possède une université très-ancienne et plusieurs beaux monumens dont les plus remarquables sont : le palais du grand-duc, une magnifique place, la cathédrale et l'hôtel-de-ville. Sa population, qui a dépassé 100,000 habitans, ne s'élève plus qu'à 18,000.

Les autres villes importantes de cette province sont : Montalcino, Colle et San-Gémiano.

PROVINCE DE GROSSETTO. Chef-lieu : *Grossetto.*

GROSSETTO, près de la mer, est une petite ville remarquable par ses nombreuses salines. Son commerce est peu étendu. Pop. : 2,500 hab.

Les autres villes importantes de cette province sont : Massa, sur une montagne, près de la mer, renommée par ses marbres ; Pitigliano et Orbitello, ville antique.

C'est encore dans cette province que se trouve l'île de Ciglio, hérissée de forêts et abondante en marbres.

ÉTATS DE L'ÉGLISE.

Les États de l'Église sont situés à l'est et au sud de la Toscane.

Les premières possessions des papes proviennent des dons que Pépin et son fils Charlemagne firent à l'Église des dépouilles des rois Lombards. La souveraineté de Rome fut conférée au Pape par Charles-le-Chauve, petit-fils de Charlemagne, qui l'avait comme Empereur.

L'élection du Pape est faite par les cardinaux dont le nombre est fixé à soixante-dix ; l'assemblée se réunit dans un lieu auquel on donne pour lors le nom de Conclave : c'est ordinairement le palais de Saint-Pierre de Rome, dit le Vatican. Il faut obtenir les deux tiers des voix des cardinaux pour être élevé à la papauté ; mais un tiers suffit pour l'exclusion du sujet présenté. En 1797, une partie de cet État étant tombée sous le pouvoir des Français, on signa un traité à Tolentino avec le pape Pie VI, en vertu duquel quelques-unes de ses provinces furent réunies à la république Cisalpine qui venait de se former.

En 1810, des contestations survenues entre le gouvernement français et Pie VII, furent cause que tous les États romains, y compris la ville de Rome, furent réunis à la France, qui en forma un gouvernement général, divisé en plusieurs départemens. En 1814, Pie VII, qui était détenu à Fontainebleau depuis quatre ans, en recouvrant sa liberté, rentra dans ses possessions.

Aujourd'hui ces États se divisent en 14 provinces qui portent un titre différent.

COMARQUE de Rome.	Chef-lieu : *Rome*.
DÉLÉGATION de Frosinone.	Chef-lieu : *Frosinone*.
— de Spolette et Rietti.	— *Rietti*.
— de Viterbe et Civita-Vecchia.	— *Viterbe*.
— de Pérouse.	— *Pérouse*.
— de Formo et Ascoli.	— *Formo*.
— de Macerata et Camerino.	— *Macerata*.
— d'Ancône.	— *Ancône*.
— d'Urbin et Pesaro.	— *Urbin*.
— de Bénévent.	— *Bénévent*.
— de Forli.	— *Forli*.
— de Ravenne.	— *Ravenne*.
— de Bologne.	— *Bologne*.
— de Ferrare.	— *Ferrare*.

Les principales productions végétales de ce pays consistent en grains, lin, chanvre, oranges, citrons, soie, riz, figues, olives et vins. On y élève de nombreux troupeaux, de beaux chevaux. L'on y trouve quantité de minéraux.

Les villes les plus importantes sont :

ROME, sur le Tibre, à 3121. S.-E. de Paris capitale de l'État et résidence du Pape. C'est une des plus anciennes villes de l'Europe. Elle fut fondée 753 ans avant Jésus-Christ, par Rémus et Romulus; elle eut six autres rois après Romulus. Tarquin-le-Superbe, qui en était le septième, fut chassé. Rome se mit en liberté, et s'érigea en république. Ses consuls et ses généraux, à force de bravoure, d'intrépidité, de grandeur d'âme et de vertus, subjuguèrent de proche en proche les peuples d'Italie, d'une grande partie de l'Afrique, de l'Europe et de l'Asie. N'ayant plus d'ennemis, elle dégénéra : les richesses, le luxe et la volupté rendirent plusieurs de ses citoyens trop puissans pour être contenus dans l'obéissance. La guerre civile déchira ses entrailles. Jules-César, après la conquête des Gaules, opprima la république : elle l'en punit en poussant le dernier soupir, il fut assassiné dans le Sénat. Octave, son fils adoptif, qui depuis prit le nom d'Auguste, le vengea; et, sous le titre d'empereur, rendit Rome la plus superbe et la plus riche ville du monde. Dans la décadence de l'empire, cette capitale ayant été prise, pillée et brûlée plusieurs fois par les Barbares, perdit beaucoup de son ancienne splendeur. Elle est néanmoins encore une des plus grandes et des plus belles villes de l'Europe; elle a quantité d'églises magnifiques, de belles places, de palais superbes et de pompeux monumens de l'antiquité : mais une partie de son enceinte est sans maisons. On y admire l'église de Saint-Pierre, la plus grande et la plus superbe de l'univers; le Vatican, qui est le palais de Sa Sainteté, est rempli de statues, telles que le Laocoon, la Cléopâtre, l'Apollon, l'Antinoüs, et des tableaux rares de Michel-Ange et autres fameux maîtres; il contient aussi une bibliothèque immense et une imprimerie où se trouvent les caractères de toutes les langues du monde; le château Saint-Ange, forte et ancienne citadelle, vastes restes du mausolée d'Adrien; l'amphithéâtre de Vespasien, ouvrage admirable, et long-temps abandonné à qui voulait le détruire, pour en enlever les matériaux; la colonne Trajanne, au haut de laquelle Sixte V a fait placer une statue de saint Pierre, à la place de l'urne qui contenait les cendres de Trajan; le Capitole; le palais de Monte-Cavallo, résidence du Pape, etc.; l'église de Saint-Jean-de-Latran, la plus ancienne de Rome; celle dite Rotonde, ou le Panthéon, édifice admirable sans fenêtres et sans piliers, éclairé par le haut de la voûte, bâti par Agrippa, gendre et ami d'Auguste. Rome possède une grande quantité d'établissemens scientifiques et littéraires, une foule de collections d'antiquités précieuses; enfin, elle est au premier rang parmi les villes commerçantes et industrieuses. Pendant l'occupation de cette ville par les Français, de 1810 à 1814, de grands travaux y furent exécutés pour son embellissement et pour la restauration de ses anciens monumens; mais quelques essais furent en vain tentés pour l'assainissement de ses campagnes, qui sont encore en proie à un air malsain, et offrent un aspect désolé. Pop. : 154,000 hab.

Tivoli, à peu de distance de Rome, située sur une montagne, dans une vaste plaine fertile en vins, fruits, etc. On y voit plusieurs beaux restes d'antiquités, un beau palais bâti par le cardinal d'Este, et une cascade superbe formée par la rivière de Tévérone; Frascati, délicieux séjour où l'on remarque encore les ruines de la maison Tusculane de Cicéron.

Bologne, sur le canal de ce nom, près du Reno, ville riche et l'une des plus belles d'Italie; elle possède une université qui est la plus renommée d'Italie et une très-célèbre académie. Les édifices publics sont magnifiques, les plus remarquables sont : la cathédrale, l'église Saint-Pétrone, où se trouve une méridienne tracée il y a cent ans par Pétronille; la tour des Asinelli qui passe pour la plus haute d'Italie, l'hôtel des monnaies, le vaste théâtre communal et le palais Caprara. Les productions du pays en font le principal commerce. Elle a donné le jour aux peintres Le Guide,

Carrache, aux papes Grégoire XIII et Benoît XIV, et au physicien Galvani. Pop. : 71,000 hab.

Ferrare, située près du Pô, est une belle et forte ville, peu commerçante. On y remarque plusieurs belles églises et une magnifique citadelle. Le Tasse, accusé de folie, par la méchanceté et l'ingratitude de ses concitoyens, fut enfermé à l'hôpital de Sainte-Anne, en 1579. Comme cette ville est entourée de marais, l'air y est très-malsain et occasionne des fièvres quelquefois mortelles. Pop. : 24,000 hab.

Ancone est une belle ville avec un bon port situé sur l'Adriatique, il est orné d'un arc de triomphe bâti en marbre blanc, érigé en l'honneur de l'empereur Trajan. Elle est peu commerçante. Pop. : 30,000

Rimini est située dans une plaine fertile et bien cultivée, à l'embouchure de la rivière de la Marrecchia, dans la mer Adriatique. On y admire plusieurs ruines antiques et de beaux bâtimens. Pop. : 15,000 hab.

Pérouse, située sur le Tibre, à trois lieues du lac du même nom, est une ville remarquable par la beauté de ses édifices, par son université et ses deux académies. Elle est très-commerçante et possède des manufactures de soie. Pop. : 50,000 hab.

Les villes de Civita-Vecchia, port franc sur la Méditerranée, Cesène, patrie de Pie VI; Ravènne, autrefois capitale de l'exarchat de son nom; Faenza, où l'on inventa la fayence; Urbin, patrie du célèbre Raphaël, Terni, patrie de l'historien Tacite; et Lorette, célèbre par le voyage qu'y font des milliers de pélerins.

ROYAUME DES DEUX-SICILES.

Ce royaume occupe tout le sud de l'Italie et comprend en outre plusieurs îles dont celle de Sicile est la principale.

La Sicile tomba successivement au pouvoir des Grecs,

des Romains et des Sarrasins; dans le onzième siècle, Robert Guiscard, à la tête de gentilshommes normands, s'en empara. Ses successeurs la gouvernèrent sous les noms de ducs de Calabre et de comtes de Sicile, mais Roger II prit le titre de roi vers le milieu du douzième siècle. Après avoir appartenue aux Allemands, puis aux Français, qui y furent massacrés en 1282, le jour de Pâques, au premier coup des vêpres, appelées Vêpres Siciliennes, époque où les Arragonais s'en rendirent maîtres. Depuis 1495 jusqu'en 1734, elle passa alternativement entre les mains des Français et des Espagnols; mais ces derniers en restèrent seuls possesseurs et y couronnèrent Dom Carlos, sous le nom de Charles III; aujourd'hui c'est un de ses descendans qui y règne.

Cet État est sujet aux tremblemens de terre; on en a vu de terribles effets dans la découverte des deux villes Herculanum et Pompéia, où l'on a fait des fouilles qui ont procuré un grand nombre de monumens d'antiquité.

Ce pays, traversé par l'Apennin, produit en abondance le blé, le chanvre, le lin, des fruits, du coton, des olives, des vins estimés, du soufre, de la laine et de la soie.

Ce royaume se divise actuellement en 21 provinces ou intendances, lesquelles se subdivisent en districts, répartis en arrondissemens. Quinze de ces intendances appartiennent au royaume de Naples, proprement dit:

Intendance de Naples.   Ch.-lieu : *Naples.*
— de la Terre de Labour.   —   *Caserta.*
— de la Principauté citérieure. —   *Salerne.*
— de la Principauté ultérieure —   *Avelinos.*
— de Molise.   —   *Campobasso.*
— de l'Abruzze ultérieure 1re. —   *Teramo.*
— de l'Abruzze ultérieure 2e. —   *Aquila.*
— de l'Abruzze citérieure.   —   *Chieti.*
— de la Capitanate.   —   *Foggia.*
— de Bari.   —   *Bari.*

— de la Terre d'Otrante. — *Lecce.*
— de la Basilicate. — *Potenza.*
— de la Calabre citérieure. — *Cozen.*
— de la Calabre ultérieure 1ʳᵉ — *Reggio.*
— de la Calabre ultérieure 2ᵉ — *Catanzaro.*

Ces quinze intendances comprennent ce qu'on désigne sous le nom de Domaines en-deçà du Phare.

Les villes les plus remarquables du royaume de Naples sont :

NAPLES, sur la Méditerranée, à 384 l. (1496 kil.) S.-E. de Paris, capitale de tout le royaume et résidence du roi. C'est une très-grande ville très-commerçante, une des plus belles et peut-être la plus forte d'Italie. Elle est munie de bonnes murailles, de bastions réguliers, de fortes tours, de fossés très-profonds, et de plusieurs châteaux bien fortifiés. Si elle n'était pas située près du mont Vésuve, dont les éruptions la menacent quelquefois d'une ruine entière, sa grande fertilité et la douce température de son climat en feraient le plus beau séjour du monde. Parmi ses beaux édifices on y admire : le Palais-Royal, d'une architecture noble et majestueuse, la cathédrale dédiée à saint Janvier, l'église du couvent de Sainte-Claire, celle de Saint-François-de-Paule, le palais du prince de Salerne, d'une élégance rare, celui de Chiatamone, dont le site et le jardin suspendu sont enchanteurs ; le grand monument des Études, l'université, l'arsenal, le palais archiépiscopal, le magnifique théâtre de Saint-Ferdinand, et le vaste et riche théâtre de Saint-Charles, qui est sans contredit le plus beau de l'Europe. Elle est très-remarquable par son industrie et l'étendue de son commerce et par ses nombreux établissemens scientifiques et littéraires. Pop. : 340,000 hab.

Le mont Vésuve est entre Naples et Capoue, lorsque ce volcan n'a pas d'éruption, les habitans sont dans l'alarme et l'anxiété par la crainte de grands tremblemens de terre.

Pouzzole est une ville très-ancienne, elle fut bâtie

par les Samiens, l'an 252 de Rome, elle est remarquable par ses beaux environs et par ses nombreuses antiquités. Pop. : 8,000 hab.

Portici est dans une situation charmante, au bord de la mer, près du mont Vésuve. Elle est enrichie d'un grand nombre de belles statues et d'autres morceaux d'antiquité tirés des ruines d'Héraclée, qui fut abîmée par une éruption du mont Vésuve. On y admire son Palais-Royal. Pop. : 9,000 hab.

Torre de l'Annunciata, près de Pompéia, possède une manufacture d'armes. Pop. : 9,000 hab.

Aquila, sur la rivière de la Pescara, est une ville assez commerçante. Il y eut en 1703 un tremblement de terre où périrent 2,400 personnes Pop. : 8,000 h.

Chieti est située sur une montagne près de la rivière de la Pescara, est une ville peu commerçante. Pop. : 13,000 hab.

Foggia est une grande et belle ville, commerçante. Charles d'Anjou, roi des Deux-Siciles, y mourut en 1285. Pop. : 21,000 hab.

Bari, sur l'Adriatique, est une ville bien fortifiée sur le golfe de Venise. Elle possède plusieurs manufactures. Pop. : 14,000 hab.

Tarente est une ville forte située sur une langue de terre, au bord de la mer, dans un golfe de son nom. Son commerce florissant et ses nombreuses manufactures lui donnent une grande importance. Pop. : 14,000 hab.

Les villes de Catanzarro sur une hauteur, près de la mer Ionienne; Salerne, célèbre par son ancienne école de médecine; Cosenza, où mourut en 410, Alaric, roi des Goths; Crotone, ville forte, sur le golfe de Tarente, où Pithagore avait établi son école, patrie de l'athlète Milon; Brindes, où mourut Virgile; Pescina, patrie du cardinal Mazarin; Sulmona, patrie d'Ovide; Cannes, ville ruinée, où Annibal défit les Romains l'an de Rome 537; Venosa ou Venusa, patrie d'Horace; Nola, où mourut l'empereur Auguste; Aquino, patrie de Juvénal; Arpino, où naquit Cicéron; et Otrante, sur le canal qui donne entrée à l'Adriatique.

C'est dans la dépendance du royaume de Naples que se trouvent les îles de Procida, Ischia et Caprée, où mourut l'empereur Tibère; le groupe des îles Ponza et le groupe des îles Termitti, où l'on distingue l'île San-Nicolas.

SICILE.

La Sicile est une grande île fertile et belle, au sud-ouest de la Calabre, dont elle n'est séparée que par un détroit, large de près d'une lieue, nommé détroit de Messine, si célèbre par ses deux écueils de Scylla et Carybde.

L'air de cette île est assez sain, quoique très-chaud. Elle est fort sujette aux tremblemens de terre, à cause du grand nombre de montagnes qu'elle renferme; la plus célèbre est le mont Etna ou Gibel, remarquable par ses éruptions fréquentes; il y en eut une en 1603 qui dura trois jours, ensevelit plusieurs villages et fit périr plus de cent cinquante mille personnes. Dans le dernier siècle Messine faillit partager le même sort. On visite encore, dans les environs, les ruines d'Herculanum et de Pompéia. Le sol de la Sicile jouit d'une si grande fertilité qu'on la nommait autrefois, à juste titre, le grenier de l'Italie et la nourrice du peuple romain.

La Sicile se divise en six intendances, qui se divisent en districts, répartis en arrondissemens; savoir:

Intendance de Palerme.	Chef-lieu: *Palerme.*
— de Messine.	— *Messine.*
— de Catane.	— *Catane.*
— de Syracuse.	— *Syracuse.*
— de Caltanisetta.	— *Caltanisetta.*
— de Trapani.	— *Trapani.*

Ces diverses intendances comprennent ce qu'on appelle les Domaines au-delà du Phare.

Les villes les plus importantes de cette île sont :

PALERME, capitale de l'île, ville grande, riche et bien peuplée ; elle est au nombre des plus belles villes d'Italie. Les édifices publics, les places, les églises, les fontaines y sont magnifiques ; celle qu'on voit dans la grande place du Palais de Justice passe pour la plus belle d'Italie. Elle est remarquable par son commerce et son industrie. Pop. : 168,000 hab.

MESSINE, avec un bon port sur le détroit du même nom, est la seconde ville de la Sicile. Elle était jadis riche et puissante ; mais elle fut détruite en grande partie par le tremblement de terre qui eut lieu en 1783. Non loin de cette ville se trouvent le rocher de Scylla et le gouffre de Carybde. Les productions du sol sont la principale branche de son commerce. Pop. : 4,000 hab.

CATANE, près de l'Etna, avec un port excellent, est une ville remarquable par ses ruines antiques, sa cathédrale et son hôtel-de-ville. Son commerce consiste dans ses productions territoriales. Pop. : 47,000 hab.

SYRACUSE, avec un bon port, était autrefois une des villes les plus considérables de la Sicile, elle n'est rien en comparaison de ce qu'elle était du temps des Romains, quand elle était la capitale de l'île. C'est la patrie d'Archimède. Pop. : 15,000 hab.

Les villes de Caltanisetta, grande et bien bâtie ; Girgenti, port de mer très-commerçant ; Trapani, importante par ses salines et par la pêche du corail ; Caltagirone, grande ville industrieuse et Marsala, grande et commerçante.

C'est près de la Sicile que se trouvent : l'île Ustica, le groupe des îles Lipari, les îles Pantellaria, et le groupe des Egades, où se trouvent les îles Favignana, Maretimo, etc., etc.

DUCHÉ DE PARME.

Ce duché est borné au nord par le royaume Lombard-Vénitien ; à l'est par le duché de Modène, à l'ouest et au sud par les États Sardes.

Il a été cédé en 1814 à l'archiduchesse Marie-Louise, comme possession viagère.

PARME, sur la Parma, à 160 l. (623 kil.) S.-E. de Paris, en est la capitale, et la résidence de l'archiduchesse. C'est une fort belle ville qui possède plusieurs édifices dont les plus importans sont: le palais ducal, le grand-théâtre, l'université, une célèbre imprimerie et plusieurs églises. L'air qu'on y respire est si pur que les habitans vivent ordinairement long-temps. Les productions territoriales font le commerce de cette ville. Pop.: 30,000 habitans.

PLAISANCE, près du Pô, est une ville de toute beauté, jouissant d'une situation charmante au milieu de riches campagnes fertiles. On y admire le palais ducal, l'église Saint-Augustin et la cathédrale. Son commerce consiste en soies, fils et cotons. Pop.: 28,000 hab.

GUASTALLA, près du Pô, ville forte, célèbre par la victoire que les Français et les Piémontais remportèrent sur les Autrichiens. Pop.: 6,000 hab.

Les villes de Borgo, San Dannino, Fiorenzuola et Colorno, remarquable par son beau château ducal.

DUCHÉ DE MODÈNE.

Ce duché est situé à l'est du duché de Parme, et à l'ouest des États de l'Église.

MODÈNE, située entre les rivières de la Secchia et le Panaro, est la capitale et la résidence du duc. C'est une belle et grande ville, commerçante, assez bien fortifiée, où l'on voit plusieurs portiques, quantité d'arcades et un grand nombre de fontaines; on y remarque surtout le palais ducal, la cathédrale et le théâtre. Elle possède un grand nombre de manufactures. Pop.: 27,000 hab.

Les autres villes importantes de ce duché sont: Reggio, patrie de l'Arioste, remarquable par ses édifices; Mirandole, patrie de Pic de la Mirandole, ville forte et industrieuse, Massa, capitale de l'ancien duché de son nom; Corregio, patrie du fameux peintre

Corrège ; Corrare, Carpi, Finale, Castelnuovo et Rubiera.

DUCHÉ DE LUCQUES

Ce duché est situé sur la Méditerranée, au nord de la Toscane. Il est fertile et bien cultivé.

LUCQUES en est la capitale et la résidence du duc est située sur le Serchio, au milieu d'une plaine environnée de coteaux fertiles et agréables. Les églises Saint-Fridren, Saint-Michel, la cathédrale et le palais ducal sont des monumens assez remarquables. On y fait un grand commerce de soie. Pop. : 22,000 hab.

Les autres villes importantes de ce duché sont : Viareggio et Borgo-à-Mozzano.

RÉPUBLIQUE DE SAINT-MARIN.

La petite république de Saint-Marin est située dans l'intérieur des États de l'Église. Elle est placée sous la protection papale.

SAN-MARINO, petite ville bâtie sur une montagne, en est la capitale. Pop. : 5,000 hab.

MALTE ET SES DÉPENDANCES.

L'île de Malte est située dans la Méditerranée entre la Sicile et l'Afrique.

Charles-Quint la donna en 1530 aux chevaliers de Jérusalem, qui prirent le nom de chevaliers de Malte. Les Anglais s'en emparèrent en 1800. Cette île n'est qu'un rocher sec et presque stérile qui ne produit que quelques fruits, oranges, raisins, millet, etc.

LA VALETTE, à 423 l. (1648 kil.) S.-p.-E. de Paris, place forte, avec un bon port, en est la capitale. Elle fut fondée en 1500 par le grand-maître, qui lui donna son nom. En 1798 les Français s'en rendirent maîtres; avant cette époque elle passait pour être inexpugnable. Son commerce est peu important. Pop. : 30,000 habitans.

L'île de Gozo est sous la dépendance de l'île de Malte.

DE L'AUTRICHE.

La Rhétie, la Pannonie et la Norique forment actuellement les États allemands de l'Autriche. Du cinquième au septième siècle, ce pays subit plusieurs fois l'envahissement et les dévastations de quelques peuples barbares. La province de Norique, appelée Austrie par Charlemagne, d'où lui vient le nom d'Autriche, fit partie de son empire. La maison de l'empereur Rodolphe de Hosbourg, acquit une grande célébrité et une forte puissance par l'élection de son fils Albert, comme duc d'Autriche, en 1282; par d'heureuses alliances qui joignirent à ses États la Bohême, la Hongrie, la Franche-Comté, les Pays-Bas; elle monta même sur le trône d'Espagne, dans la personne de Charles-Quint. Ce dernier remit en 1556 à son frère Ferdinand le gouvernement de ses États allemands. En 1713, le duché de Milan qui était tombé au pouvoir de Charles-Quint, devint une possession autrichienne. En 1640, la mort de Charles VI termina la ligne masculine de Hasbourg; mais le chef de la seconde Maison d'Autriche fut François de Lorraine, duc de Toscane, qui épousa sa fille Marie-Thérèse; après la mort de son mari, elle prit le titre d'impératrice et s'empara de la Gallicie. Les guerres continuelles que cet empire eut à soutenir contre la France, depuis 1797 jusqu'en 1809, occasionnèrent la perte d'une grande partie de ses États; mais les traités de 1815 les lui restituèrent à l'exception des Pays-Bas, et, en compensation, il acquit les États Vénitiens, l'Illyrie et la Dalmatie.

Maintenant l'empire d'Autriche est borné au nord par la Russie, la Pologne, la Prusse et la Saxe; à l'ouest par la Bavière et la Suisse; au sud par l'Italie, la mer Adriatique et la Turquie; à l'est par la Turquie et la Russie.

L'Autriche a 750 milles de longueur, et 442 milles

de largeur. Sa population est d'environ 32 millions d'habitans. La religion catholique y domine : on y trouve aussi beaucoup de Grecs et de protestans.

Le gouvernement de cet empire est monarchique et absolu, si ce n'est dans les provinces de Hongrie et de Transylvanie, où l'empereur partage avec les Etats le droit de faire des lois. L'empereur, ainsi que le roi de Prusse et l'empereur de Russie, prend le titre de protecteur de la république de Cracovie.

L'Autriche est une des plus belles contrées de l'Europe, une des plus fertiles en grains, en vins renommés. De hautes montagnes en couvrent la partie méridionale. La température y est douce et salubre.

Ses principaux fleuves sont : l'Elbe, le Rhin, l'Oder et la Vistule qui se jettent dans la mer du nord; le Dniester, qui prend sa source dans la Gallicie, et le Danube, qui l'un et l'autre se jettent dans la mer Noire; enfin les divers fleuves qui baignent ses possessions d'Italie.

NOUVELLE DIVISION DE L'AUTRICHE,

EN 4 PARTIES.

L'empire d'Autriche se divise en quatre grandes parties, savoir : 1° les pays allemands, ou ceux compris dans la Confédération Germanique; 2° les pays Polonais, ou ceux de l'ancien royaume de Pologne, qui lui appartiennent; 3° les pays Hongrois, qui comprennent la Hongrie, la Transylvanie, la Croatie, les Confins-Militaires et la Dalmatie; 4° les pays Italiens, ou ceux de l'Italie qu'elle possède.

PAYS ALLEMANDS.

Les pays allemands se divisent en huit gouvernemens, lesquels se subdivisent en 55 cercles.

GOUVERNEMENT DE LA BASSE-AUTRICHE * (1).
Chef-lieu : *Vienne.*

L'archiduché d'Autriche se compose de la basse et de la haute Autriche. Il produit du blé, du vin, des fruits, du safran, du tabac, du lin et du bois. On y trouve des mines de soufre.

VIENNE, sur la rive droite du Danube, au confluent de la rivière de Vienne et de l'Alster, à 280 l. (1091 kil.) S.-E. de Paris, est la capitale de l'empire d'Autriche et la résidence de l'empereur. Depuis la paix de 1815, cette ville s'est considérablement embellie et augmentée. Parmi ses édifices superbes, on admire l'hôtel-de-ville, la Chambre des Comptes, l'Observatoire, le Bourg ou palais impérial, la Monnaie, la Chancellerie de la Cour, l'Hôtel du Conseil de guerre et le bâtiment de l'Université. Les Français y entrèrent vainqueurs en 1805 et en 1809. Elle est célèbre par le congrès qui s'y tint en 1814 et en 1815, pour fixer les limites de l'Europe. Elle possède de nombreuses manufactures et fait un commerce très-étendu. Pop. : 300,000 hab.

Non loin de Vienne se trouve le château de Schœnbrünn, résidence royale, habité par Napoléon pendant le séjour des Français à Vienne; son fils, le duc de Reichstadt y est mort il y a quelques années; et le village de Wagram qui a donné son nom à la fameuse bataille où les Français vainquirent les Autrichiens.

Les autres villes importantes de ce gouvernement sont : Baden, renommée par ses eaux minérales; Neustadt, forte, agréable et industrieuse; Bruck, importante par sa fabrique de machines pour filer; Sewœchat, Himbourg, Turn, Presbourg, Neusiedel, Rust, Feldsberg, Laa, Krems, Düernstein et Mautern, villes importantes par leur industrie.

---

(1) Les gouvernemens de l'Autriche, qui font partie de la Confédération Germanique, sont désignés par un astérisque.

GOUVERNEMENT DE LA HAUTE-AUTRICHE.
Chef-lieu : *Lintz.*

LINTZ est une ville forte, sur le Danube, au confluent de la rivière de Traen. Ses édifices publics, ses hôtels magnifiques, ainsi que sa belle fabrique de toiles peintes, et sa manufacture d'étoffes en laines, sont remarquables par leur beauté. Pop. : 20,000 habitans.

C'est près de cette ville que se trouve le fameux gouffre du Danube, appelé Saurussel.

Les autres villes importantes de ce gouvernement sont : Bied, Wels, Steyer, remarquables par leurs fabriques ; et Salzbourg, au milieu de hautes montagnes ; on y admire le palais de la résidence, et la cathédrale, bâtie sur le modèle de Saint-Pierre de Rome.

GOUVERNEMENT DU TYROL, Chef-lieu : *Innspruck.*

Le comté du Tyrol, à l'est de la Suisse et au nord de l'Italie, est rempli de montagnes presque toujours couvertes de neiges. C'est un pays très-fertile et riche en minéraux.

INNSPRUCK est une belle ville, située au milieu d'un vallon fertile arrosé par l'Inn. On y admire un château impérial, une ancienne université et quelques manufactures de soieries. Pop. : 8,000 hab.

Les autres villes importantes de ce gouvernement sont : Inust, Bruncken, Bolzen, Roveredo, Bregenz, remarquables par leur commerce et leur industrie ; et Trente, célèbre par le concile qui s'y est tenu contre les protestans de 1545 à 1563.

GOUVERNEMENT DE STYRIE. Chef-lieu : *Grœtz.*

Le duché de Styrie, au sud de l'Autriche, est un pays montagneux qui renferme d'abondantes mines de fer.

GOETZ, sur la Mur, est une ville bien située. Ses édifices les plus remarquables sont : la cathédrale, le Johanneum, le Château Impérial ; et une foule d'établissemens scientifiques. Elle possède des établissemens métallurgiques et des fabriques de soie. Deux foires considérables, qui attirent une foule d'étrangers, ont lieu chaque année. Pop. : 54,000 hab.

Les autres villes importantes de ce gouvernement sont : Merburg, Cilly, Indenburg, Bruck et Léoben où furent signés en 1797 l'armistice et les préliminaires de paix entre la France et l'Autriche.

ROYAUME D'ILLYRIE.

Le royaume d'Illyrie, au sud-ouest de la Hongrie, comprend les deux gouvernemens qui suivent :

GOUVERNEMENT DE LAYBACH. *

Chef-lieu : *Laybach.*

Ce gouvernement se compose du duché de Carniole, et du duché de Carinthie.

Le sol de ce pays est montagneux et couvert en grande partie de rochers ; ses productions consistent en blés, vins, marrons et noix.

LAYBACH, sur la rivière de même nom, est la capitale du nouveau royaume d'Illyrie. C'est une jolie petite ville, célèbre par le congrès qui s'y tint en 1821. Son commerce de transit est très-considérable. Pop. : 10,000 hab.

Les autres villes importantes de ce gouvernement sont : Neustadt, Adelsberg, Idria, célèbre par ses riches mines de mercure ; et dans la Carinthie, Willach, jolie ville ; Klagenfurth, importante par ses établissemens littéraires, ses fabriques et son commerce ; Hüttemberg et Bleiberg.

GOUVERNEMENT DE TRIESTE *. Chef-lieu : *Trieste*.

L'Istrie produit en abondance l'huile, le vin et le bois.

TRIESTE, ville libre, sur la mer Adriatique, au fond du golfe du même nom. La vaste étendue de son commerce et de son industrie la mettent au rang des principales villes de l'Europe. Elle possède des chantiers de construction pour les vaisseaux, un grand nombre de manufactures dont les plus importantes sont celles de vitriol, de sucre, d'eau forte, de savon, de potasse, etc. Les Français s'emparèrent de cette ville en 1797 et en 1805. Pop. : 42,000 hab.

Les autres villes importantes de ce gouvernement sont : Capo-d'Istria, autrefois capitale de l'Istrie, ville maritime, commerçante en vins et huiles; Pirano, avec un bon port; Rovigno, avec deux ports sur le golfe de Venise; Pola, au fond d'un golfe assez profond, remarquable par ses restes d'antiquité; et les îles de Cherso et Veglia.

GOUVERNEMENT

DU ROYAUME DE BOHÊME *. Chef-lieu : *Prague*.

Ce royaume est borné au nord par la Haute-Saxe et la Lusace; à l'ouest par la Franconie et la Bavière; au sud par l'Autriche; à l'est, par la Moravie et la Silésie. Ce pays fertile en grains, en pâturages et en safran, renferme des mines d'or, d'argent, de cuivre, de fer, de plomb, etc.

PRAGUE, sur la Moldaw, est une ville bien fortifiée et florissante par son commerce, et capitale de la Bohême. Elle est divisée en trois parties : la Vieille-Ville, la Neuve, et la Petite-Prague, qui communiquent ensemble par un beau pont, orné de plusieurs statues. On remarque l'élégance de ses édifices, dont les principaux sont : la cathédrale, l'église de la Croix, l'hôpital militaire, l'hôtel-de-ville et le château impérial. Son ancienne université, ses nombreuses fabriques et ses précieuses collections scientifiques la rendent importante. Pop. : 100,000 hab.

Les autres villes importantes de ce royaume sont : Tœplitz, Carlsbad, Eger, célèbres par leurs eaux minérales ; Kuttenberg, connu par ses mines, Reichenberg, Trausenau, Leitomischel, Budweis, Pilsen, Rumburg, remarquables par leurs manufactures et leur commerce ; Reichstadt, qui était l'apanage du fils de Napoléon, Kœnigingrœtz, et Josephstadt, places fortes.

GOUVERNEMENT DE MORAVIE ET SILÉSIE *.

Chef-lieu : *Brünn*

La Moravie est située au sud de la Silésie, à l'ouest de la Gallicie, au nord de l'Autriche, à l'est de la Bohême. La Silésie autrichienne qui fait partie de ce gouvernement en est séparée par le Mont-des-Géans. Ce pays jouit d'une grande fertilité.

BRÜNN est une ville grande, commerçante et bien bâtie, au confluent de la Schwartschawa, et de la Switawa, qui possède un grand nombre de manufactures de draps, de toiles, soieries, savon, tabac et peluches. Le palais du gouvernement, l'hôtel-de-ville, l'église Saint-Jacques et le théâtre sont des monumens assez remarquables. Pop. : 38,000 hab.

Près de Brünn, se trouve la petite ville d'Austerlitz, qui a donné son nom à la fameuse victoire que l'empereur Napoléon remporta sur les Russes et les Autrichiens en 1805.

Les autres villes importantes de ce gouvernement sont : Olmutz, sur la Morava, ancienne capitale de la Moravie, remarquable par ses fortifications et ses établissemens littéraires ; Sternberg, Prosnitz, Nicolsbourg, Troppau, dans la Silésie, importantes principalement par leurs fabriques de draps ; et Kremsier, riche et belle ville.

PAYS POLONAIS.

Les pays polonais se composent du gouvernement de Gallicie, qui se divise en 19 cercles.

GOUVERNEMENT DU ROYAUME DE GALLICIE.
Chef-lieu : *Lemberg*.

La Gallicie, comprenant la partie sud de la Pologne dont l'Autriche s'empara en 1773, est située au sud du royaume de Pologne, à l'ouest de la Russie, au nord de la Hongrie dont elle est séparée par les Monts Krapacks, à l'est de la Silésie. C'est un pays très-fertile, mais mal cultivé.

LEMBERG, ou LEOPOLD, sur la Pierrewa, à 160 l. (623 kil.) de Vienne, est une ville agréablement située. Elle doit la plus grande partie de ses embellissemens au pieux roi Stanislas, mort en 1766. Elle possède plusieurs fabriques de draps et de toiles, et fait un grand commerce avec la Russie. Pop. : 52,000 hab.

Les autres villes importantes de la Gallicie sont : Wieliczka, célèbre par ses riches mines de sel : Brody, sur les frontières de la Russie, ville peuplée de Juifs; Czernowicz, chef-lieu de la Boukowine, ville de commerce et d'industrie; Ternopol, Snyatyn, Tarnow, Pozmys, Jaroslaw, Podgorze, villes remarquables par leurs nombreuses manufactures, et Boschnia, où se fait une grande exploitation de sel gemme.

PAYS ITALIENS.

Les possessions de l'Autriche en Italie se composent des deux gouvernemens de Milan et de Venise, lesquels se subdivisent en 17 délégations (1).

---

(1) On trouvera la description de ces deux gouvernemens dans la partie de l'Italie où ils sont situés.

PAYS HONGROIS.

ROYAUME DE HONGRIE.

Le royaume de Hongrie est borné au nord et à l'est par les monts Krapacks, au sud par la Turquie d'Europe, à l'ouest par l'Allemagne.

La Hongrie portait autrefois les noms de Panonie et de Dacie; ses habitans furent long-temps la terreur des peuples voisins; saint Etienne en fut le premier roi. Après l'extinction de sa dynastie, elle fut gouvernée par douze princes de différentes maisons; enfin, depuis 1540 elle est toujours restée à la Maison d'Autriche.

Le sol de la Hongrie est couvert de montagnes au nord et à l'est, et de vastes plaines au centre; on découvre au sud et à l'ouest de nombreux coteaux peuplées de vignes et surtout fertiles en blés. Il renferme presque toutes les productions du règne minéral, et principalement des pierres précieuses, entre autres l'opale. On attribue l'intempérie du climat au peu de soins que l'on apporte à cultiver les terres et à l'esclavage des paysans qui ne labourent qu'une certaine étendue de terrain pour subvenir à leurs besoins d'existence. Ce pays est rempli d'une quantité extraordinaire de gibier et de bêtes fauves.

La Hongrie compte environ dix millions d'habitans, dont la moitié est catholique, et l'autre moitié appartient à l'Église grecque ou à l'Église protestante. La constitution hongroise n'a subi aucun changement sous le gouvernement autrichien. Le droit de faire la paix ou la guerre, ou d'apporter quelques changemens dans les affaires du pays, est discuté par les États avec l'Empereur. Comme les habitans de la Dalmatie et de la Moldavie ils ne paient aucune contribution, mais ils doivent prendre les armes au premier ordre du gouvernement; aussi ces provinces sont-elles considérées comme un véritable camp perpétuel.

Les principales rivières de la Hongrie sont : la Save, la Theiss, la Drave, qui se jettent dans le Danube.

La Hongrie se divise en quatre cercles, lesquels se subdivisent en 46 comitats.

    Cercle en-deçà du Danube.
    — en-delà du Danube.
    — en-deçà du Theiss.
    — en-delà du Theiss.

BUDE, sur le Danube, grande, forte et fameuse ville, capitale de la Hongrie. Les églises et les édifices publics y sont d'une grande beauté ; on remarque surtout le palais du Vice-Roi, l'arsenal et l'observatoire. Elle jouit d'une situation agréable et possède des sources d'eau chaude. Les Turcs s'en rendirent maîtres en 1526 ; et en 1686 les ducs de Lorraine les forcèrent de l'abandonner avec une grande partie du royaume. Pop. 33,000 hab.

Les autres villes importantes de ce royaume sont :

Presbourg, sur le Danube, et jadis la capitale, est le lieu où se fait le couronnement des empereurs d'Autriche, comme rois de Hongrie. Les édifices les plus remarquables sont : la coupole de l'église Sainte-Elisabeth, la halle aux blés, l'hôtel-de-ville, l'église paroissiale et le château royal. Le traité de paix entre la France et l'Autriche y fut signé en 1806. Pop. : 41,000 hab.

Pest, sur le Danube, communique à la ville de Bude par un pont de bateaux. Quatre foires annuelles qui attirent plus de vingt mille étrangers rendent son commerce et son industrie très-florissans. Le musée national, le nouveau théâtre, et l'hôtel des invalides sont de beaux édifices. Pop. : 60,000 hab.

Debretzin est une ville remarquable par l'étendue de son commerce et ses nombreuses manufactures. Pop. : 40,000 hab.

Les villes de Cremnitz et Schemnitz, célèbres par leurs mines d'or et d'argent ; Tokaï, connu par ses vins délicieux ; Trentschin et Eperies, renommées par leurs eaux minérales; Rosenberg, Tyrnan, Kesmarck, Neytra, Kaschau, Mongatz, Tolna et Wesprim.

ROYAUME D'ESCLAVONIE.

L'Esclavonie, ainsi que la Croatie, est une annexe de la Hongrie.

Ses villes les plus importantes sont : Essek, place forte; Posséga, capitale; Peterwarden, célèbre par la victoire que le prince Eugène y remporta sur les Turcs en 1716, et Semlin.

ROYAUME DE CROATIE.

AGRAM, sur la Save, capitale et résidence du viceroi, est une ville très-commerçante. Pop. : 17,000 hab.

Les autres villes importantes sont : Carlstadt, Pétrinia, Sisseg, Veglia et Cherzo.

On y trouve encore les deux îles de Lussino.

GOUVERNEMENT DE LA TRANSYLVANIE.

La Transylvanie est une principauté située à l'est et au sud de la Hongrie dont elle est encore une annexe, et à l'ouest et au nord de la Turquie d'Europe. C'est un pays fertile en blés et en vins. Il abonde en minéraux.

On divise la Transylvanie en trois parties, savoir :
Pays des Hongrois :   Chef-lieu : *Klausenburg.*
— des Szeklers.   —   *Marros-Vasarhely.*
— des Saxons.   —   *Hermannstadt.*

HERMANNSTADT, située sur le Zibin, est la capitale de la Transylvanie et la résidence du gouverneur; elle est forte et bien bâtie; ses établissemens littéraires et ses collections scientifiques la rendent importante. Elle fait un grand commerce. Pop.: 18,000 h.

Les autres villes importantes de ce gouvernement sont :

Klausenburg, Kalsburg; Thorenburg, Marros-Vasarhely; et Kronstad, au pied d'une montagne escarpée, remarquable par ses nombreuses fabriques et son commerce.

GOUVERNEMENT DES CONFINS MILITAIRES.

Ce gouvernement se compose de quatre généralats, dont les chefs-lieux sont : Agram, dans la Croatie; Peterwarden, dans l'Esclavonie; Temeswar, dans le comté de ce nom, incorporée en 1778 au royaume de Hongrie; et Hermannstadt dans la Transylvanie. Chaque généralat se divise en plusieurs régimens.

GOUVERNEMENT
DU ROYAUME DE DALMATIE AVEC L'ALBANIE
Chef-lieu : *Zara.*

Ce gouvernement dépendait autrefois du royaume d'Illyrie, auquel il touche. La fertilité de ce pays consiste en grains, vins, fruits et huiles.

Il se divise en quatre cercles, savoir :

Cercle de Zara.	Chef-lieu : *Zara.*
— de Spalatro.	— *Spalatro.*
— de Raguse.	— *Raguse.*
— de Cattaro.	— *Cattaro.*

ZARA, sur la mer Adriatique, capitale du royaume, est une grande et forte ville. Son commerce et son industrie sont très-florissans; elle est surtout renommée par ses liqueurs, surtout son marasquin.

Les autres villes remarquables de ce gouvernement sont :

Spalatro, sur le golfe de Venise, place forte et très-commerçante. Pop. : 7,000 hab.

Raguse, autrefois la capitale de la république de son nom, est une ville commerçante, avec un port sur l'Adriatique. Pop. : 6,000 hab.

Cattaro, dans l'Albanie, petite place forte avec un port assez commerçant. Pop. : 3,000 hab.

DE LA PRUSSE.

Les chevaliers de l'ordre Teutonique qui venaient d'être chassés de la Terre-Sainte, s'emparèrent de ce pays en 1230. Il fut gouverné pendant 170 ans par le grand-maître de l'ordre, sous le titre de principauté. Mais ces chevaliers commirent tant de cruautés qu'une partie de ses habitans se souleva, et se mit, en 1454, sous la protection de Casimir IV, roi de Pologne. Cette circonstance occasionna une guerre sanglante qui dura pendant treize ans. La Prusse polonaise resta sous la protection des Polonais, et le grand-maître des chevaliers Teutoniques ne put la réduire de nouveau sous sa dépendance, et fut même obligé de la recevoir et de la posséder, comme un fief relevant de la couronne de Pologne, d'après le traité de paix conclu en 1467.

Depuis cette époque il n'est arrivé aucun changement remarquable à l'égard de la Prusse polonaise. Mais quand à la Prusse Brandebourgeoise, Albert, de la Maison de Brandebourg, qui était grand-maître de l'ordre, la fit séculariser en 1525, et la prit en fief relevant de la couronne de Pologne, comme un duché héréditaire.

Après l'extinction de cette famille, la Prusse Brandebourgeoise échut à Joachim Frédéric, électeur de Brandebourg. Ensuite l'électeur Frédéric-Guillaume, par le traité conclu en 1660, en obtint la souveraineté. Enfin l'électeur Frédéric, fils de ce dernier, fut le premier qui en prit le titre de roi en 1701. En 1742, le grand Frédéric s'empara de la Silésie, dans les trois démembremens de la Pologne, la Prusse s'augmenta des provinces qui forment aujourd'hui la Prusse occidentale et le grand-duché de Posen. En vertu du congrès de Vienne qui eut lieu en 1815, la Prusse recouvra toutes les provinces qu'elle avait perdues dans ses guerres contre la France, et acquit une grande partie de la Saxe, la Westphalie, Clèves et Berg, et le Bas-Rhin.

Aujourd'hui la Prusse est bornée au nord par la mer Baltique et le Mecklembourg; à l'ouest par le Hanôvre, au sud par la Saxe et l'Autriche; à l'est par la Pologne et la Russie. Dans ces bornes n'est pas compris le *grand duché du Bas-Rhin*, qui s'étend sur les deux rives du Rhin, entre les Pays-Bas, à l'ouest, et le Hanôvre, à l'est.

La Prusse a 690 milles de longueur, et 272 milles de largeur. Sa population s'élève à 11 millions d'habitans. Le Luthéranisme est la religion dominante, mais on compte près de 4 millions de catholiques.

Le gouvernement de ce royaume est une monarchie pure.

La Prusse est un vaste pays qui s'étend de l'est à l'ouest; la nature du climat et du sol, qui est généralement plat, varie dans plusieurs provinces. On rencontre pourtant quelques contrées montagneuses. Elle renferme quelques mines dans les provinces du Bas-Rhin et de la Westphalie et dans les montagnes du Harz. Ses productions végétales suffisent à l'entretien de sa nombreuse population, quoique la fertilité du sol diffère presque partout.

Ses principaux fleuves sont : le Niémen, qui vient de la Russie; la Vistule, qui vient de l'Autriche; l'Oder, qui vient de la Silésie-Autrichienne, et qui tous les trois se jettent dans la mer Baltique; l'Elbe, qui vient de la Saxe; le Weser, qui vient de la Hesse-Électorale; le Rhin, qui vient du grand-duché de Hesse-Darmstadt, et qui tous les trois se perdent dans la mer du Nord.

NOUVELLE
DIVISION DE LA PRUSSE,
EN 8 PROVINCES.

La monarchie prussienne, sans y comprendre le canton suisse de Neufchâtel (1) qui lui appartient, se divise actuellement en 8 provinces, qui se divisent en 25 gouvernemens, lesquels se subdivisent en 328 cercles.

PROVINCE DE BRANDEBOURG * (2). Chef-lieu: *Berlin*.

BERLIN, sur la Sprée, à 215 l. (838 kil.) de Paris, est la capitale du royaume et la résidence du roi. Elle doit la plus grande partie de ses embellissemens au Grand-Fréderic. Elle possède de beaux monumens dont les plus importans sont : la Nouvelle Monnaie, l'arsenal, le vaste théâtre de l'Opéra, le Palais-Royal, le palais de l'Université, le palais du prince Charles, et le nouveau musée. Ses manufactures les plus remarquables sont celles de draps, d'étoffes de laine et de soie ; elle possède des fabriques d'instrumens de mathématiques, de chirurgie, de carosserie, et de belles porcelaines ; commerce de livres, de tabac et de sucre. Les Français y firent leur entrée triomphale en 1806. Pop. : 220,000 hab.

Les autres villes importantes de cette province sont :

POSTDAM, sur le Havel, seconde résidence royale, est une ville magnifique. On y remarque le palais de Sans-Souci, séjour favori du grand Fréderic. Napoléon l'a habité en 1806. On y voit une superbe manufacture d'armes. Pop. : 31,000 hab.

FRANCFORT-SUR-L'ODER, est une grande et belle ville

---

(1) Voyez *Suisse*.
(2) Les six provinces de la Prusse qui font partie de la Confédération Germanique sont désignées par un astérisque.

très-commerçante, où l'on admire le monument du prince Léopold de Brunswick, qui se noya dans l'Oder, en voulant secourir quelques malheureux. Pop. : 14,000 hab.

BRANDEBOURG, sur le Laval, est une ville très-ancienne, remarquable par le grand développement de son commerce et de son industrie. Pop. : 14,000 hab.

Les villes de Charlottenbourg, Spandau, place forte; Oranienbourg et Kœpnick.

PROVINCE DE POMÉRANIE*. Chef-lieu : *Stettin.*

La fertilité de cette province consiste en grains, chanvre, lin, fruits, tabac, houblon et bois. Elle abonde en pâturages. On y élève des vers à soie.

STETTIN, sur l'Oder, est une ville très-commerçante, bien fortifiée et la plus peuplée de la province. Les Français s'en rendirent maîtres en 1806. Elle possède plusieurs manufactures. Pop. : 28,000 hab.

Les autres villes importantes de cette province sont :

STRALSUND, ville forte avec un bon et vaste port sur le détroit d'Egel, qui sépare l'île de Rugen du continent. Elle fait un grand commerce. Pop. : 16,000 hab.

Les villes de Stargard, de Swinemünde, Greifswalde, Andam et Volgast.

C'est dans cette province que se trouvent les îles de Rugen, d'Usedom, et de Wollin, situées sur la mer Baltique.

PROVINCE DE SILÉSIE*. Chef-lieu : *Breslau.*

Cette province produit en abondance grains, lin, chanvre, fruits, bois, bestiaux et minéraux.

BRESLAU, sur l'Oder, est une grande et belle ville, commerçante et manufacturière, et la seconde des États prussiens par sa population. La cathédrale, la Bourse, le château royal et l'hôtel-de-ville sont de beaux monumens. Pop. : 83,000 hab.

Les autres villes importantes de cette province sont :

LIEGNITZ, sur le Katzbach, ville commerçante. Pop.: 11,000 hab.

Schweidnitz, ville forte et industrieuse. Pop. : 11,000 hab.

Goldberg possède plusieurs manufactures de draps fins. Pop. : 7,000 hab.

Les villes de Brieg, Silberberg, Glatz, Grünberg, Gœrlitz et Pitschen, où Maximilien d'Autriche, élu roi de Pologne, en 1588, fut fait prisonnier, et renonça au trône.

GRAND-DUCHÉ DE POSEN. Chef-lieu : *Posen.*

Cette province est fertile en grains, fruits et pâturages.

POSEN, sur la Warta, autrefois capitale de la Grande-Pologne, est une grande ville, commerçante et industrieuse. Charles XII s'en empara en 1703 et les Français en 1806. Pop. : 25,000 hab.

Les autres villes importantes de cette province sont :

Bromberg, petite ville, sur le canal du même nom, possède plusieurs fabriques et quelques établissemens littéraires. Pop. : 8,000 hab.

Gnesne, ancienne et forte ville, où l'on couronnait les rois de Pologne. Pop. : 5,000 hab.

Les villes de Frautad, Lissa, Rasvitsch et Mézéritz,

PROVINCE DE LA PRUSSE. Chef-lieu : *Kœnigsberg.*

La fertilité de cette province consiste en grains, lin, chanvre, bois, légumes et pommes de terre. Elle fournit beaucoup de bestiaux, de beaux chevaux et de poissons.

KŒNIGSBERG, sur la Baltique, à 135 l. (527 kil.) de Berlin, est une grande et belle ville avec un port qui peut recevoir les plus gros vaisseaux. Ses principaux édifices sont : l'arsenal, le château, la Bourse et l'hôtel-de-ville. On y trouve des manufactures de soieries, de savons, d'eaux-de-vie et de bière. Pop. : 70,000 hab.

Les autres villes importantes de cette province sont :

Dantzik, sur la Baltique, au fond du golfe de son

nom, avec un bon port, est une des plus grandes villes de l'Europe ; commerçante et manufacturière. Les Russes et les Saxons s'en emparèrent en 1734 et les Français en 1807. Ses eaux-de-vie sont très-renommées. Pop. : 63,000 hab.

MEMEL, sur la Baltique, est remarquable par ses fortifications et son port. Pop. : 10,000 hab.

ELBING est une jolie ville qui fait un commerce considérable. Pop. : 20,000 hab.

MARIENBERG, sur le Nogat, ville commerçante et bien fortifiée, était la résidence du grand-maître de l'Ordre Teutonique. Pop. : 5,000 hab.

THORN, sur la Vistule, remarquable par son commerce et son industrie ; patrie de Copernic. Pop. : 11,000 hab.

TILSITT, sur le Niémen, a donné son nom au traité de paix qui y fut conclu en 1807, entre les souverains de la France, de la Russie et de la Prusse. Pop. : 12,000 hab.

BRAUNSBERG, sur la Passerg, est remarquable par son industrie et son commerce. Pop. : 7,000 hab.

FRIEDLAND et EYLAU, où les Français furent deux fois vainqueurs, en 1807, sur les Russes et les Prussiens.

Les villes de Intersbourg, Angerbourg, Frischausen, Culm, Tauchel, Dirschau et Nackel.

PROVINCE DE SAXE *. Chef-lieu: *Magdebourg*.

Les productions de cette province consistent en grains, légumes, chanvre et lin. Elle abonde en gibier et poissons. On y trouve des salines et des minéraux.

MAGDEBOURG, sur l'Elbe, est une grande ville, commerçante et manufacturière. L'hôtel de la poste, l'arsenal et la cathédrale sont assez remarquables. Cette ville a vu naître Othon de Guérike, qui inventa la machine pneumatique, en 1654. Pop. : 42,000 hab.

Les autres villes importantes de cette province sont :

MERSEBOURG, sur la Saale, possède quelques édifices et plusieurs brasseries. Pop. : 10,000 hab.

HALLE est renommée par son université et par d'autres établissemens scientifiques et littéraires. Pop. : 24,000 hab.

NAUMBOURG, ville commerçante. Pop. : 9,000 hab.

ERFURT est une grande ville qui possède encore l'ancien monastère des Augustins où l'on voit la cellule de Luther. Pop. : 22,000 hab.

LUTZEN, petite ville, fameuse par les deux grandes batailles qui s'y livrèrent : la première, où l'empereur d'Allemagne défit Gustave-Adolphe, roi de Suède, qui périt dans l'action ; et la seconde où les Français remportèrent une victoire complète sur les Russes et les Prussiens. Pop. : 4,000 hab.

Les villes de Halberstadt, Quedlinbourg, Nordhausen, Mülhausen et Suhl.

PROVINCE DE WESTPHALIE *. Chef-lieu : *Münster*.

Le sol de cette province produit en abondance lin, chanvre, fruits et légumes.

MUNSTER, sur l'Aa, à 118 l. (459 kil.) N.-E. de Paris, est une grande et belle ville qui était impériale lorsque son évêque Van-Galen s'en empara en 1661. Elle est célèbre par le traité de paix de Westphalie, qui établit la balance entre les principales puissances de l'Europe. Son commerce est assez étendu. Pop. : 18,000 hab.

Les autres villes importantes de cette province sont :

ISERLHON, ville très-renommée par ses manufactures de fil de fer, fil de laiton, et de quincaillerie.

Les villes de Bielefeld, Dortmund, Soest, Altena, Minden sur la Wester et Paderborn.

PROVINCE RHÉNANE *. Chef-lieu : *Cologne*.

Cette province produit une grande quantité de céréales et renferme d'abondans pâturages, bois, bestiaux et minéraux.

COLOGNE, à l'ouest de la Prusse, à 112 l. (436 kil.) N.-E. de Paris, était autrefois la capitale de l'électorat de son nom. On admire sa cathédrale, qui est un beau monument d'architecture gothique. C'est une belle et grande ville commerçante et manufacturière, surtout renommée par sa fabrique d'eau spiritueuse et aromatique, connue sous le nom d'Eau de Cologne. Elle a vu naître saint Bruno, fondateur des Chartreux, le peintre Rubens, et Corneille Agrippa, prétendu sorcier du XV⁣ᵉ siècle. Marie de Médicis, veuve de Henri IV, y finit ses jours dans la plus profonde misère. Pop. : 64,000 hab.

Les autres villes importantes de cette province sont :

Coblentz, ville forte et commerçante, au confluent du Rhin et de la Moselle, à 99 l. (386 kil.) N.-E. de Paris, était la résidence des Électeurs de Trèves. Les émigrés français s'y retirèrent en 1793 pour échapper aux horreurs de la révolution ; en 1794, l'armée française s'en empara. Pop. : 15,000 hab.

Aix-la-Chapelle, à 98 l. (382 kil.) N.-E. de Paris, est une grande et belle ville renommée par ses eaux chaudes minérales, possédant plusieurs beaux édifices et des manufactures d'indiennes, cotonades, orfèvrerie, horlogerie, quincaillerie et draperie. Charlemagne et plusieurs empereurs d'Allemagne y firent leur résidence. Le congrès de 1818 qui porte son nom, les traités de paix qui ont été conclus entre la France et l'Espagne, en 1748 entre la France et les alliés, lui ont donné un nom célèbre dans l'histoire. Pop. : 35,000 habitans.

Trèves, sur la Moselle, à 94 l. (546 kil.) N.-E. de Paris, autrefois la capitale de l'électorat, est la ville la plus ancienne de l'Allemagne. Son commerce est peu étendu ; elle possède quelques manufactures. Pop. : 16,000 hab.

Dusseldorf, sur le Rhin, avec un port fréquenté, possède de beaux édifices, plusieurs collections scientifiques et des manufactures d'armes et de tabac. Elle fait un grand commerce de laines et de vins. Pop. : 27,000 hab.

Elberfeld, sur le Wipper, est une jolie ville, commerçante et manufacturière. Pop. : 28,000 hab.

Barmen, possède des fabriques de dentelles, de draps et de rubans. Pop. : 20,000 hab.

Solingen a des manufactures d'armes blanches. Pop.: 8,000 hab.

Andernach, sur le Rhin, fait le commerce de verrerie et de vaisselle de terre. Pop. : 3,000 hab.

Juliers, sur la Roër, ville forte et ancienne, importante par son industrie. Pop. : 4,000 hab.

Clèves, sur la Niers, est une ville grande et belle, remarquable par ses manufactures et ses fonderies. Pop. : 7,000 hab.

Les villes de Lennep, Bonne, Ehrenbreitstein, Neuwied, Burrscheid, Eupen, Saarbruchen, Saarlouis, Wetzlard, Kreusnach, Crefeld, Neuss, Mulheim et Santem.

DE L'ESPAGNE.

L'Espagne, qui portait autrefois le nom d'Ibérie, soutint pendant long-temps une lutte sanglante contre les Carthaginois et les Romains, elle resta enfin au pouvoir de ces derniers jusques vers l'an 400 de Jésus-Christ, époque où les Goths mirent l'Italie à feu et à sang ; après cette expédition, ils fondèrent le royaume d'Espagne sous le nom de Visigoths ou de Goths occidentaux. Leur premier roi, Ataulphe, épousa même la fille de l'empereur Honorius. Il eut de nombreux successeurs, et ce fut sous Rodéric, le dernier d'entre eux, que cette péninsule fut envahie par les Sarrasins ; ils la possédèrent pendant près de trois cents ans après en avoir expulsé les Goths. Sanche-le-Grand commença à repousser les Sarrasins de l'Espagne, et finit par reconquérir la Castille, l'Arragon et la Navarre qu'il partagea à ses enfans à titre de royaume. L'alliance de Ferdinand IV, roi d'Arragon, avec Isabelle, héritière de Castille, forma avec toutes ces provinces le royaume d'Espagne; leur fille Jeanne, depuis la folle, se maria avec Philippe, archiduc d'Autriche, fils de l'empereur Maximilien, et donna le jour au célèbre Charles-Quint, qui ne forma qu'un seul empire de l'Espagne avec l'Amérique récemment découverte, les États de la Maison d'Autriche et les Pays-Bas. Ce fameux conquérant eut plusieurs successeurs, l'un d'eux, Charles II, qui mourut sans enfans en 1700, donna par testament le royaume d'Espagne à la Maison d'Autriche qui passa dans celle de France, en la personne de Philippe V, petit-fils de Louis-le-Grand. Ferdinand succéda à ce dernier en 1746, et laissa en 1750 le trône à Don Carlos, roi de Sicile, son frère, enfant du second lit de Philippe V et d'Élisabeth Farnèse. En 1808, le prince des Asturies fut nommé roi par l'abdication de Charles IV, fils du précédent; mais il ne posséda pas long-temps la couronne, car il fut détrôné par Napoléon, qui plaça sur le trône son frère Joseph. Les Espagnols rappelèrent en 1814 leur roi légitime, Ferdinand VII, qui était prisonnier au château de Valençay. Sa fille aînée lui succéda en 1833, et c'est elle qui règne aujourd'hui sous la tutelle de sa mère. Depuis cette époque, l'Espagne est le théâtre d'une guerre civile excitée par Don Carlos, qui a fait de vains efforts pour conquérir le trône de son frère; après avoir lutté pendant six ans contre les troupes de la reine, il fut vaincu par la trahison d'un de ses généraux et obligé de se rendre en France comme prisonnier; il est actuellement à Bourges. Cabrera, l'un de ses généraux, le plus distingué, veut encore résister, malgré la disproportion de ses forces, il veut à tout prix relever la cause du prétendant et la soutenir jusqu'à la dernière extrémité; mais de semblables projets sont loin de pouvoir se réaliser, et l'Espagne jouira bientôt des douceurs d'une paix tranquille, désirée depuis si long-temps.

L'Espagne a 580 milles de longueur, et 552 milles de largeur. Sa population s'élève à environ 13 millions d'habitans. La religion catholique y est seule professée et tolérée.

Son gouvernement est une monarchie constitutionnelle. Le roi prend le titre de Majesté catholique; son fils aîné porte celui de prince des Asturies, et les fils ou filles du roi, ainsi que les enfans de ce prince, portent celui d'Infant et d'Infante.

Les Espagnols sont graves, secrets, circonspects, sobres, lents à délibérer, mais fermes dans l'exécution, patiens dans leurs maux, et bons soldats. Ils ont l'esprit pénétrant et profond; la paresse qui leur est naturelle les empêche de faire usage de ces dons, car ils négligent l'agriculture, les arts et le commerce. Ils ne se livrent qu'aux sciences contemplatives, à la théologie surtout. On les accuse d'être fiers, malpropres et fort orgueilleux. La langue espagnole est belle et majestueuse. Les Espagnoles sont vives et assez intéressantes.

Le sol de l'Espagne est sec, pierreux, sablonneux et peu fertile; mais le blé, le vin, les fruits, le gibier et le bétail sont remarquables par leur bonne qualité. On y recueille d'excellens vins, des oranges, des citrons, des olives, du sucre, du coton, de la garance, beaucoup de miel et de soie. Il renferme des mines de fer, de mercure, de plomb, de cuivre, de sel, de vermillon; on n'exploite plus que quelques mines d'argent dans l'Estramadure; celles d'or ont été abandonnées depuis la découverte de l'Amérique. La population de ce pays est loin d'être en rapport avec sa vaste étendue, on attribue cela au peu de fécondité des femmes, aux nombreuses émigrations des Maures, à la quantité d'Espagnols qui passent en Amérique et au grand nombre de monastères de l'un et de l'autre sexes.

FLEUVES DE L'ESPAGNE.

Les principaux fleuves de l'Espagne sont **le Tage**, qui prend sa source dans les montagnes d'**Albarrazin**;

la Guadiana, qui commence dans les lagunes de Riduera, dans la Manche; le Guadalquivir, qui sort des montagnes qui avoisinent Grenade; le Douro, qui naît près du Soria; la Bidassoa, qui s'échappe des Pyrénées; le Minho, qui commence près de Mondonnedo, et qui tous les six se jettent dans l'Océan Atlantique: l'Èbre, qui prend sa source près de Santander; le Guadalaviar et le Xucar, qui sortent des montagnes d'Albarrasin, et qui tous les trois se perdent dans la Méditerranée.

NOUVELLE DIVISION DE L'ESPAGNE,

en 14 provinces.

La monarchie espagnole, sans y comprendre les îles qu'elle possède, se divise en 14 provinces qui ont presque toutes porté le titre de royaume.

Sous le rapport militaire, l'Espagne, avec ses îles, est divisée en 12 grandes capitaineries générales, et 5 petits commandemens.

Sous le rapport administratif, elle se partage en 34 intendances.

PROVINCE DE LA NOUVELLE CASTILLE.

Chef-lieu: *Madrid.*

Cette province située au centre de l'Espagne produit en abondance du blé, du vin et du safran.

MADRID * (1), sur le Mançanarès, est la capitale de la Nouvelle-Castille et de toute l'Espagne. C'est une ville riche et commerçante, remarquable par les deux beaux palais du roi d'Espagne et les autres résidences royales situées dans ses environs; dont la prin-

---

(1) Les villes où résident les capitaines-généraux sont désignées par un astérisque.

cipale est l'Escurial. Madrid a ouvert ses portes aux Français en 1808 et en 1823. Pop. : 300,000 hab.

Les autres villes importantes de cette province sont :

GUADALAXARA, sur le Hanarès, possède plusieurs édifices et de belles manufactures de draps. Pop. : 7,000 habitans.

TOLÈDE, ancienne capitale et résidence des rois d'Espagne, est une grande et belle ville située près du Tage. Les plus beaux monumens sont : la cathédrale, le palais habité autrefois par les Maures, et l'archevêché qui prend le titre de Primat d'Espagne. Pop. : 20,000 hab.

Les villes de Ciudad-Réal, célèbre par une grande foire d'ânes et de mulets ; Cuenca, Alcala de Henarès, Brihuéga, Guadalupe, Valdepenas et Almaden, célèbre par sa riche mine de mercure.

PROVINCE DE LA VIEILLE CASTILLE.

Chef-lieu : *Valladolid.*

Cette province est située à l'E. du royaume de Léon. Malgré les nombreuses montagnes qu'elle renferme, son territoire produit d'excellens vins, du blé et du miel, et ses brebis procurent la meilleure laine d'Espagne.

VALLADOLID, sur la Pisuerga, à 34 l. (132 kil.) de Madrid, est une des plus grandes villes d'Espagne, autrefois la résidence des anciens rois de Castille. La cathédrale, la grande place et le château royal sont des monumens de toute beauté. Elle est commerçante et possède quelques fabriques. Elle a vu naître Henri IV, Philippe II, Philippe III et Philippe IV. Lorsque cette ville était très-florissante, elle comptait 100,000 habitans; actuellement on n'en compte plus que 20,000

Les autres villes importantes de cette province sont :

BURGOS, à 47 l. (187 kil.) de Madrid, au confluent des rivières d'Arlenzon et d'Arlenza, était autrefois la capitale de la Vieille-Castille. A quelque distance de la ville on aperçoit le monument du Cid. On y admire sa magnifique cathédrale, l'arc de Sainte-Marie, les ruines du palais d'Alphonse-le-Sage et le palais archiépiscopal. Les Français y furent vainqueurs en 1808. Elle possède des fabriques de toiles et de draps. Pop. : 12,000 hab.

Santander, avec un port très-fréquenté. Pop. : 19,000 hab.

Ségovie, à 161 l. (623 kil.) de Madrid, possède une belle cathédrale, l'Alcasar, ancien palais des Maures, et un aqueduc construit par l'empereur Trajan. Ses principales manufactures sont celles d'armes à feu et de draps. Pop. : 13,000 hab.

A quelque distance de Ségovie, on admire le magnifique château royal bâti par Philippe V.

Les villes de Avila, patrie de sainte Thérèse; Logrono, place forte; Calahorra, patrie du célèbre rhéteur Quintilien; et Soria.

ROYAUME DE LÉON. Chef-lieu: *Léon.*

La fertilité de cette province consiste en blé, mais on recueille du vin en petite quantité

LÉON, à 70 l. (272 kil.) de Madrid, capitale du royaume de son nom jusqu'en 1029 est une des plus belles villes d'Espagne, remarquable par sa belle cathédrale renfermant les tombeaux de 37 rois. Pop. : 5,500 hab.

Les autres villes importantes de ce royaume sont :

Palencia, ancienne et belle ville, qui possède une jolie cathédrale et des manufactures de chapeaux et de couvertures de laine. Pop. : 11,000 hab.

Salamanque, à 35 l. (136 kil.) de Madrid, est une grande ville peu commerçante, célèbre par son université; sa situation est fort agréable. Elle renferme de beaux édifices et plusieurs couvens. Pop. : 14,000 habitans.

Zamora; son industrie est assez étendue. Pop. : 10,000 hab.

Les villes d'Astorga, Medina-del-Campo, Lédesma, et Ciudad-Rodrigo

PROVINCE DES ASTURIES. Chef-lieu : *Oviédo.*

Cette province est située au nord de l'Espagne. Son sol est peu fertile et mal cultivé ; ses chevaux sont très-estimés.

OVIÉDO, à 83 l. (323 kil.) de Madrid, entre les rivières d'Ove et d'Eva, est une ancienne ville importante par son université et ses manufactures. Pop. : 8,000 hab.

Les autres villes importantes de cette province sont : Aviles, Santillane, et Giton qui fut la résidence de Don Pelage.

PROVINCE DE L'ESTRAMADURE.
Chef-lieu : *Badajoz.*

Cette province est située à l'ouest de l'Espagne. Ses productions consistent en grains, vins et fruits ; elle possède d'excellens pâturages.

BADAJOZ, capitale sur la Guadiana, est une grande et très-forte ville, avec un magnifique pont de 28 arches et quelques manufactures. Le maréchal Soult s'en empara en 1810. Pop. : 15,000 hab.

Les autres villes importantes de cette province sont : Placentia, belle ville qui reçoit de l'eau par un aqueduc de 80 arches ; Olivença, place forte ; Alcantara et Mérida.

PROVINCE DE GALICE. Chef-lieu : *Corogne.*

Cette province est située à l'ouest de l'Espagne. Le sol est couvert de montagnes et peu fertile, il renferme des mines d'or, de plomb, de fer, de cuivre et de vermillon.

LA COROGNE, à 101 l. (393 kil.) de Madrid, est une riche et forte ville avec un des meilleurs ports de l'Océan, florissante par son industrie et son commerce maritime. Pop. : 50,000 hab.

Les autres villes importantes de cette province sont :
SAN-IAGO-DE-COMPOSTELLE, à 120 l. (467 kil.) de Madrid, possède plusieurs édifices et quelques manu-

factures; elle est surtout renommée par la grande quantité de pèlerins qui viennent visiter la cathédrale où se trouvent les reliques de saint Jacques. Pop. : 28,000 hab.

Le Ferrol, petite ville située dans le golfe de ce nom, avec un bon port et un arsenal maritime. Pop. 13,000 hab.

Les villes de Betanzos, avec un port; Lugo, où l'on trouve plusieurs édifices; Orense, renommée par ses bains; Vigo et Montenedo, toutes les deux importantes par leur industrie.

PROVINCE DE L'ANDALOUSIE. Chef-lieu : *Séville*.

Cette province est située au sud de l'Espagne. Sa fertilité est si grande que les Espagnols l'ont surnommée à juste titre le grenier et la cave de l'Espagne. Elle est surtout renommée par ses chevaux magnifiques.

SÉVILLE, à 85 l. (331 kil.) de Madrid, est une ville grande et bien bâtie, avec un port très-commerçant sur le Guadalquivir. Parmi ses nombreux édifices, les plus importans sont : l'Alcasar, ancienne résidence des rois Maures, l'hôtel des monnaies, la bourse, l'hôtel-de-ville, l'aqueduc construit par les Romains, la fonderie de canons, la manufacture de tabacs; la cathédrale, qui est la plus belle de l'Espagne et le magnifique palais de l'archevêque. Pop. : 91,000 habitans.

Les autres villes importantes de cette province sont :

Cadix, à 112 l. (436 kil.) de Madrid, située sur la pointe septentrionale de l'île Saint-Léon, entre le détroit de Gibraltar et l'embouchure du Guadalquivir. C'est une ville opulente et belle, renfermant de beaux édifices dont les plus remarquables sont : le tombeau de Christophe Colomb, l'amphithéâtre; la cathédrale, l'arsenal, le théâtre, l'hôpital, la bourse et la douane. Elle fait un grand commerce d'exportation. Les Français, en 1823, s'en sont rendus maîtres, pour délivrer le roi Ferdinand qui était prisonnier des Cortès. Pop. : 53,000 hab.

Gibraltar, sur le détroit de son nom, tomba au pouvoir des Anglais, en 1704. Pop. : 10,000 hab.

Cordoue, à 70 l. (272 kil.) de Madrid, ville très-ancienne, autrefois florissante, possède un beau pont et une cathédrale magnifique. C'est la patrie des deux Sénèque, du poète Lucain et de Gonzalve de Cordoue. Pop. : 57,000 hab.

Les villes de Xérès, célèbre par ses vins, et par la bataille de 711, qui ouvrit l'Espagne aux Maures; Port-Royal, San-Lucar de Baranuda, Médina-Sidonia, importantes par leur industrie ; Rota, renommée pour ses vins; Ecija, Ossuma, Ultrera, Carmona, villes industrieuses ; Andujard, Barja, Carolina, Cazalla et Jean.

ROYAUME DE GRENADE. Chef-lieu : *Grenade*.

Ce royaume est situé au sud de l'Espagne. Ses productions consistent en vins, fruits, grenades, oranges, citrons, figues, câpres, amandes et soie.

GRENADE, à 72 l. (280 kil.) de Madrid, entre le Douro et le Xénil, était une ville célèbre du temps des rois Maures; elle renferme de beaux monumens, de belles places et des promenades très-agréables. Pop. : 80,000 hab.

Les autres villes importantes de cette province sont :

Malaga, sur la Méditerranée, avec un bon port, est une ville très-importante par son commerce de vins très-estimés. Pop. : 52,000 hab.

Les villes de Ronda, Almeria, Marbella, Lora, Montril, Antequerra.

ROYAUME DE MURCIE. Chef-lieu : *Murcie*.

Ce royaume est situé au sud de l'Espagne. Son territoire produit peu de blé et de vin, mais on y récolte en abondance des oranges, des amandes, des citrons et autres fruits. Il renferme des mines d'alun.

MURCIE, à 80 l. (319 kil.) de Madrid, est une grande ville où l'on admire son palais épiscopal, son hôtel-de-ville et sa cathédrale.

Les autres villes importantes de cette province sont : Carthagène, fondée par les Carthaginois, Lorca, Albaute, Chinchilla et Almanza.

ROYAUME DE VALENCE. Chef-lieu : *Valence.*

Cette province est située à l'est de l'Espagne. On y jouit d'une température si douce qu'il semble que le printemps est perpétuel. Elle produit peu de blé et de vin ; mais elle est féconde en oranges, riz, citrons, olives et cannes à sucre.

VALENCE*, sur la Guadalaviar, à 66 l. (257 kil.) de Madrid, est une assez grande ville, bien peuplée, importante par ses beaux édifices et son université. Pop. : 66,000 hab.

Les autres villes importantes de cette province sont : Liria, industrieuse et commerçante ; Murviedro, l'ancienne Sagonte, où l'on voit une foule d'antiquités ; Castellon de la Plana, importante par son commerce ; Alicante, place forte, avec un port, célèbre par ses vins.

PROVINCE DE CATALOGNE. Chef-lieu : *Barcelone.*

Cette province est située à l'est de l'Espagne. Quoique montagneuse, elle jouit d'une grande fertilité et renferme une grande quantité de minéraux de toute espèce.

BARCELONE*, sur la Méditerranée, à 100 l. (389 kil.) de Madrid, est la ville la plus commerçante et la plus industrieuse de l'Espagne. Elle renferme de belles promenades et des monumens remarquables par leur beauté. La peste y fit de grands ravages en 1821. Pop. : 120,000 hab.

Les autres villes importantes de cette province sont :

Tarragone est une ville ancienne qui fut bâtie, dit-on, par les Scipion, elle n'est importante que par son industrie et ses antiquités. Pop. : 11,000 hab.

Reus est remarquable par le développement de son industrie. Pop. : 25,000 hab.

Les villes de Lérida, célèbre par la victoire que

César remporta sur le parti de Pompée, et par les divers siéges qu'elle a soutenus; Figuères, place forte de premier ordre; Gironne, remarquable par ses édifices; Villanova, industrieuse et commerçante; Seu d'Urgel, place forte; Mont-Serra, que des milliers de pèlerins vont visiter; et Vich, importante par ses fabriques.

ROYAUME D'ARAGON. Chef-lieu : *Saragosse.*

Cette province est située à l'est de l'Espagne. Son sol montagneux et peu fertile renferme des mines de fer.

SARAGOSSE, sur l'Èbre, à 60 l. (235 kil.) de Madrid, est une ville fort ancienne et des plus grandes d'Espagne. Elle est fameuse par le siège qu'elle soutint en 1808 contre les Français qui s'en emparèrent. La cathédrale, l'église de Notre-Dame-del-Pilar, et l'hôtel-de-ville sont des monumens distingués. Elle renferme des fabriques de soie et de draps fins. Pop. : 45,000 hab.

Les autres villes importantes de cette province sont : Taraçone, Huesca, et Jaca place forte, Montalvanez, Balbastro.

ROYAUME DE NAVARRE. Chef-lieu : *Pampelune.*

Ce royaume situé au nord de l'Espagne, est un pays montagneux et peu fertile; mais il renferme beaucoup de bestiaux et de gibier.

PAMPELUNE, à 70 l. (272 kil.) de Madrid, est une ville forte, peu commerçante, située sur les frontières de France. Elle fut bâtie, dit-on, par Pompée. Pop. 15,000 hab.

Non loin de Pampelune se trouve la vallée de Roncevaux, où le fameux Roland, neveu de Charlemagne, rendit le dernier soupir.

Les autres villes importantes de cette province sont : Tudela, remarquable par son commerce et son industrie; Estella, où l'on fabrique des draps et autres étoffes de laine, et Péralta, qui fournit l'excellent vin de Rancio.

11

PROVINCE DE BISCAYE. Chef-lieu : *Bilbao*.

Cette province est située au nord de l'Espagne. Le territoire produit beaucoup de safran et de résine qu'on tire de ses forêts de pins, et renferme des mines de fer.

BILBAO, sur la Ybayehalvas, à 74 l. (288 kil.) de Madrid, est une ville commerçante avec un port très-fréquenté. Elle fut fondée en 1300 par Dom Diégo Lopez de Haro. Pop. : 5,000 hab.

Les autres villes importantes de cette province sont : Saint-Sébastien*, place forte, importante par son port et par son commerce ; Fontarabie, à l'embouchure de la Bidassoa, place forte ; Vittoria, remarquable par ses édifices, son industrie et son commerce ; le Passage, dont on admire le beau port ; et Samorrostro, célèbre par ses mines de fer.

DES ILES DE L'ESPAGNE.

L'Espagne possède, dans la Méditerranée, à l'est du royaume de Valence, les trois îles de Majorque, Minorque et Iviça, qu'on nomme aussi les îles Baléares. Elle a encore quelques possessions dans l'Océanie, dont nous parlerons.

L'île de Majorque, chef-lieu : PALMA, ville commerçante et industrieuse, possède un bon port ; l'on y remarque la cathédrale et la bourse. Le sol de cette île est fertile. Pop. : 35,000 hab.

L'île de Minorque, chef-lieu : CITELLA. Port-Mahon est une ville bien fortifiée, c'est la plus importante de l'île par son commerce et son beau port. Elle fut fondée par les Carthaginois ; les Français s'en emparèrent en 1759. Pop. : 5,000 hab.

L'île d'Iviça ; ses productions consistent en blé, vin, fruits, etc. ; chef-lieu : IVIÇA, petite ville remarquable par son port et ses vastes salines. Pop. : 5,000 hab.

RÉPUBLIQUE D'ANDORE.

ANDORRE, située dans la vallée du même nom, capitale et résidence du représentant de la république, qui est placée sous la protection du gouvernement français et de l'évêque d'Urgel. Elle est située entre Foix en France et Urgel en Espagne.

DU PORTUGAL.

Le Portugal, qui faisait partie de l'ancienne Lusitanie, tomba sous la dépendance des Romains; et à la chute de leur empire, les peuples du Nord se le partagèrent au commencement du cinquième siècle, et les Sarrasins au commencement du huitième. Cet état a été le théâtre de grandes révolutions jusqu'en 1578, époque où Sébastien, roi de Portugal, fut tué ou perdu dans une bataille en Afrique. Henri, son grand-oncle, qui était cardinal, lui succéda dans un âge avancé, et mourut en 1580. Philippe II, roi d'Espagne, ayant des droits sur ce royaume s'en empara la même année. Ses successeurs l'ont possédé jusqu'au moment où les Portugais se revoltèrent en 1640, pour élire Jean, duc de Bragance, qui descendait d'un fils naturel d'un roi de Portugal. Philippe IV, roi d'Espagne fit de vains efforts pour dompter ces rebelles; les Portugais, soutenus par les Français, conservèrent la couronne à leur roi Jean IV, dit le Fortuné, auparavant duc de Bragance. Les Français conquirent ce pays en 1807 : cette circonstance obligea la famille royale à s'embarquer pour le Brésil. A son retour, en 1820, elle fut réintégrée, l'un de ses descendans, Dona Maria da Gloria, fille de feu Don Pédro, empereur du Brésil, occupe actuellement le trône.

La nation portugaise s'est rendue célèbre dans les XV⁰ et XVI⁰ siècles, par ses expéditions maritimes. Les Portugais découvrirent une grande partie des côtes de l'Afrique, et sous la conduite de Vasco de Gama, doublèrent le Cap de Bonne-Espérance, en 1498, et tracèrent une route maritime pour se rendre aux Indes.

Aujourd'hui le Portugal est borné au nord et à l'est par l'Espagne; au sud et à l'ouest par l'Océan Atlantique.

Il a 309 milles de longueur et 129 milles de largeur. Sa population s'élève à 3,500,000 habitans. Son gouvernement est monarchique et constitutionnel. La religion catholique y est exclusivement professée

Cette contrée peu étendue, entrecoupée de montagnes et de fertiles vallées, renferme beaucoup de minéraux tels que l'or, l'argent, le fer, le plomb, le cuivre, des mines de sel et de marbre. On y récolte toutes les productions du Midi et des vins estimés.

Ses principaux fleuves sont le Tage, le Douro, le Minho, qui ont leurs sources en Espagne et leur embouchure en Portugal.

NOUVELLE
DIVISION DU PORTUGAL,
EN 6 PROVINCES.

La monarchie portugaise se divise en six provinces, sans y comprendre ses nombreuses possessions en Asie, et surtout en Afrique. Le Brésil en dépendait aussi autrefois, mais il forme aujourd'hui un État indépendant, dont on trouvera la description plus loin.

Ces six provinces sont :

Province d'Estramadure.	Chef-lieu : *Lisbonne.*
— d'Alem-Tejo.	— *Evora.*
— de Beira.	— *Coïmbre.*

— d'entre Douro et Minho. — *Brague.*
— de Tras-O-Montes. — *Miranda.*
— d'Algarve. — *Tavira.*

Les villes les plus remarquables du Portugal sont :

LISBONNE, ville forte sur le Tage, à 350 l. (1364 kil.) de Paris, est la capitale et la résidence du roi. Lisbonne fut presque entièrement détruite par un tremblement de terre, en 1755. Elle possède un des meilleurs ports de l'Europe et de nombreux édifices dont les plus remarquables sont : la douane, la bibliothèque royale, la bourse, le théâtre Saint-Charles, le palais royal d'Ajuda, l'arsenal de la marine, l'arsenal de terre, et l'aqueduc d'Alcantara, qui a 35 arches et qui est construit en marbre blanc. Son commerce est considérable. Pop. : 260,000 hab.

Porto, à 12 l. (46 kil. 68) de Brague, sur le Douro, est une ville agréablement située, à la fois commerçante et industrieuse. Elle est décorée de plusieurs beaux monumens et possède un port célèbre par ses vins. En 1809 cette ville se rendit au maréchal Soult, après une sanglante bataille. Pop. : 70,000 hab.

Coimbre, sur le Mondago, est remarquable par son université célèbre et par ses fabriques de toiles et de draps. Pop. : 15,000 hab.

Les villes de Bragance, qui a donné son nom à la maison régnante ; Visen, remarquable par ses mines d'étain ; Evora, célèbre par son université ; Elvas, place forte ; Tavira, commerçante en vins et fruits ; Stuval, port très-commode ; et Lomego, où, en 1143, furent convoqués les premiers États pour régler la constitution.

DE L'ANGLETERRE,
ou
ILES BRITANNIQUES.

L'Angleterre s'appelait autrefois *Albion* et *Bretagne*. Jules-César, après avoir soumis les Gaules, y fit une descente, mais il oublia bientôt cette nouvelle conquête. Ses successeurs s'en rendirent maîtres, peu à peu, Adrien fit construire une muraille depuis Newcastle jusqu'à Carlile, pour opposer une digue aux courses des Pictes et des Écossais. Pressés par les attaques des Pictes et des Calédoniens, et abandonnés par l'empire, les Bretons, sous Peyntern-Wortigern, appelèrent à leur secours les Saxons du Holstein et du Jutland. Ceux-ci battirent les Pictes, mais firent payer durement leur secours aux Bretons, car après plusieurs luttes sanglantes, ils les vainquirent et les forcèrent à se retirer dans le pays de Galles, et sur le continent dans l'Armorique, à laquelle ils donnèrent le nom de Bretagne. Ce pays, gouverné par des rois, eut à soutenir plusieurs guerres contre les Danois. Alfred, surnommé le Grand, fils d'Ethelred 1er, vainqueur à la bataille de Devon, recouvra ses États et soumit ses ennemis qui embrassèrent le christianisme. Le dernier de ces rois, Edouard, appela à son trône Guillaume-le-Conquérant, duc de Normandie. Sous ces successeurs, le royaume fut en proie aux guerres civiles sous les Maisons de Lancastre et d'Yorck, sous les noms de Rose rouge et de Rose blanche; ces deux Maisons se réunirent dans les personnes de Henri VII et de Henri VIII, fils de ce prince, qui se séparèrent de l'église catholique. Après des succès et des revers mutuels, Edouard, désormais sans rival, tranquille du côté de la France, par le traité de Péquigny, se livra à son penchant pour la mollesse et la cruauté, sacrifia le duc de Clarence à l'ambition de Glocester et mourut (1483) en confiant ses fils à ce prince cruel qui les fit assassiner et fut proclamé roi sous le nom de Richard III. Edouard VI, profitant de la puissance que lui donnait sa qualité de régent pour abolir définitivement la religion catholique, fit exécuter Sommerset, et fit assurer par Edouard la succession à Jeanne Gray, qu'il donna pour femme à Guilford-Duldey. Marie, fille de Catherine d'Arragon, monta sur le trône de son père, fit tous ses efforts pour rétablir la religion catholique et marcha à son but par le supplice de Jeanne Gray, de son époux et de son père. Elisabeth, fille de Henri VIII et d'Anne de Boulen, succéda à sa sœur, rétablit le culte réformé et l'église anglicane. Elle nomma pour successeur, Jacques, roi d'Écosse, fils de Marie Stuart qu'elle avait fait décapiter.

Cromwel s'étant mis à la tête de la révolution qui s'opéra en 1649, s'empara des rênes de l'Etat et fit condamner Charles, fils de Jacques Ier, à avoir la tête tranchée. Son fils remonta sur le trône dix ans après; mais il ne jouit pas long-temps du titre de roi, car son gendre Guillaume, prince d'Orange, le détrôna. Anne, 2e fille de Jacques Ier, régna depuis 1702 jusqu'en 1714. Après elle, les Anglais appelèrent au trône Georges, duc de Hanôvre, du droit de sa grand'-mère maternelle, Elisabeth Stuart, sœur de l'infortuné Charles Ier; la postérité de ce prince est restée en possession de ce trône, qu'occupait Guillaume IV, depuis le 26 juin 1830. Il a eu pour successeur la reine Victoria.

Les Iles-Britanniques forment une espèce d'archipel composé de 2 grandes îles, 4 groupes principaux en 7 petites îles, environnés par l'Océan Atlantique, qui prend le nom de mer d'Allemagne ou du Nord à l'est de la Grande-Bretagne, de Manche au sud, et d'Océan Atlantique à l'ouest de l'Ecosse et de l'Irlande.

Elles ont 503 milles de longueur, et 254 milles de largeur. Leur population s'élève à 23 millions d'habitans. La religion anglicane, qui est celle de l'État, domine en Angleterre; le presbytérianisme en Écosse; et l'Irlande est presque toute catholique. Leur gouvernement est une monarchie constitutionnelle.

L'adresse, le courage et l'orgueil font le caractère principal des Anglais; amis de l'indépendance, ils fondent leur pouvoir sur le modèle des Grecs. Les Anglais font un grand usage des liqueurs fortes, telles que le punch, le rhum et le thé, ils se nourrissent principalement de bœuf et mangent peu de pain.

La température de l'Angleterre est douce quoique humide; l'hiver ne semble pas aussi dur que dans d'autres pays, quoiqu'il y ait beaucoup de brouillards humides et des vents froids. Malgré cela, le sol produit beaucoup de grains, de fruits et de gras pâturages, mais la vigne n'y vient pas, non plus qu'en Écosse et en Irlande; mais on y fait une grande consommation de cidre et de bière. Les Iles-Britanniques abondent en gibier et en poisson, elles renferment de belles mines d'étain, de plomb, de fer et de cuivre, il y a aussi du charbon de terre et de la houille; mais les plus remarquables de ces mines sont celles de Cornouailles.

Le commerce et l'industrie font la richesse de cette contrée, on y voit de belles manufactures, une foule de canaux favorables au commerce et des chemins de fer. Les Anglais sont industrieux et s'adonnent à l'agriculture; ce qui constitue la véritable force de l'empire britannique, c'est sa marine forte de 20,000 vaisseaux qui maintient sous sa dépendance toutes ses possessions coloniales.

FLEUVES PRINCIPAUX.

Les principaux fleuves des Iles Britanniques sont: dans le royaume d'Angleterre, la Tamise et l'Humber, qui se jettent dans la mer du Nord, et la Saverne, qui se perd dans le canal de Bristol; dans l'Ecosse, le Twed, le Tay et la Spey, qui se jettent dans la mer du Nord; dans l'Irlande, le Shannon, le Banne, qui ont leur embouchure dans l'Océan Atlantique; et la Liffey, qui se jette dans la mer d'Irlande.

NOUVELLE
DIVISION DES ILES BRITANNIQUES,
EN 3 ROYAUMES.

Les Iles Britanniques se partagent en trois royaumes, savoir:

Royaume d'Angleterre, avec la principauté de Galles.
— d'Ecosse.
— d'Irlande.

ROYAUME D'ANGLETERRE

PROPREMENT DIT.

L'Angleterre est bornée au nord par l'Ecosse, à l'est par la mer du Nord, au sud par la Manche et le Pas-de-Calais qui la sépare de la France, à l'ouest par le canal Saint-Georges et la mer d'Irlande.

L'Angleterre et la principauté de Galles contiennent ensemble cinquante-deux comtés ou *Shyres*; quarante dans la première, et douze dans la seconde : on en trouve six vers le nord, dix au midi, dix-huit au milieu, six à l'orient et douze à l'occident, qui sont ceux de la principauté de Galles.

Comtés du Nord.

Northumberland.	Chef-lieu : *Newcastle.*
Cumberland.	— *Carlisle.*
Westmorland.	— *Appleby.*
Durham.	— *Durham.*
Yorck.	— *Yorck.*
Lancastre.	— *Lancastre.*

Comtés du Milieu.

Chester.	Chef-lieu : *Chester.*
Derby.	— *Derby.*
Nottingham.	— *Nottingham.*
Lincoln.	— *Lincoln.*
Stafford.	— *Stafford.*
Leicester.	— *Leicester.*
Rutland.	— *Oackam.*
Shrop.	— *Shrewsbury.*
Worcester.	— *Worcester.*
Warwick.	— *Warwick.*

Northampton.	—	Northampton.
Huntingdon.	—	Huntingdon.
Héréford.	—	Héréford.
Monmouth.	—	Monmouth.
Glocester.	—	Glocester.
Oxford.	—	Oxford.
Bedford.	—	Bedford.
Buckingham.	—	Buckingham.

Comtés de l'Orient.

Norfolck.	Chef-lieu :	Norwick.
Cambridge.	—	Cambridge.
Suffolck.	—	Ipswich.
Hertford.	—	Hertford.
Essex.	—	Colchester.
Middlesex.	—	Londres.

Comtés du Midi.

Sommerset.	Chef-lieu :	Bath.
Will.	—	Salisbury.
Berck.	—	Reading.
Serrey.	—	Guilford.
Kent.	—	Cantorbéry.
Cornouailles.	—	Launston.
Devon.	—	Exeter.
Dorcet.	—	Dorchester.
Southampton.	—	Winchester.
Sussex.	—	Chichester.

Le pays de Galles fut conquis en 1282, par Edouard II.

Comtés du pays de Galles.

Anglezey.	Chef-lieu :	Beaumarish.
Caërnarvon.	—	Caërnarvon.
Danbigh.	—	Danbigh.
Flint.	—	Flint.
Mérioneth.	—	Dolgelly.
Montgoméry.	—	Montgoméry.
Cardigan.	—	Cardigan.

Radnor.	—	*Radnor.*
Pembrock.	—	*Pembrock.*
Caërmarthen.	—	*Caërmarthen.*
Brecknock.	—	*Brecknock.*
Glamorgan.	—	*Cardiff.*

Les villes les plus remarquables des Iles Britanniques, sont :

LONDRES, capitale de tout le royaume, située au nord de la Tamise, ville la plus peuplée, la plus riche, et la plus commerçante de l'Europe; elle a trois lieues de longueur sur une et demie de largeur. Londres se compose de trois villes, Londres ou la Cité, au levant; Werstminster au couchant et Southwark au midi. Le vieux château de Withelhall est celui où tous les rois depuis Henri VIII, ont fait leur résidence; c'est devant cet édifice que le roi Charles Ier fut décapité. Londres est une belle ville, les rues sont larges et grandes, les maisons bâties en briques sont généralement peu élevées et offrent assez de régularité : on y remarque aussi le palais de Saint-James, séjour ordinaire des rois d'Angleterre, et dont le parc est une promenade publique. Les nombreux monumens qui ornent cette grande ville sont : le palais de New-Carlton-Square, environné de superbes édifices; le King's Palace, palais superbe dont les alentours servent de promenades publiques; la tour de Londres, citadelle élevée, dans laquelle sont enfermés les archives et les joyaux de l'Etat, l'arsenal et le magasin. On y voit aussi les armes qui furent prises à Philippe II, roi d'Espagne, et la hache qui coupa la tête à Anne de Boulen, mère de la reine Elisabeth, et une des femmes de Henri VIII; dans cette tour sont renfermés les prisonniers d'Etat. Les autres principaux édifices de Londres sont : la Monnaie, la Banque, le palais de Westminster dont l'église sert à couronner les rois et à les ensevelir; la Bourse, l'hôtel de la poste, le Trésor, la Douane, le palais de l'archevêque de Cantorbéry, l'hôtel de la compagnie des Indes-Orientales, le pont qui est sur la

Tamise et qui joint Londres à Southwark, dont la longueur est de (900 pieds) 292 mètres sur (30 pieds) 97 mètres de largeur, (60 pieds) 19 m. 48 de hauteur, avec 20 arches, deux beaux palais royaux : celui de Hamptoncourt, sur la Tamise, bâti par le cardinal de Volsey, continué par Henri VIII et achevé par Jacques Ier, et celui de Windsor, sur la Tamise; et l'Opéra Italien, riche bâtiment, dont la salle peut contenir 3,000 personnes. Elle possède aussi de magnifiques églises, une grande quantité de promenades, de ponts artistement construits et des places superbes. Londres a la suprématie sur les autres villes par ses établissemens littéraires, le nombre de ses sociétés savantes; aucune ne pourrait rivaliser avec elle pour son commerce considérable, son industrie et sa marine florissante. Cette ville a donné le jour à Bacon, à Milton et à Pope. C'est dans l'église de Westminster que sont déposés les restes du célèbre Newton. Population : 1,500,000 hab.

Douvres, dans le comté de Kent, à 28 l. (109 kil.) de Londres, est le passage le plus fréquenté pour aller en France. Pop. : 10,000 hab.

Norwich, sur l'Yare, dans le comté de Norfolk, à 35 l. (136 kil.) de Londres, est une grande et belle ville, remarquable par ses beaux édifices et ses nombreuses manufactures. Pop. : 50,000 hab.

Hull, sur l'Humber, dans le comté d'Yorck, avec un port très-commerçant. Le théâtre, la douane, la place Guillaume III, l'école de marine et plusieurs vastes quartiers décorent cette grande ville. Pop. : 21,000 hab.

Newcastle, dans le comté de Northumberland, à 126 l. (491 kil.) de Londres, possède un excellent port et plusieurs édifices. Son commerce consiste en plomb, meules, acier, sel et charbon de terre. Pop. : 55,000 hab.

Liverpool, dans le comté de Lancaster, à 92 l. (358 kil.) de Londres, à l'embouchure du Mersey, est la ville la plus commerçante de l'univers. Ses principaux édifices sont : le théâtre, la bourse, l'hôtel-de-ville, le nouveau casino, le marché, la douane et l'église Saint-Paul. Pop. : 119,000 hab.

Bristol, dans le comté de Sommerset, à 50 l. (194 kil.) de Londres, possède un excellent port au confluent de l'Avon et du Frome, et quelques établissemens littéraires. Elle fait un grand commerce avec l'Espagne, le nord de l'Europe et l'Amérique. Pop. : 54,000 hab.

Plymouth, dans le comté de Devon, à 16 l. (62 kil.) de Londres, est une ville importante par son port et ses fortifications. Pop. : 70,000 hab.

Portsmouth, dans le comté de Southampton, à 24 l. (93 kil.) de Londres. C'est une ville peu considérable, mais elle a un des meilleurs ports militaires de toute l'Angleterre. Pop. : 46,000 hab.

Oxford, dans le comté de son nom, à 21 l. (81 kil.) de Londres, au confluent de Cherwel et de la Tamise, est une ville importante par son université, ses collections scientifiques de toute espèce et ses établissemens littéraires. Pop. : 16,000 hab.

Birmingham, dans le comté de Warvick, à 45 l. (175 kil.) de Londres, est une grande ville commerçante et qui possède plusieurs manufactures. Pop. : 106,000 hab.

Manchester, dans le comté de Lancaster, au confluent de l'Irwel et de l'Irok, à 83 l. (323 kil.) de Londres. Son commerce et son industrie la placent comme la première ville d'Angleterre. Pop. : 134,000 hab.

Sheffield, dans le comté d'Yorck, au confluent du Shéaf et du Don, à 61 l. (257 kil.) de Londres, est importante par son commerce de placage, de coutellerie et d'instrumens de mathématiques. Pop. : 62,000 h.

Leeds, dans le comté d'Yorck, sur l'Acre, à 86 l. (335 kil.) de Londres, est une ville renommée par ses florissantes filatures et ses fabriques de draps, casimirs, flanelles et autres étoffes de laine. Pop. : 84,000 hab.

Nottingham, dans le comté de son nom, sur le canal du grand Trunck, à 40 l. (155 kil.) de Londres, renferme quelques édifices et plusieurs fabriques. Pop.: 40,000 hab.

Cambridge, à 21 l. (81 kil.) de Londres, possède une université célèbre et des établissemens scientifiques. Pop. : 14,000 hab.

ILES ET RADES DE L'ANGLETERRE.

Les îles qui sont dans la dépendance administrative de l'Angleterre sont : l'île de Man, dont le chef-lieu est Casteletown; l'archipel de Scilly, dont le chef-lieu est Newton; les îles Normandes, qui comprennent l'île de Gernesey et celle de Jersey; l'île d'Hergoland, dont le chef-lieu est Oberlang; enfin Gibraltar et Malte dont nous avons parlé.

On y compte trois fameuses rades : celles des Dunes, au nord de Douvres; celle de Spithéad à l'ouest de Portsmouth ; et celle de Sainte-Hélène, vis-à-vis Portsmouth.

DE L'ÉCOSSE.

L'Écosse est située au nord de l'Angleterre dont elle est séparée par le Twed et le golfe de Solvay.

La Maison des Stuarts était en possession de la couronne d'Ecosse depuis l'an 1370, lorsque Jacques VI succéda, en 1603, sous le nom de Jacques Ier, à Elisabeth, reine d'Angleterre, comme son plus proche parent, et réunit les deux États.

Quoique l'air en Écosse soit froid, il est assez pur. Le territoire y est peu fertile, si ce n'est dans la partie méridionale, où l'on recueille du froment, du seigle et de l'avoine; le reste est en pâturages.

L'Ecosse se divise en 33 comtés, savoir :

Comtés du Sud.

Edimbourg ou Lothian.   Chef-lieu : *Edimbourg.*
Linlithgow.   —   *Linlithgow.*

Haddington.	—	*Haddington.*
Berwick.	—	*Greenlaw.*
Renferw.	—	*Renferw.*
Ayr.	—	*Ayr.*
Wigton.	—	*Wigton.*
Lanerk.	—	*Lanerk.*
Peebles.	—	*Peebles.*
Selkirk.	—	*Selkirk.*
Roxburgh.	—	*Jedburgh.*
Dumfries.	—	*Dumfries.*
Kirkudbrigh.	—	*Kirkudbrigh.*

Comtés du Nord.

Orkney.	Chef-lieu :	*Kirwall.*
Caithness.	—	*Wick.*
Sutherland.	—	*Dornoch.*
Ross.	—	*Tain.*
Cromarty.	—	*Cromarty.*
Inverness.	—	*Inverness.*

Comtés du Milieu

Argyle.	Chef-lieu :	*Inverray.*
Bute.	—	*Rothsay.*
Nairn.	—	*Nairn.*
Murray.	—	*Elgin.*
Ranff.	—	*Ranff.*
Aberdeen.	—	*New-Aberden.*
Méarn.	—	*Stonenhaven.*
Angus.	—	*Forfar.*
Perth.	—	*Perth.*
Fife.	—	*Cupar.*
Kinross.	—	*Kinross.*
Clackmanan.	—	*Clackmanan.*
Sterling.	—	*Sterling.*
Dumbarton.	—	*Dumbarton.*

Les villes les plus remarquables de l'Ecosse sont :

EDIMBOURG, sur le Forth, près de son embouchure, est une grande et belle ville, ancienne résidence royale, capitale du royaume, à 240 l. (935 kil.) de

Paris. Les principaux monumens qui décorent cette ville sont : la nouvelle Bourse, le bâtiment de l'Université et le château d'Holyrood, habité deux fois par Charles X. Ses nombreux établissemens littéraires et son commerce considérable rendent cette ville très-importante. Pop. : 117,000 hab.

Aberdeen, à l'embouchure de la Dee, à 39 l. (152 kil.) d'Edimbourg, est une ville commerçante agréablement située, avec un port excellent pour la marine marchande. Pop. : 45,000 hab.

Glascow, sur la Clyde, dans le comté de Lanerk, à 14 l. (54 kil.) d'Edimbourg, est une grande et belle ville commerçante et manufacturière. On y admire la cathédrale, la bourse, le palais de justice, la banque d'Ecosse, le casino, le théâtre et l'hôtel-de-ville. Pop. : 147,000 hab.

C'est dans cette ville qu'en 1810 a été construit le premier bateau à vapeur.

Les villes d'Inverness, port de mer, près de laquelle eut lieu, en 1746, la bataille de Culloden, qui détruisit entièrement le parti des Stuarts; Dundée, port de mer, et Paisley, importante par ses manufactures.

ILES DE L'ÉCOSSE.

Les îles qui dépendent de l'Ecosse sont : les Hébrides ou Westernes, sur la côte occidentale; les Orcades et les îles de Shetland, au nord.

DE L'IRLANDE.

L'Irlande, autrefois Hibernie, est une grande île située à l'ouest de l'Angleterre

Comme ce pays était gouverné par plusieurs petits souverains, Henri II, roi d'Angleterre, s'en empara. Parmi ses successeurs, Henri VIII est le seul qui ait pris le titre de roi d'Irlande. Il était autrefois gouverné par un vice-roi qui était obligé de se conformer aux lois du royaume.

On trouve en Irlande plusieurs lacs : les principaux sont ceux d'Erne, de Neagh, de Fayle, de Kay et de Lee.

Le royaume d'Irlande se divise en quatre provinces ecclésiastiques, lesquelles se subdivisent en 32 comtés.

Ces quatre provinces sont :

L'Ulster, au nord, subdivisé en 9 comtés.

Le Leinster, à l'est, subdivisé en 12 comtés.

Le Munster, au sud, subdivisé en 6 comtés.

Le Connaught, à l'ouest, subdivisé en 5 comtés.

Les villes les plus remarquables de l'Irlande sont :

DUBLIN, sur la Liffey, à 225 l. (877 kil.) de Paris, capitale du royaume, est une ville remarquable par ses sociétés scientifiques et sa marine marchande. Pop. : 227,000 hab.

CORK, sur la Lee, avec un bon port, à 52 l. (202 kil.) de Dublin, possède quelques édifices et fait un commerce assez étendu avec les Antilles. Pop. : 101,000 habitans.

BELFAST, port de mer, est une jolie ville commerçante et manufacturière. Pop. : 57,000 hab.

GALWAY, à 41 l. (159 kil.) de Dublin, est une grande ville avec un bon port, remarquable par son commerce et son industrie. Pop. : 28,000 hab.

LIMERICK, sur le Shannon, à 41 l. (159 kil.) de Dublin, est une ville très-commerçante, où l'on admire de beaux édifices et de magnifiques jardins suspendus. Pop. : 60,000 hab.

WATERFORD, à 28 l. (109 kil.) de Dublin, possède un magnifique port formé par la Suir et le Barow ; son commerce est très-considérable ; on y fait de nombreux armemens pour la pêche de la morue. Pop. : 30,000 hab.

DU DANEMARCK.

Les Cimbres, cent ans avant Jésus-Christ, après avoir dévasté l'Europe, s'emparèrent de ce pays. C'est un ancien royaume qui a été électif jusqu'en 1660, époque où les Etats le rendirent héréditaire. Le roi actuel descend des comtes d'Oldenbourg; et Christiern, le premier de cette Maison, fut élu en 1448.

Le gouvernement est une monarchie absolue, si ce n'est dans les provinces qui font partie de la Confédération Germanique. La religion principale est le luthérianisme. La population s'élève à deux millions d'habitans. La superficie du Danemarck contient 2,900 l. carrées (44,062 kil. c.), et celle de l'Islande et des îles Feroë, est de 4,500 l. c. (68,573 kil. c.)

Dans la mer Baltique se trouvent les îles Danoises, qui sont très-peuplées, et jouissent d'une grande fécondité.

Le sol de l'Islande renferme des montagnes volcaniques et des sources d'eau chaude. C'est un pays peu fertile où le froid paralyse toute espèce de végétation, à l'exception de la pomme de terre et de quelques arbres peu élevés.

Ses principaux fleuves sont l'Eyder, qui prend sa source dans le Holstein : l'Elbe, qui vient de l'Allemagne, et qui tous les deux se jettent dans la mer du Nord; la Frave, qui naît dans le Holstein, et se perd dans la mer Baltique; le Guden, qui baigne le Jutland, et se jette dans la Cattégat.

NOUVELLE DIVISION DU DANEMARCK,
EN PROVINCES ORIENTALES ET EN ILES.

La monarchie danoise, située à l'entrée de la mer Baltique, se compose de trois provinces continentales, qui sont : le Jutland, le Holstein, le Lauenbourg, et de diverses îles qui sont dans les îles danoises de la mer Baltique, et les îles Fœroë dans l'Atlantique. Elle a aussi quelques possessions lointaines.

JUTLAND. Chef-lieu : *Schleswick.*

Le Jutland, qu'on nommait autrefois Chersonèse Cimbrique, est une presqu'île qui se divise en Nord-Jutland et en Sud-Jutland, qu'on appelle maintenant le duché de Schleswick.

SCHLESWICK, capitale, est une grande ville, remarquable par son port, son industrie et son commerce. Pop. : 8,000 hab.

Les autres villes remarquables du Jutland sont :

FLENSBORG, sur un golfe de la Baltique, est une ville commerçante et manufacturière. Pop. : 16,000 hab.

TOENNINGEN, près de l'embouchure de l'Eyder, est importante par son commerce et par son port. Pop. : 4,000 hab.

DUCHÉ DE HOLSTEIN. Chef-lieu : *Gluckstadt.*

Ce duché, ainsi que celui du Luxembourg fait partie de la Confédération Germanique. Le territoire dans la partie occidentale est assez fertile, et renferme du charbon de terre et de la tourbe; de hautes et fortes digues empêchent qu'il ne soit inondé par la mer.

GLUCKSTADT, ville forte, avec un port excellent sur la rive droite de l'Elbe, s'occupe principalement de la pêche de la baleine. Pop. : 5,000 hab.

Les autres villes importantes de ce duché, sont :

RENSBURG, ville forte, remarquable par le canal qui communique à la Baltique et à la mer du Nord. Pop. : 8,000 hab.

KIEL, sur le golfe de la Baltique, à 50 l. (194 kil.) de Copenhague, possède un port fréquenté et fait un grand commerce de transit. Pop. : 8,000 hab.

ALTONA, sur l'Elbe, est une ville remarquable par l'étendue de son commerce et par ses nombreuses manufactures. Elle possède un bon port avec des chantiers de construction. Pop. : 25,000 hab.

DUCHÉ DE LAUENBOURG. Chef-lieu : *Ratzbourg*.

Ce duché est situé entre Hambourg et Lubeck. Le sol de ce pays est fertile.

RATZBOURG, sur un lac, est le siége des administrations de ce duché. Pop. : 2,000 hab.

LAUENBOURG, sur la rive droite de l'Elbe, est une ville commerçante. Pop. : 3,000 hab.

ILES DANOISES.

Ces îles sont dans la Baltique ; les plus considérables sont l'île de Sééland et la Fionie ; les autres moins remarquables sont Alsen, Laland et Falster.

COPENHAGUE, place forte, capitale du royaume de Danemarck, à 265 l. (1032 kil.) N.-E. de Paris, ville riche et commerçante, résidence du roi, possède un des plus vastes et des meilleurs ports de l'Europe, sur le détroit du Sund. Les édifices les plus remarquables sont : l'hôtel-de-ville, l'université, le palais du prince, celui de Charlottemborg, l'Amalienborg, le château de Christiamborg et celui de Rasemborg. Pop. : 111,000 hab.

ELSENEUR, à 8 l. (31 kil.) de Copenhague, est une ville renommée par son commerce et sa manufacture d'armes. Pop. 6,000 hab.

HELSINGOR, sur le Sund ; Frederisborg, avec un magnifique château où l'on couronne les rois de Danemarck.

La ville principale de l'île Fionie est :

ODENSÉE, à une lieue de la mer, est une ville ancienne qui possède plusieurs fabriques. Pop. : 7,000 h.

ILES FOEROÉ.

Ces îles sont situées dans l'Atlantique ; on en compte 25, dont 17 sont habitées. Elles ont pour chef-lieu le bourg de Thorshawen.

ISLANDE.

L'Islande, dont le nom signifie île de glace, est une des plus grandes îles de l'Océan septentrional.

Quoique la température y soit très-froide, ce pays renferme le mont Hécla qui vomit souvent des flammes. Les habitans sont robustes, mais petits; ils se nourrissent de pain fait avec un peu d'orge et d'avoine. Le sol est très-stérile et ne produit que des bouleaux et des génévriers. Sur 120 l. de longueur et 55 de largeur qu'elle a, on n'y trouve que des villages, dont le principal est :

REYKIVIK, situé au sud-ouest.

DE LA SUÈDE ET DE LA NORWÈGE.

Le royaume de Suède est fort ancien : il était autrefois électif; mais depuis Gustave Vasa, qui commença à régner en 1523, les Suédois ont rendu ce royaume héréditaire, même aux filles. Le roi Charles XII, mort le 11 décembre 1718, était de la Maison des Deux-Ponts, qui est une branche de la Maison Palatine du Rhin. Cette Maison est parvenue à la couronne de Suède en la personne de Charles-Gustave, qui succéda à Christine, reine de Suède, sa cousine, qui lui céda volontairement ses Etats en 1654, comme à son plus proche parent. Il était fils d'une sœur de Gustave-Adolphe, roi de Suède, père de Christine. Par la mort de ce prince, le royaume est tombé entre les mains d'Ulrique-Eléonore, femme du prince de Hesse-Cassel. Parmi tous les rois de cette contrée, celui qui acquit le plus de gloire fut Charles XII. Après la mort de ce dernier, les Suédois eurent la liberté d'élire leurs rois; ils en usèrent à l'égard de Bernadotte, général français, qui prit alors le nom de Charles Jean : son fils reçut en même temps le titre de duc de Sudermanie.

La Suède est bornée au nord par l'Océan Glacial arctique, à l'ouest par l'Atlantique et la mer du Nord; au sud par la mer Baltique; à l'est par la Russie, la Baltique et le golfe de Bothnie.

Elle a 1,025 milles de longueur, et 436 milles de largeur. Sa population s'élève à 4 millions d'habitans, qui professent le luthéranisme. Son gouvernement est constitutionnel.

Le climat de la Suède est très-rigoureux ; l'hiver y dure neuf mois, et l'été, les trois autres mois ; époque où les chaleurs sont presque insupportables. Le sol de ce pays est couvert de montagnes et renferme des mines de fer, d'argent, de cuivre. Les productions minérales de la Norwège sont comme celles de la Suède. Elle est presque toute entière hérissée de montagnes qui fournissent en abondance des bois propres à la construction des vaisseaux, et qui sont l'objet d'un grand commerce.

FLEUVES ET LACS DE LA SUÈDE.

Les principaux fleuves de la Suède et de la Norwège sont : la Tornéa, la Luléa, la Pitéa, le Calix, le Sildut, qui prennent leur source dans les montagnes du Nordland, et se perdent dans la mer Baltique ; la Gotha-Elbe, qui traverse le lac Werner, forme au sortir de ce lac les fameuses cataractes de Trohalsa et se perd dans le Cattégat par deux embouchures ; le Glommen, le Drammen et le Loven qui se jettent dans l'Océan Atlantique ; et l'Alten, la Tana, le Mals, qui se perdent dans l'Océan Arctique.

Les principaux lacs sont : le Melarn, le Heilmarn, le Wenern, le Wetern en Suède ; et le Famund, le Tyris, le Miosen dans la Norwège.

NOUVELLE DIVISION
DE LA SUÈDE ET DE LA NORWÈGE

SUÈDE.

La Suède proprement dite forme trois grandes divisions qui sont : le Nordland, le Syealand et le Gothaland, lesquelles se subdivisent en 24 gouvernemens qui sont :

Le Nordland. Norrbotten, Wester, Norrland, Westerbotten, Jamtland.

Le Syealand. Stockolm, Orébro, Upsala, Carstadt, Westeras, Gofleborg, Nykoping, Sporra, Kopparberg.

Le Gothaland. Linkoping, Efsborg, Calmard, Cothembourg, Joukoping, Halmstadt, Kronoberg, Christianstadt, Beckinge, Malmorus, Skarlaborg, Gottland.

Les villes les plus remarquables de la Suède sont :

STOCKOLM, à 385 l. (1,500 kil.) de Paris, située sur le lac Melarn, est la capitale et la résidence du roi ; cette ville est agréablement située et renferme plusieurs édifices remarquables et de belles églises. Elle est importante par son industrie et son commerce. Pop. : 80,000 hab.

Gothembourg, sur le Cattégat, est une ville commerçante, avec un bon port. On y admire plusieurs édifices et quelques établissemens littéraires. Pop. : 27,000 hab.

Upsala, jolie ville, ancienne résidence des rois de Suède, est remarquable par son université et par les foires considérables qui s'y tiennent tous les ans. Pop. : 4,000 hab.

Les villes de Falun, remarquable par ses mines de cuivre; Sala, connue par ses mines d'argent; Norkoping, belle ville, importante par son commerce et ses collections d'arts et de sciences ; Calserona, Skeninge, Skara et Calmar.

La Suède possède encore quelques îles dans la Baltique, dont les principales sont : Bornolm, Atland et Gothland.

La Laponie, au nord de la Suède, est sous l'influence d'une température extrêmement froide. La terre est presque stérile; mais on y trouve une quantité prodigieuse de bêtes sauvages, de gibier et de poissons. Les

Lapons sont très-petits, et n'ont ordinairement que trois ou quatre pieds. Ils se nourrissent de chair d'animaux et de poissons. Leur force et leur agilité surpassent celles des autres hommes; mais ils sont lâches et timides. Les Lapons ne peuvent vivre loin de leur pays; car ils tombent malades aussitôt qu'ils en sont éloignés et meurent quand ils perdent l'espérance de le revoir. La Laponie n'a ni printemps ni automne. Il y a une nuit de plusieurs mois et un jour aussi long.

NORWÈGE.

Ce royaume a eu des rois particuliers jusque vers la fin du quatorzième siècle, que Haquin, roi de Norwège, épousant Marguerite, fille de Walemar III, roi de Danemarck, réunit ces deux royaumes. En 1814, le roi de Danemarck donna la Norwège à la Suède, en échange de la Poméranie-Suédoise. En 1815, le congrès de Vienne sanctionna cette concession mutuelle. Les Norwégiens sont la plupart robustes, simples et bons.

La Norwège forme trois grandes divisions qui sont: le Nordland, le Nordenfield et Sonderfield, lesquelles se subdivisent en 17 bailliages.

Les villes les plus remarquables de la Norwège sont:

CHRISTIANA, sur le golfe de Cattégat, capitale de la Norwège et résidence du roi, possède un beau port. Les environs de cette ville sont de toute beauté; elle est remarquable par ses beaux édifices, ses établissemens littéraires et ses collections scientifiques. Pop.: 21,000 habitans.

BERGHEN, est une ancienne ville avec un bon port, elle possède plusieurs raffineries de sucre et des chantiers de construction pour les vaisseaux. Pop.: 20,000 h.

CHRISTIANSAND, ville forte, avec un bon port. Pop.: 5,000 hab.

DRONTHEIM, sur le golfe du même nom, ville commerçante, ancienne résidence des rois de Suède. Pop.: 12,000 hab.

Fridcrickstadt, Wardhus, Drammen, Konsberg, Hammerfest et Friderikswœrn.

C'est à peu de distance des côtes de Norwège et au sud des îles de Loffoden, que se trouve le gouffre de Malstrom, qui fait un bruit effroyable et engloutit quelquefois les vaisseaux.

DE LA RUSSIE.

La Russie, qui portait autrefois le nom de Sarmatie, était jadis habitée par les Scythes, les Slaves ou Esclavons, les Sarmates et les Finois. Cette contrée n'est sortie de l'obscurité et de la barbarie que par le vaste génie du czar Pierre Ier, surnommé le Grand, qui fit marcher à grands pas les progrès de la civilisation. Il parcourut les principales capitales de l'Europe pour examiner et étudier le développement des arts et des sciences. Après son retour, on vit de tous côtés s'élever des universités, des collèges, une marine considérable pour protéger le commerce; et bientôt à la tête d'une nouvelle nation, il étendit par son courage les bornes de son empire. Après sa mort, son épouse, Catherine II s'empara des rênes du gouvernement, et sut par son mérite maintenir la Russie au rang des premières puissances de l'Europe; elle réunit sous sa domination les deux tiers de la Pologne et envahit de vastes territoires aux Turcs.

L'empereur Alexandre s'empara d'une partie de la Finlande, et de la Bessarabie; et en 1814 il acquit le nouveau royaume de Pologne.

En 1851, l'empereur Nicolas réduisit sous sa puissance toute la Pologne qui a cessé de former un état distinct.

La Russie est bornée, au nord par l'Océan Glacial arctique, à l'ouest par la Suède, le golfe de Bothnie, la Baltique, la Prusse et l'Autriche; au sud par la Turquie d'Europe, la mer Noire, le Caucase et la mer

Caspienne ; à l'est par les Monts Ourals et le petit fleuve Kara.

La Russie occupe presque toute la largeur de l'Europe, depuis la mer Glaciale, jusqu'à la mer du Nord (1). Sa population, en y comprenant la Pologne, s'élève à 52 millions d'habitants, dont la plupart professent la religion grecque ; cependant les Polonais sont catholiques, et ceux de Finlande, luthériens. Son gouvernement est une monarchie absolue ; le souverain porte le titre d'empereur autocrate et de czar de toutes les Russies. La plupart des paysans russes sont encore serfs et dans la dépendance de la couronne ou des seigneurs à qui ils appartiennent.

Une grande partie de cette contrée est froide et couverte de vastes plaines sablonneuses imprégnées de sel. Les contrées méridionales sont beaucoup plus fertiles ; elles produisent en abondance des grains, des fruits, du lin, du tabac, du chanvre et un peu de vin ; le climat y est doux et agréable. Le sol renferme des mines de fer, de cuivre, d'amianthe et même d'or ; mais les plus riches de l'empire sont celles de la Sibérie.

FLEUVES ET LACS DE LA RUSSIE.

La Russie est baignée par les plus grands fleuves de l'Europe. Les principaux sont : la Duna, qui prend sa source dans le gouvernement de Twer ; la Neva, qui sort du lac Ladoga ; le Niémen, qui a sa source dans le gouvernement de Minsk ; la Vistule, qui vient de l'Autriche ; la Tornea, qui vient de la Laponie Suédoise, et qui tous les cinq se jettent dans la mer Baltique ; le Dnieper, qui naît près de Smolensk ; le Dniester, qui vient de l'Autriche ; le Don, ou Tanaïs, qui a sa source dans le gouvernement de Toula ; le Danube, et qui tous les quatre ont leur embouchure dans la mer Noire ; la Dwina, qui se forme par la réunion de deux petits fleuves ; l'Onéga, qui prend

---

(1) Ses possessions en Europe, ne forment qu'environ le quart de son empire, qui s'étend en Asie et en Amérique. (Voyez Sibérie, Terres arctiques, Amériques Russes.

sa source près du lac d'Onéga, et qui tous les deux se jettent dans la mer Blanche; le Petchora, qui naît près des monts Ourals, et se perd dans l'Océan Arctique; enfin le Wolga, le plus grand fleuve de l'Europe, qui prend sa source dans le gouvernement de Twer; et l'Oural, qui naît dans les monts Ourals, et qui tous deux se perdent dans la mer Caspienne.

Ses principaux lacs sont : le Ladoga, qui est le plus vaste de l'Europe; l'Onega, la Payana, le Saïma, l'Ilmen, l'Enara et le Paypus.

Quelques-uns de ces fleuves et de ces lacs alimentent une foule de canaux qui mettent en communication la Baltique, la mer Blanche, la mer Noire et la mer Caspienne.

NOUVELLE
DIVISION DE LA RUSSIE,
EN GOUVERNEMENS ET PROVINCES.

L'empire de Russie, sans y comprendre la Finlande, qui a une constitution à part, et le royaume actuel de la Pologne, se partage en 49 gouvernemens, et plusieurs provinces, que nous rangerons d'après les six grandes divisions suivantes : 1° Russie Baltique, ou anciens gouvernemens de la Suède, qui s'étendent le long de la mer Baltique; 2° Grande-Russie, ou gouvernemens habités en général par les Grands-Russes (1); 3° Petite-Russie, ou gouvernemens habités par les Petits-Russes; 4° Russie-Méridionale, ou gouvernement du sud, conquis sur les Ottomans; 5° Russie-Occidentale, ou gouvernemens qui formaient l'ancienne Pologne; 6° Russie-Orientale, ou gouvernemens à l'est, qui appartenaient aux Turcs.

(1) Les Russes qui sortent de la souche Slave, se divisent en Grands-Russes, Petits-Russes et Cosaques.

RUSSIE BALTIQUE.

Cette région comprend les quatre gouvernemens de Saint-Pétersbourg, d'Essonie, de Livonie, de Courlande, et le grand-duché de Finlande.

Les villes les plus remarquables sont :

SAINT-PÉTERSBOURG, à 498 l. (1941 kil.) N. E. de Paris, sur la Newa et sur le golfe de Finlande, capitale de l'empire, résidence ordinaire de l'empereur. Elle fut fondée en 1703 par le czar Pierre-le-Grand. Cette ville est remarquable par son étendue, sa magnificence et la régularité de ses rues. Les plus beaux monumens qui la décorent sont : le palais du grand-duc Michel, le palais de la Tauride, le palais d'hiver, le palais de marbre, la place du palais, celle du théâtre, celle d'Isaac, et du Sénat, l'amirauté, l'hôtel-de-ville, le marché glacé, l'église de Saint-Isaac, et celle de Saint-Pierre et Saint-Paul, qui est le lieu de sépulture des empereurs. Elle renferme des manufactures d'armes, des fonderies de canon, etc. ; les denrées coloniales sont la principale branche de son immense commerce. Pop. : 450,000 habitans.

Riga, à 150 l. (584 kil.) de Saint-Pétersbourg, chef-lieu du gouvernement de Livonie, est une belle ville commerçante et manufacturière avec un vaste port. Pop. : 42,000 hab.

Mittau, chef-lieu du gouvernement de Courlande, est une ville importante par ses collections scientifiques et ses établissemens littéraires. Pop. : 14,000 hab.

Helsingfors, capitale du grand-duché de Finlande, possède un port sur le golfe de ce nom, et plusieurs collections scientifiques. Pop. : 8,000 hab.

GRANDE RUSSIE.

Cette région comprend les gouvernemens de Moscou, Smolensk, Pskow, Twer, Novogorod, Archangel, Vologda, Jaroslaw, Kostroma, Vladimir, Nijni Novogorod, Tambov, Riazan, Toula, Kalouga, Orel, Koursk, Voronége, qui ont pour chefs-lieux des villes de même nom, et le gouvernement d'Olonetz, qui a pour chef-lieu Petrozavodsk.

Les villes les plus remarquables sont :

MOSCOU, sur la Moskowa, à 165 l. (643 kil.) S.-E. de Saint-Pétersbourg, et à 668 l. (2,603 kil.) de Paris, seconde capitale de l'empire. En 1812, le gouverneur Kutsow fit mettre le feu à cette ville pour enlever toute espèce de ressources à l'armée française, qui venait d'être victorieuse à la fameuse bataille de la Moskowa. C'est une ville très-commerçante, et renommée par son ancienne université. Elle renferme une foule d'édifices dont les plus remarquables sont : le Kremlin, ancien palais des czars, l'église de l'Annonciation, et la cathédrale où se font couronner les empereurs. Pop. : 250,000 hab.

SMOLENSK, sur le Dnieper, place forte et commerçante. Les Français l'assiégèrent et s'en rendirent maîtres en 1812. Pop. : 5,000 hab.

TOULA, ville fondée par Pierre-le-Grand et embellie par Alexandre. Elle renferme une grande manufacture d'armes et un vaste arsenal. Pop. : 40,000 hab.

TWER, sur le Volga, bâtie par Catherine II, est remarquable par son commerce et son industrie. Pop. : 22,000 hab.

JAROSLAW, ville forte, industrielle et assez commerçante. Pop. : 24,000 hab.

ARCHANGEL, sur la Dwina, avec un port très-commerçant. Elle est le centre des transactions commerciales de la Sibérie et de la Russie-Européenne du nord. On y fait des armemens pour la pêche du hareng. Pop. : 19,000 hab.

VOLOGDA, sur la rivière de son nom, est une ville très-commerçante qui est l'entrepôt général de toutes les marchandises de la Russie d'Europe et de la Sibérie; Elle doit le grand développement de son commerce aux divers canaux qui l'entourent. Pop. : 13,000 hab.

Novogorod, à 90 l. (350 kil.) de Moscou, est une ville avantageusement située sur la rivière de Wolchowa près du lac Ilmen. Elle est remarquable par son commerce et son industrie. Pop. : 8,000 hab.

Les villes de Kolomna, Serpoukhow, Wessiegonsk, Petrozavodsk, Tosma, Rostov, importantes par leurs diverses manufactures et leur commerce; et Kola, avec un port, la ville la plus boréale de la Russie-Européenne.

PETITE RUSSIE.

Cette région se compose des départemens de Kiev, Tchernigov, Poltava et Karhov, qui ont pour chefs-lieux des villes de même nom.

Les villes les plus remarquables sont :

Kiev, sur le Dnieper, qui fut la capitale de la Russie avant Moscou, est une ville grande et ancienne où l'on admire le palais impérial, l'arsenal, les bâtimens de l'université ecclésiastique, et la cathédrale de Sainte-Sophie, d'une richesse et d'une beauté remarquables. Son commerce est considérable. Pop. : 56,000 habitans.

Les villes de Bogouslavle, de Tchernigog, Poltava, Karkow, Tcherkacy, Nejin, Glonkhov, Staroudoub, Krementchoug, Snumy, Akhtirka, Lebedina, Besopolié, toutes importantes par leur commerce, leur industrie et leur population.

RUSSIE MÉRIDIONALE.

Cette région comprend les 3 gouvernemens de Kherson, Ekatherinostav, Tauride, la province de Bessarabie, et le pays des Cosaques du Don, espèce de république militaire.

Les villes les plus remarquables sont :

ODESSA, à 480 l. (1,919 kil.) de Saint-Pétersbourg, est une ville grande et bien fortifiée, avec un port sur la mer Noire entre le Boug et le Dniester. Elle n'était jadis qu'une bourgade de peu d'importance; mais le duc de Richelieu qui en fut gouverneur jusqu'en

1814, sut par son génie administratif y faire fleurir le commerce, les arts et les sciences. Pop. : 33,000 hab.

ELISABETHGRAD, place forte. Pop. : 10,000 hab.

EKATERINOSLAV, a été fondée par Catherine II. Pop. : 8,000 hab.

TAGANROG, jolie ville, sur la mer d'Azow. L'empereur Alexandre y mourut en 1825. Pop. : 6,000 hab.

BAKHTCHISSARAÏ, ville mal bâtie. Son commerce est considérable. Pop. : 9,000 hab.

KICHINEV, chef-lieu de la Bessarabie, remarquable par son commerce et son gymnase. Pop. : 20,000

ALKERMAN, ville forte de Bessarabie, avec un port à l'embouchure du Dniester. La Russie et la Turquie y signèrent le dernier traité.

RUSSIE OCCIDENTALE.

Cette région se compose des gouvernemens de Wilna, Grodno, Witebsk, Mohilow, Minsk, qui ont pour chefs-lieux des villes de même nom; de celui de Volhynie, qui a pour chef-lieu Gitomir; de celui de Podolie, qui a pour chef-lieu Kaminiec, et de la province de Byalystok, qui a pour chef-lieu Byalystok.

Les villes les plus remarquables sont :

WILNA, grande et jolie ville située au confluent des rivières de Walia et de Welika, ancienne capitale de la Lithuanie. On y admire ses édifices et ses nombreux établissemens littéraires. Pop. : 56,000 hab.

GRODNO, sur le Niémen; c'est dans cette ville que Stanislas-Auguste abdiqua en 1793. Pop. : 9,000 hab.

WITESDSK, petite ville très-commerçante. Pop. : 15,000 hab.

MOHILEW, petite ville, remarquable par l'accroissement de son commerce. Pop. : 21,000 hab.

GITOMIR, grande, industrieuse et commerçante ville. Pop. : 11,000 hab.

RUSSIE ORIENTALE.

Cette région se compose des gouvernemens de Kasan, Viaska, Perm, Simbirsk, Penza, Astrakan, Seratov, qui ont pour chefs-lieux des villes de même nom et de celui de Oreinbourg, qui a pour chef-lieu Oufa.

Les villes les plus remarquables sont :

KASAN, sur le Volga, grande ville manufacturière, ancienne capitale du royaume Tartare. Sa cathédrale et son université sont de beaux édifices. C'est le centre des affaires entre la Sibérie et la Russie d'Europe. Pop. : 48,000 hab.

ASTRAKAN, près de l'embouchure du Volga, à 450 l. (1,754 kil.) de Saint-Pétersbourg, ancienne capitale d'un royaume Tartare. Pop. : 40,000 hab.

SARATOV, sur le Volga, importante par son commerce et son industrie. Pop. : 35,000 hab.

Les villes de Tchistopol, Viaska, Ekaterinbourg, Penza, Volsk, Oufa et Ouralsk, chef-lieu des Cosaques qui habitent le long de l'Oural.

ROYAUME DE POLOGNE.

Les souverains de ce pays portèrent d'abord le nom de ducs ; après Sigismond-Auguste, dernier roi de la race Jallone, la couronne devint élective. En 1772, 1793 et 1796, la Russie, la Prusse et l'Autriche se partagèrent les provinces de ce grand royaume. En 1807, elle fut reconstituée sous le nom de grand-duché de Varsovie, et en 1815 elle porta le nom de royaume, sous la souveraineté de l'empereur de Russie. En 1831, les Polonais déployèrent leur bravoure et tout leur courage en luttant contre le despotisme avec des forces disproportionnées pour briser les chaînes de l'esclavage et reconquérir leur liberté ; malgré tant d'efforts, ils eurent la douleur de voir leur espérance trompée ; mais la plupart préférèrent plutôt abandonner le sol de leur patrie que d'obéir aux lois du vainqueur moscovite. Depuis cette époque, l'autocrate russe a déclaré la Pologne partie intégrante de l'empire de Russie.

Les productions minérales de la Pologne sont le fer, le cuivre, le plomb, l'argent, le charbon et le sel : elle renferme aussi des carrières de granit. Le sol produit du blé en abondance et renferme d'excellens pâturages.

Ce royaume est borné au nord et à l'est par la Russie, à l'ouest par la Prusse, au sud par l'Autriche.

La Pologne est un pays plat, où le climat est tempéré.

Ses principaux fleuves sont : la Warta, la Vistule qui se perd dans la mer Baltique et ses affluens ; la Pilica et la Wieptz.

Elle se compose des huit palatinats ou provinces de Mazovie, Kalise, Karkovie, Sandomir, Lublin, Podlaquie, Plock et Augustow.

Les villes les plus remarquables sont :

VARSOVIE, sur la Vistule, à 572 l. (4,427 kil.) N.-E. de Paris, capitale de l'ancien et du nouveau royaume de Pologne. Elle est moins grande et moins belle que ses faubourgs, parmi lesquels on distingue Praga. Elle est remarquable par la beauté de ses édifices, par ses collections d'arts et de sciences, et ses établissemens littéraires. Son commerce et son industrie étaient florissans avant ses derniers malheurs, qui ont jeté dans le deuil et dans l'exil une grande partie de ses habitans. Pop. : 150,000 hab.

Les villes de Modlin, place forte ; Tomaszov ; Augustow, chef-lieu du palatinat de son nom ; Plock, chef-lieu du palatinat de son nom ; Kielce, chef-lieu du palatinat de Cracovie ; Olkulsk, célèbre par ses mines ; Lublin, chef-lieu du palatinat de son nom ; Rahow, importante par son industrie ; et Zamosc, place forte.

RÉPUBLIQUE DE CRACOVIE.

Cette république est bornée au nord et à l'est par la Pologne russe, au sud par la Vistule, à l'ouest par la Brinica. Elle formait jadis le palatinat qui faisait partie de l'ancien royaume de Pologne. Depuis 1815, elle a été constituée en république, sous la protection de l'Autriche, de la Prusse et de la Russie.

CRACOVIE, sur la Vistule, autrefois place forte et capitale de l'ancienne Pologne jusqu'à Sigismond III, est la capitale de la république. C'est une grande et jolie ville, décorée par de beaux palais, des rues droites et larges. Elle est célèbre par son université, une des plus anciennes de l'Europe. Elle est industrieuse et commerçante. Pop. : 25,000 hab.

On y trouve encore les villes de Mogila et Kazeszowce.

DE LA TURQUIE D'EUROPE,

ou

EMPIRE OTTOMAN.

La Turquie est un des plus vastes empires qu'il y ait. Il a été fondé vers l'an 1300 par Othman ou Ottoman, prince des Turcs, peuple de race tartare descendu des Scythes, entre le Pont-Euxin et la mer Caspienne. Othoman ayant fait de grandes conquêtes sur l'empereur grec, prit le titre de Sultan, et Mahomet II, le plus fameux de ses successeurs, s'empara de Constantinople, en 1455, ainsi que de tout ce qui composait l'empire d'Orient du temps des Romains.

La Hongrie fut souvent sujette à l'envahissement des Turcs. En 1520, les Moldaves et les Valaques furent réduits sous leur domination : la possession de la Morée et des îles de l'Archipel occasionnèrent de longues guerres entre les Espagnols, surtout les Vénitiens et les Turcs qui furent paisibles possesseurs de la Grèce, de 1344 à 1820, époque où les Grecs secouèrent le joug de l'esclavage et proclamèrent leur liberté et leur indépendance.

Aujourd'hui la Turquie européenne est bornée au

nord par la Russie et l'Autriche; à l'ouest par l'Autriche et l'Adriatique; au sud par la Grèce, l'Archipel et la mer de Marmara; à l'est par le canal de Constantinople et la mer Noire.

Elle a 622 milles de longueur sur 600 milles de largeur. Sa population s'élève à 9 millions d'habitans, dont un tiers appartient à la religion mahométane. Presque tout le reste, à l'exception d'un nombre peu considérable de catholiques romains et de juifs, qui n'y sont que tolérés, fait partie de l'église grecque.

Le gouvernement de la Turquie est despotique. Le souverain qu'on nomme communément le Sultan ou le Grand-Turc, ou le Grand-Seigneur, prend le titre de Hautesse; il est maître absolu et sans réserve de la vie, de l'honneur, et des biens de ses sujets: Ses ordres sont au-dessus de toutes les lois. Son conseil d'Etat se nomme le Divan, sa cour la Sublime-Porte, son palais le Sérail: le Harem est l'habitation de ses femmes. Ses principaux ministres sont le grand-visir, qui est son lieutenant-général, et le reiss-effendi, qui dirige les relations extérieures. Les gouverneurs des provinces se nomment Pachas. Ils font porter pour insignes de leur puissance des queues de cheval attachées à un gonfalon. Le nombre de queues indique l'étendue de l'autorité: les pachas à trois queues sont les plus puissans.

Les Turcs peuvent avoir jusqu'à quatre femmes, et autant de concubines qu'ils désirent. Les enfans des unes et des autres héritent également. Ce sont les mœurs générales du midi de l'Asie, où, pour contenir un si grand nombre de femmes, on est obligé de les enfermer.

L'année des Turcs est lunaire; et comme elle a environ onze jours de moins que l'année solaire, son commencement n'est pas fixe, et arrive successivement dans toutes les saisons.

L'ère des mahométans, ou manière de compter les années, se nomme *Hégire*. Elle commence vers le milieu du 7e siècle à l'époque où le faux prophète Mahomet s'enfuit de La Mecque, pour se retirer à Médine, deux villes de l'Arabie-Heureuse

La température de cette contrée est délicieuse. Elle renferme des mines de sel, des carrières de marbre et des terres à couleurs ; un grand nombre de fleuves et de rivières qui augmentent la fécondité des plaines et des vallées charmantes qu'ils arrosent.

Les productions territoriales sont : le maïs, le riz, le raisin, les olives, les oranges, le tabac, le safran, la garance et les plantes médicinales.

Les musulmans ne font aucun progrès dans l'agriculture comme dans les autres arts. Mahmoud II avait fait de vains efforts pour éveiller l'apathie de son peuple et arrêter sa décadence.

Les principaux fleuves de la Turquie sont : le Danube, qui vient de l'Autriche et se jette dans la mer Noire ; la Mariza, qui prend sa source dans le Mont Ehisau, et se perd dans l'Archipel. On y trouve quantité d'autres fleuves dont le cours est peu étendu.

NOUVELLE DIVISION DE L'EMPIRE OTTOMAN,

EN 8 PROVINCES.

L'empire Ottoman, sans y comprendre les îles qu'il possède au nord de l'Archipel, et les principautés vassales de Servie, de Valachie et de Moldavie, se partage en huit provinces qui sont :

Province de Romélie. Chef-lieu :	*Constantinople.*
— de Macédoine. —	*Salonique.*
— de Thessalie. —	*Bosna Seral.*
— de Bulgarie. —	*Janina.*
— d'Albanie. —	*Sophia.*
— de Bosnie. —	*Larisse.*
— de Dalmatie ottomane. —	*Mostar.*
— de Croatie ottomane. —	*Bichuez.*

Les villes les plus remarquables de cet empire sont :
CONSTANTINOPLE, autrefois Bysance, sur le détroit qui porte son nom et sur le canal qui sépare l'Europe de l'Asie, à 600 l. (2,338 kil.) S.-E. de Paris. C'est la capitale de l'empire, la résidence du Sultan et des grands dignitaires.

C'est une des plus grandes villes de l'Europe, située avantageusement avec un excellent port qui offre la perspective la plus agréable qu'on puisse imaginer; il passe pour le plus beau et le plus sûr de l'univers. Cette ville était la capitale de l'empire d'Orient; Mahomet II s'en rendit maître en 1453; depuis cette époque, les empereurs turcs y ont presque toujours fait leur résidence. Elle n'a plus rien des prestiges de son ancienne beauté; la plupart de ses rues sont étroites, ses maisons basses et mal bâties.

Elle renferme de vastes et remarquables places, de superbes bazars ou marchés où sont étalés tous les objets précieux et curieux de l'empire. Le faubourg de Galata, ou Péra, est une espèce de ville située au-delà du golfe qui sert de port, les ambassadeurs y font leur résidence. On y admire le Sérail, palais qui est la résidence du Sultan, le Vieux-Sérail habité par les femmes du Sultan mort : 354 mosquées et une foule d'églises remarquables par leur magnificence et leur architecture. Elle doit à sa position le rang d'une des villes les plus commerçantes de l'Europe. Pop. : 600,000 hab.

ANDRINOPLE, ville de Romélie, sur la Tundja, près de son confluent avec la Maritza, à 52 l. (202 kil.) de Constantinople, est la seconde résidence du Sultan. L'Eski-Seraï, ancien palais des Sultans, le bazar d'Ali-Pacha, et plusieurs mosquées ornent cette magnifique cité. Elle est très-importante par l'étendue de son commerce, par ses exportations, et ses productions territoriales. Pop. : 100,000 hab.

GALLIPOLI, dans la Romélie, sur la mer de Marmara, est une grande ville, commerçante et industrieuse, avec un port, à l'entrée du détroit des Dardanelles, défendu par deux châteaux qui portent le même nom : l'un est en Europe, sur le rocher nommé anciennement Serton; et l'autre en Asie, sur le rocher nommé anciennement Abydos. Pop. : 80,000 hab.

Les îles les plus remarquables sous la dépendance géographique de la Romélie, situées dans le nord de l'Archipel sont : Basso, renommée par ses marbres; Samotraki, autrefois Samotrace; Imbro et Statimane.

Salonique, autrefois Tessalonique, à 108 l. (421 kil.) S.-O. de Constantinople, située au pied du mont Kortiack, au fond du golfe de son nom, est une grande ville bien bâtie et la plus importante de la Turquie par l'étendue de son commerce. Pop. : 70,000 hab.

Au sud de Salonique, le mont Athos et le mont Lacha, l'ancien Olympe des Grecs, qui sépare la Macédoine de la Thessalie.

Drama, possède de nombreuses manufactures; non loin de là on aperçoit encore les ruines de Philippes, célèbre par la victoire d'Antoine sur les consuls romains Brutus et Cassius qui se donnèrent la mort après leur défaite.

Larisse, sur la Salampria, est remarquable par son commerce et ses manufactures. Pop. : 25,000 hab.

Au sud de Larisse, est Pharsale, ancienne ville, célèbre par la victoire de Jules-César sur Pompée. Elle est commerçante et industrieuse. Pop. : 7,000 hab.

Sophia, entre l'Iska et la Nissava, à 115 l. (448 kil.) de Constantinople, est importante par son commerce et ses fabriques. Pop. : 40,000 hab.

Choulma, dans la Bulgarie, est une ville fortifiée et située sur une colline. Elle est assez commerçante. Pop. : 30,000 hab.

Warna, dans la Bulgarie, possède un des meilleurs ports de la Turquie d'Europe. Pop. : 16,000 hab.

Janina, sur le lac du même nom, renferme plusieurs palais magnifiques. Sa population était autrefois considérable; on ne compte plus actuellement que 12,000 h.

Bosna-Seraï, sur la Miglizza, est une grande ville,

manufacturière, entourée de montagnes et de forêts. Elle est décorée par le magnifique sérail construit par Mahomet II, et par une quantité de mosquées. Pop. : 70,000 hab.

Mostar, sur la Narenta, est une petite ville renommée par son commerce et son industrie. Pop. : 9,000 h.

ILE DE CANDIE

L'île de Candie est située au sud de l'Archipel ; le Sultan l'a placée momentanément sous la puissance du Vice-Roi d'Egypte.

CANDIE, place forte, capitale de l'île, est une ville de peu d'étendue et mal bâtie. Elle est célèbre par le siége qu'elle soutint contre les Turcs en 1669. Pop. : 15,000 hab.

Dans les environs de Candie s'élève le mont Isiloroti, appelé autrefois mont Ida, où les Grecs supposaient que Jupiter avait été élevé.

PRINCIPAUTÉ DE SERVIE. Chef-lieu : *Semendria*.

L'empire ottoman a rendu tributaire et non dépendante la Servie et les deux principautés qui suivent :

SEMENDRIA, au confluent de la Jessova et du Danube, place forte et résidence du prince. Pop. : 11,000 hab.

Les autres villes importantes sont :

Belgrade, au confluent de la Lave et du Danube, est une grande et belle ville qui possède d'excellentes fortifications, de belles mosquées et des manufactures importantes. Pop. : 30,000 hab.

Les villes de Kragojevatz, Usiesca et Gladova.

PRINCIPAUTÉ DE VALACHIE. Chef-lieu : *Bukarest*.

Cette principauté, ainsi que celle de Moldavie, est occupée maintenant par une armée russe.

BUKAREST, à 100 l. (389 kil.) de Constantinople, résidence de l'hospodar de Valachie, est une grande ville située sur la Dumbovitza, florissante par son commerce. Ses environs sont peuplés de jardins, de bosquets odorans et de promenades délicieuses. Elle peut être regardée comme le point qui sépare la civilisation européenne et la civilisation asiatique.

Les autres villes importantes sont : Waleni, Kympina et Fokschang.

PRINCIPAUTÉ DE MOLDAVIE. Chef-lieu: *Jassy*.

JASSY, près du Pruth, à 280 l: (1091 kil.) de Constantinople, ville remarquable par l'étendue de son commerce, est la résidence de l'hospodar de Moldavie. Pop. : 40,000 hab.

Les autres villes importantes sont : Roman, Husch, Galacz, Dorohœ, Botuschani et Niamts.

ÉTAT DE LA GRÈCE.

La Grèce, berceau de la civilisation, des sciences, des lettres et des arts, si célèbre dans l'histoire par les grands hommes qu'elle a produits, est aujourd'hui bien déchue de son ancienne splendeur. L'on n'y trouve que des champs incultes, des villes détruites et pauvres, tristes suites de la guerre que lui firent les Turcs, qui, ne pouvant la soumettre, l'ont anéantie par le pillage, la destruction et l'asservissement.

En 1820, la France, l'Angleterre et la Russie se coalisèrent pour maintenir l'indépendance des Grecs, qui avaient combattu pendant sept années pour conquérir leur liberté. Ils ont fondé un gouvernement à la tête duquel ils ont placé un prince de Bavière.

Ce nouvel État est borné au nord par la Turquie, à l'ouest par la mer Ionienne, au sud par la Méditerranée, à l'est par l'Archipel. Sa population s'élève à 600 mille habitans, partagés inégalement entre l'Eglise grecque qui est dominante, et l'Eglise romaine. On évalue sa superficie, en y comptant les îles qu'elle possède, à 2,750 l. carrées.

Cette contrée jouit d'un beau ciel, d'un climat doux, et d'un air agréable; le sol est fertile.

La Grèce se divise en Grèce continentale et en îles, et se partage en 13 divisions administratives (1).

Les villes et les lieux les plus remarquables de la Grèce continentale sont :

NAUPLIE, chef-lieu de l'Argolide est une ville commerçante avec un bon port sur le golfe de son nom. Pop. : 12,000 hab.

A quelque distance de Nauplie se trouve Argos, une des plus anciennes villes du monde, qui n'est actuellement qu'un amas de ruines. Pop. : 6,000 hab.

TRIPOLITZA, chef-lieu de l'Arcadie, autrefois capitale de la Morée, près des ruines de Mantinée où Epaminondas remporta une grande victoire. Pop. : 2,000 hab.

MISTRA, chef-lieu de la Laconie, située au pied du mont Pentadactylon et près de l'ancienne Sparte. Pop.: 15,000 hab.

CALAMATA, chef-lieu de la Basse-Messenie. Pop. : 2,000 hab.

ARCADIA, chef-lieu de la Haute-Messenie, est une petite ville assez commerçante. Pop. : 4,000 hab.

PYRGOS, chef-lieu de l'Élide. Les marais qui entourent cette ville rendent le climat malsain.

PATRAS, chef-lieu de l'Achaïe, près du golfe de son nom, fut détruite pendant la dernière guerre; on la reconstruit actuellement. Elle est importante par la centralisation de son commerce de la Morée avec l'Europe. Pop. : 8,000 hab.

MISSOLONGHI, chef-lieu de la Grèce occidentale, place forte, célèbre par la défense héroïque de ses habitans en 1826.

ATHÈNES, chef-lieu de la Grèce-Orientale, près du golfe de son nom, est une ville célèbre par son ancienne réputation scientifique et littéraire et par le

---

(1) Nous avons indiqué les chefs-lieux et les noms de ces 13 divisions dans la topographie des villes.

grand nombre d'hommes illustres qu'elle a vu naître. De sa splendeur passée il ne reste plus que des ruines. Pop. : 12,000 hab.

Les villes de Tyrinthe, dans les environs de laquelle les Grecs croient qu'Hercule est né; Pehavra, autrefois Épidaurus, rivale d'Argos, de Corinthe et d'Egine; Mavromathi, bâtie sur les ruines de l'ancienne Messine, fondée par Epaminondas : Navarin, place forte, avec un bon port, célèbre par la victoire navale que les flottes française, russe et anglaise, remportèrent sur les Turcs et les Égyptiens, en 1827; Modon et Coron villes fortes; Miraca, village près des ruines d'Olympie, où les jeux qui s'y tenaient tous les ans attiraient toute la Grèce; Lépante, petite place forte, sur le golfe de son nom, célèbre par la victoire que Don Juan d'Autriche, fils naturel de Charles-Quint, remporta sur la flotte turque en 1571; Corinthe, petite ville assez commerçante, jadis l'orgueil de la Grèce, par le faste et le luxe de ses monumens, aujourd'hui en ruines; Mégare, jadis si florissante; Salona, petite ville, près du Liacoura, l'ancien Parnasse; Bodonitza, petite ville dont les environs offrent le défilé des Thermopyles, où Léonidas mourut à la tête de 300 Spartiates, en voulant fermer le passage à l'armée de Xerxès; Thèbes, jadis si florissante sous Pélopidas et Epaminondas.

ILES DE LA GRÈCE.

Les îles de la Grèce se composent de la grande île de Négrepont, et d'un grand nombre de petites îles parmi lesquelles on distingue l'île d'Hydra, l'île de Skyras, l'île de Syra et les Cyclades.

Les villes les plus remarquables de ces îles sont :

NÉGREPONT, autrefois Eubée, chef-lieu de l'Eubée et capitale de l'île de son nom, possède un port. Pop. : 10,000 hab.

SAINT-GEORGES-DE-SCYRA, Scyra des Anciens, dans les Sporades septentrionales, ville située dans l'île de son nom.

Syra, chef-lieu des Cyclades septentrionales, et capitale de l'île de son nom, est la place la plus commerçante de la Grèce, avec un port fréquenté et des chantiers de construction.

Naxos, chef-lieu des Cyclades méridionales et capitale de l'île de Naxos.

Hydra, chef-lieu des Sporades occidentales.

C'est dans la division des Sporades occidentales que se trouve la petite île de Coulouri, autrefois Salamine, célèbre par la victoire navale que Thémistocle remporta dans ses parages sur Xerxès, 480 ans avant J.-C.

RÉPUBLIQUE DES ILES IONIENNES.

La république des îles Ioniennes se compose de sept îles principales, situées sur la côte occidentale et méridionale de la Grèce. Elle est sous le protectorat perpétuel de l'Angleterre qui dispose de ses troupes, et a le droit de tenir garnison dans ses places.

Ces sept îles forment autant de provinces, qui ont chacune leur administration particulière, savoir:

Ile et Province de Corfou.		Chef-lieu:	*Corfou.*
—	de Paxo.	—	*Porto-Gai.*
—	de Sainte-Maure.	—	*Amaxichi.*
—	de Théaki.	—	*Vathi.*
—	de Céphalonie.	—	*Argostoli.*
—	de Zante.	—	*Zante.*
—	de Cerigo.	—	*Capsali.*

Les villes les plus remarquables sont:

CORFOU, avec un port franc, capitale de la république et siége du gouvernement. C'est une petite ville importante par ses fortifications et son commerce considérable. Pop.: 14,000 hab.

Zante, avec un port, grande, belle et très-commerçante ville où l'on admire plusieurs beaux édifices. Pop.: 19,000 hab.

Amanichi, petite ville avec un port. Pop.: 6,000 h.

Vathi, très-petite ville, dans l'île de Théaki, autrefois Ithaque, où l'on remarque encore les ruines du château d'Ulysse.

Argostoli, est la plus grande des sept îles Ioniennes.

Capsali, petite ville située dans l'île de Cerigo, qui était autrefois célèbre sous le nom de Cythère.

DE L'ASIE.

L'Asie dont l'origine est inconnue, est une des cinq parties du monde, la plus anciennement civilisée, la plus célèbre et la plus étendue par sa population. Elle est riche par ses nombreuses et utiles productions qui font le commerce principal de l'Europe. C'est en Asie que le premier homme fut créé. C'est à elle que nous devons les premiers progrès des arts et des sciences, quoiqu'elle soit depuis long-temps en arrière de la civilisation et de l'industrie européennes; nous pouvons la considérer comme le berceau des quatre principales religions, telles que les religions payenne, mahométane, juive et chrétienne, qui font le domaine religieux de l'univers. Elle a été le siége des plus anciennes monarchies, des Parthes, des Mèdes, des Perses et des Assyriens.

La température de l'Asie est différente, suivant les diverses contrées qu'elle renferme, et elle est préférable à celles des autres régions du monde, par la pureté de son air, la fertilité du sol, la diversité de ses productions et la suavité de ses fruits. Le sol produit une grande quantité de riz, de vins, de fruits, de blé, de plantes aromatiques, de drogues, d'épices et de plantes.

Les productions minérales de l'Asie sont moins nombreuses que celles des autres parties du monde; on y trouve cependant de l'or, de l'argent, du fer, du platine, du cuivre, de l'étain; mais ses minéraux les plus précieux et les plus recherchés sont les diamans et les autres pierres fines.

Cette contrée renferme quantité d'animaux sauvages dont les plus remarquables sont : l'ours blanc, le renard noir, l'isatis, la martre, la zibeline, différentes sortes de gazelle, l'éléphant, le rhinocéros, le lion, le tigre, la panthère, le crocodile, le chakal et un grand nombre d'espèces de singes. Le chameau et le dromadaire sont employés dans la plus grande partie de l'Asie, comme bêtes de somme et de monture. Les chevaux les plus estimés sont ceux de la Perse et de l'Arabie.

Les principales religions sont le boudhisme, le brahisme, le mahométisme ou islamisme, et le judaïsme, qu'on professe dans les déserts de l'Arabie et dans quelques parties de l'Inde. Les Chinois et les Japonais suivent les préceptes de Confucius.

L'Asie est bornée au nord par l'Océan glacial arctique ou mer Glaciale; à l'ouest par le fleuve Kara, la mer Caspienne; la chaîne des monts Poyas et Ourals, le fleuve Oural, la chaîne du Caucase, la mer Noire, le détroit de Constantinople, la mer de Marmara, le détroit des Dardanelles, l'Archipel, la Méditerranée, l'isthme de Suez et le golfe Adriatique; au sud par les mers des Indes; à l'est par le Grand Océan.

Sa plus grande longueur, prise de l'isthme de Suez au détroit de Behring, est de 2,700 lieues : et sa plus grande largeur de la mer Glaciale au cap Comorin, est de 1,500 lieues. Sa population peut être évaluée à 390 millions d'habitans, dont les trois-quarts appartiennent à la race jaune. Le reste se divise entre la race blanche et la race nègre.

Les Asiatiques ont toujours été efféminés, oisifs et voluptueux, si l'on en excepte les Tartares, jaloux à l'excès, mais d'une jalousie qui tient moins de l'amour que de l'empire qu'ils usurpent sur les femmes.

Les principales montagnes de l'Asie sont, outre celles dont nous avons parlé plus haut : le Taurus en Turquie; les monts Altaï, Stanovoy et Algydin, au nord, entre la Chine et la Sibérie; les monts Mors-Tag et Bélour, au centre, entre la Chine et la Tartarie; les monts Himalaya, au sud-ouest de la Chine et les Ghaties qui s'étendent dans la presqu'île en-deçà du Gange.

Ses principaux caps sont : le cap Oriental, sur le détroit de Behring, le cap Romania, au sud de la presqu'île de Malacca; le cap Comorin, au sud de l'Hindoustan; le cap Rasalgate et le cap Muscandon, au sud-est de l'Arabie; le cap Jask, en Perse; et le cap Smyrne, à l'ouest de la Turquie.

Ses principaux golfes sont : le golfe de l'Obi formé par

l'Océan glacial arctique, au nord de la Sibérie; le golfe d'Anadir, formé par la mer de Béhring, à l'est de la Sibérie; le golfe de Kamtschatka, formé par la mer d'Olkhorsk, au nord de la Sibérie; le golfe de Siam et celui de Tonquin, formés par la mer de la Chine, au sud-est de l'Indo-Chine; le golfe de Bengale, entre l'Hindoustan et l'Indo-Chine, et celui d'Oman, entre l'Hindoustan et l'Arabie, tous les deux formés par la mer des Indes; le golfe Persique, formé par le golfe d'Oman entre l'Arabie et la Perse; et le golfe Arabique, qu'on nomme aussi la mer Rouge, formé par le golfe d'Aden, entre l'Afrique et l'Arabie.

Ses principaux détroits, outre ceux dont nous avons parlé plus haut, sont : le détroit de Béhring, entre l'Asie et l'Amérique septentrionale; le détroit de Lapérouse, qui joint la mer d'Olkhotsk à la mer du Japon; la Manche de la Tartarie entre la Chine et l'île Sakalien, le détroit de Malacca, au sud de l'Indo-Chine; le détroit d'Ormus entre l'Arabie et la Perse; le détroit de Bab-el-Mandeb, entre l'Afrique et l'Arabie; et le détroit de Korée, entre la Chine et le Japon.

Ses principaux lacs sont : la mer Caspienne, située entre la Perse, la Russie et la Tartarie, et qui a environ 500 l. de longueur, du nord au sud, sur une largeur moyenne de 50 l.; la mer d'Aral, dans la Tartarie indépendante; la mer Morte, en Palestine; le lac Baïkal, en Sibérie ou Russie asiatique.

On compte 8 presqu'îles en Asie, savoir : 4 grandes, qui sont l'Anatolie et l'Arabie en Turquie; l'Hindoustan, entre le golfe d'Oman et le golfe du Bengale; l'Indo-Chine, entre la mer de la Chine et le golfe du Bengale; 4 petites qui sont : le Kamtschatka, à l'est de la Sibérie; la Corée, à l'est de la Chine; la presqu'île de Malacca, au sud de l'Indo-Chine; et le Guzaratte, à l'ouest de l'Hindoustan.

Ses principales mers, outre celles dont nous avons déjà parlé, sont : l'Océan glacial, au nord, qui baigne la Russie d'Asie; la mer des Indes, au midi, qui baigne l'Indo-Chine, l'Hindoustan et l'Arabie, le grand Océan qui baigne la côte orientale de l'Asie, et forme sur cette côte la mer de Béhring, entre la Sibérie et la presqu'île de Kamtschatka; la mer du Japon, entre la Chine et le Japon; la mer d'Orkhotsk, entre la Sibérie et le Kamtschatka, la mer Jaune et la mer Bleue, à l'est de la Chine, et la mer de la Chine, au sud-est de la Chine.

On y compte 9 groupes d'îles principaux, savoir : les îles Liakof ou nouvelle Sibérie dans l'Océan glacial; les Kouriles entre la mer d'Orkhotsk et le grand Océan, les îles du Japon entre la mer du Japon et le grand Océan ; les îles de Lieou-Kieou, dans le grand Océan ; les îles Audaman et Nicobard, dans le golfe de Bengale ; les Maldives et les Lacquedives dans la mer des Indes; et les Sporades dans l'Archipel.

Ses principaux fleuves sont : l'Obi, l'Iénisset, le Léna qui baignent la Sibérie et se jettent dans l'Océan glacial; le Chatel-Arab, dans lequel se perdent l'Euphrate et le Tigre qui baignent la Turquie ; l'Indus ou Sind, le Gange et la Bramapoutre qui baignent l'Hindoustan : le Drangho ou Iraouaddy qui baigne le Thibet et l'Indo-Chine ; et qui tous les cinq se rendent dans la mer des Indes; le May-Kang ou Camboge, qui baigne l'Indo-Chine et se jette dans la mer de la Chine ; le fleuve Bleu, le fleuve Jaune et l'Andour, qui baignent la Chine et qui tous trois se rendent dans le grand-Océan.

L'Asie se divise en 12 parties principales, savoir : au nord la Russie d'Asie ; à l'ouest la Turquie d'Asie et l'Arabie ; au centre la Perse, le Caboul, la Tartarie indépendante, le royaume de Hérat, le Béloutchistan; au sud l'Indo-Chine et l'Hindoustan ; et à l'est la Chine et le Japon.

NOUVELLE DIVISION DE LA RUSSIE D'ASIE,

EN 2 PARTIES.

La Russie d'Asie est bornée au nord par la Russie européenne; à l'est par le détroit et la mer de Béhring, le grand-Océan et la mer d'Orkhotsk ; au sud par le détroit de la Boussole, la mer d'Orkholsk, la Chine, la mer Caspienne, la Perse, la Turquie d'Asie et la mer Noire ; à l'ouest par la Russie d'Europe, la mer d'Azow et le détroit d'Enikale.

Elle se partage en deux parties principales, savoir : la Sibérie et les pays situés entre le Caucase et l'Araxe, que nous désignerons sous le titre de région Caucasienne.

SIBÉRIE.

Les Européens ne découvrirent la Sibérie que vers la fin du XVe siècle. Les riches fourrures de cette contrée sont la principale cause qui engagèrent les Russes à s'en emparer;

leurs possessions s'étendent depuis les monts Ourals jusqu'au grand-Océan. On y rencontre beaucoup de colonies tartares, ainsi qu'une foule de criminels d'État exilés par l'autocrate.

La Sibérie, comprenant tout le nord de l'Asie, est plus grande que l'Europe, mais très-peu habitée. Au nord le froid est très-rigoureux, l'on n'y rencontre que de vastes marais qui seraient impraticables sans les glaces dont ils sont toujours couverts, et des déserts immenses. Le sol du midi est cependant fertile et d'un climat supportable : il renferme des mines d'argent, de cuivre, de fer, d'aimant et de pierres précieuses.

La Sibérie se divise en 4 gouvernemens, 2 provinces et 2 districts, qui sont :

Gouvernement de Tobolsk.   Chef-lieu : *Tobolsk*
—   de Tomsk.   —   *Tomsk.*
—   de Jenisseisk.   —   *Krasnoïarsk.*
—   d'Irkoutsk.   —   *Irkoutsk.*
Province   d'Omsk.   —   *Omsk.*
—   d'Yakoutsk.   —   *Yakoutsk.*
District   d'Okotsk.   —   *Okotsk.*
—   de Kamtschatka.   —   *Petropavlvsk,*

Les villes les plus remarquables de la Sibérie sont :

TOBOLSK, à 750 l. (3000 kil.) de Moscou, capitale de la Sibérie, au confluent de l'Irtich et du Tobol, est une ville renommée par son grand commerce de pelleteries. Pop. : 25,000 habitans.

IRKOUTSK, ville forte et commerçante, sur l'Angara. Pop. : 25,000 hab.

ORKOSTK, sur le golfe d'Amour, est une ville remarquable par ses vastes chantiers de construction pour les vaisseaux.

KIATCHTA et KAL-MA-TCHA, sur les frontières de la Chine. L'une est habitée par les Russes et l'autre par les Chinois. C'est l'entrepôt de commerce de ces deux nations.

Les îles de Liaïkof, situées dans l'Océan arctique, et les Kuriles septentrionales, situées au nord du détroit de la Boussole, font partie de la dépendance de la Sibérie.

RÉGION CAUCASIENNE.

Le climat de cette contrée est généralement salubre et agréable ; le sol renferme toutes les productions des pays froids et des pays chauds ; on y rencontre de belles vallées et de hautes montagnes. La population s'élève à 15 millions d'habitans.

Les femmes de la Géorgie et de la Circassie sont d'une beauté remarquable; les marchands d'esclaves en transportent en Égypte, en Perse et en Turquie, pour orner les harems et les sérails des grands seigneurs. La plupart des habitans professent la religion chrétienne grecque; les autres sont mahométans ou idolâtres.

La région du Caucase forme un gouvernement général qui, sous le rapport administratif, se divise en douze provinces, dont les principales sont l'Abasie, la Mingrélie, l'Immirette, la Géorgie, le Chyrvan, le Bakou, l'Arménie, et la Circassie.

Les villes les plus remarquables sont:

Tiflis, sur le Kour, résidence du gouverneur de la province de Géorgie, où l'on admire quelques beaux édifices. Pop.: 30,000 hab.

Vieux-Chamaki, chef-lieu de la province de Chyrvan, est renommée par son commerce et par les vallées délicieuses qui l'entourent. Pop.: 25,000 hab.

Erivan, chef-lieu de l'Arménie, est une ville bien fortifiée, conquise par les Russes, en 1827. Pop.: 12,000 hab.

Bakou, sur la mer Caspienne.

DE LA TURQUIE D'ASIE,

OU ASIE OTTOMANE.

L'Asie ottomane est bornée au nord par le détroit des Dardanelles, la mer de Marmara, le détroit de Constantinople, la mer Noire et l'Asie russe; à l'est, par la Perse et l'Asie russe; au sud par l'Arabie; à l'ouest par l'Archipel et la mer Méditerranée.

On évalue sa population à 12,000,000 d'habitans, dont quelques-uns professent la religion chrétienne, et la plus grande partie le mahométisme.

La Turquie d'Asie, connue par la fécondité de son sol, autrefois le foyer des lettres, des siences et des arts, n'est plus maintenant qu'une contrée désolée par la servitude et la barbarie. Elle s'honore d'avoir vu naître de puissans empires et d'avoir vu s'élever, dans l'antiquité des temps, Babylone,

Ninive et Jérusalem. Il ne lui reste plus que de tristes souvenirs de son ancienne splendeur.

L'asie ottomane se compose maintenant de cinq parties principales, savoir : l'Asie Mineure ou Anadoli, l'Arménie, le Kurdistan Ottoman, la Mésopotamie, la Syrie et l'Yrack-Araby, lesquelles se partagent en vingt gouvernemens ou cyalets, qui se subdivisent en départemens, sandsaks ou livas.

ASIE MINEURE ou ANADOLI.

L'Asie Mineure est une grande presqu'île entre la mer Noire, l'Archipel et la mer Méditerranée.

Ses villes les plus remarquables sont :

KOUTAICH, sur le Pourrak, est une grande ville, résidence du Beylerbey d'Anadoli ; elle est décorée par de superbes mosquées et jouit d'une charmante position tout à fait pittoresque. Pop. : 50,000 hab.

BROUSSE, au pied du mont Olympe, est une grande et belle ville, commerçante et industrieuse. Pop. : 100,000

SMYRNE, sur l'Archipel, à 80 l. (311 kil.) de Constantinople, avec un excellent port, est la ville la plus commerçante de la Turquie d'Asie. Pop. : 150,000 hab.

KONIEH, autrefois Iconium, est une ville célèbre, importante par son grand commerce. Pop. : 30,000 hab.

TRÉBISONDE, possède un port fréquenté sur la mer Noire, et quelques beaux édifices. Son commerce est assez étendu. Pop. : 50,000 hab.

AMASIE. Elle fait un grand commerce de soieries. Pop. : 25,000 hab.

ANGORA. Les chèvres de ce pays sont très-estimées pour leur poil long et soyeux dont on fabrique des tissus recherchés. Pop. : 25,000 hab.

TOKAT, sur le Kiryl-Irmack, est une grande ville qui possède des fabriques de soieries. Ses vins sont très-estimés. Pop. : 100,000 hab.

ARMÉNIE.

L'Arménie est une vaste contrée où se trouvent les sources de l'Euphrate et du Tigre.

Les villes les plus remarquables sont :

ERZEROUM, près de l'Euphrate, est une grande ville, remarquable par l'étendue de son commerce et de son indusfrie. Elle renferme de nombreuses mosquées dont la plus importante est l'Ouloudjami. Pop. : 100,000 hab.

Erzingan, sur l'Euphrate, est une ville très-commerçante et dont les environs sont très-fertiles. Pop. : 3,000 hab.

KURDISTAN OTTOMAN.

Le Kurdistan, proprement dit, n'offre que des petites villes; les plus importantes sont :

Bitelis, résidence d'un pacha, ville bien fortifiée. Pop. : 20,000 hab

Djezireh, sur le Tigre, ville dont le commerce est très-considérable. Pop. : 20,000 hab.

MÉSOPOTAMIE ou ALDJEZYRA.

La Mésopotamie ou Aldjézyra, est située entre le Tigre et l'Euphrate, d'où lui est venu le nom de *Mésopotamie*, qui signifie *entre deux rivières*, et d'*Aldjézyra*, qui signifie île.

Diarbékir, sur le Tigre, est une grande ville commerçante et manufacturière. Pop. : 60,000 hab.

Orfa, autrefois Edesse, est une grande et jolie ville très-commerçante. Pop. : 50,000 hab.

Mossoul, sur le Tigre, sur l'emplacement de l'ancienne Ninive, possède plusieurs fabriques. Pop. : 60,000 hab.

IRAK-ARABY.

Les Turcs ne se rendirent absolument maîtres de ce pays, qu'en 1663.

Les villes les plus importantes sont :

Bagdad, sur le Tigre, à 430 l. (1754 kil.) de Constantinople, est une grande et forte ville dont les monumens les plus remarquables sont : l'arsenal, le palais du pacha et plusieurs beaux bazars. Pop. : 100,000 hab.

Bassora, est une ville très-commerçante. Pop. : 60,000 h.

SYRIE.

La Syrie, entre la Méditerranée et l'Euphrate, est une contrée qui jouit d'une grande fertilité; les chaînes du Liban et de l'Anti-Liban la traversent dans toute sa longueur; elle est arrosée par l'Oronte et le Jourdain.

La Syrie, ainsi que la Palestine, a été cédée en 1833 au vice-roi d'Égypte qui l'a réunie à son gouvernement.

Les villes les plus remarquables sont :

ALEP, ou HALEP, sur le Koïk, à 220 l. (857 kil.) d'Alexandrie, est une ville dont le commerce était très-considérable, avant les tremblemens de terre qui l'ont bouleversée en 1823.

TRIPOLI, jolie petite ville commerçante, avec un port, agréablement située ; ses environs sont peuplés d'une foule de bosquets et de campagnes charmantes. Pop. : 16,000 hab.

ACRE est une très-forte place, assez commerçante, elle est célèbre par le siége qu'elle soutint en 1799 contre les Français commandés par le général Bonaparte. Pop. : 20,000 hab.

JÉRUSALEM, ancienne capitale de la Judée, à 800 l. (3118 kil.) de Paris, est bien déchue de son ancienne splendeur. Pop. : 30,000 hab.

JAFFA, place forte, avec un bon port, tomba au pouvoir des Français en 1799. Pop. : 5,000 hab.

DAMAS, à 45 l. (175 kil.) de Jérusalem, est au nombre des villes les plus commerçantes de la Turquie d'Asie. Elle possède des fabriques de coutellerie très-estimées, d'ouvrages en nacre, et des eaux odoriférantes. Pop. : 140,000 hab.

ILES DE L'ASIE OTTOMANE.

La Turquie possède en Asie un grand nombre d'îles : les plus importantes sont :

L'île de Marmara, la plus grande des îles situées dans la mer du même nom, remarquable par ses carrières de marbre et par la fécondité de son territoire.

MARMARA, chef-lieu, sur la côte méridionale de l'île, possède un bon port.

L'île de Metelin, située dans l'Archipel, au sud de celle de Ténédos ; son sol produit en abondance vins, grains, fruits, huile, etc. Elle est la patrie de Sapho, du poète Alcée et du philosophe Théophraste.

METELIN, ancienne Lesbos, en est le chef-lieu.

L'île de Scio, une des plus célèbres de l'Archipel. La richesse de son sol et la belle nature qui y règne toujours, l'avaient fait surnommer à juste titre le Paradis de la Grèce. Les Turcs, en 1822, y exercèrent tant de déprédations et de cruautés envers les habitans, que le nombre des victimes est évalué à 100,000.

SCIO, sur la côte orientale de l'île, est une belle ville avec un bon port, et dont les environs fournissent beaucoup de gibier.

L'île de Samos est remarquable par sa fertilité et par ses excellens vins. On y admire les superbes ruines d'un temple de Junon. C'est la patrie du philosophe Pythagore.

KORA en est le chef-lieu.

L'île de Rhodes est célèbre dans l'antiquité par ses richesses et par la civilisation de ses habitans. Elle fut pendant deux siècles la résidence des chevaliers de Saint-Jean-de-Jérusalem; ils s'en étaient emparés en 1310 après avoir perdu la Palestine; mais en 1522, ils furent forcés de l'abandonner aux Turcs, après s'y être défendus avec courage; après cette circonstance ils s'établirent dans l'île de Malte.

RHODES, capitale, ville forte, commerçante et manufacturière, remarquabe par son arsenal. Le colosse d'airain, situé à l'entrée de son port, était au nombre des merveilles du monde.

L'île de Chypre, située dans la mer du Levant près des côtes de Syrie, était autrefois très-florissante, maintenant on n'y rencontre plus que des villes désertes et ruinées, restes de son ancienne splendeur. On y trouve de l'amianthe, du jaspe rouge et de la terre d'ombre. Les productions du sol consistent en grains, fruits, huile, miel, coton et soie. Ses vins sont très-estimés.

NICOSIE, petite ville, en est le chef-lieu; elle est située au centre de l'île, et entourée de superbes campagnes, fertiles et agréables.

L'île de Patmos, dans l'Archipel, n'est qu'un rocher désert et stérile.

NOUVELLE.
DIVISION DE L'ARABIE,
EN 6 PROVINCES.

L'Arabie est bornée au nord par la Turquie d'Asie; à l'ouest par la mer Rouge; à l'est par le golfe Persique et le golfe d'Oman; au sud par ce dernier golfe, par le détroit d'Ormus et le golfe Persique.

L'Arabie est située en partie sous la zône torride : dans la partie septentrionale, le sol y est très-sablonneux et renferme peu de rivières. On peut considérer l'intérieur de cette contrée comme une vaste mer de sable, où les vents entraînent et ensevelissent dans leur course rapide des caravanes entières.

Le voisinage de la mer et la chûte continuelle d'abondantes rosées, rendent la partie méridionale beaucoup plus fertile; car on y récolte de l'encens, de la myrrhe, des dattes, de l'aloès, d'excellent café dit Moka, des oranges, des figues, des olives, des cannes à sucre et l'excellent baume de la Mecque. Les chevaux sont très-estimés ainsi que les dromadaires qui passent pour les meilleurs du globe.

Les Arabes n'ont jamais subi aucune domination étrangère, et n'avaient jamais franchi les limites de leur pays. Lorsqu'en 622 Mahomet commença à prêcher une nouvelle religion; il sut par son génie et son éloquence enflammer le courage de ce peuple fanatique, et lui fit envahir sous le nom de Maures ou de Sarrasins, une partie de l'Asie, de l'Égypte, des Côtes de l'Afrique, de l'Espagne et de l'Italie. Les Arabes ont inventé les chiffres, l'algèbre, la chimie, ils ont fait faire de grands progrès à l'astronomie. Cette nation qui était à cette époque la plus célèbre du monde par ses connaissances scientifiques, est aujourd'hui plongée dans l'ignorance la plus profonde.

L'Arabie a 120,000 lieues carrées : sa population s'élève à 12,000,000 d'habitans qui professent le mahométisme. Elle se compose de plusieurs États dont les chefs sont appelés imans, chérifs, scheyks ou émirs; plusieurs sont indépendans, d'autres sont tributaires de la Turquie; nulle part le despotisme ne pèse sur cette contrée.

Elle se divise aujourd'hui en six provinces (1), qui sont :

Province de l'Hedjaz (2).	Chef-lieu : *La Mecque.*
— de l'Yémen.	— *Sana.*
— de l'Hadramaout.	— *Mareb.*
— de l'Oman.	— *Rostack.*
— de Lahsa.	— *Fouf.*
— de Nebjed.	— *Déreyé*

Les villes les plus remarquables de l'Arabie sont :

LA MECQUE, grande et forte place, résidence du pacha turc, est au centre de plusieurs montagnes. Patrie de Mahomet. Pop. : 60,000 hab.

---

(1) On divisait autrefois l'Arabie en trois parties, savoir : l'Arabie déserte, l'Arabie pétrée, et l'Arabie heureuse. Les Arabes modernes n'adoptant pas ces divisions, nous avons dû les abandonner.

(2) Cette province comprend l'Arabie pétrée.

Médine, dans la province d'Hedjaz, servit de retraite à Mahomet lorsqu'il fut chassé de La Mecque.

Sana est une grande et belle ville, remarquable par ses édifices et par l'excellente qualité des chevaux qu'elle fournit. Pop. : 30,000 hab.

Moka, dans la province de l'Yémen, ville forte, avec un port sur la mer Rouge, est une ville très-commerçante. Pop. : 5,000 hab.

Mascate, place forte sur le golfe d'Oman, est la ville la plus commerçante de l'Arabie, avec un port très-fréquenté. Pop. : 60,000 hab.

Fouf, place forte, est une ville commerçante. Pop. : 14,000 hab.

NOUVELLE DIVISION
DE LA TARTARIE-INDÉPENDANTE,
EN 5 PARTIES.

La Tartarie est bornée au nord par la Sibérie; à l'ouest par la mer Caspienne; au sud par la Perse et le Caboul; à l'est par l'empire chinois.

Cette contrée était connue des Anciens sous le nom de Scythie; ses principaux habitans portaient les noms de Saces, de Sogdiens et de Massagètes. C'est de là que sont sortis les Huns qui ravagèrent l'Europe dans le Ve siècle, les Turcs qui fondèrent l'empire Ottoman et les Mogols qui se sont emparé de la Perse et de l'Inde. La grande fertilité du sol, l'immense variété des productions et la grande activité de végéta font considérer ce pays comme un paradis terrestre. On trouve des mines d'or, d'argent et de pierres précieuses.

La Tartarie a 90,000 carrées (1,367,100 kil. c.) Sa population s'élève à 4,000,000 d'habitans, qui sont mahométans. Ils sont divisés en peuplades indépendantes, et gouvernés par des chefs qu'on nomme Kans.

Les principaux peuples qui habitent cette vaste contrée sont : au nord les Kurghiz ou Cosaques, nation féroce et nomade, qui se compose de trois hordes, dont deux sont sous la protection de la Russie; à l'ouest, les Turkomans, peuple barbare, dont le principal trafic est le honteux commerce des esclaves, et dans la partie méridionale les Usbecks et les Boukares, dont les mœurs et les usages ont beaucoup de rapport avec ceux des Tartares, sont regardés comme les plus industrieux et les plus spirituels de cette nation; ils se servent du fusil, sont très-courageux, et leurs femmes les accompagnent dans les combats.

La Tartarie-Indépendante se divise en cinq parties principales, savoir :

Au sud, la grande Boukharie. Chef-lieu : *Boukhara*.
— l'État de Khiva. — *Khiva*.
Au nord, le pays des Kurghiz. . . . . .
A l'est, le Turkestan. — *Turkestan*.
A l'ouest, le pays des Turkomans. . . . . .

Les villes les plus remarquables de la Tartarie sont :

BOUKHARA, grande et belle ville, remarquable par l'étendue de son commerce et par ses nombreuses manufactures. Pop. : 80,000 hab.

SAMARCANDE, dans la Boukarie, ville manufacturière et très-commerçante. Pop. : 50,000 hab.

BALK, sur l'Oxus, ancienne résidence des rois de la Bactriane, est une ville remarquable par son commerce et ses fabriques. Pop. : 10,000 hab.

KHOKAND, ville commerçante et industrieuse. Pop. : 50,000 habitans.

NOUVELLE DIVISION DE LA PERSE,

EN 11 PROVINCES.

La Perse ne se compose que du royaume d'Iran ou de la Perse proprement dite. Elle est bornée au nord par la Tartarie, la Russie et la mer Caspienne; à l'ouest par la Turquie d'Asie, dont elle est séparée par les monts Ewend; au sud par le détroit d'Ormus et le golfe Persique; à l'est par le Caboul et le Béloutchistan. Les Arabes soumirent la Perse moderne dans le VIIe siècle et y introduisirent la religion mahométane.

Le sol est couvert de plaines sablonneuses bordées de montagnes arides, il renferme pourtant plusieurs vallées fertiles dont les plus remarquables sont celles de Chiraz et d'Ispahan. La température y est très-chaude vers le sud, et se refroidit vers le nord. On y trouve des mines de fer, de cuivre et de plomb, et des carrières de marbre et de naphte. Sa fertilité consiste en plusieurs plantes médicinales, blé, riz, vins, fruits, pistaches, chanvres, cotons, lin et tabac. Malgré la grande quantité de productions de toute espèce, l'exportation en est pour ainsi dire empêchée, parce que ce pays manque généralement de canaux.

La Perse a 61,000 lieues carrées et 12,000,000 d'habitans, qui professent le mahométisme de la secte d'Ali. Son gouvernement est le despotisme militaire dans toute son étendue : le souverain prend le titre de Schak. Les Perses se sont distingués dans l'agriculture, l'industrie manufacturière, la littérature et l'art militaire.

Le royaume de Perse se divise en onze provinces, qui sont :

PROVINCE d'Irak Adjemi.   Chef-lieu : *Téhéran.*
— de Thabaristan.   — *Damavend.*
— de Mazandran.   — *Sari.*
— de Ghilan.   — *Recht.*
— d'Adzerbaïdjan.   — *Tébriz.*
— de Kurdistan.   — *Kirmenchah.*
— de Kousistan.   — *Chouster.*
— de Fars.   — *Chiraz.*
— de Kerman.   — *Sirdjan.*
— de Koukistan.   — *Cheheristan.*
— de Khorassan-occidental.   — *Mecched.*

Les villes les plus remarquables de la Perse sont :

TÉHERAN, place forte et résidence du souverain. L'air y est tellement insalubre pendant l'été que la Cour l'abandonne pendant cette saison ; ainsi que la plupart des habitans aisés. Pop. : 60,000 hab.

ISPAHAN, sur le Zenderoud, est l'ancienne capitale et la ville la plus considérable du royaume, la plus florissante par son commerce et son industrie. Pop. : 200,000 hab.

HAMADAN, ville bâtie sur les ruines de l'ancienne Ectabane, fait un commerce considérable et possède plusieurs fabriques. Pop. : 50,000 hab.

BALFROUCH, près de la mer Caspienne, importante par son commerce et son industrie. Pop. : 100,000 hab.

TAURIS ou TEBRIZ, pouvait autrefois rivaliser avec Ispahan,

13.

avant qu'elle ne fut détruite en grande partie par un tremblement de terre qui fit périr 100,000 habitans, en 1724. Pop.: 80,000 hab.

Kirmanchah, ville commerçante et industrieuse. Pop.: 40,000 hab.

Chiraz, sur le Rokendèche, est remarquable par la beauté et la fertilité de ses environs. Pop.: 30,000 hab.

On admire à quelques lieues de cette ville les ruines de Persépolis.

Meched, ville industrieuse et dont le commerce est très-considérable. Pop.: 52,000 hab.

Casbin, ancienne résidence de la Cour; Yezd, Bender-Abayssy et Candahar.

C'est dans cette contrée que se trouve le mont Ararat, dont la hauteur est de 4,000 mètres, où l'arche de Noé s'arrêta.

NOUVELLE
DIVISION DU CABOUL,
EN 2 PARTIES.

Le royaume de Caboul est borné au nord par le royaume de Hérat; à l'est par l'Indoustan; au sud par le Beloutchistan; à l'ouest par la Perse. Comme depuis 1800, ce royaume n'a cessé de subir différentes révolutions, il nous serait impossible de donner une idée générale sur la forme de son gouvernement actuel. Quant à sa division géographique, nous la comprendrons dans les deux grandes régions suivantes, savoir : l'Afghanistan, qui se subdivise en sept provinces, et le Sistan ou Sejustan, pays tributaire du roi de Caboul, qui se subdivise en deux provinces. Ce royaume et celui de Hérat ont ensemble 40,000 lieues carrées et 6,000,000 d'habitans qui professent le mahométisme et le braminisme. C'est un pays montagneux qui jouit en général d'une température assez variée. Le sol renferme presque toutes les productions végétales; il y a des troupeaux considérables de bêtes à cornes et des chèvres, dont le poil sert à fabriquer des schalls.

AFGHANISTAN.

Les villes les plus remarquables de cette région sont :
CABOUL, sur le Caboul, capitale du royaume et rési-

dence ordinaire du chef de l'État, est une ville très-commerçante. Pop. : 80,000 hab.

C'est près de cette ville qu'on va visiter le tombeau de l'empereur Baber.

CANDAHAR, ancienne capitale du royaume de Caboul, est une jolie ville, commerçante et industrieuse. Pop. : 100,000 hab.

Ghizneh, sur une hauteur, ville autrefois florissante. Pop. : 5,000 hab.

Balk, sur une hauteur, ville très-ancienne, connue autrefois sous le nom de Bactres.

Peychaver, ville commerçante; Moutlan, ville forte, sur l'Hydaspe.

Le Sistan est couvert de déserts arides. Djelalabad et Illoumdar en sont les deux petites villes les plus importantes.

NOUVELLE
DIVISION DU ROYAUME DE HÉRAT,
en 3 provinces.

Le royaume de Hérat, ou du Khorrassan-Oriental, est borné au nord par la Tartarie Indépendante, à l'est et au sud par le Caboul; à l'ouest par la Perse.

Il se divise en trois provinces qui sont :

Province du Hérat.   Chef-lieu : *Hérat.*
— du Siahband.   — *Siahband.*
— du Bamiam.   — *Bamiam.*

Les villes les plus remarquables sont :

HÉRAT, place forte, commerçante et manufacturière, où l'on admire plusieurs monumens. Pop. : 100,000 hab.

Bamiam, petite ville remarquable par les ruines de l'ancienne Bamiam, qu'un voyageur moderne nomme la Thèbes de l'Orient.

Oba, renommée par la beauté de ses marbres et ses bains minéraux.

NOUVELLE
DIVISION DU BÉLOUTCHISTAN,
en 6 provinces.

Le Béloutchistan est borné au nord par le Caboul ; à l'est par l'Indoustan ; au sud par le golfe d'Oman ; à l'ouest par la Perse.

C'est un pays couvert de montagnes, dont une partie offre des déserts arides et l'autre des vallées fertiles. Cette contrée n'a pas de rivières considérables et renferme des mines de toute espèce. On évalue sa population à 3 millions d'habitants, qui, comme les Persans, sont mahométans sunnites. Le souverain prend le titre de Khan.

Le Béloutchistan se divise en six provinces qui sont :

Province de Saravan.	Chef-lieu : *Kelat.*
— de Katch Gandâvâ.	— *Gandâvâ.*
— de Djhalavan.	— *Zouri.*
— de Lous.	— *Bela.*
— de Mekran.	— *Kedjè.*
— de Kouhistan.	— *Pouhra.*

KELAT, sur une hauteur, est la capitale du Béloutchistan et la résidence du souverain. C'est une ville forte, commerçante, remarquable par la fertilité de ses environs, mais dont le climat est très-froid. Pop. : 10,000 hab.

NOUVELLE
DIVISION DE L'INDOUSTAN,
en 3 parties.

L'Indoustan, ou Inde en-deçà du Gange, est borné au nord par la Chine ; à l'est par le golfe du Bengale et l'Indo-Chine ; au sud par la mer des Indes ; à l'ouest par le Caboul, le golfe d'Oman et le Béloutchistan.

C'est une grande presqu'île traversée du nord au sud par les montagnes appelées Gâtes, desquelles il sort le Tapti et le Kistna à l'ouest, le Gadavery et le Cavery à l'est.

L'Indoustan a 165,000 lieues carrées; on évalue sa population à 134,000,000 d'habitans, dont 60,000,000 professent le brahmisme, 30,000,000 le boudhisme, 40,000,000 le mahométisme, 1,000,000 le christianisme : le reste se partage entre la religion des mages ou de Zoroastre, la religion de Moïse et la religion de Nanck, professée par les Seiks, peuple guerrier.

La température de cette contrée est douce et tempérée; cependant les monts Gates qui s'étendent jusqu'au cap Comorin sont cause d'une singulière variation des saisons. Les vents qui soufflent du nord-est, attirent sur la côte de Coromandel une masse de nuages qui occasionnent de grandes pluies, tandis que la côte de Malabar jouit d'un temps sec et serein; mais lorsque les vents soufflent du nord-ouest, le contraire a lieu et la côte de Malabar est inondée à son tour, tandis que la côte de Coromandel est sous un ciel pur. Cette particularité extraordinaire, ainsi que la grande quantité de fleuves qui arrosent cette contrée, augmentent avec une rapidité prodigieuse les progrès de la végétation.

Le sol renferme des déserts de sable dans l'Indoustan et particulièrement dans l'Adjémir, des mines de toutes les espèces; les plus remarquables sont celles de diamans qui se trouvent principalement dans le pays de Golconde. Les productions végétales sont : le riz, le sucre, les épices, le coton, la soie, les aromates, et des fruits délicieux. Sur ses côtes on pêche de belles perles. C'est le séjour des animaux les plus forts et les plus redoutables, tels que les éléphans, les rhinocéros, les tigres, les lions, les boas et d'autres serpens dangereux; on y voit aussi des tapirs, des singes, des antilopes, etc.

Le braminisme est la religion dominante dans l'Indoustan. Le boudhisme est répandu dans quelques parties du nord-ouest.

Eu égard aux différentes puissances qui se partagent cette contrée, l'Indoustan peut se diviser en quatre parties principales, savoir : 1° Les possessions anglaises, ou empire Indo-Britannique. 2° Les États indépendans. 3° Les États alliés ou tributaires des Anglais. 4° Les Possessions européennes, françaises, danoises et portugaises.

POSSESSIONS ANGLAISES.

Le grand empire du Mogol dont la plus grande partie était possédée par l'Angleterre, était gouverné par un souverain qui se rendit odieux à ses sujets par les différentes défaites qu'il éprouva avec des peuplades voisines, c'est pourquoi les gouverneurs des provinces, profitant du mécontentement général, se soulevèrent et se déclarèrent indépendans. Les Anglais, à l'aide de leur politique astucieuse et des dissensions intestines de cette contrée, furent encore favorisés par des circonstances heureuses qui les rendirent maîtres de presque toute l'Inde, où ils ont établi une compagnie de négocians anglais privilégiés, connue sous le nom de Compagnie des Indes, dont l'administration a été remise entre les mains des Européens et a été confirmée pour vingt ans en 1833.

Les possessions de cette Compagnie se divisent en trois présidences : 1° celle de Calcutta ; 2° celle de Madras ; 3° celle de Bombay.

PRÉSIDENCE DE CALCUTTA. Chef-lieu : *Calcutta.*

CALCUTTA, sur le Hougli, l'une des branches du Gange, possède un bon port et sert de résidence au gouverneur général des possessions anglaises ; capitale de l'Inde, ancienne capitale de la province du Bengale, est à 1,915 l. (7,464 kil.) de Paris. Pop. : 60,000 hab.

Les autres villes importantes de cette présidence sont :

DAKKA, sur le Vieux-Gange, possède des fabriques de soieries, de mousselines et de toiles peintes. Pop. : 200,000 h.

MOURCHIDABAD, sur le Gange, est une très-grande ville, essentiellement manufacturière. Pop. : 160,000 hab.

PATNA, sur le Gange, est une ville considérable, où l'on fait un grand commerce de salpêtre, d'opium, de soie et de coton. Pop. : 300,000 hab.

BENARÈS, sur le Gange, est le siége de la religion et des sciences dans l'Indoustan. Pop. : 165,000 hab.

AGRA, ville très-commerçante, ancienne résidence du Grand-Mogol, lorsqu'il abandonna Delhy. On y admire encore quelques monumens, restes de son ancienne splendeur. Pop. : 60,000 hab.

DELHI, sur la Djemma, ancienne capitale de l'empire des Mongols et résidence actuelle du souverain. Pop. : 200,000 h.

PRÉSIDENCE DE MADRAS. Chef-lieu : *Madras*

MADRAS, place forte, sur la côte de Coromandel, à 1,800 l. (7,014 kil.) de Paris, est une grande et belle ville, très-commerçante et manufacturière ; elle est décorée par de riches édifices. Pop. : 463,000 hab.

Les autres villes remarquables de cette présidence sont : Masulipatan, Tritchinopoli, Kuddalorf, Tandjaore.

PRÉSIDENCE DE BOMBAY. Chef-lieu : *Bombay*.

BOMBAY, place forte, sur la côte de Malabar, à 1,600 l. (6,236 kil.) de Paris, est située dans une petite île de son nom. On y remarque son excellent port, le bazar, les bassins, l'arsenal, l'église anglicane et le temple de Guèbre. Pop. : 200,000 hab.

Les autres villes importantes de cette province sont : Surate, Ahmenadab et Viziadroug.

ÉTATS INDÉPENDANS.

Les États indépendans se composent :
De la Confédération des Scïks.   Capitale : *Lahor*.
Du royaume de Sindhia.   — *Goualior*.
Du royaume de Nepâl.   — *Katmandou*.
De la principauté de Sindhy.   — *Haïderabad*.
Du royaume des Maldives.   — *Ile de Male*.

Les villes les plus remarquables de ces petits États sont :

LAHOR, sur le Ravi, est une grande et belle ville, importante par son commerce et son industrie. Pop. : 100,000 hab.

KACHEMIR est une grande ville mal bâtie et agréablement située. Elle est renommée par la fabrication des schalls qui portent son nom. Pop. 150,000 hab.

GOUALIOR, est une grande et belle ville très-bien fortifiée. Pop. : 80,000 hab.

OUDEJEIN, dans le royaume de Sindhia; son commerce et son industrie la rendent importante. Pop. : 100,000 hab.

KATMANDOU, sur le Bichenmatty, est une ville peu considérable. Pop. : 20,000 hab.

HAIDERABAD, sur une île, place forte, commerçante et industrieuse. Pop. : 15,000 hab.

ÉTATS TRIBUTAIRES ou ALLIÉS DES ANGLAIS

Ces États se composent de plusieurs petits royaumes et principautés, dont les villes les plus remarquables sont :

LUCKNOW, capitale du royaume d'Aoude, sur le Goutmy, est une grande ville remarquable par son commerce et sa vaste ménagerie. Pop. : 300,000 hab.

Les autres capitales de ces États sont : Haider-Abad, Nagpour, Baroda, Odeypour, Djeypour et Djoupour.

POSSESSIONS FRANÇAISES, DANOISES ET PORTUGAISES.

Les possessions françaises dans l'Indoustan sont :
CHANDERNAGOR, dans le Bengale, située sur l'Hougly, au nord de Calcutta, possède plusieurs fabriques d'étoffes, de coton, et fait le commerce de velours, de brocard, de camelot, de salpêtre, de musc, et de rhubarbe venant de la Mongolie. Pop. : 30,000 hab.

PONDICHÉRY, sur la côte de Coromandel, est une ville forte avec un excellent port. C'est le centre des affaires commerciales des Français dans les Indes. Elle a des fabriques de coton. Pop. : 25,000 hab.

Les possessions danoises sont :
TRANQUEBAR, port sur la côte de Coromandel, est une ville très-commerçante, siége des établissemens danois dans l'Indoustan. Elle a des fabriques de coton. Pop. : 15,000 hab.

Les possessions portugaises sont :
GOA, située dans l'île de son nom, avec un bon port, est une ville très-commerçante. Pop. : 30,000 hab.

DIU, forteresse dans l'île de ce nom.

ILES VOISINES DE L'INDOUSTAN.

C'est près des côtes de l'Indoustan que se trouve à l'O. le groupe des Maldives, celui des Laquedives et la grande île de Ceylan.

Les MALDIVES, vaste assemblage de plusieurs milliers d'écueils, sont entourées de bancs de corail. On y pêche des cauris, coquillage qui remplace la monnaie dans l'Indoustan.

Les LAQUEDIVES, à l'ouest de la côte du Malabar, au nombre d'environ 32, sont soumises à un prince vassal des Anglais.

La grande île de CEYLAN, près du cap Comorin, au sud-est de la pointe de l'Indoustan, est une île très-fertile, dont le sol renferme des minéraux et des pierres précieuses.

COLOMBO est le chef-lieu, sur la côte orientale de l'île. Elle est tombée au pouvoir des Anglais en 1819.

CANDY, située au centre de l'île, en était autrefois la capitale.

NOUVELLE DIVISION DE L'INDO-CHINE,
EN 5 PARTIES.

L'Indo-Chine, ou Inde au-delà du Gange, est bornée au nord par l'empire Chinois ; à l'est par le golfe de Tonquin et la mer de la Chine ; au sud par cette même mer, le détroit de Malacca et le golfe de Siam ; à l'ouest par l'Indoustan et le golfe de Bengale.

C'est une presqu'île ouverte, traversée par plusieurs chaînes de montagnes, arrosée et fertilisée par de grands fleuves sujets à des inondations ou crues périodiques.

La température de cette contrée est sujette à bien des variations ; elle est tantôt humide, tantôt sèche. Les productions végétales sont : la canne à sucre, le bois de teck propre à la construction, le cannelier, l'arbre à suif, d'où l'on retire une huile compacte excellente pour faire des chandelles, et d'abondantes plantes aromatiques et médicinales. Le sol renferme des mines d'or, d'argent et de pierres précieuses.

Les divers États qui composent l'Inde transgangétique ont ensemble une superficie de 405,000 l. carrées. Leur population est évaluée à 34,000,000 d'habitans, qui sont en général soumis au plus dur despotisme. La religion dominante est le bouddhisme ; cependant le braminisme, les religions de Taos et de Confucius, l'islamisme, le catholicisme et le protestantisme comptent dans un nombre inégal un grand nombre de croyans.

L'Indo-Chine se divise en cinq parties : 1° l'empire des Birmans ; 2° le royaume de Siam ; 3° l'empire d'Annam ; 4° la presqu'île de Malacca, 5° les possessions anglaises.

EMPIRE DES BIRMANS

L'empire des Birmans, à l'est de l'Indo-Chine anglaise, occupe le pays que l'on appelait autrefois Chersonèse d'Or. C'est un État considérable formé des anciens royaumes d'Ava, d'Aracan, de Pégu, et d'une partie de celui de Siam. Il est arrosé du nord au sud par la rivière d'Ava ou Irraouaddy.

Sa religion est le boudhisme. Les habitans croient à la métempsycose.

Il se divise en provinces ou vice-royautés dont le nombre est très-variable.

Les villes les plus remarquables sont :

AVA, sur l'Irraouaddy, est une grande ville, capitale de l'empire. Le souverain y fait sa résidence dans un magnifique palais. Pop. : 50,000 hab.

UMMERAPOURA, sur l'Irraouaddy oriental, a été la capitale des Birmans. Pop. : 30,000 hab.

PÉGOU, sur l'Irraouaddy occidental, ancienne capitale du royaume de ce nom.

RANGOUN, sur le Rangoun, est une ville très-commerçante, avec un port fréquenté. Pop. : 20,000 hab.

ROYAUME DE SIAM.

Le royaume de Siam, au sud-est de l'empire Birman, dont la partie occidentale a été conquise par les Birmans, est, comme l'Egypte, une grande vallée arrosée par un fleuve, le Meïnam. La religion est celle de Boudha ; les prêtres sont appelés talapoins par les Européens.

Les villes les plus remarquables de ce royaume sont :

BANGKOK, sur le Meïnam, capitale et résidence du souverain, est une des villes les plus importantes de l'Asie. Pop. : 90,000 hab.

CHANTIBON, sur le fleuve de même nom, possède un excellent port et un arsenal.

EMPIRE D'ANNAM.

L'empire d'Annam, à l'orient de l'Indo-Chine, est borné au nord par l'empire de la Chine ; à l'est et au sud par la mer de la Chine ; à l'ouest par le royaume de Siam.

Une circonstance assez curieuse, c'est qu'un grand nombre d'habitans de ces contrées vivent sur les rivières, dans des bateaux, et tirent de l'eau toutes leurs subsistances.

Il se compose de cinq royaumes principaux, savoir : le royaume de Cochinchine, celui de Tonquin, celui de Camboje, celui de Bao, celui de Laos et de plusieurs pays indépendans.

ROYAUME DE COCHINCHINE.

La Cochinchine qui occupe la côte à l'est du Camboje est un pays remarquable par la fécondité de son sol, qui fournit toutes les productions de l'Inde.

HUÉ, est la capitale de tout l'empire d'Annam. C'est une ville très-importante par son commerce considérable et ses immenses fortifications. Pop. : 100,000 hab.

Non loin de la côte se trouve l'archipel des Paracels, groupe d'îles et d'écueils fréquentés par les pêcheurs.

ROYAUME DE TONQUIN.

Le Tonquin ou Annam, au fond du golfe de même nom, confine à la Chine ; ses habitans ont beaucoup d'analogie avec les Chinois.

KETCHO, sur le Sankoï, est la capitale du royaume. Les maisons de cette ville sont construites en bois. Pop. : 40,000 habitans.

ROYAUME DE CAMBOJE.

Le Camboje, au sud de Laos, est arrosé par le Maykaoung.

SAINGOND, capitale, est la ville la plus commerçante de l'empire, elle est très-bien fortifiée, et embellie par le palais du roi et l'arsenal maritime. Pop. : 100,000 hab.

CAMBOJE est située dans une île formée par les branches du Mei-kong ; on y admire son palais royal et ses magnifiques pagodes.

ROYAUME DE BAO.

Le Bao est tributaire de Tonquin ; il a pour capitale BAO dont on ignore l'importance.

ROYAUME DE LAOS.

Le Laos, au nord de l'Indo-Chine, se divise en 3 petits royaumes ; il a pour capitale LANTCHANG, sur le Maykaoung.

MALACCA INDÉPENDANT.

Le Malacca indépendant, au sud de l'Indo-Chine, se compose des royaumes de Pérak, capitale Pérak ; de Salengore, capitale Kalan, de Djohore, capitale Djohore ; de Pahang, capitale Pahang, et de Raoumbo, capitale Raoumbo. Il tient au continent par l'isthme de Tenasscreim, et il est séparé de l'île de Sumatra par le détroit de Malacca. L'intérieur offre de vastes forêts remplies d'éléphans. Les habitans sont appelés Malais.

POSSESSIONS ANGLAISES.

L'Indo-Chine anglaise, à l'ouest de l'Indo-Chine, se compose de plusieurs contrées qui se partagent en pays vassaux, tributaires, dépendans, et indépendans.

Les villes les plus remarquables sont :

Arakan, sur la rivière de même nom, est une grande ville où l'on respire un air insalubre, et qui ne renferme que des cabanes couvertes de chaume. Pop. : 35,000 hab.

Malacca, à l'extrémité de la péninsule, est une ville qui a été sous la dépendance des Portugais et des Hollandais. Elle possède un port et fait un commerce considérable. Pop. : 5,000 hab.

Singhapour, sur l'île de ce nom, est une ville commerçante et industrieuse, avec un port très-fréquenté. Pop. : 15,000 hab.

ARCHIPELS DE L'INDO-CHINE.

C'est du nord au sud, dans le golfe du Bengale, que s'étendent : 1° l'archipel d'Andaman, dépendance des Anglais, qui se compose d'une grande île, et d'un grand nombre de petites ; 2° l'archipel de Nicobard, dépendance des Danois, qui se compose de deux îles principales et d'un grand nombre de petites.

NOUVELLE DIVISION DE LA CHINE,

EN 3 PARTIES.

L'empire Chinois est borné au nord par la Sibérie ; à l'est par la mer du Japon, la mer de la Chine, la mer Bleue et la mer Jaune ; au sud par l'Indo-Chine et l'Indoustan ; à l'ouest par des montagnes et des déserts qui la séparent de la Tartarie et de l'Indoustan.

La Chine est le plus beau pays de l'Asie ; sa fertilité, ses richesses, le grand nombre de ses habitans, et la beauté de ses villes la rendent fort célèbre.

La grande étendue de cette contrée fait que la température est bien différente dans certaines parties. Vers le nord, le froid est assez rigoureux à cause de la grande quantité de montagnes qui s'y trouvent. Vers le midi, l'air est fort tempéré.

Le sol produit en abondance des grains et des fruits excellens ; les melons et les oranges sont d'un goût exquis ; il renferme aussi des mines d'or, de cuivre et de charbon de terre. On y recueille une prodigieuse quantité de soie et de coton dont on fait des étoffes fort estimées. C'est de ce pays que viennent le meilleur thé, le plus beau vernis et la plus belle porcelaine qu'il y ait en Europe.

La population de ce pays est prodigieuse ; les dernières relations font monter le nombre des hommes à 58,914,280 ; sans y comprendre les magistrats, les eunuques, les soldats, les sacrificateurs et les enfans. Chaque père de famille est obligé par la loi d'écrire sur sa porte le nombre d'habitans que sa maison renferme.

Les Chinois ont fait de grands progrès dans l'agriculture et ils honorent tellement cet art, que chaque année à l'époque du printemps, dans une fête solennelle, l'empereur, accompagné de sa famille et de tous les grands de sa cour, met la main à la charrue, trace quelques sillons dans lesquels il sème du froment, des fèves et deux sortes de millet.

Les Chinois ont le front large, les yeux très-petits, le nez un peu court, le teint olivâtre, la démarche droite et fière. Ils sont industrieux, civils, magnifiques dans leurs costumes et dans leurs manières ; mais ils sont extrêmement orgueilleux, avares, jaloux, malpropres en leur manger, tardifs dans leurs résolutions et grands formalistes. Ils ont découvert avant nous la poudre à canon, la boussole, l'imprimerie, les cloches et les postes ; mais ils sont loin de nous égaler en peinture, sculpture, musique, astronomie, art de la guerre, navigation, etc.

La Chine est considérée comme le plus ancien état du monde, on lui donne pour fondateur Fon-Hi, qui régna l'an du monde 1091. Parmi les souverains les plus célèbres nous citerons Tsin-Chi-Hoang, qui fit construire cette fameuse muraille qui a 430 lieues de circuit ; c'était pour opposer une digue à l'invasion des Tartares, mais cette précaution devint inutile pour ces peuples belliqueux, car ils s'emparèrent de ce vaste empire en 1618 après J.-C., sous leur roi Tien-Min ; depuis cette époque, ce sont ses successeurs qui ont toujours régné.

La Chine est l'État le plus peuplé du globe et le plus vaste après la Russie ; il est six fois plus grand que la France, et contient au moins 180 millions d'habitans, c'est-à-dire autant que l'Europe. Il en est même qui portent sa population à 300 millions. La majorité professe le boudhisme, ou culte de Foe, cependant l'empereur et les lettrés suivent la religion de Confucius. Le gouvernement est un despotisme limité par le droit de représentation dont jouissent certaines classes de magistrats. Le souverain prend le titre de Fils du Ciel et d'auguste empereur. Les gouverneurs des villes et des provinces se nomment mandarins.

La Chine se divise en trois parties principales : 1° la Chine proprement dite ; 2° les pays tributaires de la Chine ; 3° les îles qui en dépendent.

CHINE PROPREMENT DITE.

La Chine proprement dite forme avec une partie de la Petite-Boukarie et du pays de Mandchoux le noyau de l'empire. Elle se partage en provinces qui se divisent en départemens, lesquels se subdivisent en arrondissemens et en districts.

Les villes les plus remarquables de la Chine propre sont :

PÉKIN, capitale et résidence de l'empereur, est une ville agréablement située, à 2,350 l. (9,141 kil.) de Paris, est très-considérable et contient bien 3 millions d'habitans. Pékin est formé de deux villes, l'une tartare et l'autre chinoise ; leur réunion forme un espace trois fois aussi grand que Paris. Le palais de l'empereur, au centre de la ville, qui a deux lieues de circonférence est de toute beauté, elle en renferme encore plusieurs autres qui rivalisent entr'eux de splendeur et de magnificence. Cette vaste cité est remarquable par son commerce, son industrie et par les progrès que la civilisation y fait tous les jours.

A quelques lieues de Pékin, on ne peut se lasser d'admirer le magnifique palais de l'empereur, qui a plusieurs lieues de circuit. Dans ce véritable séjour enchanteur, l'art, la nature, le génie en un mot, ont semblé se réunir pour développer et répandre leurs plus belles productions.

NANKIN, sur le Kiang ; à 230 l. (920 kil.) de Pékin, est une des plus grandes villes du monde ; elle fut jusqu'en 1368 la capitale de l'empire et la résidence du souverain, époque où la Cour fut transporté à Pékin. C'est dans cette ville qu'on admire la fameuse tour de porcelaine à neuf étages. Pop. : 250,000 hab.

CANTON, à 510 l. (1,987 kil.) de Pékin, ville forte, la plus commerçante de l'Asie, est divisée en deux villes, l'une chinoise et l'autre tartare. C'est le seul endroit où les marchands européens sont admis, ils y ont un quartier particulier. Pop. : 500,000 hab.

MACAO, petite île au sud de Canton, est le chef-lieu d'une possession portugaise établie depuis long-temps. Elle est très-bien fortifiée. Pop. : 12,000 hab.

PAYS TRIBUTAIRES DE LA CHINE.

Les pays tributaires de la Chine sont : 1° la Korée, 2° la Tartarie chinoise, 3° le Thibet, ou Boutan

La presqu'île de Korée, située entre la Chine et le Japon, est tributaire des Chinois.

KING KI TAO, au centre de la presqu'île, près d'une grande rivière, en est la seule ville importante.

La Tartarie Chinoise est située au nord de la Chine.

Elle renferme la Mongolie du Centre, c'est-à-dire tout le pays compris entre la Grande-Boukarie et la Tartarie Chinoise.

La plupart des peuples qui habitent cette vaste contrée sont nomades. On y remarque :

La Petite-Boukarie, Turkestan-Oriental, dont les villes les plus impotantes sont : Casghar et Yarcand.

LA KALMOUKIE, habitée par les Kalmoucks qui sont sous la dépendance de l'empire chinois et en reconnaissent la souveraineté.

LA MONGOLIE ; ville principale Ourga. Les habitans portent le nom de Mongols. C'est à l'ouest de la Mongolie que l'on découvre le vaste désert de Cobi qui a 500 lieues de long.

LE THIBET ou BOUTAN ; l'étendue de ce vaste pays est loin de répondre à sa population, car il ne compte que seize villes dont la plus considérable est Lassa.

ILES DANS LA DÉPENDANCE CHINOISE.

Les îles voisines et dépendantes de la Chine sont : l'île de Haïnan ; l'île de Formose ; l'île Sakalien ; et l'archipel des îles Liéou-Ktéou.

L'île de Haïnan, au sud, dans le golfe de Tonquin, a pour chef-lieu KIOUY-TCHEOU-FOU. Le sol renferme des mines d'or et des bois précieux.

L'île de Formose, à l'est, est ainsi nommée à cause de la beauté de son climat. TAI-OUANG, place forte, en est le chef-lieu.

L'île de Sakalien, qu'on nomme improprement Tchoka et Séghalien, au nord, à 212 lieues (826 kil.) de longueur ; elle est séparée du continent par la Manche de Tartarie. La partie septentrionale est seule tributaire de la Chine ; la partie méridionale appartient au Japon. Elle fut découverte par La Pérouse, qui visita la côte occidentale et rendit un compte favorable des habitans sous le rapport moral.

L'archipel des îles Liéou Kiéou, est situé à l'est de la mer Bleue. Il forme un royaume particulier, tributaire de la Chine.

KIEN-TCHING en est la capitale et sert de résidence au souverain.

NOUVELLE DIVISION DU JAPON,

EN 6 ILES.

L'empire du Japon est situé dans le Grand-Océan, à l'ouest de la Chine.

Ce fut en 1542 que les Portugais découvrirent le Japon; ils furent jetés sur les côtes de cette île par une tempête. On évalue sa superficie à 28,000 lieues carrées et sa population à 25,000,000 d'habitans.

La grande richesse de ce pays vient de ses mines d'or et d'argent; il y en a de très-belles d'étain. On y trouve des perles, dont la plupart sont rouges et aussi estimées que les blanches. Les tremblemens de terre y sont très-fréquens: il y en eut un en 1740, à Méaco, qui fit périr un million d'hommes.

Il n'y avait au Japon qu'un seul empereur qui réunissait les fonctions sacerdotales à celles de souverain, mais en 1585, un lieutenant-général de ses armées s'étant rendu indépendant, fixa son séjour à Yédo, ville très-peuplée, usurpant toute l'autorité et ne laissant à l'empereur détrôné que les honneurs et les titres du souverain pontificat, sous le nom de Daïri. Le Japon est actuellement gouverné par deux empereurs, l'un nommé Daïri, qui habite Méaco et l'autre nommé Kobo qui exerce le pouvoir temporel à Yédo, qui est le lieu de la résidence impériale.

Cette île est traversée par plusieurs montagnes, quoique le sol ne jouisse pas d'une grande fertilité, les habitans y suppléent par leur activité industrieuse. Les productions végétales les plus importantes de cette contrée sont le camphre, le vernis qu'on tire d'un arbre, le mûrier à papier, le thé, le coton, la soie, le bambou, etc.

Les Japonais sont regardés comme les peuples les plus industrieux de l'Asie. Leurs principales fabriques sont celles d'étoffes de soie, de coton, d'ouvrages vernissés, de porcenes et de beaux papiers.

Les Japonais, bien faits, libres et aisés dans leurs manières, sont basanés; ils ont les yeux petits, la tête large, les sourcils hauts, le nez court et les cheveux noirs. Leur costume consiste en une robe large, serrée par une ceinture vers le milieu du corps : cette robe est de soie pour les personnes de distinction, et de coton pour les autres.

Le Japon se compose de six îles principales, qui sont : 1° l'île de Kiouséou; 2° l'île Skoke ; 3° l'île Niphon ; 4° l'île Yesso ; 5° les Kuriles méridionales; 6° le midi de l'île Sakalien.

Les îles les plus remarquables sont :

L'île de KIOUSÉOU, est le centre des opérations commerciales européennes.

NANCASAKI en est le chef-lieu, elle est remarquable par son excellent port.

L'île de NIPHON, au centre, renferme Yédo et Méaco.

YÉDO, capitale de l'empire et résidence de Kubo, peut être considérée comme une des plus grandes et des plus belles villes de l'Asie. Pop. : 1,000,000 hab.

MÉACO, résidence du Daïri, est le foyer des sciences et de la littérature du Japon. Pop. : 530,000 hab.

DE L'AFRIQUE.

L'Afrique, plus petite que l'Asie et plus grande que l'Europe, est moins peuplée et moins tempérée que l'une et l'autre ; comme elle est presque toute sous la Zone torride, les chaleurs y sont extrêmes. La terre y est cependant assez fertile vers les côtes ; mais il y a bien des pays où l'on trouve de vastes déserts, remplis de sablons, ou stériles faute d'eau. L'Afrique a des mines d'or, d'argent et d'antimoine dont les produits joints à sa gomme, son poivre, son indigo, son sucre, son coton, son ébène, son ivoire, sa myrrhe, sa pelleterie font la principale branche du commerce de cette contrée.

Les Portugais découvrirent dans le XV° siècle la plus grande partie des côtes qui étaient inconnues aux Anciens ; les Français, les Hollandais et les Anglais y ont fait depuis de nouvelles découvertes.

L'Afrique forme une grande presqu'île qui tient à l'Asie par l'isthme de Suez. Elle est bornée au nord par la Méditerranée ; à l'est par l'isthme de Suez, par la mer Rouge et la mer des Indes; au sud par le grand Océan ; à l'ouest par l'Océan Atlantique.

Sa plus grande longueur, depuis le cap de Bonne-Espérance jusqu'à Bone, est de 1,800 lieues ; et sa plus grande largeur, depuis le cap Vert jusqu'au cap Guardafui, est de 1,650 lieues. On évalue la population à 60 millions d'habitans qui appartiennent aux quatre races principales : 1° celle des Maures; 2° celle des Nègres ; 3° celle des Cafres; 4° celle des Hottentots. On y distingue encore la race des Cophtes, celle des Nubiens et celle des Abyssins.

Les Africains sont idolâtres ou mahométans; il n'y a guère de chrétiens que dans l'Abyssinie, et dans les endroits où les Européens possèdent des établissemens.

Tous les peuples de ce pays sont gouvernés par des souverains despotiques qui ont droit de vie et de mort sur leurs sujets.

Les Africains en général sont robustes, grossiers et farouches : ils n'ont presque aucune connaissance des sciences, des lettres, de l'agriculture et des arts. Ils n'ont ni armes à feu, ni courage, et ne savent point faire la guerre, à l'exception de ceux qui habitent sur les côtes de la Méditerranée, de la mer Rouge, qui sont un peu plus civilisés que les autres.

Les principales montagnes de l'Afrique sont : le mont Atlas qui s'étend depuis l'Océan Atlantique, auquel il donne son nom, jusqu'au désert de Barca; dans l'intérieur, les monts de la Lune et de Kong; au sud, les monts Lupata et de Cuivre.

Ses principaux caps sont : au nord, le cap Bonn, vis-à-vis de la Sicile ; à l'ouest, le cap Blanc, le cap Vert, le cap Bojador, le cap Lopez et le cap des Palmes ; au sud, le cap de Bonne-Espérance et le cap des Aiguilles ; à l'est le cap Guardafui et le cap des Courans.

Ses principaux golfes sont : le golfe de Sidra ou de la Syrte et le golfe de Gabès, formés par la Méditerranée; le golfe de Suez, formé par la mer Rouge, et le golfe de Guinée, formé par l'Atlantique.

Ses principaux détroits sont : le détroit de Gibraltar, entre l'Espagne et la Barbarie, le détroit de Mozambique, entre la côte de Mozambique et l'île Madagascar; et le détroit de Babel-Mandeb, à l'entrée de la mer Rouge.

Ses principaux lacs sont : le lac Dembéa en Abyssinie, traversé par le Nil, et le lac Tchad, dans le Soudan, le plus vaste de l'Afrique.

Ses principaux fleuves sont : le Nil, qui traverse l'Abyssinie, la Nubie et l'Egypte, et se jette dans la Méditerranée; le Niger, qui traverse le Soudan et se perd dans le golfe de Guinée; le Sénégal, la Gambie, le Zaïre, qui se jettent dans l'Océan Atlantique, et le Zambèse ou Cuama, qui traverse le Monomotapa, et se perd dans le canal de Mozambique.

L'Afrique, sans y comprendre les îles répandues dans l'Océan Atlantique et dans la mer des Indes, se divise en 14 parties principales, savoir : au nord-est l'Egypte, la Nubie, l'Abyssinie; au nord-ouest la Barbarie, le Sahara, la Sénégambie; au sud-ouest, la Guinée; au sud-est, l'Ajan, le royaume de Mozambique, le Zanguebar; au sud le gouvernement du Cap et le pays des Hottentots; au centre, la Cafrerie propre et la Nigritie ou Soudan.

NOUVELLE DIVISION DE L'ÉGYPTE,

EN 3 PARTIES.

L'Égypte a atteint le plus haut point de splendeur et de gloire, autant sous le rapport de la civilisation que par les progrès des sciences et des arts, sous le règne des rois les plus illustres, tels que les Pharaons, les Ptolémée et les Sésostris. Après avoir été dominée successivement par les Perses, les Macédoniens, les Romains et les Turcs qui la possédèrent jusqu'en 1798, époque à laquelle le général Bonaparte s'en empara à la tête d'une armée française. L'Égypte tomba sous la puissance du Grand-Seigneur en 1800. Actuellement elle est gouvernée par un pacha, homme de génie, qui s'est rendu indépendant par la conquête de la Syrie et de la Palestine, provinces qu'il a réunies à son gouvernement.

Ce pays est fertile, quoique fort sablonneux; il doit sa fertilité au débordement du Nil, qui inonde le pays tous les ans; il commence vers le 15 de juin, croît pendant 40 jours et décroît pendant 40 autres : la bonne crue est de 24 pieds; si elle est plus grande, l'eau étant trop long-temps à se retirer, empêche qu'on n'ensemence les terres basses : si elle est moindre que 16 pieds, il y a une partie de terre qui n'est point arrosée.

La quantité de blé que l'Égypte rapporte, la fit autrefois nommer le grenier de l'Empire romain, comme elle l'est aujourd'hui des Turcs, qui en sont les maîtres. On en transporte aussi du riz, des dattes, du séné, de la casse et du baume excellent.

L'Egypte est bornée au nord par la Méditerranée; à l'est par l'isthme de Suez et la mer Rouge; à l'ouest par le désert de Lybie, au sud par la Nubie. On évalue sa superficie à 23,000 lieues carrées, et sa population à quatre millions d'hab.

Les Egyptiens sont spirituels, adroits, plaisans et les meilleurs nageurs qu'il y ait au monde : on les accuse d'être fainéans, avares, fourbes, dissimulés et adonnés au larcin. La plupart sont mahométans; on y trouve aussi des chrétiens latins et des schismatiques, appelés Cophtes, qui sont soumis à un patriarche, qui prend le nom de patriarche d'Alexandrie.

L'Egypte se divise en trois parties : 1° la Haute-Egypte ou Saïd, au sud, qui était l'ancienne Thébaïde, dont Thèbes, célèbre par ses cent portes, était la capitale; 2° l'Egypte du milieu; 3° la Basse-Egypte ou Delta.

Les villes les plus remarquables de l'Egypte sont :

LE CAIRE, près du Nil, place forte, près de l'emplacement de l'ancienne Memphis, à 340 lieues (1,325 kil.) de Constantinople, et à 790 lieues (3,079 kil.) S. E. de Paris, capitale de l'Egypte. C'est une grande ville embellie par plusieurs palais magnifiques. Elle est tombée au pouvoir des Français en 1798. Pop. : 300,000 hab.

A quatre lieues du Caire, sur la gauche du Nil, on découvre les pyramides, gigantesques monumens, qui ont passé autrefois pour une des sept merveilles du monde; elles servaient de sépulture aux anciens rois d'Égypte.

On trouve encore près du Caire les ruines de Memphis, autrefois capitale. On y remarque le lac Mœris et le fameux labyrinthe, autrefois résidence des douze rois d'Égypte.

Dans l'île de Boudda, en face du Caire, on voit le Nilomètre, échelle qui sert à mesurer l'inondation du Nil.

ALEXANDRIE, ville forte et commerçante, sur la Méditerranée. Alexandre-le-Grand, en traversant l'Égypte, jeta les fondemens d'Alexandrie, dont il voulait faire la capitale de son empire et le centre du commerce du monde. Elle possède deux bons ports très-fréquentés, et plusieurs monumens anciens. Pop. : 25,000 hab.

ABOUKIR, petit village près d'Alexandrie, est célèbre par la destruction de la flotte française par les Anglais commandés par Nelson, en 1798; et par l'éclatante victoire que Bonaparte y remporta sur les Turcs en 1799.

Damiette, à l'embouchure de la principale branche orientale du Nil, est remarquable par son port et son commerce. Pop. : 30,000 hab.

Les villes les plus remarquables sont : Rosette, Suez, Girgeh, Assouan, Esne, Djirjeb et Alkmyn.

C'est à l'ouest de l'Egypte qu'on distingue l'Oasis de Baharich, ou Petite-Oasis, et celle d'El-Khacdjeh, ou Grande-Oasis; elles sont peu habitées; la dernière contient des ruines égyptiennes.

DE LA NUBIE.

La Nubie est bornée au nord par l'Egypte; à l'est par la mer Rouge; au sud par l'Abyssinie; à l'ouest par le désert de Lybie. On évalue sa superficie à 60,000 lieues carrées, et sa population à 2,000,000 d'habitants. Le mahométisme est la religion dominante. Elle est sous la dépendance du pacha d'Égypte.

La Nubie, traversée par le Nil, est un royaume peu connu. L'air y est très-chaud, et le sol n'est fertile qu'aux environs des rivières. On en tire de l'or, du musc, de l'ivoire et du bois de santal. On y trouve un poison très-violent, dont un grain suffirait pour occasionner la mort à dix personnes. Les habitans sont courageux, subtils et adroits; ils commercent beaucoup avec les Egyptiens. Ce pays est composé en grande partie de villages dont les principaux sont : celui de Dongolah, ou Vieux Dongolah; celui de Marakah, ou Nouveau-Dongolah, Ouadi-Halfa, et la ville de Souakim qui est très-commerçante.

DE L'ABYSSINIE.

L'Abyssinie est bornée au nord par la Nubie; à l'est par la mer Rouge et le détroit de Bab-el-Mandeb, au sud par la Cafrerie et la côte d'Ajan; à l'ouest par la Nubie et le Soudan.

On évalue sa superficie à 40,000 lieues carrées et sa population à 4,000,000 d'habitants, qui, en général, professent un christianisme mêlé de pratiques juives.

Les productions du sol sont : le millet, le miel, la figue, la datte, les citrons, les oranges, le lin et le coton. On y

trouve des éléphans, des rhinocéros, des bêtes féroces, d
la poudre d'or, de l'ivoire et des plumes d'autruche.

L'Abyssinie se divise en plusieurs royaumes ou provinces dont les principales villes sont :

GONDAR, capitale de l'Abyssinie, à 50 lieues (194 kil.) des sources du Nil, résidence de l'empereur, qui prend le titre de Prêtre-Jean ou de Grand-Négus. L'or en lingots et le sel de roches en tablettes est la seule monnaie dont on se sert dans ce pays.

NOUVELLE DIVISION DE LA BARBARIE,
EN 4 PARTIES.

Les Maures et les Numides étaient les peuples qui habitaient la Barbarie et l'Égypte; seuls pays connus des Anciens en Afrique. Cette contrée acquit une grande célébrité, lorsqu'elle tomba sous la puissance carthaginoise, les Romains la subjuguèrent et furent obligés de l'abandonner aux Sarrasins en 697 après J.-C. Les habitans de la Barbarie ont exercé la piraterie, pendant plusieurs siècles, contre les bâtimens des autres nations. Avant la conquête d'Alger par les Français, on avait encore à déplorer le sort d'une grande quantité de malheureux Européens qui gémissaient dans les fers de l'esclavage; depuis cette époque la plupart sont rendus à la liberté.

La Barbarie est le meilleur pays de cette partie du monde, et le plus peuplé après l'Égypte; il est fertile en blé, fruits, citrons, oranges, figues, olives, raisins, amandes, etc., dont les habitans font un grand commerce, ainsi que de peaux de maroquin et de chevaux fort estimés qu'on appelle Barbes. L'air y est assez chaud, et le serait davantage, s'il n'était tempéré par les vents de la mer Méditerranée. Les peuples de Barbarie sont cruels, avares, ignorans et de mauvaise foi. La religion dominante de la Barbarie est la mahométane, il y a cependant beaucoup de juifs et quelques chrétiens. Le christianisme y a fait de grands progrès, car ce pays avait près de trois cents évêchés ; quant à la civilisation, elle est loin d'avoir acquis un aussi grand développement.

La superficie de la Barbarie ou des États Barbaresques dans lesquels on comprend Maroc, Tripoli et Tunis, est évaluée à 125,000 lieues carrées. Leur population s'élève à 20,000,000, d'habitans. Tous ces pays, excepté Alger et ses dépendances, sont soumis au despotisme militaire le plus absolu. Le souverain de Maroc porte le titre d'empereur, et ceux de Tunis et de Tripoli ont le titre de beys.

La Barbarie se divise en quatre parties : 1° l'empire de Maroc ; 2° la régence d'Alger ; 3° la régence de Tunis ; 4° la régence de Tripoli.

EMPIRE DE MAROC.

L'empire de Maroc s'étend à l'ouest jusqu'au-delà du cap Cantin, sur l'Océan. Il se compose des provinces de Maroc, Fez, Suz, Taffilez, Darah, et de quelques autres territoires. Ses villes les plus remarquables sont :

MAROC, capitale et résidence de l'empereur, est renommée par ses fabriques de maroquins.

FEZ est une des plus grandes et des plus belles villes de l'Afrique, embellie par plusieurs palais et par des mosquées magnifiques.

SALÉ, ville forte avec un port sur l'Océan Atlantique, fameuse par ses anciennes pirateries.

Méquinez, Tanger et Ceuta sont importantes par leur commerce et leur fertilité

RÉGENCE D'ALGER.

L'ancienne régence d'Alger est tombée au pouvoir des Français en 1830, et par droit de conquête est devenue colonie française, soumise à un gouverneur militaire qui y commande sous la souveraineté du roi des Français.

Le sol de cette contrée, à l'exception des parties voisines du désert, est moins sablonneux et plus fertile que celui de Tunis, le climat plus tempéré, les montagnes plus hautes et plus nombreuses, les pluies plus abondantes, les ruisseaux et les sources plus multipliées, la végétation plus active et plus variée.

Les villes les plus remarquables sont :

ALGER (Césarée), ancienne capitale de la régence, résidence du gouverneur français, est une ville grande, forte, peuplée, et la plus riche de l'Afrique, avec un excellent port. Elle est bâtie en amphithéâtre : outre plusieurs beaux palais à la moderne, toutes les maisons à toits plats y sont couvertes de terrasses et de galeries d'où l'on découvre la mer. Les habitans se livraient autrefois à la piraterie et attaquaient les navires de toutes les nations. L'amiral Duquesne la bombarda sous Louis XIV : en 1816, une escadre anglaise endommagea considérablement le port et brûla les vaisseaux qui s'y trouvaient. En 1830, l'armée française, après avoir éprouvé une vive résistance, s'en empara, et le Dey s'exila.

Oran est une jolie petite ville avec un bon port, située sur une montagne escarpée à peu de distance de la mer. Les Espagnols s'en emparèrent en 1490, ils la perdirent en 1708, et ils l'ont reprise en 1732 avec le château de Malzaquivir qui en est voisin

Constantine, à 30 l. (116 kil.) de la mer et à 86 l. (335 kil.) E.-p.-S. d'Alger, est une ville forte remarquable par les beaux monumens, anciens ouvrages des Romains. Les Français voulurent s'en emparer en 1837, sous les ordres du général Bugeaud, mais le manque de vivres ainsi que l'intempérie de la saison obligèrent l'armée d'abandonner la place. L'exécution fut retardée pour l'année suivante, le duc de Nemours commanda l'expédition, et pour cette fois rien ne put résister au courage et à l'intrépidité des troupes, on battit la place en brèche et nos soldats, sous la conduite du jeune duc, déployèrent toute leur bravoure et emportèrent la ville d'assaut. C'était le siége d'une seconde Sarragosse ; les assiégés disputèrent le terrain pied à pied, leur courage s'était tourné en désespoir et on ne se rendit totalement maître de la ville qu'après un horrible carnage. Dans cette action terrible, nous avons eu à déplorer la perte du général Damrémont qui mourut au champ d'honneur. Il serait trop long d'énumérer les nombreux services que ce vieux guerrier de l'empire a rendus à sa patrie.

Bone, ville maritime bâtie à quelques lieues de l'ancienne Hippone, est remarquable par la grande quantité de jujubiers qui peuplent ses environs. Charles V s'en empara en 1535, mais les Turcs l'ont fortifiée de nouveau.

Tlemecen est bâtie dans une belle plaine, entourée d'assez bonnes murailles, et peuplée de Maures, d'Arabes et de Juifs. La grande quantité de ses ruines atteste qu'elle était autrefois bien plus considérable. La plus grande partie de ce pays est stérile et montagneux ; il n'y a que du côté de la mer, que l'on trouve des plaines abondantes en blé, fruits et pâturages.

Mascara est une ville assez importante.

RÉGENCE DE TUNIS.

La régence de Tunis est habitée par les Arabes ou Maures, qui errent en nomades dans les campagnes. C'était autrefois le siége principal de la puissance carthaginoise.

Ses villes les plus remarquables sont :

TUNIS, à 110 l. (428 kil.) de Tripoli, capitale, avec un port sur la Méditerranée, est au fond d'un golfe dont l'entrée est défendue par le fort de la Goulette, près de la fameuse Carthage, rivale de Rome.

Les villes de Biserte, Porto-Farina, près de l'ancienne Utique.

Ainsi que les habitans de Tunis, ceux de Tripoli se livrent aussi à la piraterie.

RÉGENCE DE TRIPOLI.

TRIPOLI, capitale, avec un port sur la Méditerranée, d'où s'exportent la poudre d'or, les plumes d'Autruche, le séné, etc.

Le Bilédulgérid, l'ancienne Numidie, au sud de la Barbarie et de l'état d'Alger, est mal peuplé et presque stérile à cause de la grande sécheresse. Cette régence renferme les royaumes de Taffilet et de Suz ; le Tégorain, le Zeb, pays tributaires du roi de Maroc.

DU SAHARA.

Le Sahara, ou Grand-Désert, au sud du Bilédulgérid, est encore moins habité que le Bilédulgérid, parce que ses sables brûlans y causent des chaleurs insupportables.

Le Sahara est borné au nord par la Barbarie ; à l'est par l'Egypte et la Nubie ; au sud par le Soudan ; à l'ouest par l'Atlantique.

Les habitans du Sahara, qui portent le nom de Maures, sont connus pour leur cruauté, leur perfidie et leur inhospitalité. Il y a dans le Sahara une quantité considérable de lions, de tigres, de léopards, d'autruches et de serpens énormes.

DE LA SÉNÉGAMBIE.

Cette contrée prend son nom des deux fleuves qui l'arrosent, le Sénégal et la Gambie. Elle est bornée au nord par le Sahara ; à l'est par le Soudan ; au sud par la Guinée ; à l'ouest par l'Atlantique. Elle est habitée par les Foulahs, les Jolofs, les Feloupes et les Mandinges qui sont gouvernés par des rois. Les Européens y ont plusieurs établissemens. Elle fournit une espèce de gomme, qu'on appelle gomme du Sénégal et qui est fort recherchée. Sa superficie est de 55,000 lieues carrées, et sa population est évaluée à 3,000,000 d'habitans. Quoique l'air y soit malsain et la chaleur excessive, le sol de cette magnifique contrée jouit d'une grande fertilité.

Les productions végétales sont très-considérables ; on y remarque surtout le baboud, arbre qu'on regarde comme le roi des végétaux, par les proportions gigantesques qu'il atteint; on en voit qui ont jusqu'à 120 pieds (38 m. 88) de circonférence. On rencontre dans ce pays une quantité d'animaux féroces et nuisibles, des éléphans, des hippopotames, des girafes, des buffles, des cerfs, etc.

On tire de la Sénégambie de la poudre d'or, de l'ambre, des plumes d'autruche, du poivre, de la cire, de l'ébène, de la gomme, des peaux de tigre, etc.

Plusieurs établissemens européens sont établis sur les côtes, savoir :

Les Français y possèdent le fort Saint-Louis, à l'embouchure du Sénégal, chef-lieu de leurs établissemens ; les forts Podor et Charles sur le Sénégal ; l'île de Gorée près du Cap Vert ; les comptoirs d'Albreda et de Joal, sur la Gambie.

Les Anglais y ont : Bathurst, le fort James, et plusieurs comptoirs sur la Gambie

Les Portugais y ont : Cacheo, chef-lieu de leurs établissemens.

La Rio-Grande, au sud de la Gambie, appartient aux Portugais, ainsi que la Sierra-Leone qui est aux Anglais.

DE LA GUINÉE.

La Guinée s'étend le long de la côte du golfe de ce nom; elle est séparée du bassin ou Niger par les montagnes du Kong.

Le sol de ce pays est très-fertile; les chaleurs y sont si grandes, que sans les pluies et la fraîcheur des nuits, il serait inhabitable. L'air y est malsain, principalement pour les étrangers. La terre est si féconde, qu'en quelques endroits on fait deux récoltes par an. On y recueille du riz, du poivre, des cannes à sucre, etc. On y trouve des éléphans, des léopards, des tigres, des paons, des perroquets et des singes; il y a aussi des mines d'or. Les principales exportations de cette contrée sont: la poudre d'or, l'ambre gris, les cuirs et l'ivoire.

Les Européens font un grand commerce dans ce pays. Les Français en firent la découverte en 1346 et y établirent quelques colonies; mais la France était déchirée par les guerres civiles sous les règnes de Charles VI et de Charles VII, les Anglais, les Hollandais, les Danois et les Portugais profitèrent de ses dissensions pour expulser les Français et y fonder quelques établissemens. Les Hollandais y font le plus grand commerce.

Les peuples de la Guinée sont assez spirituels, adroits et robustes; mais orgueilleux, fourbes, vindicatifs, lâches, paresseux et grands voleurs. Ils sont fort noirs, vont tout nus et mangent de la chair des animaux toute crue: ils sont presque tous idolâtres. Ils dépendent de plusieurs rois; il y en a qui vivent en forme de république.

La Guinée est divisée en deux parties: la Guinée septentrionale et la Guinée méridionale: on la divise aussi en plusieurs côtes, celles de Graines, de Dents, d'Or, noms qui proviennent de la nature du commerce qu'on y fait, soit en poivre, soit en ivoire, soit en poudre d'or.

GUINÉE SEPTENTRIONALE.

La Guinée septentrionale est bornée au nord par le Soudan; à l'est par la Cafrerie; au sud par la Guinée méridionale et le golfe de Guinée; à l'ouest par l'Atlantique. Elle a 105,000 lieues carrées, et 5,000,000 d'habitans.

Les villes les plus remarquables dans l'intérieur sont: Coumassi, capitale des Alhantis; ce peuple est connu pour être le plus industrieux et le plus intelligent de l'Afrique. Abomey, Ouary; Benin, sur la rivière de ce nom, capitale, ville considérable, a des rues longues et larges; mais ses maisons sont fort basses et construites en argile. Le roi réside dans un vaste palais, qui est entouré de hautes murailles.

Biafra, au fond du golfe de Guinée, capitale des royaumes de même nom.

Sur la côte se trouvent les établissemens européens suivans :

CHRISTIANBORG, fort qui appartient aux Danois; elle est le chef-lieu de leur établissement. Les forts Printzensten et Komgensten sont bien construits : ils jouissent d'une grande faveur parmi les tribus de la côte.

LE CAP CORSE, chef-lieu des possessions anglaises.

SAINT-GEORGES-DE-LA-MINE, place forte occupée par les Hollandais, a bien deux cents maisons et possède plus de 6,000 habitans.

GUINÉE MÉRIDIONALE.

La Guinée méridionale appelée aussi le Congo, est bornée au nord par la Guinée septentrionale; à l'est et au sud par la Cafrerie : à l'ouest par l'Atlantique. Elle a 44,000 l. carrées et 5,000,000 d'habitans.

Ce pays, situé dans la zône torride, quoiqu'au sud de l'équateur, jouit d'un climat très-chaud. On n'y distingue que deux saisons : celle de la sécheresse et celle des pluies.

Les villes les plus remarquables sont :

SAN-SALVADOR, capitale du royaume de Congo; elle est ornée de plusieurs églises. Les Portugais y possèdent plusieurs établissemens et font tout le commerce.

LOANGO, capitale du royaume de ce nom et résidence du souverain.

SAINT-PAUL-DE-LOANDA, capitale du royaume d'Angola, est une grande ville très-commerçante, chef-lieu et résidence du gouverneur général des possessions portugaises.

SAN-PHILIPPE-DE-BENGUELA, capitale du royaume de ce nom, est encore une possession portugaise.

DE LA CAFRERIE.

La Cafrerie, ou pays des Cafres, est une grande côte qui s'étend depuis le Congo jusqu'au Zanguebar; elle est peu habitée et presque inculte, quoique le sol y soit assez bon. Le bétail y est commun ; on y trouve aussi beaucoup de bêtes sauvages. On y récolte assez de blé et de vin.

Les Cafres ont le teint basané et olivâtre, le nez plat, les lèvres grosses et le visage affreux. Ils sont fort grossiers et sauvages.

Ce pays est habité par différens peuples qui ont chacun leur chef particulier; les Hottentots qui en occupent la plus grande partie, sont divisés en une quinzaine de nations. Les chevaux y sont assez communs, mais d'une très-petite taille; on y trouve aussi des zèbres, des chiens sauvages et une grande quantité de singes.

La Cafrerie se divise en deux parties : 1° la partie septentrionale qui comprend tous les pays au centre de l'Afrique, qui se compose de plusieurs royaumes dont on ne connaît guères que les noms, tels sont ceux de Gingiro, près de l'Abyssinie; du Mojac, à l'est du royaume de Benin; d'Anzico ou Micoco, au nord-est de la Guinée méridionale; de Monoémugi ou Niméamay, etc.; 2° la partie orientale qui comprend le royaume de Monomotapa, et quelques pays situés ur la côte de la mer des Indes.

Les villes les plus remarquables sont :

ZIMBAON, capitale du Monomotapa, est la résidence du roi.

PORT-NATAL, sur la côte de la mer des Indes, où les Anglais ont un établissement.

DU SOUDAN ou NIGRITIE.

Depuis long-temps on n'a eu que des notions bien imparfaites des Portugais et des marchands maures, surtout sous le rapport des mœurs et des coutumes des habitans de cette contrée. Actuellement plusieurs voyageurs ont parcouru l'intérieur du pays et nous ont rapporté des relations certaines. Les États les plus considérables sont ceux de Bornou et de Tombouctou. Le roi ou sultan de Sackatou est le souverain le plus puissant, les peuples qu'il gouverne se nomment Fellatahs, et sont considérés à juste titre comme les plus industrieux de la Nigritie. C'est une race exceptionnelle qui ne contracte aucune alliance avec les autres Nègres, dont la couleur et les traits sont tout-à-fait dissemblables.

La Nigritie se divise en plusieurs royaumes dont les principales villes sont :

SEGO, capitale du Bambara, sur le Niger. Cette ville renferme plusieurs mosquées, les rues sont fort étroites, et toutes les maisons sont bâties en terre. Pop. : 30,000 hab.

TOMBOUCTOU, capitale du Tombouctou, près du Niger, grande ville dont l'immense commerce avec la Barbarie et l'Égypte est entretenu par les caravanes. On y professe généralement le mahométisme.

SACKATOU, capitale de Haoussa, et résidence du souverain.

DE L'AJAN.

L'Ajan est borné au nord par le golfe d'Aden; à l'est par la mer des Indes; au sud par le Zanguebar; à l'ouest par l'Abyssinie et la Cafrerie.

La côte d'Ajan, près du Zanguebar, est remarquable par la fertilité de son sol. On y fait un grand commerce d'or, d'ivoire et d'ambre gris. La partie Sud-Est est très-marécageuse.

On évalue sa population à 400,000 habitans qui professent le mahométisme.

Les villes les plus remarquables sont:

ZEILAH, sur le détroit de Bab-el-Mandeb, port assez fréquenté, capitale de l'Ajan.

Auça-Gurel, dans l'intérieur, est une ville assez considérable. Le roi y réside dans un vaste palais.

ZANGUEBAR.

Le Zanguebar est borné au nord par l'Ajan; à l'est par la mer des Indes; au sud par le Mozambique; à l'ouest par la Cafrerie. On évalue sa population à 2,000,000 d'habitants, qui sont presque tous mahométans ou idolâtres.

C'est un pays rempli de marais qui y rendent l'air malsain; la terre y est peu fertile, sa plus grande richesse consiste en or, ivoire, gomme, antimoine, vitriol bleu (sulfate de cuivre). Les habitans sont noirs et assez traitables, la plupart sont idolâtres ou mahométans.

Les villes les plus remarquables sont:

BRAVA, avec un excellent port, capitale d'une petite république indépendante, est remarquable par ses fabriques d'étoffes d'or, d'argent et de soie.

MAGADOXO, à l'embouchure de la petite rivière du même nom, est la capitale d'un petit royaume.

MÉLINDE, près de l'embouchure du Quimalaney, est située dans une plaine fort agréable, ville autrefois considérable est aujourd'hui ruinée.

MOMBAZA, dans l'île du même nom, très-rapprochée de la côte, possède un château fort. Les Arabes en chassèrent les Portugais en 1631. Elle appartient aujourd'hui aux Anglais.

QUILOA, dans une île, est tributaire des Portugais qui la découvrirent en 1498.

Le Monomotapa est un puissant empire qui comprend plus de vingt royaumes soumis et tributaires, gouvernés par plusieurs souverains dont le plus puissant réside à Zimbaoé. Les Portugais se sont emparé de cette contrée en 1569; ce sont les seuls Européens qui y aient fait le commerce jusqu'à présent. On y jouit d'une température douce et tempérée, le sol y est très-fertile et renferme de nombreuses mines d'or et d'argent.

DU MOSAMBIQUE.

Le Mozambique, en face de Madagascar, est borné au nord par le Zanguebar; à l'est par le canal de Mozambique; au sud et à l'ouest par la Cafrerie. On évalue la population à quatre millions d'habitants qui sont presque tous nègres idolâtres, et qui sont gouvernés par un roi absolu qui est soumis aux Portugais.

Ce pays doit sa grande fertilité à la quantité de rivières qui l'arrosent; on y récolte beaucoup de riz, et le sol renferme de riches mines d'or et d'argent.

L'air y est si malsain, qu'on y exile les criminels qui y vivent peu. On y fait un grand commerce d'ivoire.

Les villes les plus importantes sont :

MOZAMBIQUE, située dans une île près de la côte, est la capitale de toutes les possessions portugaises à l'est de l'Afrique.

SOFALA, sur le bord de la mer, dans une grande île, à l'embouchure de la rivière du même nom. Elle appartient aux Portugais qui ont bâti un fort, qui leur est d'une grande utilité pour le commerce des Indes et la Cafrerie.

DU GOUVERNEMENT DU CAP.

La première colonie européenne fut établie par les Hollandais en 1600, et leur fut enlevée par les Anglais en 1806.

Le Cap est borné au nord par le pays des Hottentots; à l'est par la Guinée; au sud et à l'ouest par l'Atlantique. Les Anglais l'ont récemment divisé en deux gouvernemens : celui du Cap à l'ouest, et celui des Uttenhagen à l'est. Sa superficie est aussi étendue que celle de la Grande-Bretagne : il renferme trente à quarante mille blancs et cinquante mille esclaves.

Ce pays, jouissant d'un climat sain et tempéré, renferme toutes les productions végétales de l'Inde et de l'Europe; il abonde en vins parmi lesquels on distingue celui de Constance, connu sous le nom de vin du Cap, qui passe pour le meilleur des Canaries.

Les villes les plus remarquables sont :

LE CAP, port au nord du Cap de Bonne-Espérance, est la ville la plus méridionale de l'Afrique, servant de relâche pour tous les vaisseaux qui vont aux Indes. C'est une position très-avantageuse pour une puissance maritime. Pop. : 20,000 habitans.

UTTENHAGEN, chef-lieu d'un petit gouvernement.

DES ILES DE L'AFRIQUE.

Les îles les plus considérables de l'Afrique sont celles de Zocotora, de Madagascar, de Bourbon; l'île Maurice ou l'Ile-de-France, à l'est de l'Afrique; et celles du Cap-Vert, les Canaries et de Madère, à l'ouest.

ZOCOTORA, vis-à-vis le cap Guardafui.

L'île MAURICE, dite à présent l'ILE-DE-FRANCE, ancienne possession française. On y jouit d'une température saine et le sol y est très-fertile.

L'île de SAINT-THOMAS, vis-à-vis le Congo, sous la ligne, et celle dite DU PRINCE, appartiennent aux Portugais.

L'île de SAINTE-HÉLÈNE, au milieu de l'Océan entre le Cap de Bonne-Espérance et les îles du Cap-Vert.

C'est là où mourut l'empereur Napoléon, le 5 mai 1821. En 1840, le gouvernement français a fait revenir ses cendres qui ont été déposées aux Invalides, où on a élevé un tombeau digne d'un aussi grand génie.

L'île de MADAGASCAR est la plus grande que l'on connaisse dans le monde. Les terres cultivées y sont très-fertiles; le poivre blanc y croît en abondance. Les Français de l'île Bourbon et de l'Ile-de-France font un grand commerce avec les naturels.

L'île de BOURBON est à l'orient de Madagascar : la température du climat ainsi que sa fertilité ne laissent rien à désirer. Dans la partie méridionale de l'île on remarque un volcan qui jette continuellement de la fumée et des flammes, et dont les bruyantes éruptions effraient les navigateurs pendant la nuit.

Les Anglais s'emparèrent de cette île en 1810 et la rendirent à la France en 1814. Pop. : 8,350 hab.

Les îles du Cap-Vert, les îles Canaries, l'île de Ténériffe, l'île de Fer, l'île de Madère.

DE L'AMÉRIQUE.

L'Amérique a été inconnue long-temps aux habitans de l'ancien continent, jusqu'en 1492, époque où Christophe Colomb, navigateur génois, au service de Ferdinand-le-Catholique, roi d'Espagne, en fit la découverte. Ce nouveau continent a tiré son nom d'Améric Vespuce, florentin, qui y fit un voyage en 1499, par les ordres d'Emmanuel, roi du Portugal. Il prétendit avoir découvert le premier la Terre-Ferme, et il donna son nom à cette partie du monde qu'on appelle aussi quelquefois Indes-Occidentales. Il est pénible de penser qu'un aventurier ait ravi à Christophe Colomb la gloire qu'il méritait, puisque c'était lui qui avait découvert le Nouveau-Monde cinq ans auparavant.

Quand on découvrit l'Amérique, on la trouva assez peuplée d'habitans blancs ou basanés; il n'y en avait point de noirs. La plupart étaient idolâtres ou sans religion et sauvages, avec diverses sortes de gouvernemens. On y trouva même des royaumes policés. Leurs armes étaient l'arc et la massue. Ceux du Mexique sacrifiaient des victimes humaines à leurs idoles. Aujourd'hui plusieurs de ces peuples sont policés et plus sociables; ils sont agiles et légers à la course. La plupart ont les inclinations mauvaises, peu de courage et sont fort cruels.

L'Amérique possède actuellement quatre sortes d'habitans. Les Européens qui s'y sont établis, les Américains ou naturels du pays; les Métis, qui sont nés d'un Européen et d'une Américaine, et les Nègres que l'on y a transportés d'Afrique. Tous les Américains qui ont été soumis, font profession de la religion chrétienne.

L'air de l'Amérique varie selon les différens climats qu'elle occupe : en général, il y est assez tempéré. La terre y est assez fertile partout. Il y vient du blé, dont les États-Unis d'Amérique apportent une assez grande quantité jusqu'en Europe. On y recueille quantité de maïs ou blé de Turquie, dont les Américains font du pain; beaucoup de cannes à sucre, de tabac et de cacao : on y trouve des perles, de l'indigo, de la cochenille. On y voit plusieurs sortes d'arbres et d'animaux que nous n'avons point; mais sa plus grande richesse vient de ses mines d'or et d'argent, d'où les Espagnols ont tiré la quantité prodigieuse de ces métaux qu'on voit circuler dans l'Europe et dans tout le monde.

L'Amérique est située entre l'Océan Atlantique et le Grand Océan; le premier la sépare de l'Europe et de l'Afrique, et l'autre de l'Asie. Elle se divise en deux grandes péninsules jointes par l'isthme de Panama : l'une s'appelle l'Amérique septentrionale, et l'autre l'Amérique méridionale.

On évalue la superficie de l'Amérique à plus de 2 millions de lieues carrées, et sa population à 40 millions d'habitans qui appartiennent à quatre classes principales : 1° les blancs européens, ou descendans d'Européens, qui forment les deux tiers de la population; 2° les Indiens, ou peuples indigènes, race américaine au teint cuivré; 3° les Nègres, race africaine; 4° les races mixtes.

La religion dominante est le catholicisme; le reste est protestant ou idolâtre. Presque tous les gouvernemens des États de l'Amérique sont républicains; celui du Brésil seul est constitutionnel, et celui du Paraguay despotique.

DE L'AMÉRIQUE SEPTENTRIONALE.

L'Amérique septentrionale est bornée au nord par l'Océan Glacial, et les diverses mers qu'il forme; à l'est par l'Océan

Arctique ; au sud par l'isthme de Panama et la mer des Antilles ; à l'ouest par le Grand-Océan.

Ses principales montagnes sont : les Apalaches, qui traversent les États-Unis, les montagnes Rocheuses ou de l'ouest, le long de l'Océan Glacial ; et les monts Océaniques qui s'étendent le long de la côte du Grand-Océan.

Ses principaux caps sont : le cap Farewel dans le Groënland ; le cap Catoche dans la presqu'île d'Uycatan ; le cap Saint-Lucas en Californie ; le cap Cod dans les États-Unis ; le cap Glacé dans l'Amérique Russe.

Ses principaux golfes sont : la baie d'Hudson formée par la mer de Baffin ; le golfe Saint-Laurent et la baie de Fundy formés par l'Atlantique ; le golfe du Mexique et celui de Honduras formés par la mer des Antilles ; le golfe de Californie, ou mer Vermeille, formé par le Grand-Océan.

Ses principaux détroits sont ceux de Béhring, entre la côte N.-O. de l'Amérique septentrionale et la côte orientale de l'Asie ; d'Hudson, au nord du Labrador ; de Davis, qui fait communiquer la mer de Baffin avec l'Océan Atlantique ; de Belle-Ile, à l'est de la Nouvelle-Bretagne ; et le détroit de la Floride, nommé aussi canal de Bahama, au sud des États-Unis.

On compte 9 presqu'îles remarquables dans l'Amérique septentrionale, savoir : le Labrador et la Nouvelle-Ecosse ou Acadie dans la Nouvelle-Bretagne, la Floride au sud-est des États-Unis ; la Vieille-Californie et le Yucatan dans le Mexique ; et Alaska dans l'Amérique Russe.

Ses principaux lacs sont ceux du Grand-Ours, de l'Esclave, des Montagnes, des Rennes : les lacs Supérieurs, Huron, Michigan, Ontario, Elié, Cham-plain, le Petit Winipeg et le Grand-Winipeg.

Ses principales mers sont : la mer de Béhring, entre la Sibérie et le Kamtschatka : la mer des Antilles, entre les deux Amériques ; la mer de Baffin, entre les Terres Arctiques ; la mer Vermeille, ou mer de Cortez, à l'ouest du Mexique.

Ses principaux fleuves sont : le fleuve Saint-Laurent, qui traverse le Canada et se jette dans le golfe de même nom ; le Mississipi, qui reçoit le Missouri, l'Ohio, la rivière Rouge et tombe dans le golfe du Mexique, après avoir arrosé les États-Unis ; et la Makensie qui baigne la Nouvelle-Bretagne.

Ses principaux volcans sont : le mont Saint-Elie, dans l'Amérique Russe, et le mont Propocatepet, dans le Mexique.

Elle se divise en sept grandes contrées qui sont : les Terres Arctiques ; l'Amérique Anglaise, ou la Nouvelle-Bretagne ; les Etats-Unis ; le Mexique ; Guatimala et les Antilles.

DES TERRES ARCTIQUES.

On comprend sous le nom de Terres Arctiques : le Groënland, le Spitzberg, la Nouvelle-Zemble, et plusieurs terres peu connues qui se trouvent au nord et au nord-est de l'Amérique.

Le Groënland est un pays où le froid est si rigoureux que la mer y est continuellement gelée. On ne sait si c'est une île ou une partie de l'Amérique septentrionale. Le sol ne produit que de la mousse et quelques pâturages. Les indigènes boivent de l'eau de la mer et se font du pain avec des os de poissons ; ils s'occupent principalement de la pêche de la baleine.

Le Spitzberg fut découvert par les Hollandais en 1596. L'air y est extrêmement froid et l'hiver plus rigoureux qu'en tout autre pays de notre continent. Les Anglais et les Hollandais y vont à la pêche des baleines. Les Russes y ont un établissement.

La Nouvelle-Zemble, voisine de la Russie, fut découverte par les Hollandais en 1594 ; on croit qu'elle est inhabitée, tant le froid y est excessif.

DE L'AMÉRIQUE RUSSE.

Ce pays occupe tout le nord-ouest de l'Amérique et a pour bornes au nord, l'Océan Glacial Arctique ; à l'est la Nouvelle Bretagne ; au sud le Grand Océan ; à l'ouest le détroit de la mer de Béhring.

Cette vaste contrée enrichit le commerce de la Russie d'une immense quantité de fourrures. Elle se compose de trois archipels, savoir : 1° les îles Aléoutes, qui semblent lier l'Amérique à l'Asie ; 2° l'Archipel du roi Georges, où l'on trouve dans l'île de Sitka, le fort de la Nouvelle-Arkangel, chef-lieu des possessions russes en Amérique ; 3° l'Archipel du prince de Galles, au sud du précédent.

DE L'AMÉRIQUE ANGLAISE,

ou

NOUVELLE BRETAGNE.

La Nouvelle-Bretagne, sans y comprendre les îles qu'elle possède sur les côtes de l'Océan Atlantique et du Grand-Océan, bornée au nord par l'Océan Glacial Arctique, et le détroit et la baie d'Hudson ; à l'est par l'Atlantique : au sud par les États-Unis ; à l'ouest par le Grand Océan et l'Amérique Russe.

Cette vaste contrée peut se diviser en six parties : la région des Lacs, la Nouvelle-Galles et le Labrador au nord qui n'ont d'importance que par les précieuses fourrures qu'on en retire ; et le Canada, le Nouveau-Brunswick et la Nouvelle-Écosse au sud.

QUÉBEC, sur le fleuve Saint-Laurent, capitale du Canada, possède un bon port avec une excellente rade et un château fortifié. La situation de Québec est fort avantageuse pour le commerce.

YORCK, sur le lac Ontario, capitale du Haut-Canada. On appelait autrefois ce pays la Nouvelle-Suède, parce que les Suédois en étaient les maîtres ; mais elle changea de nom en passant aux Anglais.

LA NOUVELLE-ÉCOSSE ou ACADIE, au sud-est du Canada, contient environ 125,000 hab.

HALIFAX, capitale, ville forte avec un bon port nommé auparavant Chéboucton.

LA NOUVELLE-BRUNSWICK, située au nord-ouest de la Nouvelle-Écosse, contient environ 60,000 hab.

FREDERICKSTOWN en est la capitale.

Les îles qui dépendent de la Nouvelle-Bretagne sont :

L'île de TERRE-NEUVE, dans l'Atlantique, à l'est du Canada, a 300 lieues de tour.

LES BERMUDES, dans l'Atlantique, à 200 l. (779 kil.) de la côte des États-Unis.

Les îles de SAINT-PIERRE et de MIQUELON, qui appartiennent à la France.

Les îles de LA REINE CHARLOTTE, QUADRA et VANCOUVER, dans le Grand-Océan.

DES ÉTATS-UNIS.

Les États-Unis sont bornés au nord par la Nouvelle-Bretagne ; à l'est par l'Océan Atlantique ; au sud par le golfe du Mexique, à l'ouest par le Mexique et le Grand-Océan.

On évalue leur superficie à 316,000 l. carrées, et leur population à 13,000,000 d'hab. qui professent en grande partie la religion protestante.

Les États-Unis sont d'anciennes colonies anglaises, qui étant accablées d'impôts vexatoires, firent une révolution en 1776, dans laquelle Washington et Lafayette, général français, se distinguèrent vaillamment, et contribuèrent beaucoup à faire déclarer l'indépendance de ce pays. Elles forment aujourd'hui une république fédérative composée des 26 États suivans qui ont chacun leur gouvernement et qui envoient leurs députés au Congrès divisé en deux Chambres ayant à leur tête un président.

	Chef-lieu :
État de Maine.	*Portland.*
— de Vermont.	*Bennengton.*
— de Newhamsphire	*Portsmouth.*
— de Massachuset.	*Boston.*
— de Rhode-Island.	*Newport.* / *Providence.*
— de Connecticut.	*Hartfort.*
— de New-Yorck.	*New-Yorck.*
— de New-Jersey.	*Elisabeth-Town.*
— de Pensylvanie.	*Philadelphie.*
— de Delaware.	*Douvres.*
— de Maryland.	*Baltimore.*
— d'Illinois.	»
— d'Indiana.	*Vinannes.*
— d'Ohio.	*Marietta.*
— de Virginie.	*Richemont.*
— de Missoury.	»
— d'Arhansas.	»
— de Kentuckey.	*Francfort.*
— de Tenessée.	*Knoxville.*
— de Caroline du Nord.	*Raleigh.*

— de Caroline du sud.   — *Columbia.*
— de Louisiane.   — *Nouvelle-Orléans.*
— de Mississipi.   — *Natchez*
— de Atalama.   — *Saint-Stephen.*
— de Géorgie.   — *Savannah.*
— de Floride.   — *Saint-Augustin.*

Les villes les plus remarquables sont :

WASHINGTON, sur le Potomac, a été bâtie en 1792 pour devenir le siége du gouvernement. Elle porte le nom du général qui commanda les troupes américaines pendant la guerre de l'indépendance. On peut regarder ce grand homme comme le libérateur de l'Amérique. Pop. : 16,000 hab.

BOSTON, avec un bon port, au fond de la baie de Massachusset, est une grande ville remarquable par l'étendue de son commerce. Patrie de Franklin, inventeur du paratonnerre et l'un des fondateurs de la liberté américaine. Pop. : 50,000 habitans.

NEW-YORCK, au confluent des rivières d'Eust et d'Hudson, est la ville la plus commerçante des États-Unis, avec le meilleur port de l'Amérique septentrionale.

PHILADELPHIE, sur la Delaware, grande et belle ville, commerçante et industrieuse, embellie de plusieurs édifices. Pop. : 167,000 hab.

BALTIMORE, sur le Patapsco, ville très-commerçante et manufacturière, possède un port qui peut contenir 2,000 vaisseaux. Pop. : 63,000 hab.

LA NOUVELLE-ORLÉANS, sur le Mississipi, ville très-commerçante, fondée par les Français sous la régence du duc d'Orléans, et cédée par les Français aux États-Unis, ainsi que la Louisiane en 1805. Pop. : 40,000 hab.

DU MEXIQUE.

Le Mexique est borné au nord par les Etats-Unis, à l'est par le même pays, par le golfe du Mexique et la mer des Antilles ; au sud par le Grand-Océan et le Guatimala ; à l'ouest par le Grand-Océan.

Sa superficie est évaluée à 195,000 lieues carrées et sa population à 7,000,000 d'habitans, qui professent le catholicisme. C'est le plus beau pays de l'Amérique ; il surpasse toutes les autres contrées par la fertilité de ses campagnes et par ses excellens pâturages. Quoiqu'il soit situé en partie sous la zône torride, la température ne laisse pas d'y être fort douce et très-agréable.

Les villes les plus remarquables du Mexique sont :

MEXICO, belle et très-grande ville, l'une des plus importantes de l'Amérique, renferme plusieurs églises remarquables par leurs richesses. Pop. : 180,000 hab.

CAMPÊCHE, sur la côte orientale de la presqu'île de Yucatan. Pop. : 6,000 hab.

LA VERA-CRUZ, assez mauvais port dans le golfe du Mexique, ville dont l'air malsain occasionne souvent la fièvre jaune. Pop. : 16,000 hab.

GUANAXUATO, célèbre par la profonde mine d'argent qu'on exploite dans ses environs. Pop. : 41,000 hab.

QUÉRÉTARO, est une ville importante par ses nombreuses manufactures et par l'étendue de son commerce. Pop. : 24,000 hab.

LA PUEBLA-DE-LOS-ANGELOS, ou la Ville-des-Anges, est renommée par ses verreries et ses manufactures d'armes. Pop. : 68,000 hab.

DU GUATIMALA.

Le Guatimala est borné au nord par le Mexique et le golfe du Honduras ; à l'est par la mer des Antilles ; au sud et à l'ouest par le Grand-Océan.

On évalue sa superficie à environ 27,000 lieues carrées, et sa population à 2,000,000 d'habitans qui professent le catholicisme. Ses productions et son climat sont à peu près les mêmes que ceux du Mexique.

Les villes les plus remarquables sont :

GUATIMALA, capitale de la République, bâtie à 8 lieues des ruines du vieux Guatimala. Pop. : 30,000 hab.

COMAYAGNA, capitale de l'État des Honduras, où se trouve le port de Truxillo.

DES ANTILLES

L'Archipel des Antilles, au nord de la mer à laquelle il donne son nom, est situé entre les deux Amériques. Il se divise en 3 îles principales. 1° les îles Lucayes ; 2° les Grandes Antilles ; 3° les Petites Antilles.

Les îles Lucayes, ou île de Bahama au nord ont été découvertes par Christophe Colomb. Elles appartiennent aux Anglais.

Les Grandes Antilles sont :

L'île de CUBA, au S.-O. des îles Lucayes. Elle a 230 l. (896 kil.) de long sur 40 l. (155 kil.) de large. Les Espagnols la possèdent depuis 1492.

LA HAVANE en est la capitale, c'est une ville forte et très-commerçante, avec un bon port. Pop. : 70,000 hab.

LA JAMAIQUE, au sud de Cuba, possession anglaise.

KINGSTON en est la capitale.

HAITI ou SAINT-DOMINGUE, au sud-est de Cuba.

PORT-AU-PRINCE en est la capitale.

L'île de PORTO-RICO, à l'est de Haïti, qui a pour capitale SAINT-JEAN, appartient aux Espagnols.

Les Petites Antilles, qu'on appelle aussi Caraïbes, du nom des peuples qui les habitaient autrefois, sont : La Guadeloupe, la Désirade, Marie-Galande, les Saintes, la Martinique et la partie septentrionale de Saint-Martin, qui appartiennent aux Français ; Antigoa, la Dominique, Sainte-Lucie, la Barbade, Tabago et la Trinité, possessions anglaises ; la partie méridionale de Saint-Martin, Saba, Saint-Eustache, Curaçao, qui appartiennent aux Hollandais ; Saint-Barthélemi, possession suédoise ; et Sainte-Marguerite, dépendance espagnole.

AMÉRIQUE MÉRIDIONALE.

L'Amérique méridionale est bornée au nord par la mer des Antilles et l'isthme de Panama : à l'est par l'Océan Atlantique ; au sud par le détroit de Magellan qui la sépare de la Terre-de-Feu ; à l'ouest par l'Océan Pacifique.

Ses principaux fleuves sont : la Madeleine, qui se perd dans la mer des Antilles ; l'Orénoque, le fleuve des Amazones, le Tocantin, le Saint-François et le Rio-de-la-Plata, qui se jettent dans l'Océan Atlantique.

Ses principaux lacs sont : le lac Maracaibo, dans la Colombie, le lac Titicaca, dans le Pérou ; le lac de Los Patos, et le lac Mérim, dans le Brésil.

Ses principaux golfes sont : les golfes Saint Antoine et Saint-Georges; la baie de Tous-les-Saints et la Grande-Baie, formés par l'Atlantique ; les golfes de Penas, de Los-Chonos, de Panama et de Guayaquil, formés par le Grand-Océan ; la baie de Darien et le golfe de Muracaïbo, formés par la mer des Antilles.

Ses principaux détroits sont : les détroits de Magellan et de Lemaire, au sud de la Patagonie.

Ses principaux caps sont : le cap Blanc, dans le Pérou ; les caps Orange, Saint-Roch et Frio, dans le Brésil; le cap Horo, dans la Terre-de-Feu; le cap Saint-Antoine, dans la Plata ; et le cap des Vierges, dans la Patagonie.

On y remarque plusieurs volcans, les principaux sont : l'Antisana, le Pichincha et le Cotopaxi.

L'Amérique méridionale se divise en huit parties : 1° la Colombie; 2° la Guyane ; 3° le Pérou ; 4° le Haut-Pérou ou la Bolivia ; 5° le Brésil; 6° le Chili ; 7° la Plata avec le Paraguay ; 8° la Patagonie.

DE LA COLOMBIE.

La Colombie est bornée au nord par le golfe du Mexique ; à l'est par la Guyane et l'Atlantique ; au sud par le Pérou et le Brésil ; à l'ouest par le Guatimala et l'Océan Pacifique.

Les principales villes sont :

SANTA-FÉ-DE-BOGOTA, où l'on jouit d'un printemps continuel.

QUITO, ville remarquable par ses manufactures de toiles de coton, de laine et de lin.

CARTHAGÈNE, a un excellent port sur la mer des Antilles.

CARACAS, située dans une plaine fertile, est une grande ville bien bâtie.

VARINAS, renommée par son territoire qui produit d'excellent tabac.

PORTO-BELLO, ville forte et commerçante, possède le meilleur port de toute la terre-ferme.

On remarque à l'ouest de la république de la Colombie, les îles de Gallapagos, qui abondent en tortues, mais qui sont inhabitées ; et l'île de Gorgone, qui a un bon port.

DE LA GUYANE.

La Guyane est bornée au nord et à l'est par l'Océan Atlantique, au sud par le Brésil : à l'ouest par ce dernier pays et la Colombie.

Le climat de la Guyane est très-chaud, et les exhalaisons des marais qui couvrent en partie ce pays, sont cause que l'air y est généralement malsain et occasionnent des fièvres continues qui attaquent les Européens nouvellement arrivés. La fertilité y est si grande qu'on fait quelquefois jusqu'à huit récoltes par an; mais la principale richesse de cette contrée sont ses vastes forêts qui renferment des bois propres à la construction des vaisseaux; des bois de gayac, de fer, de rose, et beaucoup d'autres que l'on peut appeler bois incorruptibles. On y trouve l'arbre qui produit le baume de copahu, et celui d'où découle la renni, ou gomme élastique. Les principales denrées coloniales sont : le café, la canne à sucre, le cacao, le coton, l'indigo, le riz et le tabac.

La Guyane se divise en Guyanes Anglaise, Française et Hollandaise.

DU PÉROU.

Le Pérou, situé sur le Grand-Océan et des deux côtés de la chaîne des Andes, est le plus riche pays de la terre. Depuis 400 ans, il était sous la dépendance de rois appelés Incas, lorsque Pizarre, espagnol, en fit la découverte en 1525. Les Espagnols en restèrent seuls possesseurs jusqu'en 1810, époque où les Péruviens formèrent un gouvernement républicain.

Ce pays a beaucoup de montagnes : le terroir y est sec et sablonneux dans les plaines; mais les vallées produisent assez de froment, quantité de maïs, de cannes à sucre, du coton, des arbres à quinquina et ceux dont on tire le baume du Pérou. Il y a des mines d'or et d'argent en très-grand nombre et fort abondantes.

LIMA, siége de la république, fut fondée par Pizarre, à deux lieues de l'Océan. Pop. : 54,000 hab.

CUSCO, ancienne capitale des Incas. Pop. : 32,000 hab.

ARÉQUIPA, près d'un célèbre volcan, est située dans une contrée délicieuse.

DU HAUT-PÉROU.

Le Haut-Pérou, nommé aussi République de Bolivia, du nom de Bolivia, l'auteur de son indépendance, est borné au N.-O. par le Pérou, au N.-E. par le Brésil, au S.-E. par la Plata; au S.-O. par le Chili et le Grand-Océan; il se divise en cinq provinces renfermant 1,300,000 habitants, qui professent tous la religion catholique.

Cette contrée présente dans différentes parties des aspects différens : à l'ouest des Andes le sol est aride; à l'est s'étendent des plaines immenses souvent inondées de pluies abondantes; mais dans les vallées il y règne un printemps perpétuel.

Les villes les plus remarquables du Haut-Pérou sont :

CHUQUISACA ou LA PLATA, près de la source de la rivière du même nom et sur une des branches du Pilcomayo, est dans une plaine environnée de montagnes. Pop. : 30,000 habitans.

POTOSI, près du Pilcomayo, est renommée par ses mines d'argent. Pop. : 11,000 hab.

LA PAZ, près des Andes. On trouve dans les environs de cette ville de riches mines d'or. Pop. : 20,000 hab.

DU BRÉSIL

Le Brésil est borné au nord et au nord-est par la Colombie, la Guyane française et l'Océan Atlantique; à l'est et au sud-est par la même mer; au sud-ouest et à l'ouest par la Plata, le Pérou et le Haut-Pérou.

Les villes les plus remarquables du Brésil sont :

RIO-JANEIRO ou SAINT-SÉBASTIEN, capitale de l'empire. Pop. : 150,000 hab.

FERNAMBOUC, importante par son port très-sûr et très-commerçant. Pop. : 60,000 hab.

BAHIA ou SAN-SALVADOR, ville très-commerçante. Pop. : 120,000 hab.

VILLA-RICA, connue par la richesse de ses mines. Pop. : 20,000 hab.

DU CHILI.

Le Chili forme une lisière étroite entre le Grand-Océan et la chaîne des Cordillières. Il est borné au nord par le Haut-Pérou, à l'est par la Patagonie et la Plata ; au sud par la Patagonie ; à l'ouest par le Grand-Océan.

On évalue sa population à 1,400,000 hab. qui professent la religion catholique.

Les villes les plus importantes sont :

SAN-IAGO, sur le Mapocho, grande ville remarquable par son commerce.

LA CONCEPTION, sur le bord de la mer. Pop. : 10,000 habitans.

BALDIVIA est la ville la plus importante du Chili, par ses nombreuses mines d'or.

VALPARAISO possède un bon port sur la Mer du Sud.

Au sud du Chili on remarque l'île de Chiloé qui en dépend.

PROVINCES-UNIES DE LA PLATA.

Les Provinces-Unies de la Plata, en y comprenant celles de l'Uruguay et du Paraguay, sont bornées au nord par le Haut-Pérou et le Brésil ; à l'est par l'Océan Atlantique ; au sud par la Patagonie ; à l'ouest par le Chili.

On évalue sa population à 2,000,000 d'hab. qui professent le catholicisme.

Les villes les plus remarquables sont :

BUÉNOS-AYRES, capitale de toute la république de la Plata. Pop. : 44,000 hab.

L'ASSOMPTION, capitale de l'État indépendant du Paraguay. Pop. : 7,000 hab.

MONTE-VIDEO, capitale de la république de l'Uruguay. Pop. : 15,000 hab.

DE LA PATAGONIE.

La Patagonie, ou Terre-Magellanique, est un pays presque inconnu. Ferdinand Magellan en fit la découverte en 1520 et lui donna son nom; mais il n'en parcourut que les côtes. Ce pays est froid et peu fertile; on n'y trouve actuellement aucune colonie européenne.

ILES VOISINES DE LA PATAGONIE.

Les principales îles des mers qui baignent la pointe de l'Amérique méridionale sont :

Les îles MALOUINES, à l'est de la Patagonie. Le froid y est rigoureux; on y trouve différentes espèces d'oiseaux et de poissons.

LA TERRE-DE-FEU, séparée du continent par le détroit de Magellan.

LA TERRE-DES-ÉTATS, à l'est de la Terre-de-Feu dont elle est séparée par le détroit de Lemaire. Cook la visita en 1776.

La NOUVELLE-GÉORGIE et La TERRE DE SANDWICK sont inhabitées et entièrement stériles.

DE L'OCÉANIE.

Les géographes modernes ont compris sous le nom d'Océanie, la totalité des îles situées au sud de l'Asie avec la Nouvelle-Hollande et toutes les îles dispersées dans le Grand-Océan, et en ont formé une cinquième partie du monde.

La population de l'Océanie est évaluée à trente millions d'habitans.

L'Océanie se divise en trois parties principales : 1° La Notasie, ou Asie Méridionale 2° L'Australie; 3° La Polynésie.

DE LA NOTASIE.

Les groupes d'îles situés à l'est de l'Asie, et qui en faisaient autrefois partie, ont reçu le nom de Notasie.

La Notasie se divise en trois groupes principaux qui sont : les îles Manilles ou Philippines ; les îles Moluques et les îles de la Sonde.

Les îles Manilles ou Philippines forment un grand archipel qui fut découvert en 1521 par Magellan.

MANILLE, capitale, est une grande ville très-commerçante, avec un bon port ; elle est divisée en deux presqu'îles par un isthme étroit.

MINDANAO, capitale, est remarquable par sa richesse et sa fertilité ; elle possède un bon port qui est défendu par une forteresse.

Les îles Moluques renferment une vingtaine d'îles dont les principales sont celles des Célèbes, Gilolo, Ternate, Tidor, Céram, Amboine, Banda, Flores, Timor et Timor-Laud.

Les îles de la Sonde sont au nombre de douze dont les plus importantes sont celles de Sumatra, Banca, Bornéo, Java, Baly, Lamboé et Combava.

Plusieurs de ces îles font partie des Possessions Hollandaises.

BORNÉO ; cette île, après la Nouvelle-Hollande, passe pour la plus grande du globe.

Banjer-Massing, au sud, possède un bon port et fait un commerce considérable.

SUMATRA, au sud de la presqu'île de Malacca, est importante par ses nombreuses productions végétales, et par ses mines d'or, d'argent, de fer, de cuivre et d'étain.

JAVA, au sud-est de Sumatra, dont elle est séparée par le détroit de la Sonde.

Ses villes principales sont :

BATAVIA, chef-lieu des Possessions Hollandaises, est une grande ville bien bâtie et bien fortifiée.

Sourakarta, dans l'intérieur des terres

DE L'AUSTRALIE.

On comprend sous le nom d'Australie : 1° La Nouvelle-Hollande; 2° La Nouvelle-Guinée, ou Terre des Papous; 3° la Nouvelle-Zélande, et quelques îles peu importantes situées vers le cercle polaire antarctique.

LA NOUVELLE-HOLLANDE est bornée au sud par la Nouvelle-Guinée; sa superficie est à peu près égale à celle de l'Europe.

Botany-Bay, Port-Jackson, Sidney-Cove ou Port-Sidney, sont les etablissemens formés par les Anglais sur la côte orientale.

LA NOUVELLE-GUINÉE ou TERRE DES PAPOUS; cette île fut découverte par Savedra, navigateur espagnol, qui lui donna le nom de Nouvelle-Guinée, à cause de la grande ressemblance des habitans avec ceux de la Guinée.

LA NOUVELLE-ZÉLANDE est composée de deux îles séparées par un détroit, qui fut découvert en 1779 par le capitaine Cook, célèbre navigateur anglais.

Les autres îles sont : l'archipel de Louisiade, la Nouvelle-Irlande, la Nouvelle-Bretagne, l'archipel de Salomon, les Nouvelles-Hébrides et la Nouvelle-Calédonie, qui forment deux grandes îles séparées par le détroit de Cook.

DE LA POLYNÉSIE.

Toutes les îles qui ont été découvertes vers la fin du XVIII° siècle, et qui sont situées entre les deux tropiques, font partie de la Polynésie.

L'équateur divise la Polynésie, en Polynésie septentrionale et en Polynésie méridionale.

La Polynésie septentrionale, dont la superficie est beaucoup moins grande que la méridionale, se compose des îles Sandwick, qui sont au nombre de douze et qui n'ont pas une grande étendue.

La Polynésie méridionale renferme divers archipels dont les principaux sont :

L'archipel des Mariamnes ou Larrons; les Nouvelles-Philippines ou archipel des Carolines; l'Archipel de Santa Crux et du Saint-Esprit; les îles des Navigateurs; les îles de la Société; l'archipel de Pomotou; enfin l'archipel de Noukahiva ou îles des Marquises.

FIN.

TABLEAU COMPARATIF DES MONNAIES ÉTRANGÈRES ET DES MONNAIES FRANÇAISES.

Pays	Monnaie	Valeur	Métal
Angleterre	Guinée	26 f. 47 c.	or
	Couronne	6 18	argent
	Schelling	1 23	argent
Autriche	Ducat	11 86	or
	Ecu ou rixdale	5 19	argent
	Florin	2 59	argent
Danemarck	Ducat	9 47	or
	Rixdale	5 65	argent
Espagne	Pistole	83 93	or
	Piastre	5 43	argent
	Pistole	17 27	or
États-Romains	Sequin	11 80	or
	Ecu de 10 pauls	5 38	argent
États-Unis	Dollar ou double aigle	53 22	or
	Dollar	5 42	argent
France	Pièce de 40 francs	40 00	or
	Pièce de 20 francs	20 00	or
	Pièce de 5 francs	5 00	argent
Hollande	Ducat	11 93	or
	Ryder	31 65	or
	Rixdale	5 48	argent
	Florin	2 16	argent
Hambourg	Ducat	11 f. 76 c.	or
	Rixdale	5 78	argent
Portugal	Demi Portugal	22 63	or
	Cruzade	2 94	argent
Prusse	Ducat	11 77	or
	Frédéric	20 80	or
	Rixdale	3 71	argent
Russie	Ducat	11 79	or
	Rouble de 100 copecks	4 61	argent
Suède	Ducat	11 70	or
	Rixdale de 48 schellings	5 75	argent
Turquie	Sequin	8 72	or
	Piastre de 40 paras	2 35	argent
	Sequin	42 00	or
Venise	Oselle	47 7	or
	Ducat	7 49	or
	Pistole	24 36	or
	Ecu à la † (Argent)	6 70	argent

HAUTEURS

Des principales montagnes du Globe au-dessus du niveau de l'Océan.

EUROPE.

	mèt.		mèt.
Mont-Blanc (Alpes)	4810	Mont Athos (Grèce)	2066
Mont-Rose (Alpes)	4736	Mont Ventoux	1960
Fisterahorn (Suisse)	4362	Mont-d'Or (France)	1884
Jung-Frau (Suisse)	4180	Cantal (France)	1857
Ortler (Tyrol)	3908	Le Mezen (Cévennes)	1766
Mulahasen (Grenade)	3555	Sierra d'Estre (Portugal)	1700
Col du Géant (Alpes)	3426	Puy-Mary (France)	1658
Malahite ou Néthou (Pyrén.)	3481	Hussoko (Moravie)	1624
Mont-Perdu (Pyrénées)	3410	Schneckoppe (Bohême)	1608
Le Cylindre (Pyrénées)	3369	Adelat (Suède)	1578
Maladetta (Pyrénées)	3355	Sucefials-Iokull (Islande)	1559
Viguemale (Pyrénées)	3354	Mont des Géants (Bohême)	1512
Le Cylindre (Pyrénées)	3332	Puy-de-Dôme (France)	1467
Etna (Sicile)	3237	Le Ballon (Vosges)	1403
Pic du Midi (Pyrénées)	2877	Pointe-Noire (Spitzberg)	1372
Budosch (Transylvanie)	2924	Ben-Nevis (Invernshire)	1325
Surul (Transylvanie)	2924	Fichtelberg (Saxe)	1212
Legnone	2806	Vésuve (Naples)	1198
Canigou (Pyrénées)	2781	Mont Parnasse (Spitzberg)	1194
Pointe Lomnis (Crapals)	2701	Mont Erix (Sicile)	1187
Monte-Rotondo (Corse)	2672	Broken (Hartz-Saxe)	1140
Monte-d'Oro (Corse)	2652	Sierra de Foja (Algarbes)	1100
Lipsze (Crapats)	2554	Snowden (Pays de Galles)	1089
Sneehaten (Norwége)	2500	Shehalien (Écosse)	1059
Monte-Vellino (Apennins)	2393	Hekla (Islande)	1015

AMÉRIQUE.

	mèt.		mèt.
Nevado de Sorata	7696	Pic d'Orizaba	5295
Nevado de Illimani	7315	Montagne d'Inchocaio	5240
Chimborazo (Pérou)	6550	Cerro de Potosi	4888
Cayambé (Pérou)	5954	Mowna-Roa (Owhyee)	4838
Antisana (volcan Pérou)	5833	Sierra-Nevada (Mexique)	4786
Chipicani	5760	Montagne du b au Temps	
Cotopaxi (volcan Pérou)	5753	(Côte N.-O. Amérique)	4549
Montagne de Pichu-Pichu	5670	Coffre de Perote	4088
Volcan d'Arequipa	5600	Mgne d'Otaïti (mer du Sud)	3325
Mont St-Elie (côte N.-E. Amérique)	5113	Montagnes Bleues (Jamaï.)	2218
Popocatepec (volcan du Mexique)	5400	Volcan de la Solfatara (Guadeloupe)	1557

ASIE.

	mèt.		mèt.
Pics les plus élevés de l'Himalaya (Thibet) :		Elbrouz (Caucase)	5009
		Pic de la frontière de la Chine et de la Russie	5155
Le 14e	7821	Ophyr (Ile de Sumatra)	3950
Le 12e	7088	Mont Liban	2906
Le 5e	6959	Petit-Altaï (Sibérie)	2202
Le 25e	6923		

AFRIQUE.

	mèt.		mèt.
Pic de Ténériffe	3710	Piton des Neiges (Ile Bourbon)	3067
Montagne d'Ambotisméne (Madagascar)	3507	Montagne de la Table (cap de Bonne-Espérance)	1165
Montagne du Pic (Açores)	2412		

TABLEAU DE QUELQUES TEMPÉRATURES MOYENNES.

NOMS DES LIEUX.	LATITUDE.	TEMPÉRATURE moyenne de l'année.	TEMPÉRATURE moyenne de l'hiver.	TEMPÉRATURE moyenne de l'été.
Cumana	10° 27'	27°, 7	26°, 8	28°, 8
Havane	23 10	25, 6	21, 8	28, 5
Vera-Cruz	19 11	25, 4	22, 2	27, 5
Caire	30 2	22, 4	14, 7	29, 5
Alger	36 48	21, 1	16, 4	26, 8
Funchal	32 37	20, 3	18, 0	22, 5
Natchez	31 28	18, 9	9, 2	26, 2
Nangasaki	32 45	16, 0	4, 1	28, 3
Toulon	43 7	16, 7	9, 1	23, 9
Rome	41 53	15, 8	7, 7	24, 0
Montpellier	43 36	15, 2	6, 7	24, 5
Marseille	43 17	15, 0	7, 5	22, 4
Bordeaux	44 50	13, 6	5, 6	21, 6
Milan	45 28	13, 2	2, 4	22, 8
Pékin	39 54	12, 7	— 5, 1	28, 1
Nantes	47 13	12, 6	4, 7	20, 5
Saint-Malo	48 39	12, 3	5, 7	18, 9
Cincinnati	39 6	12, 1	0, 5	22, 7
New-York	40 40	12, 1	— 1, 2	26, 2
Philadelphie	39 56	11, 9	0, 1	23, 3
Francker	52 56	11, 0	2, 6	19, 6
Bruxelles	50 50	11, 0	2, 6	19, 0
Amsterdam	52 22	10, 9	2, 7	18, 8
Dunkerque	51 2	10, 5	3, 6	17, 8
Londres	51 30	10, 2	4, 2	17, 5
Paris	48 50	10, 6	5, 7	18, 1
Cambridge	42 25	10, 2	— 1, 1	21, 5
Bude	47 29	10, 6	0, 6	21, 4
Clermont	45 46	10, 0	1, 4	18, 0
Vienne	48 12	10, 3	0, 4	20, 7
Manheim	49 29	10, 1	1, 5	19, 5
Genève	46 12	9, 6	1, 0	18, 2
Berne	46 56	9, 5	0, 0	19, 2
Dublin	53 21	9, 2	4, 0	15, 3
Coire	46 50	9, 2	— 1, 8	17, 4
Varsovie	53 14	8, 8	— 5, 7	20, 6
Edimbourg	55 57	8, 8	4, 3	14, 6
Zürich	47 22	8, 3	— 0, 9	17, 8
Gottingue	51 32	8, 5	— 0, 3	18, 2
Prague	50 5	9, 2	— 0, 2	20, 5
Iles Malouines	51 25	8, 5	4, 7	11, 7
Kendal	54 17	7, 9	2, 7	13, 8
Copenhague	55 41	7, 6	— 0, 7	17, 0
Couvent de Peyssemberg	47 47	6, 0	— 1, 8	14, 7
Christiania	59 55	6, 0	— 4, 9	17, 0
Quebec	46 47	5, 5	— 9, 9	16, 6
Stockholm	59 20	5, 7	— 3, 5	15, 7
Upsal	59 51	5, 5	— 3, 9	16, 6
Abo	60 27	4, 6	— 6, 2	16, 5
Moskou	55 45	4, 5	— 11, 8	19, 3
Drontheim	63 24	4, 4	— 4, 6	16, 3
Pétersbourg	59 56	3, 8	— 8, 5	16, 7
Umeo	63 50	0, 7	— 10, 6	12, 3
Uleo	65 3	0, 6	— 11, 2	14, 3
Cap-Nord	71 0	0, 0	— 4, 6	6, 2
Hospice du Saint-Gothard	46 30	— 0, 9	— 7, 6	7, 7
Enontekis	68 30	— 2, 8	— 17, 6	12, 7
Nain	57 8	— 3, 1	— 18, 0	9, 1

TABLEAU DES LONGITUDES ET LATITUDES

DES PRINCIPALES VILLES DU MONDE.

VILLES.	LONGITUDE comptée DE PARIS.	LATITUDE.	VILLES.	LONGITUDE comptée DE PARIS.	LATITUDE.
Ajaccio	6 23 E	41 55 N	Mexico	104 25 O	19 25 N
Alexandrie	27 55 E	31 13 N	Milan	6 51 E	45 28 N
Alger	0 44 E	36 43 N	Montpellier	1 34 E	43 36 N
Amsterdam	2 33 E	52 22 N	Montévideo	58 54 O	34 54 N
Astrakan	45 42 E	46 21 N	Moscou	35 12 E	55 45 N
Athènes	21 23 E	37 58 N	Moulins	0 59 E	46 34 N
Bagdad	42 4 E	33 19 N	Munich	9 14 E	48 8 N
Barcelonne	0 10 O	41 21 N	Nankin	116 27 E	32 44 N
Batavia	104 33 E	6 12 E	Nantes	3 52 O	17 15 N
Besançon	3 42 E	47 15 N	Naples	11 55 E	40 50 N
Berlin	11 2 E	52 31 N	Nîmes	2 1 E	43 50 N
Bombay	70 18 E	18 56 N	Nouvelle-Or-		
Bordeaux	2 54 E	44 50 N	léans	92 18 O	29 57 N
Bourges	0 5 E	47 5 N	Orléans	0 25 O	47 7 N
Brest	6 49 O	43 50 N	Oxford	3 55 O	51 45 N
Bruxelles	2 2 E	50 23 N	Owihée	158 9 O	20 17 N
Buenos-Ayres	60 51 O	34 33 N	Palerme	11 1 E	58 6 N
Cadix	8 57 O	36 32 N	Palma	0 19 E	39 54 N
Caire (le)	28 58 E	30 5 N	Paris	0 0	48 59 N
Calcutta	86 9 E	22 33 N	Pékin	114 7 E	39 54 N
Canton	110 42 E	23 8 N	Perpignan	0 33 E	42 42 N
Cap-Français	74 38 O	19 46 N	Pétersbourg	27 58 E	59 56 N
Cap-de-Bonne-			Philadelphie	77 31 O	39 56 N
Espérance	16 3 E	35 55 N	Pondichéry	77 81 E	11 55 N
Cayenne	54 33 O	4 56 N	Porto-Rico	68 38 O	18 29 N
Chandernagor	86 9 E	22 51 N	Prague	12 5 E	50 5 N
Cherbourg	3 57 O	49 38 N	Quito	81 5 O	0 13 S
Constantinople	26 35 E	41 1 N	Rennes	4 1 O	48 6 N
Copenhague	10 14 E	55 41 N	Rhodez	0 14 E	44 21 N
Dijon	2 41 E	47 19 N	Riga	21 47 E	46 57 N
Dublin	8 39 O	53 21 N	Rio-Janeiro	45 5 O	22 54 S
Edimbourg	5 30 O	55 57 N	Rome	10 9 E	41 55 N
Florence	8 55 E	43 46 N	Rouen	1 14 O	49 26 N
Francfort-sur-le-			St-Brieux	5 4 O	58 31 N
Mein	6 15 E	50 7 N	Ste-Hélène	8 0 O	15 55 S
Genève	3 49 E	46 12 N	Siam	98 30 E	14 20 N
Gênes	6 57 E	44 25 N	Smyrne	24 46 E	58 28 N
Gibraltar	7 39 O	36 6 N	Stokholm	15 43 E	59 20 N
Grenoble	5 23 E	45 11 N	Strasbourg	5 24 E	48 31 N
Hambourg	7 38 E	53 32 N	Tarbes	2 16 O	45 18 N
Horn (cap de)	69 41 O	35 58 S	Ténériffe (Pic		
Ispahan	49 30 E	32 24 N	de)	19 0 O	28 17 N
Jérusalem	33 E	31 47 N	Thèbes (Egypte)	30 19 E	25 45 N
Kœnisberg	18 9 E	54 42 N	Tobolsk	63 46 E	58 11 N
Le Mans	2 8 O	48 0 N	Tornéo	21 52 E	65 50 N
Lille	0 44 E	50 37 N	Toulouse	0 53 O	43 53 N
Lima	79 27 O	12 2 S	Troyes	1 44 E	48 18 N
Lisbonne	11 28 O	58 42 N	Tunis	7 51 E	36 47 N
Londres (Saint-			Turin	5 20 E	45 4 N
Paul)	2 26 O	51 30 N	Valence	2 33 E	44 53 N
Lyon	2 29 E	45 45 N	Varsovie	18 42 E	53 14 N
Macao	111 43 E	22 12 N	Venise	10 0 E	52 14 N
Madrid	6 42 O	40 24 N	Vienne	14 2 E	48 12 N
Manille	118 38 E	14 36 N	Vilna	23 37 E	48 13 N
Marseille	3 2 E	44 36 N	Washington	79 49 O	57 56 N
Metz	3 50 E	49 7 N			

TABLE DES MATIÈRES.

CHAPITRES.

	Page.		Page.		Page.
DE L'EUROPE.	19	De la Grèce.	274	Du Mozambique.	321
De la France.	23	Des Iles Ioniennes.	277	Du gouv. du Cap.	322
Des Colonies françaises.	134	DE L'ASIE.	278	Des îles de l'Afrique.	322
De la Belgique.	135	De la Russie d'Asie.	281		
De la Hollande.	142	De la Turquie d'Asie	283	DE L'AMÉRIQUE.	323
De l'Allemagne.	152	De l'Arabie.	287	Septentrionale.	324
De la Confédération Germanique.	157	De la Tartarie indépendante.	289	Des terres Arctiques	326
		De la Perse.	290	De l'Amérique russe	ib.
De la Prusse.	217	Du Caboul.	292	— Anglaise.	327
De l'Autriche.	205	Du Hérat.	293	Des États-Unis.	328
De la Suisse.	175	Du Béloutchistan.	294	Du Mexique.	329
De l'Italie.	179	De l'Indoustan.	ibid.	Du Guatimala.	330
Des États de l'Église.	193	De l'Indo-Chine.	299	Des Antilles.	ibid.
Des Deux-Siciles.	197	De la Chine.	302	De l'Amérique méridionale.	331
De l'Espagne.	225	Du Japon.	306	De la Colombie.	332
Du Portugal.	237	DE L'AFRIQUE.	307	De la Guiane.	333
De l'Angleterre.	239	De l'Égypte.	309	Du Pérou.	ibid.
De l'Écosse.	248	De la Nubie.	314	Du Haut-Pérou.	334
De l'Irlande.	250	De l'Abyssinie.	ibid.	Du Brésil.	ibid.
Du Danemarck.	252	De la Barbarie.	312	Du Chili.	335
De la Suède.	256	Du Sahara.	315	Des provinces-unies de la Plata.	ibid.
De la Norwège.	258	De la Sénégambie.	316		
De la Russie.	259	De la Guinée.	ibid.	De la Patagonie.	336
De la Pologne.	266	De la Cafrerie.	318	DE L'OCÉANIE.	ibid.
De la république de Cracovie.	267	Du Soudan ou Nigritie.	319	De la Notasie.	337
				De l'Australie.	338
De la Turquie d'Europe.	268	De l'Ajan.	320	De la Polynésie.	ibid.
		Du Zanguebar.	ibid.		

SPHÈRE.

De la Sphère.	1	De l'Horizon.	3	Des Planètes.	4
Des Cercles de la Sphère.		Du Méridien.	4	Du Soleil.	6
		Des Tropiques.	ibid.	De la Lune.	ib.
De l'Équateur.	ibid.	Des Cercles polaires.	ib.	Des positions de la Sphère.	7
Du Zodiaque.	ibid.	Des Astres.	ib.		
Des deux Colures.	3	Des Comètes.	ib.		

GÉOGRAPHIE.

De la Géographie.	11	la terre.	14	Des variétés de l'espèce humaine.	17
Des mesures.	12	—aux eaux.	15		
Des termes relatifs à		—à la politique.	16		

DÉPARTEMENS DE LA FRANCE.

	Page		Page		Page
Ain.	82	Garonne (Haute-).	114	Oise.	46
Aisne.	47	Gers.	107	Orne.	41
Allier.	78	Gironde.	101	Pas-de-Calais.	35
Alpes (Basses-).	131	Hérault.	118	Puy-de-Dôme.	95
Alpes (Hautes-).	126	Ille-et-Vilaine.	59	Pyrénées (Basses-).	109
Ardèche.	121	Indre.	75	Pyrénées (Hautes-).	108
Ardennes.	51	Indre-et-Loire.	68	Pyrénées-Orientales	112
Arriège.	111	Isère.	125	Rhin (Bas-).	58
Aube.	50	Jura.	86	Rhin (Haut-).	57
Aude.	117	Landes.	106	Rhône.	98
Aveyron.	105	Loir-et-Cher.	71	Saône (Haute-).	85
Bouches-du-Rhône.	128	Loire.	99	Saône-et-Loire.	81
Calvados.	39	Loire (Haute-).	122	Sarthe.	65
Cantal.	96	Loire-Inférieure.	60	Seine.	42
Charente.	89	Loiret.	70	Seine-Inférieure.	37
Charente-Inférieure.	88	Lot.	103	Seine-et-Marne.	45
Cher.	76	Lot-et-Garonne.	104	Seine-et-Oise.	44
Corrèze.	93	Lozère.	121	Sèvres (Deux-).	74
Corse.	133	Maine-et-Loire.	66	Somme.	33
Côte-d'Or.	80	Manche.	40	Tarn.	116
Côtes-du-Nord.	62	Marne.	49	Tarn-et-Garonne.	116
Creuse.	91	Marne (Haute-).	49	Var.	130
Dordogne.	102	Mayenne.	65	Vaucluse.	132
Doubs.	85	Meurthe.	54	Vendée.	74
Drôme.	124	Meuse.	56	Vienne.	73
Eure.	38	Morbihan.	61	Vienne (Haute-).	92
Eure-et-Loire.	71	Moselle.	55	Vosges.	52
Finistère.	63	Nièvre.	77	Yonne.	83
Gard.	119	Nord.	31		

PRINCIPAUX FLEUVES, CONTRÉES, PROVINCES, VILLES, ILES, MERS, RIVIÈRES, MONTAGNES.

A.

		Alais.	120	Altona.	253
		Alby.	116	Ambert.	95
Aar (l').	22	Alep.	286	Amboise.	69
Abbeville.	34	Alençon.	41	Amiens.	33
Aberdeen.	250	Alexandrie (Piémont).		Amersfoort.	148
Aboukir.	310		182	Amsterdam.	144
Acre.	286	——(Égypte).	310	Amasie.	284
Adda (l').	22	Alger.	343	Amanichi.	277
Adige (l').	180	Allier (l).	22	Ancenis.	61
Adour (l').	21	Alkerman.	265	Ancône.	197
Aerschot.	137	Alkmyn.	311	Andalousie.	232
Agen.	104	Almelo.	149	Andaman.	302
Agra.	296	Alost.	138	Andelys (les).	39
Agram.	215	Alpes (les).	20	Andernach.	225
Aix (Provence).	129	Altembourg.	164	Anduze.	110
Aix-la-Chapelle.	224	Alsace.	57	Andorre.	237
Ajaccio.	134	Alkirck.	57	Andrinople.	275

TABLE DES MATIÈRES.

	Page		Page		Page
Angers.	67	Avallon.	83	Beaupréau.	67
Angora.	284	Avesnes.	32	Beaune.	80
Angoulême.	90	Avignon.	132	Beaucaire.	120
Angoumois.	89	Avranches.	40	Bilédulgérid.	315
Anjou.	66	Axel.	147	Bellesmes.	42
Annam.	300	Azof (mer d').	49	Belfort.	57
Annecy.	186			Belle-Isle.	61
Antilles (mer des).	19	**B.**		Belley.	88
—— (îles des).	330			Bellac.	93
Anvers.	141	Baccarat.	55	Bellegarde.	113
Aoste.	183	Badajoz.	231	Belgrade.	273
Appennin (l').	20	Bagdad.	285	Belt (détroit).	20
Appingadam.	150	Bagnères-de-Bigorre.		Bénarès.	296
Apt.	132		109	Bernay.	39
Aquila.	200	Bade.	166	Bergerac.	103
Arakan.	302	Bahia.	335	Berg-op-Zoom.	147
Arbois.	87	Baireuth.	159	Bernbourg.	171
Arcade.	282	Bakhtchissaraï.	265	Berlin.	219
Arcis-sur-Aube.	54	Bakou.	283	Berne.	177
Argelez.	108	Balaton (lac).	21	Bergame.	188
Arezzo.	192	Baldivia.	335	Berghen.	258
Aréquipa.	334	Bâle.	178	Bermudes (îles).	327
Argentan.	42	Balfrouk.	294	Berri.	75
Argostoli.	278	Balk.	290	Besançon.	86
Archangel.	263	Baltimore.	329	Belfast.	251
Arménie.	284	Baltique (mer).	19	Béthune.	35
Arnheim.	150	Ballenstadt.	171	Béziers.	119
Arno (l').	180	Bamberg.	159	Bielo (lac).	21
Arques.	38	Bamiani.	293	Bilbao.	236
Arles.	129	Bangkok.	300	Birmingham.	247
Arras.	35	Bao.	301	Birmans.	299
Arragon.	235	Bar-sur-Aube.	51	Bischwiler.	59
Artois.	34	Bar-sur-Seine.	ibid.	Biscaye.	236
Assen.	150	Bar-le-Duc.	56	Bitelis.	285
Assouan.	311	Barbezieux.	90	Blanc (le).	76
Astrakan.	266	Barcelonne.	234	Blanche (mer).	19
Asturies.	231	Barcelonnette.	131	Blaye.	101
Ath.	140	Bari.	200	Blois.	72
Athènes.	275	Barmen.	225	Bohême.	210
Aubusson.	91	Baroda.	297	Bois-le-Duc.	147
Auch.	107	Barrège.	109	Bolsenac (lac).	21
Augsbourg.	160	Bastia.	134	Bosward	149
Aunis.	87	Bassora.	285	Bologne.	196
Auray.	62	Batavia.	337	Bombay.	297
Aurillac.	96	Baugé.	67	Bornéo.	337
Auspach.	160	Baume-les Dames.	86	Bordeaux.	101
Austerlitz.	211	Bavière.	158	Bodouitza.	276
Autun.	84	Bayeux.	40	Boston.	329
Auvergne.	94	Bayonne.	110	Bosna-Seraï.	272
Auxerre.	83	Bazas.	102	Bone.	314
Auxonne.	81	Béarn.	199	Botany-Bay.	338
Ava.	300	Beauvais.	46	Boulogne.	36

TABLE DES MATIÈRES.

	Page.		Page.		Page.
Bélouchistan (le).	294	Calais.	36	Château-Chinon.	78
Bourbonne-les-B.	50	Calvi.	434	Château-Gontier.	65
Bourbon-Vendée.	74	Calamata.	275	Châteauneuf- de -	
Bourges.	76	Calcutta.	296	Randon.	121
Bourbonnais.	78	Cambrai.	32	Château-Thierry.	48
Bourbon-l'Archam-		Cambridge.	248	Châtelleraut.	73
baud	78	Camboje.	301	Châtre (la).	78
Bourgogne.	79	Campêche.	330	Châtillon-sur-Seine.	81
Bourbon-Lancy.	82	Cantal (le).	96	Charolles.	82
Bourg.	ibid.	Cancale.	60	Chablis.	84
Bourganeuf.	91	Candie.	273	Chartreuse (la).	126
Boussac.	92	Candahar.	293	Charleroi.	140
Bouillon.	152	Candy.	298	Chambéri.	186
Boukhara.	290	Canton.	304	Chandernagor.	298
Boukarie.	305	Canaries (îles).	323	Chantiben.	300
Bourbon (île de).	322	Canada.	327	Chaumont.	50
Brandebourg.	220	Capsali.	278	Cher (le).	76
Braunsberg.	222	Cap-Vert (île du).	322	Cherbourg.	41
Brava.	320	Carcassonne.	117	Chemillé.	67
Breda.	147	Carpentras.	132	Chinon.	68
Brême.	174	Carlsruhe.	166	Chiéti.	200
Bressuire.	74	Carthagène.	332	Christiana.	258
Brest.	64	Caracas.	ibid.	Christiansand.	258
Breslau.	220	Caspienne (mer).	19	Chiraz.	292
Brescia.	189	Castres.	116	Christianborg.	318
Bristol.	247	Castel-Sarrazin.	117	Chollet.	67
Bretagne.	59	Castelnaudary.	118	Choumla.	272
Briançon.	126	Castellane.	131	Chuquisaça.	334
Briey.	56	Cassel.	168	Chypre (île de).	287
Brioude.	123	Cattégat (détroit).	20	Civray.	73
Brignoles.	130	Cattaro.	216	Citella.	236
Brives.	94	Catane.	202	Clausthal	165
Bromberg.	221	Catalogne.	234	Clamecy.	78
Bruges.	138	Caucase.	282	Clèves.	225
Brünn.	211	Célano (lac).	21	Clermont-Ferrand.	95
Brunswick.	169	Céret.	113	Clermont.	47
Bruxelles.	136	Cette.	119	Cobourg.	163
Buckenbourg.	174	Cévennes (les).	28	Coblentz.	224
Buenos Ayres.	335	Ceylan (île de).	298	Cochinchine.	300
Bude.	214	Charente (la).	21	Cœthen.	171
Bug (le).	22	Champagne.	48	Cœvorden.	150
Bukarest.	273	Châlons-sur-Saône.	82	Cognac.	90
Burgos.	229	Châlons-sur-Marne.	49	Coïmbre.	239
		Châlus.	93	Colmar.	57
C.		Charité (la).	78	Cologne.	223
		Charleville.	52	Colombo.	298
Caboul.	292	Chartres.	71	Comayagua.	330
Cadix.	232	Chateaubriant.	61	Côme.	189
Caen	39	Châteauroux.	76	Côme (lac de.)	21
Caffa (détroit).	21	Châteaudun.	71	Comacchio (lac).	ibid.
Cagliari.	187	Château-Salins.	55	Compiègne.	47
Cahors.	104	Châteaulin.	64	Commercy.	

TABLE DES MATIÈRES. 345

	Page.		Page.		Page.
Constantinople.	274	Detmold.	173	Elseneur.	254
Constantinople (le detroit).	21	Deventer.	149	Elwangen.	161
		Diarbekir.	285	Embdem.	165
Constance (lac de).	ibid.	Die.	124	Embrun.	127
Collioure.	113	Dieppe.	38	Enghien.	140
Confolens.	90	Diekirch.	152	Epernay.	49
Condom.	108	Dieste.	137	Epinal.	53
Coni.	182	Digne.	131	Erfurt.	223
Copenhague.	254	Dijon.	80	Erivan.	283
Corée (mer de).	19	Dinan.	63	Erzeroum.	284
Corinthe (isth. de).	20	Dinant.	141	Erzingan.	285
Corbeil.	45	Diu.	298	Escaut (l').	21
Corse (île de).	133	Djezireh.	285	Esclavonie.	215
Corté.	134	Djeypour.	297	Esne.	311
Corbach.	173	Djourpour.	ibid.	Espalion.	106
Cordoue.	233	Dnieper (le).	22	Estramadure.	231
Cork.	254	Dniester (le).	ibid.	Etampes.	45
Corinthe.	276	Dockum.	149	Etna (mont).	20
Corfou.	277	Dosbourg.	150	Europe (de l').	19
Cosne.	78	Dôle.	87	Eure.	38
Côte-d'Or (la).	80	Domremy.	53	Evaux.	92
Coulouri.	277	Domfront.	42	Evreux.	38
Courtray.	139	Don (le).	22	Eylau.	222
Coutras.	102	Dordrech.	146		
Coulange-la-Vigneuse.	84	Douvres.	246	**F.**	
		Douai.	32	Falaise.	40
Coulommiers.	46	Doulens.	34	Fœroë.	254
Coutances.	41	Drave (la).	22	Fer (île de).	323
Cracovie.	268	Draguignan.	130	Ferrare.	197
Cremone.	188	Drama.	272	Felletin.	92
Crécy.	34	Dresde.	162	Ferney.	83
Croatie	215	Dreux.	71	Finistère (le cap).	20
Cuba (île de).	331	Drontheim.	258	Finlande (golfe).	ibid.
Cusco.	334	Dublin.	251	Figeac.	104
		Douro (le).	21	Flensborg.	253
D.		Duna (la).	ibid.	Florence.	191
		Dunkerque.	32	Flessingue.	146
Dakka.	296	Durance (la).	22	Florac.	121
Damiette.	311	Dusseldorf.	224	Flèche (la).	66
Damas.	286	Dwina (la).	21	Flandre française	31
Dantzick.	224			Foix (comté de).	111
Danube (le).	157	**E.**		Foix.	ibid.
Dardanelles (les).	21			Forcalquier.	131
Darmstadt.	167	Ebre (l')	21	Foggia	200
Dauphiné.	123	Ecternach.	152	Fioni (île de).	24
Dax.	107	Edimbourg.	249	Fouf.	289
Debretzin.	214	Ekaterinoslav.	265	Formose (île).	305
Delhi.	296	Elbe (l').	21	Fontainebleau.	46
Delet.	146	Elbeuf.	38	Fontenay le-Comte.	75
Delfzyl.	150	Elbing.	222	Fougères.	60
Dendermonde.	138	Elberfeld.	225	France.	30
Deseau.	170	Elisabethgrad.	265		

TABLE DES MATIÈRES.

	Page.		Page.		Page.
Freybourg.	166	Grave.	148	Hull.	246
Francfort-sur-le-Mein.	174	Grenade.	238	Hulst.	147
		Grenoble.	125	Hurlingen.	149
—— sur-l'Oder.	219	Greiz.	173	Huningue.	57
Franche-Comté.	84	Grammont.	138	Huy.	144
Friedland.	222	Groningue.	149	Hydra.	277
Fribourg.	178	Grosetto.	193	Hyères (îles d').	131
Friderickstadt.	259	Grodno.	265		
Fulde.	167	Groënland (le)	326	**I.**	
Furth.	160	Guadiana (la).	21	Iéna.	163
		Guadalquivir	21	Ilmen (lac).	21
G.		Guastalla.	208	Ile-de-France.	42
		Guadalaxara.	229	Illyric.	209
Gaillac.	116	Guanaxuato.	330	Indes (mer des)	18
Gallicie.	212	Guatimala.	ibid.	Inn (l').	22
Gallipoli.	271	Guéret.	94	Inspruck.	208
Galice.	231	Guingamp.	63	Inverness.	250
Galway.	254	Guienne.	100	Irkoutsk.	282
Gand.	137			Irak-Araby.	285
Gannat.	79	**H.**		Ispahan.	291
Gap.	126			Islande.	21
Garonne (la).	21	Haiderabad.	297	Iserlhon.	223
Gascogne (golfe de).	20	Haïder-Abad.	ibid.	Issoire.	95
Garde (lac).	21	Haïnan (île).	305	Issoudun.	76
Gênes.	185	Haïti.	331	Isère. (l')	22
Genève.	178	Halle.	223	Isar (l').	ibid.
Genève (lac de).	21	Hall.	161	Ivri.	89
Gênes (golfe de).	20	Ham.	34	Iviça.	236
Georges (dét. de St.-)	21	Hambourg.	175		
Germanique (mer).	19	Hamadan.	291	**J.**	
Gex.	83	Hanovre.	165		
Gibraltar.	233	Hanau.	167	Jaffa.	286
Gien.	70	Harlem.	145	Janina.	272
Girgeh.	311	Harderwyk.	150	Jaroslav.	263
Gitomir.	265	Havre-de-Grâce.	37	Jarnac.	90
Glaciale (mer).	18	Hasselt.	151	Jassy.	274
Glascow.	250	Haye (La).	145	Java (île de).	337
Glomma (la)	21	Hazebrouck.	32	Jersey.	248
Gluckstadt.	253	Hécla (le mont).	20	Jérusalem.	286
Gnesne.	221	Hechingen.	172	Joinville.	50
Goa.	298	Helsingor.	254	Joigny.	83
Goes.	147	Hémus (l').	20	Jonzac.	89
Goettingue.	165	Herrenveen.	149	Jutland.	253
Goldberg.	221	Hermannstadt.	215	Judoigne.	137
Gondar.	312	Hérat.	293	Juliers.	225
Goualior.	297	Hildebourghausen.	164		
Gourdon.	104	Hildesheim.	165	**K.**	
Gotha.	163	Hollande.	142	Kachemir.	297
Gothembourg.	257	Holstein.	170	Kalmoukie.	305
Granville.	41	Hogue (le cap).	20	Kamstchatka (mer de).	280
Gray.	85	Hongrie.	213		
Grasse.	130	Hué.	301	Kama (la).	22

TABLE DES MATIÈRES.

	Page		Page		Page
Kammenoy-Poyas.	20	Lavaur.	116	Loudun.	73
Karkow.	264	Laval.	65	Louhans.	82
Kasan.	266	Laybach.	209	Louvain.	137
Katmandou.	297	Le Caire.	310	Louisbourg.	161
Kela.	294	La Cap.	322	Lubeck.	174
Ketcho.	301	Lectoure.	108	Lucerne.	178
Khokand.	290	Lech (le).	22	Lucques.	204
Kiatchta.	282	Leeuwarden.	148	Lucknow.	297
Kichinev.	265	Le Ferrole.	232	Lucayes (îles).	331
Kiev.	264	Leipsick.	162	Lucerne (lac).	21
Kiel.	253	Lemberg.	212	Luçon.	75
King-ki-Tao.	305	Lens.	35	Lugano (lac).	21
Kiouséou.	307	Léon.	230	Lunéville.	54
Kirmanchah.	292	Le Puy.	122	Lunel.	119
Kingstou.	331	Lesparre.	102	Lutzen.	223
Kœnisberk.	224	Leuse.	140	Lure.	85
Konich.	284	Le Vigan.	120	Luxeuil.	85
Korée.	305	Leyde.	145	Luxembourg.	151
Krapachs (1 monts).	20	Libourne.	102	Lyon.	98
Kuddalorf.	297	Liége.	141	— (golfe de).	20
Kurdistan.	285	Lichtenstein.	172	Lyonnais.	97
		Lierre.	142	Lys (la).	22
		Liegnitz.	220		

L.

		Liéou-kiéou (îles)	306	### M.	
		Lille.	31		
La Conception.	335	Lima.	333	Macao.	304
La Corogne.	231	Limousin.	92	Mâcon.	81
La Jamaïque.	331	Limoges.	93	Madagascar (île).	323
La Havane.	ibid.	Limoux.	118	Madère (île de).	323
La Haye (Holl.).	145	Limbourg.	141	Madrid.	228
La Paz.	334	Limbourg.	151	Madras.	296
Lahor.	297	Limerick.	251	Maëstricht.	151
La Puebla-de-Los-Angelos.	330	Lintz.	208	Magadoxo.	324
La Mecque.	288	Lisbonne.	239	Magdebourg.	222
La Rochelle.	88	Lisieux.	40	Maine.	64
La Réole.	102	Liverpool.	246	Majeur (lac).	21
La Tour-du-Pin.	125	Loango.	318	Malte. (île de).	204
La Véra-Cruz.	330	Lobensteiu.	173	Malaga.	233
La Valette.	204	Loches.	69	Malacca.	302
L'Assomption.	335	Lodève (Hérault).	119	Malines.	142
L'Argentière.	122	Lodi.	189	Maldives (îles des)	298
Ladoga (lac).	21	Loire (la).	21	Malouines (îles).	336
Langres.	50	Lombez.	108	Mamers.	65
Lannion.	63	Lombard-Vénitien.	187	Manchester.	247
Languedoc.	113	Londres.	245	Manheim.	166
Laos.	301	Lons-le-Saunier.	86	Manilles (îles).	337
Laon.	47	Longwy.	56	Mans (le)	65
L'aponie.	257	Lorraine.	52	Mantoue	189
Laquedives (îles).	298	Lorient.	62	Montes.	45
Larisse.	272	Lot (le).	22	Marne (la).	21
Lausanne.	178	Louviers.	39	Marennes.	68
Lauenbourg.	254	Loudéac.	63	Marans.	89

TABLE DES MATIÈRES.

	Page.		Page.		Page.
Marche.	90	Mistra.	275	Murcie	233
Marmande.	404	Missolonghi.	ibid.	Muret.	115
Marvejols.	421	Mitteau	262	Murat.	97
Marseille.	128	Modène.	204	Murray (golfe).	20
Marienberg.	222	Mohilew.	265		
Marignan.	489	Moissac.	117	**N.**	
Marmara (île de)	286	Moka.	289		
Maroc.	313	Moldavie.	274		
Moscara.	314	Moluques (îles)	337	Nagpour.	297
Maurice (île)	322	Mombaza	321	Namur.	140
Masulipatan.	297	Mongolie	305	Nankin.	304
Mascate.	289	Mont-d'Or (le).	28	Nantua.	82
Maseyck	150	Mont-Jura (le).	ibid.	Nantes.	61
Matapan (cap).	20	Montdidier.	34	Nancy.	54
Mauléon	110	Montreuil-sur-Mer.	35	Naples.	199
Mauriac.	97	Montfort-sur-Mer.	60	Naumbourg.	223
Mayence.	167	Montereau.	46	Nauplie.	275
Mayenne (la).	65	Montmédy.	56	Narbonne.	118
Meaux.	46	Montargis.	70	Nassau.	170
Mecklembourg.	168	Montmorillon.	73	Navarre.	235
Meched.	292	Moncontour.	74	Navarin.	276
Méditerranée (mer)	19	Mont-Luçon.	79	Naxo.	277
Médine.	289	Mont-Didier.	84	Necker.	21
Meiningen.	164	Montbéliard.	86	Négrepont.	276
Melle.	74	Montbrison.	99	Némours.	46
Meller (lac).	21	Mont-de-Marsan.	106	Nérac	165
Melun.	46	Mont-Louis.	113	Neufchâtel (lac).	21
Mélinde.	321	Montauban.	117	Neusidiel (le).	ibid.
Mémele.	222	Montpellier.	119	Neuchâtel.	38
Méquinez.	313	Montelimart.	124	Neuchâteau.	53
Menton.	184	Mont-Dauphin.	127	Neustrelitz.	168
Menin.	139	Mons.	139	Nevers.	77
Meude.	121	Montfort.	148	New-Brisach.	57
Meppel.	150	Monaco.	184	Newa (la).	21
Mersebourg.	222	Monza.	189	Newcastle.	246
Mésopotamie.	285	Mongolie.	305	New-York.	329
Messine.	202	Monté-Video.	335	Nice.	183
Messine (phare de)	21	Moravie.	211	Niemen.	21
Mellin.	286	Morlaix.	64	Nimes.	120
Metz.	55	Mortagne.	42	Nimègue	150
Meuse (la).	21	Mortain.	40	Niort.	74
Mexico.	330	Moselle (la)	22	Niphon (île)	307
Mézières.	54	Montebello.	191	Nivelle.	137
Méaco.	307	Moscou.	268	Nivernais.	77
Milddebourg.	146	Mostar.	278	Nogent-sur-Seine.	51
Milhau.	106	Moussoul.	285	— le Rotrou.	71
Milan.	187	Moulin.	79	Noire (mer).	19
Mindanao.	337	Mourchidabad.	296	Noirmoutiers (île de)	75
Minho (le).	21	Mozambique.	321	Nontron.	102
Miquelon (île).	327	Mulhausen.	57	Norwège.	258
Mirecourt	53	Munich.	159	Nord cap.	20
Mirande.	108	Munster.	223	Normandie.	36

TABLE DES MATIÈRES.

	Page.		Page.		Page.
Norwich.	246	Palencia.	230	Porto-Bello.	332
Nottingham.	248	Palma.	336	Porto-Rico (île de).	331
Nouvelle-Brunswick.	327	Pampelune.	235	Port-au-Prince.	ibid.
		Pamiers.	114	Port Natal.	319
Nouvelle-Ecosse.	ibid.	Paimbœuf.	61	Portsmouth.	247
— Castille.	228	Parme.	203	Port-Vendre	113
— Guinée.	338	Partenay	74	Porto.	239
— Hollande.	ibid.	Paris.	43	Portici.	200
— Orléans.	329	Passaro (cap).	20	Potsdam.	219
— Zélande.	338	Pas-de-Calais (détroit).	ibid.	Posen	221
— Zemble.	326			Potosi.	334
Novogorod.	264	Passau.	159	Pouzzole.	200
Novarre.	182	Patras.	275	Prades.	113
Noyon.	47	Patmos.	287	Prague.	210
Nuits.	81	Patna.	296	Presbourg.	214
Nuremberg.	159	Pau.	109	Privas.	122
Nyons.	124	Pavie.	187	Provence.	127
		Pégou.	300	Provins.	46
O.		Peipus (lac de).	21	Pruth (le).	21
		Pékin.	304	Pyrénées (les).	20
Oasis.	314	Pérécop (l'isthme).	20	Pyrgos.	275
Oba	293	Pérouse (lac.)	21	Puy-de-Dôme (le).	95
Océan atlantique.	18	Pérouse.	197		
Océan. (le grand).	ibid.	Péronne.	34	**Q.**	
Odensée	254	Périgueux.	102		
Odessa.	264	Perpignan.	112	Québec.	327
Oise (l').	20	Pest.	214	Querétaro.	330
Odeypour.	297	Petchora.	21	Quiberon	62
Orfa.	285	Philippeville.	111	Quiloa.	321
Okhostk.	ibid.	Philadelphie.	329	Quimper.	64
Oldembourg.	168	Philippines (îles).	339	Quimperlé.	ibid.
Oleron (île).	89	Picardie.	33	Quito.	332
Oleron.	110	Pirgos.	275		
Onéga (lac).	20	Pise	192	**R.**	
Orléans.	70	Pithiviers.	70		
Orléanais.	69	Plaisance	203	Raguse.	216
Orthez.	110	Ploermel.	62	Rambouillet.	45
Ostende.	138	Plombières.	53	Rembervillers.	53
Orange.	133	Plimouth.	247	Rangoun.	300
Oural.	21	Pô (le).	189	Rastaldt.	168
Ouessant (île d')	64	Poitou.	72	Ratisbonne.	159
Oudenarde.	138	Poitiers.	73	Ratzbourg.	154
Oudcjein.	297	Poligny.	87	Reims.	49
Oviédo.	231	Poltava.	264	Réole (la).	102
Oxford.	247	Poméranie.	220	Réthel.	51
		Pont-Audemer.	39	Remberg.	159
P.		Pont-l'Évêque.	40	Remiremont.	53
		Pontoise.	45	Rennes.	60
Parderborn.	223	Pont-à-Mousson.	55	Redon.	ibid.
Padoue.	190	Pontivi.	62	Reutlingen.	161
Palisse la.	79	Pontarlier.	86	Reus.	234
Palerme.	202	Pondichéry.	296	Rensburg.	253

	Page		Page		Page
Reykivik.	255	— Jean-de-Luz.	110	Sarreguemines.	56
Rhodope.	20	— Junien.	93	Sarlat.	103
Rhin (le).	21	— Léonard.	ibid.	Sartène.	134
Rhône (le).	ibid.	— Lô.	40	Sardaigne.	181
Rhé (l'île de).	89	— Malo.	60	Saragosse.	235
Rhodes.	287	— Marcelin.	125	Saratov.	266
Rodez.	105	— Nazaire.	64	Saumur.	67
Riom.	96	— Omer.	35	Savenay.	64
Ribérac.	103	— Paul-de-Loanda.	318	Saverne.	58
Rives.	126	— Péray.	122	Save (la).	22
Rivoli.	191	— Pétersbourg.	262	Saverne (la).	21
Rimini.	197	— Pierre (île).	327	Savoie.	185
Riga.	262	— Pons.	119	Saxe.	162
Rio-Janeiro.	334	— Quentin.	47	Scarpe (la).	24
Rouge (mer).	19	— Serer.	107	Sceaux.	44
Rouen.	37	— Thomas (île).	322	Schannon (le).	21
Rocroy.	51	— Tron.	151	Schelestadt.	58
Romorentin.	72	— Yriez.	93	Schwerin.	168
Rochefort.	88	Sainte-Afrique.	106	Schleiz.	173
Rochechouart.	93	— Hélène (île).	322	Schweidnitz.	221
Roanne.	99	— Marie-aux-Mi-		Schleswick.	253
Roussillon.	112	nes.	57	Secto.	286
Romans.	125	— Menehould.	49	Scutari (lac).	21
Rotterdam.	144	Saintes.	88	Sedan.	51
Rome.	195	Saintonge.	89	Séez.	42
Rosette.	311	Sables d'Olonne		Segré.	67
Rudolstadt.	374	(les).	75	Ségovie.	230
Ruremonde.	151	Sackatou.	320	Ségo.	319
Ruffec.	90	Sahara.	315	Seine (la).	21
		Sakalien (île).	305	Seltz.	59
S.		Salé.	313	Sémur.	81
		Salins.	87	Semendria.	273
Saingond.	301	Salons.	129	Sens.	84
Saima (lac).	21	Salamanque.	230	Senlis.	47
Saint-Amand.	76	Salonique.	272	Servie.	273
— Aubin.	60	Sambre (la).	21	Séville.	232
— Brieuc.	63	Samos (île).	287	Sheffield.	247
— Calais.	66	Samarkand.	290	Siam.	300
— Claude.	87	Sandwich (île de).	338	Sibérie.	281
— Cloud.	45	Santa-Fé-de-Bo-		Sicile (île de)	201
— Dié.	58	gota.	332	Sienne.	193
— Denis.	44	San-Philippe-de-		Sigmaringen.	172
— Domingue.	334	Benguela	318	Silésie.	211
— Étienne.	99	San-Salvador.	ibid.	Singhapour.	302
— Flour.	97	Sana.	289	Sisteron.	151
— Gaudens.	115	San Iago de Com		Smolensk.	265
— Skyra.	76	postelle.	231	Smyrne.	284
— Germain-en-		Santander.	230	Sneeck.	149
Laye.	45	San-Marino.	304	Sofola.	321
— Girons.	112	Sincerre.	76	Soissons.	47
— Iago.	335	Saône (la).	21	Solingen.	235
— Jean-d'Angély.	99	Sarrebourg.	54	Somme (la).	21

TABLE DES MATIÈRES. 351

	Pag.		Pag.		Pag.
Sondershausen.	172	Tiflis.	283	Utrecht.	148
Sonde (île de la).	337	Tilsitt.	222	Usès.	120
Sophia.	272	Tirlemont.	137	**V.**	
Sorèse.	116	Tlemecen.	314		
Sapaltro.	216	Tobolsk.	282	Valences.	124
Spire.	160	Tolède.	229	Valenciennes.	32
Spitzberg (le).	326	Tokat.	284	Valogne.	40
Stargard.	220	Tombouctou.	320	Valladolid.	229
Stettin.	ibid.	Toenningen.	253	Valachie.	273
Stockolm.	257	Tonquin.	304	Valparaiso.	335
Strasbourg.	58	Tongres.	151	Vannes.	62
Stralsund.	220	Tonnerre.	84	Vendôme.	72
Stuttgard.	164	Tornéa (la).	21	Varennes.	56
Styrie.	208	Torre de l'Annon-		Varsovie.	267
Suède.	256	ciata.	200	Varinas.	332
Sumatra.	337	Toscane.	191	Vassy.	50
Sund (dét. du).	20	Toul.	53	Vathi.	278
Surate.	297	Touraine.	68	Vaucluse.	132
Syra.	277	Tours.	ibid.	Vaucouleurs.	56
Syracuse.	202	Tonneins.	105	Venloo.	151
Syrie.	285	Toulouse.	114	Venise.	190
		Tournon.	122	Vermeille (mer).	19
T.		Toulon.	130	Versailles.	44
Taganrog.	265	Tournay.	140	Vervins.	48
Tage (le).	21	Toula.	263	Verdun.	56
Tain.	125	Trébisonde.	284	Verviers.	141
Taillebourg.	89	Transylvanie.	215	Véronne.	190
Tandjaore.	297	Tranquebar	298	Vesoul.	85
Tamise (la).	21	Trèves.	224	Vesuve (le mont).	20
Tarante (golfe de).	20	Trévoux.	83	Vicence.	190
Tarn (le).	21	Trieste.	210	Vienne (la).	21
Tarbes.	108	Tripolitza.	275	Vienne en Dau-	
Tarascon.	129	Tritchinopoli.	297	phiné.	126
Tarente.	200	Tripoli.	286	Vienne en Autri-	
Tarragone.	234	Troyes.	50	che.	207
Tauris.	291	Tulle.	94	Vieille-Castille.	229
Tay (le).	21	Tunis.	315	Vieux-Chamaki.	283
Tchernigov.	264	Tunquin (golfe de).	19	Villefranche (Rhô-	
Téhéran.	291	Turin.	181	ne).	98
Ténériffe (île).	323	Turnhout.	142	Villefranche-sur-	
Terre-Neuve.		Twer.	263	l'Aveyron.	106
(île de).	327	Tweed (le).	21	Villefranche (H.-	
Terre-de-Feu (île).	336	Tyrol.	208	Garonne).	115
Tesin (le).	21			Villeneuve-d'A-	
Thèbes.	276	**U.**		gen.	105
Thibet.	305			Vincent (le cap	
Théisis (le).	21	Udine.	190	Saint).	20
Thionville.	55	Uttenhagen.	322	Vincennes.	44
Thiers.	99	Ulm.	161	Vire.	40
Thollen.	147	Ummerapoura.	300	Vistule (la).	21
Thorn.	222	Upsala.	257	Vitriy-le-Français.	49
Tibre (le).	180	Ussel.	94	Vitré.	60

TABLE DES MATIÈRES.

	Page		Page		Page
Viziadroug.	297	Wener (lac).	21	**Z.**	
Volga (le).	21	Weser.	ibid.		
Vologda	263	Westphalie.	223		
Vosges (les).	29	Weter (lac).	21	Zamora.	230
Vouziers.	52	Wiesbaden.	170	Zanguebar (du).	320
		Wilna.	265	Zante (lac).	21
W.		Winschoten.	150	Zante.	277
		Witesdsk.	265	Zaza.	216
		Wurtemberg.	161	Zeilah	320
Waigatz (dét.).	20	Wurtzbourg.	160	Zélande.	146
Warna.	272			Zimbaon.	319
Warte (riv.).	22	**Y.**		Zirikzée.	147
Washington.	329			Zocotora.	322
Waterloo.	137	Yonne (l').	21	Zurich (lac).	21
Waterford.	254	Yorck.	327	Zurich.	177
Wavre	137	Ypres.	139	Zutphen.	150
Weimar.	163	Yssengeaux	12	Zwolle.	149
Weissembourg.	58	Yvetot.	38		

FIN DE LA TABLE.

Nancy, imprimerie de Hinzelin et Cⁱᵉ, place du Marché, 67.

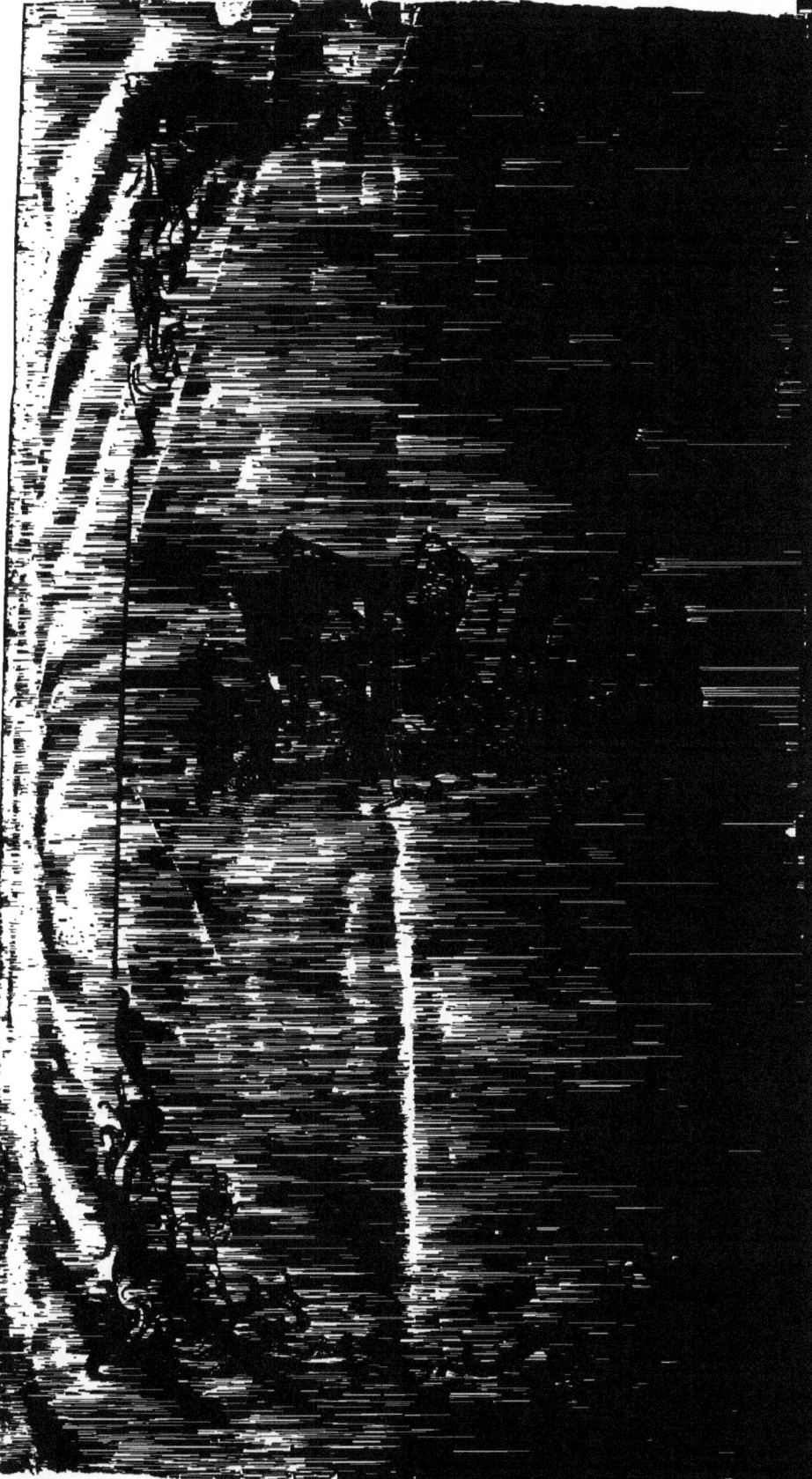

www.ingramcontent.com/pod-product-compliance
Lightning Source LLC
Chambersburg PA
CBHW050300170426
43202CB00011B/1763